文字蕃学术丛书

董涛◎著

不驗輒死

秦汉时期的方术、谶纬
与政治文化

上海古籍出版社

本书受到

重庆大学中央高校基本业务费社科专项（2023CDJSKJC09）资助

序

陈　鹏

秦汉时期,方术和谶纬是士大夫知识的重要组成,并对王朝政治实践和士民日常生活产生重要影响。方术为方技与数术之合称,而谶纬为谶与纬之合称。方术与谶纬,在性质上虽存在差异,但在内容上却不无交叉,并都呈现出神秘文化色彩。

在西汉晚期刘歆所撰《七略》中,当时图书被划分为六艺、诸子、诗赋、兵书、数术、方技六略,而方技、数术各占其一,诸子略阴阳家和兵书略兵阴阳类亦与方术有关。可见,在秦汉时人的知识体系中,方术几占半壁江山,影响遍及政治、军事、社会、文化诸多方面。

一般认为,方术起源于巫术。上古时人敬畏自然,崇拜鬼神,或借助某种仪式沟通天地鬼神,或凭借某种方式占验吉凶,巫术由此诞生。虞夏时期,巫术即已诞生、流行;商周以来,巫术愈发盛行,殷墟甲骨、《周礼·春官》皆其明证。秦汉时期,巫风犹存,秦、晋、楚、越、燕、齐等文化区均存在巫者,受到统治者和士民崇信。较诸巫术,方术是巫术中巫医、卜祝、星历等技艺"体系化"乃至"学理化"的产物。王官中卜、史、医、祝和民间方术士皆参与了这一过程。当然,这一过程并非一蹴即就,巫术与方术也难以判然两分。

战国晚期,燕齐方士代表人物邹衍,兼采儒学、道学和史学知识,推动方术进一步"学理化",提出"五德终始说""大九州说"等重要学说,形成诸子中阴阳家。阴阳家学说论及天地、政治和社会演化之理,不仅为燕齐方士传习、鼓吹,更获得统治者接受,为现实政治服务。秦并天下,始皇帝采纳邹衍"五德终始说"以证秦朝正统。其后,"五德终始说"成为中国古代王朝正统的主要依据之一。阴阳家学说亦受到士大夫关注,董仲舒、司马迁和刘向、刘歆父子等皆曾采纳、借鉴或改进其说。相较而言,阴阳家学说侧重王朝历运,而一般方术讲究禁忌、吉凶,故被视作"小数"(《汉书·艺文志》)。但二者在秦汉时期政治实践和运作中均产生重要影响。

谶纬与方术存在渊源,但在内容和性质上差异不小。谶是可验证的隐语性政治预言,渊源颇早,可能源自周秦卜史、方士创作的政治预言。至汉代,此类隐语预言经方士、儒生之手,逐渐系统化,并与儒家学说尤其是今文经学相结合。纬是相对于经而言,是今文学儒生吸收阴阳五行说和方术,神化孔子、伪托圣人以解释儒经的产物。西汉成哀之际,谶与纬结合成文献体系,即河图洛书四十五篇、七经纬三十六篇和《论语谶》等文献。孔子曰"敬鬼神而远之"(《论语·雍也》),但秦汉时期的儒生尤其是今文经家,采纳阴阳五行说和方术,鼓吹天命历圣相传和孔子为汉立法,令儒学呈现"神化"色彩。谶纬作为政治预言,与阴阳家学说、方术,共同构成汉代政治文化的重要内容。

秦汉时期的方术和谶纬,长期受到学界关注。早在1935年,顾颉刚先生撰《汉代学术史略》,即论述了方术、谶纬及其对秦汉政治的影响。其后,学人或立足于学术史、文化史、科技史,考察方术、谶纬的文本、内容和内在机理等问题;或将方术和谶纬视作一种政治文化,探讨二者在秦汉政治实践和演进中的影响和意义。

然而,方术和谶纬研究,不得不面临一个需要解答的问题,即如何认识二者的应验与不验。在史书记载中,方术占测运势吉凶或政治走向,固然存在不验情形,却也不乏"巧合"的应验案例。谶纬作为隐语性政治预言,经儒生、方士的鼓吹,深受时人崇信,以致不乏主动践行或曲解谶纬文辞以应验者,其预言同样不乏"巧合"的应验案例。基于理性和科学,我们知道任何形式的占卜和预言,纵非牵强附会,也不过是个概率学问题。但方术与谶纬的应验与不验,在秦汉王朝政治演进中却有着切实意义。时人在政治实践和运作中,究竟如何看待方术、谶纬的应验与不验呢?史家在历史记注和撰述之际,又如何书写和认识相关情况呢?

董涛兄大作《不验辄死——秦汉时期的方术、谶纬与政治文化》,正是针对秦汉时期方术、谶纬应验与不验问题的考察。本书并非仅专注于方术和谶纬的技术和机理,而将二者作为政治文化展开探讨。政治文化史研究大体可分为两种路径:其一是将某种政治文化作为研究对象,探索该文化的内在逻辑和政治影响;其二是从政治文化角度理解某种历史现象、行为或制度等,探索其政治意义和影响。本书在研究取径上,可谓兼而有之。书稿第一章着重考察秦皇汉武对巫术、方术的态度和体验,提出可得验证是巫术、方术能够取信于统治者的重要前提,"不验辄死"的压力推动方术技艺不断进化;第二章围绕谶纬应验逻辑展开研究,揭示出谶纬"隐语预测+解读应验"的验证模式,论述了这种模式对汉代政治实践的影响;第三章转向探讨历史书写中巫术和方术的验证问题,批判性指出史书书写者会有意识地选择书写方术的应验与不验。本书揭示了方术和谶纬在政治实践和运作中的关键节点,无疑将推进秦汉时期政治文化研究的细化和深入。

董涛师兄于2010年秋考入北京大学历史学系攻读博士学位,与我相识相交，至今已十余年矣。读书期间，我对星历、德运、谶纬等政治文化问题也颇感兴趣，与他交流讨论颇多。后来，我的研究旨趣逐渐转向士族谱牒、边疆民族等问题，而董涛兄则长期在政治文化领域潜心探索，取得了丰硕的成果。大作即将出版之际，董涛兄嘱我作序。我深知自己并非作序的最佳人选，但十余年来共相论学，情义匪浅，不便推辞，故不揣浅陋，略陈己见。是为序。

2025 年 6 月 27 日于长春阳光城怡景园

目 录

引 言

鬼神信仰构成了秦汉政治生活软环境的核心内容,巫术、方术和谶纬都曾经对政治行为、政治的演进以及政治制度的变迁造成影响,神秘主义因素曾经深刻影响秦汉时代的政治与社会思想,形塑秦汉政治文化的核心特质。而方术和巫术之所以能够在秦汉政治中大行其道,根本原因是被认为能够验证,各类巫师和方术士努力让人们相信鬼神存在且能够被驱使,基于此的巫术和方术获得广泛的信赖,这种思想遍及秦汉社会各个阶层,无论普通民众还是具有理性思维能力的士人都很难摆脱鬼神观念的桎梏,是以政治文化也深受这种观念的影响。另外,谶纬能够预测未来,在汉代的政治实践中往往应验,例如汉宣帝即位意味着"公孙病已立"的预言被验证,光武中兴的政治实践验证了"再受命"的预言,甚至"刘秀当为天子"的预言也验证在光武帝刘秀身上,这不能不让当时的人们相信谶纬预测未来的神秘能力,图谶也顺理成章被刘秀奉为宝典,成为东汉王朝主流意识形态。尽管人们很快发现多数谶纬属于"不占之书",方术士们到底也没有找到不死的仙药,而且人们很快也会发现巫鬼方术的验证是偶发的或者无法持续的,但人们的思维往往被束缚其中,并进而形成依赖,鲜有人敢于对巫术、方术和谶纬的验证产生质疑。

迷信束缚的突破有赖于人们探索和认识世界实践的拓展,也有赖于科学和技术的进步。秦始皇以前人们相信昆仑山上有不死之药,于是探索的足迹遍布西部的高山;而海外仙山的传说也促使徐福等人驾船出海。这些努力的出发点虽然都是求仙寻药,但人们对于世界的探索和认识也由此向前进了一大步,当然也最终验证高山和海外并没有神仙。汉代有识之士也在尝试突破鬼神迷雾,认知巫术、方术和谶纬的真相。如司马迁虽然无法确定鬼神是否存在,但他秉持谨慎求实的基本态度,对于巫者之术疑则存疑;他亲见汉武帝祭祀神君,客观描述神君所言与常人无异,而且他详细讲述扁鹊和仓公等医者的故事,告诉读者医疗技术能够治愈疾病才是真实而且能够持续验证的,这其实已经是接近"科学"的思维方式。班固继承司马迁对于神仙方术的基本态度,并且借谷永之口告诉人们秦皇汉武的求仙根本没有验证。张衡虽然没有解释谶纬如何预测未来,但他发现与当时的天文历法之术相比,谶纬属于"不占之书",而张衡也致力于改进天文测量仪器。技术的进步对于摆脱迷信思想的束缚显然也具有重要的意义。

当然,人们对世界的探索并不是一蹴而就的,科学和技术的进步在中国古代社会相对较为缓慢,具有理性思维能力的人士也属少数,秦汉时期整体社会为神秘主义氛围所笼罩,这也影响了当时人们的思维方式以及政治运行,是以政治文化中非理性因素持续存在。秦汉以后虽然巫鬼方术难登大雅之堂,阴阳数术逐渐被儒学学术体系消解,但丹药服食一度盛行,巫蛊案件时有发生,而各类政治谶言也从未销声匿迹且往往能产生较大影响,更不用说鬼神祭祀从来是国家礼仪大典,吉凶占测、时日选择、风水堪舆等也是民众生活的重要内容,可以说神秘主义因素一直是中国古代政治文化的重要组成部分。

本书从巫术、方术和谶纬着手考察秦汉时期政治文化,其中巫术主要是基于鬼神祭祀产生的,而所谓"方术"是秦汉文献中"方技"和"数术"的合称,主要指的是刘歆《七略》中"数术略"和"方技略"中总结的相关学术内容,"方术"就得名于此。但这些方术门类在不同历史时期却有着不同的发展状况,在某些情况下"方术"也包括"兵书略"中的部分内容,其中"数术"《汉书》也写作"术数",意思相通。① 1993 年,李零联合相关学者编辑出版了一套方术类丛书,名为《中国方术概观》。② 这套书有 10 种 14 册,分为"房中卷""导引行气卷""服食卷""杂术卷""星命卷""相术卷""选择卷""式法卷""卜筮卷""占星卷"。同年李零出版《中国方术考》一书,此书由上编"数术考"和下编"方技考"两部分组成,上编主要讨论的是占卜和择日,下编讨论了炼丹术、导引和房中等。③ 而在随后的《中国方术续考》中,李零着重讨论了"巫"、宗教、方士流派、太一及三一信仰、地理知识、占卜、房中流派等内容。④ 此后刘瑛对《左传》和《国语》中出现的"方术"问题进行细致梳理,尤其对时日禁忌的考察很有见地。⑤ 受限于材料,"方术"所能讨论的问题很难贯穿成一条完整的线索。

关于数术的研究也有重要的学术积累,例如陈维辉以传统学术为基础,系统梳理数术源流,并对阴阳五行、天干地支等数术原理进行讨论。⑥ 俞晓群以"数"为切入点,讨论中国古代的象数、天数、礼

① 《汉书》卷三〇《艺文志》,北京:中华书局,1962 年,第 1775 页。

② 李零主编:《中国方术概观》,北京:人民中国出版社,1993 年。

③ 本书有三个不同的版本,分别是:《中国方术考》,北京:人民中国出版社,1993 年;《中国方术考(修订本)》,北京:东方出版社,2001 年;《中国方术正考》,北京:中华书局,2006 年。

④ 本书有两个不同的版本,分别是:《中国方术续考》,北京:东方出版社,2000 年;《中国方术续考》,北京:中华书局,2006 年。本书使用的是中华书局 2006 年本。

⑤ 刘瑛:《〈左传〉、〈国语〉方术研究》,北京:人民文学出版社,2006 年。

⑥ 陈维辉:《中国数术学纲要》,上海:同济大学出版社,1994 年。

数、命数、历数等等,侧重于揭示数的原理。① 赵益的研究以《汉志》
《隋志》和两《唐志》为中心,对传世文献中的术数内容进行总结和归
纳。② 刘晶的研究对两汉的数术原理进行了梳理,可以帮助理解出
土文献中的数术内容,也为了解汉人哲学思想提供参考。③ 宋会群
《中国术数文化史》注意到从巫术到数术的转变问题,④陶磊在《从
巫术到数术——上古信仰的历史嬗变》一书中也侧重论述巫术到数
术的变迁历程,认为随着天文学的进步新的天道观开始出现,而这
正是数术出现的重要原因。⑤ 同样注意到从巫术到数术的信仰转变
的还有金身佳《方术与中国古代政治》。⑥ 另外赵洪联对"方技"的
研究也应当引起重视。⑦ 黄一农研究社会天文学,新作改名为"制天
命而用:星占、术数与中国古代社会",内容仍然以星占为主,包含择
日术等内容。⑧ 陈侃理的研究关注灾异与政治文化,也讨论了天文
与数术占验等问题。⑨

　　新材料的不断出现也使得方术的研究逐渐向前拓展。学者们
大多将《日书》以及马王堆汉墓帛书中的占星等内容称为"数术文
献"或"方术文献",例如刘乐贤对早期数术文献进行梳理和研究,着

① 俞晓群:《数术探秘:数在中国古代的神秘意义》,北京:生活·读书·新知三联书
店,1994年。另参氏著《数与数术札记》,北京:中华书局,2005年。
② 赵益:《古典术数文献述论稿》,北京:中华书局,2005年。
③ 刘晶:《两汉数术原理导论》,广州:暨南大学出版社,2020年。
④ 宋会群:《中国术数文化史》,开封:河南大学出版社,1999年。
⑤ 陶磊:《从巫术到数术——上古信仰的历史嬗变》,济南:山东人民出版社,2008年。
另参氏著《〈淮南子·天文〉研究——从数术史的角度》,济南:齐鲁书社,2003年。
⑥ 金身佳:《方术与中国古代政治》,湘潭:湘潭大学出版社,2017年。
⑦ 赵洪联:《中国方技史》,上海:上海人民出版社,2013年。
⑧ 黄一农:《制天命而用:星占、术数与中国古代社会》,成都:四川人民出版社,2018
年。另参氏著《社会天文学史十讲》,上海:复旦大学出版社,2004年。
⑨ 陈侃理:《儒学、数术与政治:灾异的政治文化史》,北京:北京大学出版社,2015
年。另参氏著《文史星历:秦汉史丛稿》,上海:上海古籍出版社,2024年。

重讨论《日书》以及马王堆汉墓帛书中的数术问题。① 而胡文辉的研究涉及《周易》《山海经》,以及《日书》和马王堆汉墓帛书等出土文献,讨论了占卜、时日选择等"方术"。② 晏昌贵讨论楚地简牍中的方术问题,讨论的内容包括卜筮祭祷、神灵信仰、行为仪节、人员组织等。③ 姜守诚利用出土文献研究早期道教,其中也涉及古代方术有关的内容。④ 此外,李零的《简帛古书与学术源流》也对方术类文献进行了梳理。⑤

在《汉书·艺文志》中,与鬼神祭祀有关的内容被归于"数术略"中的"杂占",与神仙相关的内容被归于"方技略",从这个意义上讲巫术应归属于广义上的方术概念范畴;但学者们在使用"巫术"这个概念的时候通常与鬼神祭祀联系在一起,本书在行文过程中将巫术和方术分开讨论,但在整体框架中则将巫术纳入广义上的"方术"范畴内。学者们对巫术的研究开始较早,1928 年江绍原发表《发须爪》一文,介绍中国自古以来关于发、须、甲的礼仪、习俗、传说和迷信等。⑥ 1931 年,李安宅将弗雷泽的《金枝》编译为《交感巫术的心理学》,由商务印书馆出版。⑦ 同时,闻一多也使用文化人类学的研究方法,讨论先秦时期

① 刘乐贤:《简帛数术文献探论》,武汉:湖北教育出版社,2003 年。此书增订版由中国人民大学出版社 2012 年出版。
② 胡文辉:《中国早期方术与文献丛考》,广州:中山大学出版社,2000 年。
③ 晏昌贵:《巫鬼与淫祀:楚简所见方术宗教考》,武汉:武汉大学出版社,2010 年。晏昌贵关于数术研究的论文另外还收入氏著《简帛数术与历史地理论集》,北京:商务印书馆,2010 年。
④ 姜守诚:《出土文献与早期道教》,北京:中国社会科学出版社,2016 年。
⑤ 李零:《简帛古书与学术源流》,北京:生活·读书·新知三联书店,2007 年。2008 年生活·读书·新知三联书店又出版了本书的修订本。
⑥ 此书 1928 年由开明书店出版,1987 年上海文艺出版社根据这一版本影印出版;另江绍原又有《中国古代旅行之研究》一书,1987 年由上海文艺出版社影印出版。
⑦ 这本书在 1988 年由上海文艺出版社重新出版,改名为《巫术与语言:交感巫术》。另外,李安宅编译的巫术著作还有《巫术的分析》一书(成都:四川人民出版社,1991 年),在这本书中作者结合了中国的风俗来谈巫术问题,极具参考价值。

的神话与诗歌，著名的论文有《伏羲考》《神仙考》《端午考》等，后收入《神话与诗》一书。① 另外，郑振铎有《汤祷篇》一文，也是以人类学的方法研究中国上古文化的典范之作。② 1929 年，瞿兑之发表《释巫》一文，广泛征引史料，详述先秦秦汉时期巫者的活动。③ 1939 年，同样在《燕京学报》上，陈梦家发表《商代的神话与巫术》一文，把巫的职事分为祝史、卜、医、占梦、舞雩等五种，其中的一些内容其实也属于方术。④ 陈寅恪的《天师道与滨海地域之关系》是研究道教史与地域文化至为重要的一篇文献，其中《黄巾米贼之起原》等章节与本书讨论的问题有关。出版于 1934 年的许地山《道教史》一书，在《秦汉底道家》一章中讨论了秦汉时期的巫、杂术以及神仙信仰等问题，⑤颇多新鲜见解。

20 世纪 90 年代以后关于巫术的研究继续开展，其中比较重要的有梁钊韬《中国古代巫术——宗教的起源和发展》，⑥这本书对于巫术的起源及相关理论，以及"马那观"与中国巫术的基础论述尤详，是中国学者中较早深入研究巫术理论与中国巫术元素的。同样重要的专著还有张紫晨《中国巫术》，⑦詹鄞鑫《心智的误区——巫术与中国巫术文化》。⑧ 张紫晨定义巫术为："巫术是人类企图对环境或外界作可能的控制的一种行为，它是建立在某种信仰或信奉基础上，出于控制事物的企图而采取的行为。也就是说，它是人类为了有

① 闻一多：《神话与诗》，上海：上海人民出版社，2006 年。

② 收入《郑振铎全集》第三卷《杂文、文学杂论》，石家庄：花山文艺出版社，1998 年。

③ 瞿兑之：《释巫》，《燕京学报》1929 年第 7 期。

④ 陈梦家：《商代的神话与巫术》，《燕京学报》1936 年第 20 期。王恒余有《说祝》一文，对于先秦时期巫祝等问题的研究有独到见解，《"中研院"历史语言研究所集刊》第 32 本，1961 年。

⑤ 此书于 1999 年加入刘仲宇的导读后，由上海古籍出版社出版。

⑥ 梁钊韬：《中国古代巫术——宗教的起源和发展》，广州：中山大学出版社，1999 年。

⑦ 张紫晨：《中国巫术》，上海：三联书店，1990 年。

⑧ 詹鄞鑫：《心智的误区——巫术与中国巫术文化》，上海：上海教育出版社，2001 年。

效地控制环境(外界自然)与想象的鬼灵世界所使用的手段。"①詹
鄞鑫将巫术与巫术文化称为"心智的误区",可知作者也更倾向于
从类似"心智""思维"的角度考察巫术文化。另外,宋兆麟的《巫与
巫术》《生育神与性巫术研究》《巫与民间信仰》,对巫术的研究有较
大推进。② 同样比较重要的成果还有高国藩《敦煌巫术与巫术流
变——中国民俗探微》,③臧振《蒙昧中的智慧——中国巫术》,④胡
新生《中国古代巫术》等。⑤ 这些著作大多从宏观的角度考察中国历
史上的巫术,探讨巫术的源流等问题,提出了许多宝贵的见解,对巫
术的研究有较大推进。但宏观性的著作难免失于对细节的把握以
及对不同时代特殊性的思考。此外,吴成国《六朝巫术与社会研
究》,⑥赵容俊《殷商甲骨卜辞所见之巫术》⑦等著作,对殷商时期、春
秋战国时期以及南北朝时期的巫术现象进行了卓有成效的探讨。
李泽厚《说巫史传统》一文讨论"巫史传统"的问题,认为巫术中自然
科学方面的内容开始逐渐理性化,这是思考从巫术到方术转变的关
键问题;巫术的主要问题在于宣称的效果无法得到持续有效的验
证,所以战国秦汉之际出现从巫术到方术的转变历程。⑧

① 张紫晨:《中国巫术》,第 37 页。
② 宋兆麟重视性与巫术的研究特色较为鲜明,除了《生育神与性巫术研究》(北京:文物
　出版社,1990 年)之外,他还有《中国生育·性·巫术》(台北:汉忠文化事业股份有
　限公司,1997 年)、《民间性巫术》(北京:团结出版社,2005 年)等书,可以参看。另
　外,宋兆麟关于巫术的著作还有《会说话的巫图:远古民间信仰调查》(北京:学苑出
　版社,2004 年)、《寻根之路:一张神秘巫图的发现》(北京:学苑出版社,2004 年)等。
③ 高国藩:《敦煌巫术与巫术流变——中国民俗探微》,南京:河海大学出版社,1993
　年。高国藩另外还有《中国巫术史》(上海:三联书店,1999 年)一书。
④ 臧振:《蒙昧中的智慧——中国巫术》,北京:华夏出版社,1994 年。
⑤ 胡新生:《中国古代巫术》,北京:人民出版社,2010 年。
⑥ 吴成国:《六朝巫术与社会研究》,武汉:武汉出版社,2007 年。
⑦ (韩)赵容俊:《殷商甲骨卜辞所见之巫术》,北京:中华书局,2011 年。
⑧ 李泽厚:《说巫史传统》,收入氏著《己卯五说》,北京:中国电影出版社,1999 年。

　　日本学者较早的对中国古代巫术、方术问题的研究,是从人类学和民族学的角度切入的。例如藤野岩友《巫系文学论》一书从民族和民俗学的角度关注《楚辞》中的巫和巫术,同时讨论了楚国的"神政",以及巫与祝、宗、史在身份上的关系,是书对巫舞、卜筮、招魂等神秘文化内容也都有独到的见解。① 另外,藤野岩友还讨论过中国古代的"禹步"巫术,②森三树三郎也讨论了秦汉民间的祭祀问题以及神灵的"性格",③笠原清一关注过"巫医"的问题。④ 与葛兰言类似,白川静也从民俗学的角度研究《诗经》中的巫术民俗,⑤而白川静学术研究的特点是通过文字学破译文化现象,例如他对"巫""医""祝"的关系的研究就是经由这样的方式实现的。⑥ 日本学者对中国古代鬼神的讨论也取得了丰厚的成果,例如林巳奈夫依托文物讨论"神"的形象,以及器物纹样与鬼神的关系。⑦ 另外,曾布川宽和伊藤清司都讨论了《山海经》中的神兽和恶鬼以及升仙等问题。⑧日本学者曾经将相关主题的几篇论文结集,并取名为"中国的思维世

① (日)藤野岩友:《巫系文学论:以〈楚辞〉为中心》,韩基国编译,重庆:重庆出版社,2005年。
② (日)藤野岩友:《禹步考》,收入氏著《中国の文学と礼俗》,东京:角川书店,1976年。
③ (日)森三树三郎:《秦汉に于はる民间祭祀の统一——主として社に就いて》,《东方学报》第11册第1分册,1940年;《支那の神神の官僚的性格》,《支那学》第11卷第1号,1943年。
④ (日)笠原清一:《上代支那の巫医に就いて》,《史苑》第11卷第3、4号,1938年。
⑤ (日)白川静:《诗经的世界》,杜正胜译,台北:东大图书,2009年。此书后于2019年在四川人民出版社出版,由黄铮翻译。
⑥ (日)白川静:《中国古代文化》,加地伸行、范月娇译,台北:文津出版社,1983年。
⑦ 林巳奈夫的主要著作有《汉代の神神》,京都:临川书店,1989年;《中国古代の神ガみ》,东京:吉川弘文馆,2002年;《神与兽的纹样学:中国古代诸神》,常耀华等译,北京:生活·读书·新知三联书店,2009年。
⑧ (日)曾布川宽:《崑崙山への昇仙:古代中国人が描いた死後の世界》,东京:中央公论新社,1981年。(日)伊藤清司:《中国の神獣·恶鬼たち:山海经の世界》,东京:东方书店,1986年。此书有增补改订版,2013年由东京东方书店出版。

界"，①其中收录了池田知久《中国思想史中"自然"的诞生》《中国古代的天人相关论——董仲舒的情况》《中国科学与天文历数学》《术数学》等文章，沟口雄三在《〈中国的思维世界〉题解》一文中详细论述了科学思维与自然伦理的问题，认为中国古代的思维关注的是人与自然的互动关系，这样的观点极具启发性。

关于方术与谶纬的关系，顾颉刚早年的思考对后来的学者有较大的启发。根据顾氏自己的说法，他原本是想对汉代的学术进行总结，所以取名"汉代学术史略"，基本思路是阴阳家和方术士影响和造就了秦和西汉的若干制度，博士和儒生接受方术士的思想，成就汉代的经学，影响汉代的制度；西汉中后期以后经学转向谶纬，继续影响政治制度。然受限于当时的条件，顾颉刚未能够真正完成这样的工作，况且顾颉刚自己也认识到，在这样的思路之下如何统筹汉代学术中的自然科学及其他相关内容还是个难题，所以后来再次出版的时候将"汉代学术史略"改题为"秦汉的方士与儒生"。②

陈槃对谶纬的研究被认为"奠定了纬书研究的基础"（安居香山语），20 世纪 40 年代陈槃在《中央研究院历史语言研究所集刊》先后刊发了系列研究谶纬的文章，认为谶纬来源于方术。这些文章主要有《谶纬释名》等，③另外陈槃有《战国秦汉间方士考论》，讨论战国秦汉时期方士的活动和影响。④ 后来这些文章收入《古谶纬研讨

---

① （日）沟口雄三、小岛毅编著：《中国的思维世界》，孙歌译，南京：江苏人民出版社，2006 年。

② 顾颉刚：《秦汉的方士与儒生》，上海：上海古籍出版社，2005 年。

③ 陈槃：《谶纬释名》，《中央研究院历史语言研究所集刊》第 11 本，1944 年；《谶纬溯原上》，《中央研究院历史语言研究所集刊》第 11 本，1944 年；《秦汉间之所谓"符应"论略》，《中央研究院历史语言研究所集刊》第 16 本，1947 年；《古谶纬书录解题》，《"中研院"历史语言研究所集刊》第 44 本第 2 分册，1950 年。

④ 陈槃：《战国秦汉间方士考论》，《中央研究院历史语言研究所集刊》第 17 本，1948 年。

及其书录解题》一书。①安居香山、中村璋八对于谶纬的研究作出了突出的贡献，吕宗力和栾保群在《纬书集成》序言里肯定"二位学者付出几乎是毕生的精力，对丰富中国思想文化的研究宝库，无疑是居功甚伟的"。②另外，安居香山在《纬书与中国神秘思想》一书中对纬书相关的中国思想史问题进行了讨论，特意提到了中国的天文占，并指出中国古代天文学的特点在于和现实政治密切联系。③徐兴无《谶纬文献与汉代文化构建》，除了从文献角度考察经学和谶纬的关系之外，另外一个重要贡献就是对"新天道"和"天道圣统"的研究。他认为谶纬的核心内容是"《月令》图式"，这是战国秦汉之际知识阶层构建出来的、包含了时间和空间观念的特殊宇宙图式，这个图式融合了祖先和政治合一的祭祀模式，为后来统一帝国的君主建立帝国神话提供了与天道沟通的方便法门。徐兴无提出的"天道圣统"和陶磊通过观察古代天文学认识到的天道观相似，这是术士建构的新的思想体系，在西汉时期整体融入谶纬之中，对后来的经学和汉代政治都产生了非常重要的影响。④

前揭顾颉刚《秦汉的方士与儒生》已经提到，博士和儒生接受方士的思想，成就了汉代的经学，学者们也注意到今文经学吸收了谶纬的思想。例如清代徐养原就认为："图谶乃术士之言，与经义初不相涉。至后人造作纬书，则因图谶而牵合于经义。其于经义，皆西京博士家言，为今文之学者也。"⑤前引安居香山认为《易纬》是京房

---

① 陈槃：《古谶纬研讨及其书录解题》，上海：上海古籍出版社，2010 年。

② （日）安居香山、中村璋八辑：《纬书集成》，石家庄：河北人民出版社，1994 年。

③ （日）安居香山：《纬书与中国神秘思想》，田人隆译，石家庄：河北人民出版社，1991 年。

④ 徐兴无：《谶纬文献与汉代文化构建》，北京：中华书局，2003 年。

⑤ 徐养原：《纬候不起于哀平辨》，阮元、王先谦编：《清经解　清经解续编》，南京：凤凰出版社影印，2005 年。

后学所作,而《春秋纬》则是公羊派的后学所作;钟肇鹏也认为《易纬》为孟京《易》学一派,《公羊春秋》对谶纬的影响最大,谶纬中的很多内容都是董仲舒思想论著的继承和发展。① 周予同认为谶纬可以说是公羊学的第二次扩大。② 另外台湾学者吕凯《郑玄之谶纬学》,对郑玄以谶纬思想遍注群经进行了研究,并指出谶纬思想之脉络对后世的影响。③ 陈苏镇总结,谶纬的内容虽然十分庞杂,但主要思想属于西汉今文经学;另外陈苏镇的研究也揭示了谶纬形成的具体过程、谶纬的篇目结构所包含的思想内容、谶纬的主题思想和政治主张等,并对谶纬在西汉末年大量出现的原因做进一步说明。④ 此外,姜望来对北朝谶谣的研究也有重要借鉴意义。⑤

关于政治文化的概念,陈苏镇指出,政治文化是一个民族在特定时期和特定环境中形成的群体政治心态,这种心态构成政治生活的软环境,对人们的政治行为有制约作用,与政治演进、制度变迁等现象存在互动关系。⑥ 考察秦汉时期的政治文化特征,可以发现鬼神方术以及谶纬是构成当时政治生活"软环境"的重要内容,"鬼神"是秦汉时代信仰的基础,其影响涵盖当时社会的普遍群体,是人们思考问题的基本方式,甚至是包括祖先神灵祭祀以及郊祀在内的国家祭祀体系的思想基础。

贯穿本书的中心线索是从巫术方术到谶纬的验证问题,本书重点探讨巫术和方术的不验难题,以及谶纬的应验逻辑等,另外机械

---

① 钟肇鹏:《谶纬论略》,沈阳:辽宁教育出版社,1991 年。

② 周予同:《〈春秋〉与〈春秋〉学》,《周予同经学史论著选集》,上海:上海人民出版社,1983 年。此书有上海人民出版社 1996 年增订本。

③ 吕凯:《郑玄之谶纬学》,台北:台湾商务印书馆,1982 年。

④ 陈苏镇:《〈春秋〉与"汉道"——两汉政治与政治文化研究》,北京:中华书局,2011 年。

⑤ 姜望来:《谶谣与北朝政治研究》,天津:天津古籍出版社,2011 年。

⑥ 陈苏镇:《〈春秋〉与"汉道"——两汉政治与政治文化研究》,第 5 页。

循环的史观对于谶纬文献的建构及其验证都具有重要的意义。在写法上,本书以政治史为轴展开讨论,着重探讨秦始皇崇方术而抑巫鬼,汉武帝的巫术和方术体验等,对秦皇汉武的求仙心态进行梳理,这些是本书第一章的核心内容。谶纬与巫术、方术对未来的预测方式有较大不同,这种有言于前,验证于后的模式对西汉中后期以及东汉时期的政治文化产生过深远的影响,本书第二章主要围绕谶纬的验证模式展开讨论。历史书写者对于预言及其验证模式的态度也具有重要意义,这决定了哪些内容可以被收录进史书中,而史书的作者也就此成为预言的重要环节,这是本书第三章的主要内容。

第一章　巫术、方术的验与不验

　　秦汉时期思想的底色是巫鬼之术，正如鲁迅所说："中国本信巫，秦汉以来，神仙之说盛行，汉末又大畅巫风，而鬼道愈炽。"[1]信巫有着久远的传统，而不同地域的巫者与地方势力有密切联系，是以秦统一之后，秦始皇为了维护统一政权不得不抑制巫鬼之术。神仙之说在秦皇汉武时期盛行，秦始皇求仙重视过程，着意向民众宣传皇帝不死；汉武帝则对于不死升仙有着强烈的个人追求，其本源是相信巫术和方术的真实有效。然而巫术和方术的问题恰在于无法持续有效验证，这制约着巫术和方术的进一步发展。

　　本章围绕秦始皇和汉武帝的巫术和方术活动，着重分析秦汉政治文化的神秘主义特征。需要注意的是，是否能够得到验证是考察各类巫术和方术的主要手段，而如何提供持续有效的验证也是各种"术士"努力的目标，围绕这一问题，包括巫师和方术士在内的各类"术士"与统治者和知识阶层展开漫长的博弈，探究这一博弈过程对于认识中国古代各类"术"的发展有重要意义。

---

[1] 鲁迅：《中国小说史略》，收入《鲁迅全集》第九卷，北京：人民文学出版社，1981年，第24页。

第一节 崇方术而抑巫鬼
——秦始皇求仙的政治文化考察

史料记载先秦秦汉时期不同地域皆存在巫鬼问题,楚地、陈地以及吴越地区的巫术氛围尤为浓郁,另外齐地有巫儿传统,三晋地区以及燕国、秦国也都有巫者活动,信巫显然并非一时一地的现象。巫鬼信仰与政治活动也不可避免产生联系,一方面有些政权的政治活动中曾借助巫鬼的力量强化政治统治,这也就是秦始皇所谓的"假威鬼神";另一方面,巫鬼祠祀有着鲜明的地域性特征,负责祭祀的巫师遍布各地,与本土势力有着千丝万缕的联系,对各地民众思想和信仰施加不同程度的影响,对于中央集权的统一政权来说是不稳定因素。史料记载秦始皇曾致力于整合各地的祭祀系统,尝试将各地祭祀神祠纳入统一管理,显而易见这项工作成效甚微,秦统治时期多有借助巫鬼之术进行反抗的记载。而秦始皇支持方术士的求仙活动,其着眼点除了不死升仙之外,也在于抑制传统的鬼神巫术。

一、崇方术与秦政治

从政治文化视角考察,秦始皇对燕齐方术士群体的扶持政策可归因于双重动因:其一,君主个人对长生升仙的终极追求构成直接诱因;其二,方术活动在帝国治理体系中具备特殊政治功能。可以注意到,方术信仰体系的建构与推广,本质上与秦王朝推行的"书同文、车同轨"等统合政策形成有机互补——通过尊奉方术信仰,压制各地分散的巫鬼崇拜,有效消解六国故地的传统信仰体系。这种宗教文化政策作为政治军事手段的延伸,既可以削弱地方势力的精神纽带,又强化了中央政权的神圣权威,究其本质,对方术的推崇绝非单纯的个人信仰投射,而是经过政治考量的制度设计,旨在从意识形态层面巩固大一统格局。

1. 始皇帝的鬼神观

秦始皇本人深受巫鬼观念影响,相信鬼神能够带来灾害,也能带来福佑,甚或治愈疾病,这也是中国古代传统关于鬼神观念的基础内容。只是受到传统"祭不越望"思想的影响,秦始皇对秦地以外鬼神的态度有明显不同,这是始皇帝鬼神观念的重要特点。

"巫鬼"之"巫"字的本意就与侍奉鬼神有关。甲骨文中有 ✚字,关于这个字的字意一直众说纷纭,王国维认为它是"示"字,叶玉森认为它是"田之省变",金祥恒则认为它是"巨"字,而范毓周则认为是"方"字,这一说法颇得李学勤的认可。[1] 但主流的观点都认为此字就是"巫"字,这一观点首先由唐兰提出,他的依据是《诅楚文》中"巫咸"之"巫"的写法,这一说法后来又得到郭沫若、陈梦家、饶宗颐、屈万里、李孝定、张光直等人的认可。[2] 从这个字的字形上来看,它的主体部分是两个"工"字,《说文解字》巫部:"巫,祝也,女能事无形,以舞降神者也,象人两褎舞形,与工同意。古者巫咸初作巫。"而工部又说:"工,巧饰也,象人有规矩,与巫同意。"之所以说工"与巫同意",意思是说"规矩"是远古巫者用以测量、计算的工具,也是巫者身份的一个重要标志。[3] 最为重要的是,《说文解字》指出巫的基本职事是以舞蹈的形式"事无形",即主要处理人与鬼神沟通的问

---

① 参商承祚《殷契佚存》,南京:金陵大学中国文化研究所,1933 年,第 96 页;范毓周《甲骨文中的 ✚ 与 ✚ 帝》,《南方文物》1994 年第 2 期;李学勤《比较考古学随笔》,桂林:广西师范大学出版社,1997 年,第 21—28 页。

② 唐兰:《古文字学导论(增订本)》,济南:齐鲁书社,1981 年,第 166 页;郭沫若:《殷契粹编》,北京:科学出版社,1965 年,第 368 页;陈梦家《殷虚卜辞综述》,北京:中华书局,1988 年,第 365 页;饶宗颐《殷代贞卜人物通考》,香港:香港大学出版社,1959 年,第 663 页。

③ 参董涛《试论规矩的符号化和神秘化》,中国社会科学院历史研究所文化史研究室:《形象史学研究》第 2 辑,北京:人民出版社,2012 年。

题,王充说"巫党于鬼",即是就此而言的。事实上,通过向鬼神祈祷以解除疾病,被认为是巫者固有的职事。例如郑玄注《公羊传》提到"巫,掌招甹以除疾病",何休也说:"巫者,事鬼神,祷解以治病请福者也。"郑玄所谓"招甹"的说法来自《周礼·春官·男巫》"春招甹以除疾病",郑玄认为这里的"招"也就是"招福"的意思。①

　　学者们注意到,秦人总体的鬼神观念与殷人更为接近。例如林剑鸣指出,中国古代宗教体系发展的脉络,是从多神向统一至上神转化,至西周时,已经将"对'天'和祖宗的崇拜与人世的道德伦理统一起来……但是在集中地反映秦人宗教观念的《日书》中,却看不到丝毫类似周人那样较高层次的鬼神观,更多的是与殷人相近的低层次的宗教迷信"。② 李晓东和黄晓芬认为秦人有一个由上上下下多种不同神灵构成的阵容庞大的神统。③ 吴小强指出秦人宗教思维中的世俗化特征,《日书》中的鬼神本质上具有人的特征。④ 田静和史党社认为,秦人在信仰方面经历了从上帝到天的崇拜过程。⑤ 另外,晁福林分析春秋和战国时期的鬼神观念,认为春秋时期的鬼神观念较为浓厚,对当时社会造成了重要影响,而到了战国时期鬼神观念出现了前所未有的变化,人们所尊崇的天神已经有了系统化的结构。⑥ 蒲

---

① 《周礼注疏》,阮元校刻《十三经注疏》,北京:中华书局影印,2009 年,第 816 页。

② 林剑鸣:《从秦人价值观看秦文化的特点》,《历史研究》1987 年第 3 期。

③ 李晓东、黄晓芬:《从〈日书〉看秦人鬼神观及秦文化特征》,《历史研究》1987 年第 4 期;相关的研究另参李晓东、黄晓芬《秦人鬼神观念与殷周鬼神观比较》,《人文杂志》1989 年第 5 期。

④ 吴小强:《论秦人宗教思维特征——云梦秦简〈日书〉的宗教学研究》,《江汉考古》1992 年第 1 期。相关的研究另参魏超《从睡虎地秦简〈日书〉看秦人的鬼神观念》,《华夏文化》2015 年第 1 期。

⑤ 田静、史党社:《论秦人对天或者上帝的崇拜》,《中国史研究》1996 年第 3 期。

⑥ 晁福林:《春秋时期的鬼神观念及其社会影响》,《历史研究》1995 年第 5 期;《战国时期的鬼神观念及其社会影响》,《中国史研究》1998 年第 2 期。

慕州认为秦始皇对鬼的信仰与求仙密不可分。①

对于"恶鬼"要有所避忌,秦始皇本人显然也受这种思想观念的影响。例如他相信卢生所谓"恶鬼辟,真人至"的说法,《史记·秦始皇本纪》载卢生曰:"臣等求芝奇药仙者常弗遇,类物有害之者。方中,人主时为微行以辟恶鬼,恶鬼辟,真人至。"②于是秦始皇为咸阳之旁二百里内二百七十座宫观都修了甬道。后来又发生神秘的"山鬼献璧"事件,《秦始皇本纪》载:

> 秋,使者从关东夜过华阴平舒道,有人持璧遮使者曰:"为吾遗滈池君。"因言曰:"今年祖龙死。"使者问其故,因忽不见,置其璧去。使者奉璧具以闻。始皇默然良久,曰:"山鬼固不过知一岁事也。"退言曰:"祖龙者,人之先也。"使御府视璧,乃二十八年行渡江所沈璧也。于是始皇卜之,卦得游徙吉。③

"今年祖龙死"的山鬼之言也让秦始皇"默然良久",这种对"鬼"的避忌与恐惧是中国古代鬼神观念中的重要内容。秦始皇本人显然深受这种观念的影响,对于恶鬼不得不有所避忌。

然而秦始皇对秦国以外的鬼神并不如何信赖。二十八年秦始皇行至湘山祠附近遇大风,几不得渡,一怒之下砍掉湘山上的树木,《史记·秦始皇本纪》载:"浮江,至湘山祠。逢大风,几不得渡。上问博士曰:'湘君何神?'博士对曰:'闻之,尧女,舜之妻,而葬此。'于是始皇大怒,使刑徒三千人皆伐湘山树,赭其山。"④这是一种厌胜巫

① 参蒲慕州《早期中国的鬼》,北京:新星出版社,2023 年,第 74 页。
② 《史记》卷六《秦始皇本纪》,北京:中华书局,1982 年,第 257、259 页。
③ 《史记》卷六《秦始皇本纪》,第 259 页。
④ 《史记》卷六《秦始皇本纪》,第 248 页。

术,也是对鬼神极为不敬的行为。① 学者们注意到,秦始皇显然更重视压制楚系鬼神,并认为这和秦楚之间长期的矛盾有关。② 还有论者指出,秦始皇其实也未能得到东方神祇的认同,可备一说。③ 另外,秦始皇后来"梦与海神战",于是"令入海者赍捕巨鱼具,而自以连弩候大鱼出射之……至之罘,见巨鱼,射杀一鱼"。④ 足见他在心理上并不畏惧"海神",还想要与之一争高下。

秦始皇的这种心理应当与"祭不越望"的观念有关。先秦时期各国君主负责祭祀各自国内的山川鬼神,也就是"祭不越望"。《左传》哀公六年楚昭王说"三代命祀,祭不越望,江汉雎章楚之望也,祸福之至不是过也",杜预注云:"诸侯望祀竟内山川星辰。"⑤《史记·楚世家》载楚昭王之言"自吾先王受封,望不过江汉,而河非所获罪也",《史记集解》引服虔曰:"谓所受王命,祀其国中山川为望。"⑥有论者指出,西周建立,将"祭不越望"作为诸侯的祭祀规则;随着周王

① 岳麓秦简中有《秦始皇禁伐湘山树木诏》,与《史记》中秦始皇伐树赭湘山的记载不同,学者们围绕相关问题展开讨论,相关的研究参于振波《岳麓书院藏秦简始皇禁伐树木诏考异》,《湖南大学学报(社会科学版)》2018年第3期;晏昌贵《禁山与赭山:秦始皇的多重面相》,《华中师范大学学报(人文社会科学版)》2018年第3期;符奎《自然、家庭与帝国:人性视角下的秦始皇——从岳麓秦简秦始皇"禁伐树木诏"谈起》,邬文玲、戴卫红主编:《简帛研究二○一九(春夏卷)》,桂林:广西师范大学出版社,2019年;孙家洲《史籍失载的秦始皇荆楚故地的一次出巡及其诏书析证——岳麓书院藏秦简〈秦始皇禁伐湘山树木诏〉新解》,《中国史研究》2021年第4期;胡平生《史迁不采〈秦记〉始皇诏书说——也说岳麓秦简〈秦始皇禁伐湘山树木诏〉》,《简帛》第25辑,上海:上海古籍出版社,2022年。
② 李玥凝:《秦始皇的宗教倾向性与秦汉国家宗教中的齐楚传统》,《人文杂志》2017年第1期。
③ 杨华:《秦汉帝国的神权统一——出土简帛与〈封禅书〉、〈郊祀志〉的对比考察》,《历史研究》2011年第5期。
④《史记》卷六《秦始皇本纪》,第264页。
⑤《春秋左传正义》,阮元校刻《十三经注疏》,第4695页。
⑥《史记》卷四○《楚世家》,第1717页。

权衰退,这种规则也就逐渐消失了。① 应当注意到,这种规则其实基于各地鬼神祭祀的现实而产生,人们相信祭祀不属于自己国内的鬼神,不会得到福佑,也不会产生理想的效果。据《史记·蒙恬列传》载:"始皇三十七年冬,行出游会稽,并海上,北走琅邪。道病,使蒙毅还祷山川,未反。"②秦始皇在行旅途中生病还要派近臣返回秦国祭祀山川鬼神,也是受传统的"祭不越望"观念的影响,不相信秦地以外的鬼神能够治愈自己的疾病。所以虽然秦始皇几乎每次出游都要祭祀经过的名山大川,但看上去更像是一种表面上的礼遇,秦始皇既不相信这些鬼神能够给自己带来福佑,也不畏惧他们的威力。

总体来看,受传统"祭不越望"思想的影响,秦始皇对秦国及关东六国鬼神的态度明显不同,他相信鬼神的存在但相对较为克制,这其实已经是较为理性的态度了。而且史料中并没有秦始皇在巫鬼祠祀中个人体验的记载,很明显他没有像汉武帝一样经历过较为良好的巫术体验。另外史料记载中保存了秦始皇批判古帝王"假威鬼神"的记载,显示秦帝国君臣尽力摈弃巫鬼祠祀对于政治的影响。

2. 对"假威鬼神"的批判

秦始皇在刻石中批判传统帝王"假威鬼神",即假借鬼神的威势对民众进行欺瞒,其实是认识到传统巫鬼祠祀在政治行为中的弊端。秦人尝试以"法"作为新的治理手段,抵消巫鬼祠祀在六国的影响,进而消解不利帝国统一的因素。

---

① 李凯:《"祭不越望"探析》,《云南社会科学》2008 年第 4 期。另参李凯《从〈简大王泊旱〉看〈河伯〉的"祭不越望"问题》,氏著:《出土文献与商周文明初探》,北京:北京联合出版有限公司,2018 年。相关研究另参牛娜娜、谢耀亭《晋国"祭不越望"考论》,《山西档案》2015 年第 4 期。

② 《史记》卷八八《蒙恬列传》,第 2567 页。

秦统一之后也在试图整合各国山川祭祀，通过这样的方式控制人们的信仰，即《史记·封禅书》所谓"令祠官所常奉天地名山大川鬼神可得而序也"。① 并把祭祀分为太祝常主、上过则祠、民各自奉祠三个等级，其中太祝所主的祭祀主要在咸阳和雍附近，是秦人原有的祭祀场所；上过则祠、去则已的，主要是山东六国的名山大川，例如齐地的八神等；民间祭祀则散布在各地。有学者认为秦政权此举用意在于统一神权，是说其确。② 而没有被官方列入祀典或者祠令者都属于"淫祀"，这一类祠祀是被历代政府严厉打击的对象。例如秦始皇时代就有禁绝淫祀的政令，如三十三年"徙谪，实之初县，禁不得祠"。③ 睡虎地秦简也有"擅兴奇祠，赀二甲"的说法，整理者认为"奇祠，不合法的祠庙，后世称为淫祠"，并认为这些不合法的祠庙，即"擅有鬼立（位）"，应该是法典颁布之后再新出现的祠庙。④

而作为国家的基本政策，除了整合祭祀系统、禁绝淫祀之外，秦始皇也在尝试放弃通过鬼神之说统治民众，努力摆脱巫鬼之术的影响。例如早在二十八年琅琊刻石中秦始皇就批评五帝三王假借鬼神之力：

> 古之五帝三王，知教不同，法度不明，假威鬼神，以欺远方，实不称名，故不久长。其身未殁，诸侯倍叛，法令不行。⑤

所谓"假威鬼神"，《史记正义》解释说："五帝、三王假借鬼神之

① 《史记》卷二八《封禅书》，第 1371 页。
② 杨华：《秦汉帝国的神权统一——出土简帛与〈封禅书〉、〈郊祀志〉的对比考察》，《历史研究》2011 年第 5 期。
③ 《史记》卷六《秦始皇本纪》，第 253 页。
④ 睡虎地秦墓竹简整理小组编：《睡虎地秦墓竹简》，北京：文物出版社，1982 年，第 131 页。
⑤ 《史记》卷六《秦始皇本纪》，第 246—247 页。

威，以欺服远方之民，若苌弘之比也。"苌弘事见《史记·封禅书》："是时苌弘以方事周灵王，诸侯莫朝周，周力少，苌弘乃明鬼神事，设射《狸首》。《狸首》者，诸侯之不来者。依物怪欲以致诸侯。诸侯不从，而晋人执杀苌弘。周人之言方怪者自苌弘。"①研究者认为，苌弘使用的无非是一般巫师和术士常用的交感巫术，射物创人，以遂使诸侯朝周之意。②

　　史料中也有类似伤害性巫术，例如《史记·殷本纪》载有帝武乙射天神事："帝武乙无道，为偶人，谓之天神。与之博，令人为行，天神不胜，乃僇辱之，为革囊盛血，卬而射之，命曰射天。"③另外《战国策·燕策二》载："今宋王射天笞地，铸诸侯之象，使待屏匽，展其臂，弹其鼻。"《战国策》还提道："秦欲攻安邑，恐齐救之，则以宋委于齐，曰：'宋王无道，为木人以写寡人，射其面，寡人地绝兵远，不能攻也'。"④可见类似射击敌国君主之偶人并期待现实伤害的巫术在先秦社会确实较为普遍。

　　同时也应当注意到，秦的政治文化中较少鬼神相关内容，巫鬼之术对秦政治的影响原本就较为有限。秦政治文化中最令秦人引以为豪的是"法度""法令"，所以"之罘刻石"说："大圣作治，建定法度，显箸纲纪。外教诸侯，光施文惠，明以义理。"后来"会稽刻石"说："秦圣临国，始定刑名，显陈旧章。初平法式，审别职任，以立恒常。"其中"法度""法式"等是秦人面向东方六国旧地进行政治宣传中着意强

①《史记》卷二八《封禅书》，第1364页。
② 袁珂：《中国神话通论》，成都：四川人民出版社，2019年，第362页。杨宽也认为射"诸侯之不来者"是当时比较流行的一种祝诅巫术，见氏著《西周史》，上海：上海人民出版社，2016年，第785页。
③《史记》卷三《殷本纪》，第104页。
④ 郭人民著，孙顺霖补正：《战国策校注系年补正》，郑州：中州古籍出版社，2020年，第914、888页。

调的内容。① 有论者认为这显示秦信仰的缺失;②也有学者认为秦始皇在鬼神面前态度傲慢、充满轻蔑情绪。③ 田兆元研究神话与中国社会,认为秦人放弃"假威鬼神"意味着缺乏构建基于君权神授的意识形态体系的自觉性。④ 冯友兰认为这是因为秦人具备使用"法"和"威"进行统治的条件。⑤ 徐复观指出秦帝国本身就是建立在自韩非以来依"人"立法的基础上。⑥ 正如有学者所认为的那样,假借法制其实相对于假借天命和神意更为严酷,也需要更多的政治实力。⑦ 其实由刻石内容可以发现,秦始皇君臣也在着力进行帝王专制主义理论的建设,⑧只是因为秦始皇有"平一宇内"的实力和功绩,所以放弃了具有欺骗性质的鬼神之说,本质上是对"五帝三王"假威鬼神政策的否定。⑨

总的来看,秦始皇认为对于民众的统治不能够依靠鬼神之说进行欺骗,五帝三王这么做,与他们的名号是不相称的。秦始皇指出五帝三王不久长的原因还在于法度不明,所以需要明法律。秦始皇虽然是在批评历史上的五帝三王,但他有着明确的现实政治诉求,即以秦人一直以来贯彻实行的明确的法律取代假威鬼神——实际上也就是山东各国原有的统治方式,并希望民众能够接受这样的统治方式,进而实现国家政治和社会秩序的稳定。

① 《史记》卷六《秦始皇本纪》,第 261 页。
② 张荣明:《信仰的考古:中国宗教思想史纲要》,天津:南开大学出版社,2010 年,第 75 页。
③ 李国娟:《秦汉之际的儒家思想》,上海:文汇出版社,2011 年,第 25 页。
④ 田兆元:《神话与中国社会》,上海:上海人民出版社,1998 年,第 195 页。
⑤ 冯友兰:《中国哲学史新编(1980 年修订本)》,北京:人民出版社,1982 年,第 7 页。
⑥ 徐复观:《两汉思想史》第一册,北京:九州出版社,2014 年,第 127 页。
⑦ 冯达文:《理性与觉性:佛学与儒学论丛》,成都:巴蜀书社,2009 年。
⑧ 刘泽华:《中国的王权主义:传统社会与思想特点考察》,上海:上海人民出版社,2000 年,第 137 页。
⑨ 谢谦:《中国古代宗教与礼乐文化》,成都:四川人民出版社,1996 年,第 193 页。

3. 扶持方术士

前文提到秦始皇批判"假威鬼神",尝试以法律制度取代鬼神之说,然而在当时普遍的信仰背景之下,让民众彻底放弃鬼神思想显然是不太可能的;而宣扬新的鬼神之说——也就是不死成仙的思想,一方面可以脱离传统的巫祝祭祀,一方面维护皇帝的权威,同时也扶植一批支持秦统治的新兴势力,这显然是秦始皇扶持方术士的重要原因。

在秦统一时代方术的"不死""升仙"等理念方兴未艾,具有较大的吸引力。相对而言,传统的巫鬼祭祀之术的根本思想理念和实践模式是相信鬼神的存在,然后向鬼神祭祀,祈求给人们带来福佑。然而在长期的实践过程中此类巫术很容易被证伪,即人们很容易就会发现巫师们宣扬的效果很难持续有效地验证。相对于巫术,秦统一前后的方术还处于新兴阶段,海外仙人和仙山的传说具有蛊惑人心的魅力,所以秦始皇会说"吾慕真人,自谓'真人',不称朕",①显示秦始皇对真人和仙人的信仰。而所谓不死之药是否真正存在,至少在当时社会确实并无定论,所以秦始皇愿意资助方术士们寻求仙药。

另外需要注意的是,与遍布各地民间的巫师不同,方术士们的活动地域比较集中,这样就有利于就近控制。从相关记载来看,战国秦汉社会巫者在官方和民间都存在,官方的巫者主要负责祖先神灵以及天地山川鬼神祠祀,在由官方管理的祭祀场所活动;而民间的巫者主要帮助民众祭祀祈福,在散落各地的小型祠祀场所活动。从留存于史料中的原山东六国祠祀地点来看,其分布相当广泛,②如果政府对基层的控制能力有限,民间巫者就会挑战政府在地方的权

---

① 《史记》卷六《秦始皇本纪》,第 257 页。
② 相关的研究参田天《春秋战国秦国祠祀考》,《中国典籍与文化》2013 年第 1 期;另参氏著《秦汉国家祭祀史稿》,北京:生活·读书·新知三联书店,2015 年。

威,史料中常见相关例证,兹不赘述。然而相比之下方术士们的活动比较集中,《史记·封禅书》记载方术士们活跃于海上燕齐地域。①秦始皇二十八年第一次到海边的时候,他们就纷纷来到皇帝周围,后来他们中的一部分人如侯生、卢生等聚集在秦的首都咸阳。即便是徐福等负责出海求取仙药的方术士,秦始皇也能以"考验"的方式进行控制。可以认为,秦始皇召集文学和方术士到中央是一种"兴太平"的手段,其实也是为了便利就近控制,后来方术士和儒生们因"犯禁"而被"坑之咸阳",也恰恰印证了这一点。曹魏时代曹植《辩道论》说:"卒所以集之于魏国者,诚恐斯人之徒,接奸宄以欺众,行妖慝以惑民。"②秦始皇应当也有大致相同的用意。

而且与巫师相比,方术士们与地域集团联系较弱,也有利于政府的管理和控制。巫师祭祀的是当地的鬼神,与本土势力和本土文化有千丝万缕的联系,这也构成了统一集权政府的离心力。例如在褚少孙所讲述的西门豹治邺故事中,有巫者团体,所谓"其巫,老女子也,已年七十。从弟子女十人所,皆衣缯绰衣,立大巫后",也有当地政府官员,"三老、官属、豪长者、里父老"。③ 巫祝和地方势力三老、廷掾勾结,作为邺令的西门豹打击巫祝和地方势力,其历史背景是逐渐成熟的中央政府开始尝试控制地方民众的信仰行为。另外例如陈胜吴广起义时篝火狐鸣所谓"大楚兴陈胜王",其

① 相关的研究参顾颉刚《秦汉的方士与儒生》;陈槃《战国秦汉间方士考论》,《中央研究院历史语言研究所集刊》第17本,1948年;李零《战国秦汉方士流派考》,《传统文化与现代化》1995年第2期。
② 《三国志》卷二九《魏书·方技传》,北京:中华书局,1982年,第806页。也有学者提出不同的意见,认为曹植的看法是片面的,并不完全可靠,这些方术士在魏国继续传播他们的方术,参陈华昌《曹操与道教及其仙游诗研究》,西安:陕西人民出版社,2002年,第216页。
③ 《史记》卷一二八《滑稽列传》,第3212页。

实也是通过巫鬼祭祀的手段,依托楚地特殊的地域文化对抗统一政府。① 再例如刘邦起兵的时候"祷丰枌榆社""祠蚩尤",②同样是借助楚地本土鬼神的力量凝聚人心。

而方术士们宣言的仙人和仙药都在"海上",地域性特征并不十分明显,也就不会囿于地域之见而拒斥统一。《史记·封禅书》说:"自威、宣、燕昭使人入海求蓬莱、方丈、瀛洲……及至秦始皇并天下,至海上,则方士言之不可胜数。"③是说方术士们曾为齐宣王、齐威王和燕昭王求仙,秦始皇来到海边他们又纷纷建议皇帝资助他们入海求仙。另外,前文提到卢生的活动,他给秦始皇"亡秦者胡"的谶语以及建议皇帝要像真人那样生活,至少这些都是从维护秦始皇及秦帝国统治的角度出发的,对于秦的统治是有利的。秦始皇信任这些便于统治管理,在政治上又维护统一的方术士,其实是不难理解的。

同样需要注意的是,秦始皇对齐楚文化有着明显不同的态度。秦人对于滨海地域的齐文化明显更为宽容,而楚地和楚文化则受到更多限制。例如,同样是祭祀巡游所到之处的山川鬼神,秦始皇对齐地"八神"表现出了恭敬的礼拜,《史记·封禅书》说:"始皇遂东游海上,行礼祠名山大川及八神,求仙人羡门之属。"④正如王子今所言:"秦始皇来到最后征服的齐国,他在以威服为主要目的的巡行途中,却不得不受到齐人创造的海洋文化的感染。"⑤另外有论者指出,

---

① 栾保群曾分析这条谶言是为了映衬高祖斩白蛇时赤帝子和白帝子的谶言,见氏著《中国古代的谣言与谶语》,南京:江苏凤凰文艺出版社,2018年,第29页。
②《史记》卷二八《封禅书》,第1378页。相关研究参王子今《汉代"蚩尤"崇拜》,《南都学坛》2006年第4期。
③《史记》卷二八《封禅书》,第1369—1370页。
④《史记》卷二八《封禅书》,第1367页。
⑤ 王子今:《东方海王:秦汉时期齐人的海洋开发》,北京:中国社会科学出版社,2015年,第48页。

秦始皇的宗教倾向性中有抑制楚文化因素的传统。① 之所以会有这样不同的态度,一方面是楚系外戚对秦始皇的影响,②另一方面恐怕是因为楚人对新生的秦帝国表现出的强烈不满情绪。所谓"楚虽三户亡秦必楚",这样的思想在楚地有着深厚的民众基础,再加上统一进程中在攻灭楚国时遇到的巨大阻力,这些都会让秦的统治者对楚地有特别的防备。《史记》记载秦始皇常说"东南有天子气",从秦的角度看到的东南方向就是楚地,这足以证明秦人在心理上对楚人的提防。后来的历史也证明楚人一直致力于推翻秦帝国,而包括齐人在内的其他各国对此却并不十分热衷。③

总的来说,秦始皇支持方术士有着多种因素的考量,方术士们对秦政权的支持是其中重要原因,尊崇方术士有维护政治稳定方面的考量。另外秦国一直有吸纳关东士人的传统,方术士们获得支持也可以视为这种传统的遗续。而方术士们承诺的不死和升仙在秦始皇统治的晚期发挥了更为重要的作用,这主要是因为随着政治局势的发展,秦始皇对于"不死"有着越来越强烈的诉求。

二、秦始皇的"不死"诉求

从历史记载来看,秦始皇原本对于"不死"并没有太过强烈的诉求,自即秦王位开始,陵墓的工程就一直在进行中,而其也在培养和考察合格的继承人。但随着政治局势的发展,尤其是到了秦始皇统治晚期,一系列突发政治事件对秦始皇的思想造成了不小的影响,

---

① 李玥凝:《秦始皇的宗教倾向性与秦汉国家宗教中的齐楚传统》,《人文杂志》2017年第1期。

② 李开元推测楚系外戚势力对秦始皇的政权构成影响,秦始皇的皇后以及扶苏的个人遭遇,都可能和秦始皇打击楚系外戚势力有关,见氏著《秦始皇的秘密:李开元教授历史推理讲座》,北京:中华书局,2009年,第120页。

③ 相关的研究参陈苏镇《〈春秋〉与"汉道"——两汉政治与政治文化研究》,第8页。

也让他对"不死"与升仙有了新的思考,是以应用动态发展的眼光看待秦始皇的"不死"诉求。

1. 不死与升仙理念

以往学者在讨论秦始皇求仙的时候,倾向于认为是皇帝个人对于死亡的恐惧和对长生的欲望,导致了一场极为荒诞的、以国家为主体推动的重大工程。正如清人丘琼山所言:"始皇即平六国,凡平生志欲无不遂,唯不可必得志者,寿耳。"[①]吕思勉也批评道:"奇药何与于治,而与致太平并言?尊方士侔于道术之士,谓非自私得乎?"[②]然而也有学者指出,秦始皇求仙其实关系的是帝国的信仰问题,因为他是有史以来第一位皇帝,跟"煌煌上帝"一样处于生死之外,所以他不应该死。[③]秦始皇求仙到底是为了"追寻一己之福",还是为帝国的长治久安,这仍然是一个可以继续讨论的话题。[④]然梳理秦始皇二十八年以后的历史可以发现,政治局势的演变迫使秦始皇必须"不死",因为在他看来只有这样才能够维持帝国的继续统一。[⑤]

在秦始皇的时代,不死和升仙都还是比较新奇的理念。《说文解字》说:"仙,长生仙去也。"[⑥]《释名·释长幼》说:"老而不死曰仙。仙,迁也,迁入山也。故其制字,人傍作山也。"[⑦]《说文解字》和《释

---

① 袁了凡、王凤洲:《纲鉴合编》,北京:中国书店,1985 年,第 195 页。

② 吕思勉:《秦汉史》,上海:上海古籍出版社,2016 年,第 14 页。

③ (日)西嶋定生:《白话秦汉史》,台北:文史哲出版社,1983 年,第 35 页。

④ 关于这一问题的讨论参见蒲慕州《追寻一己之福:中国古代的信仰世界》,上海:上海古籍出版社,2007 年,第 3 页。

⑤ 王绍东认为秦始皇求仙是为了补救志愿无尽而生命有穷的缺憾,皇帝的不死成了秦政权的政治需要,此说可从。见王绍东《论神仙学说对秦始皇及其统治政策的影响》,《内蒙古大学学报(人文社会科学版)》2000 年第 1 期。

⑥ 许慎撰,段玉裁注:《说文解字注》,上海:上海古籍出版社,1982 年,第 383、384 页。

⑦ 刘熙撰,毕沅疏证,王先谦补:《释名疏证补》,北京:中华书局,2008 年,第 150 页。

名》指出了仙的最主要特点,也就是长生不死。不死成仙并不是太过久远的观念,顾炎武指出"仙论起于周末,鬼论起于汉末……三代以上无仙论",①这一观点为学者们所认同。徐中舒也认为西周以前人们只是祈求能够长寿,到了春秋时期,人们开始变得贪心,开始祈求"难老"和"毋死"。② 杜正胜考察生命观念,认为直到春秋时期的人们才开始认为自己的生命不再完全掌握于天神手中,并突破生理的限度进行某些养生行为。③

至于成仙的观念是从何而来的,学界一直有本土产生说和外来说两种不同的观点。有的学者认为"仙"的观念是从外传入的,例如徐中舒认为不死观念是东周时期北部的狄人带入中国的,而闻一多则认为是西部的羌人传入中国的。④ 日本学者津田左右吉认为"仙"的观念是伴随着从长寿到不死的观念产生的,⑤许地山等人持相同的观点。⑥ 而武内义雄和内田智雄、大渊忍尔都认为"仙"的观念是沿海地区的人们受到海市蜃楼的启发而产生的,⑦吕思勉和钱穆也都大体上认可海市蜃楼的看法。杜正胜认为在外来说证据尚不充分

---

① 顾炎武著,黄汝成集释,栾保群点校:《日知录集释》,北京:中华书局,2020 年,第1540 页。

② 徐中舒:《金文嘏辞释例》,《中央研究院历史语言研究所集刊》第 4 本,1936 年。

③ 杜正胜:《从眉寿到长生——中国古代生命观念的转变》,《"中研院"历史语言研究所集刊》第 66 本第 2 分,1995 年。另参见氏著《从眉寿到长生——医疗文化与中国古代生命观》,台北:三民书局,2005 年。

④ 闻一多:《神仙考》,氏著:《神话与诗》。陈寅恪也怀疑"仙"的观念是从海路传入的,见氏著《天师道与滨海地域之关系》,《中央研究院历史语言研究所集刊》第 3本第 4 分,1934 年。杨向奎针对陈寅恪的观点提出了批评,见氏著《中国古代社会与古代思想研究》,上海:上海人民出版社,1962 年,第 477—478 页。

⑤ (日)津田左右吉:《关于神仙思想的二三点考察》,东京帝国大学文科大学著:《满鲜地理历史研究报告(10)》,首尔:景仁文化社,2012 年。

⑥ 许地山:《道教史》,刘仲宇导读,第 108 页。

⑦ (日)武内义雄:《神仙》,东京:岩波书店,1935 年,第 5—8 页。

的情况下,应当从本土的长寿理念出发进行考察。① 余英时也认为徐中舒和闻一多等人的外来说没有特别有力的证据,他更倾向于支持津田左右吉的观点,即认为不死的观念是从历史早期的长寿观念演变来的。② 应当注意到,仙确实是从人们希望延长寿命这样的观念而来的,而外来的观念或者是"海市蜃楼",则很可能刺激了仙的观念的发展和完善。另外,有学者认为长寿不死观念可能只是生活优裕的统治阶层所有的,这样的看法很可能是一种误解;其实即便是生活在社会下层、整日辛劳奔波的人,也未尝不想要在世上长久地生活下去,只是他们为此而付出的努力并不像秦皇汉武那样引人注目罢了。

还有一点必须注意的是,仙始终是人的形象。前文提到《说文解字》和《释名》对仙人"长生""老而不死"的解读,正印证了仙具有人的属性这一特点。另外,《庄子·逍遥游》也说:"藐姑射之山,有神人居焉,肌肤若冰雪,淖约若处子。不食五谷,吸风饮露。乘云气,御飞龙,而游乎四海之外。"③此所谓"神人"乃"仙人"无疑。《列子》对姑射之山上的这位仙人作了更细致的描述:

> 列姑射山在海河洲中,山上有神人焉,吸风饮露,不食五谷;心如渊泉,形如处女,不偎不爱,仙圣为之臣;不畏不怒,愿悫为之使;不施不惠,而物自足;不聚不敛,而己无愆。④

《庄子》和《列子》所说的姑射之山也见于《山海经》,据说山上

---

① 杜正胜:《从眉寿到长生——中国古代生命观念的转变》,《"中研院"历史语言研究所集刊》第66本第2分,1995年。

② 余英时:《东汉的生死观》,侯旭东等译,上海:上海古籍出版社,2005年,第23页注释。

③ 郭庆藩撰,王孝鱼点校:《庄子集释》,北京:中华书局,1961年,第28页。

④ 杨伯峻:《列子集释》,北京:中华书局,1997年,第44页。

无草木,多水,但并没有提到有神人或仙人。① 从《山海经》一贯的风格来看,即便有神人也大约会是动物形象,至少不会像《庄子》和《列子》描述的仙人那样肌肤仿佛冰雪,面貌宛若少女,给人亲和之感。而仙人不食五谷,吸风饮露,恰符合方术士们修炼成仙的辟谷方术的特征,显然方术士们根据自身的特点向世人描绘仙人的形象,这是讨论战国秦汉以来仙人形象必须要注意的内容。

2. 神人与仙人

史料记载中又有所谓"神人",其实与"仙人"并没有本质的不同。古书中对于"神"的解释各不相同,《说文解字·示部》说:"神,天神,引出万物者也。"②徐锴认为"申即引也……天主降气,以感万物,故言引出万物",③认为天神是世间万物的造物主。而《周易·系辞》说"阴阳不测之谓神",王弼注曰"神也者变化之极,妙万物而为言,不可以形诘者也",孔颖达疏说"天下万物皆由阴阳或生或成,本其所由之理,不可测量之谓神也"。④《周易》强调神的形象是不可以被认识的,这一点和《孟子》所谓"圣而不可知之谓神"有相似之处。

在先秦文献记载中神通常以动物的形象出现,例如句芒"鸟身,素服三绝,面状正方",⑤再如鲧"化为黄熊";⑥而《山海经》中的神多是半人半兽,或者是几种不同动物的组合,即便西王母的形象也

---

① 《山海经·东山经》有姑射之山,也有北姑射之山、南姑射之山,共同特征是无草木,多水或多石。袁珂指出,《海内北经》有列姑射,有姑射国,即此姑射之山之国也。见袁珂:《山海经校注》,上海:上海古籍出版社,1980年,第108页。

② 许慎撰,段玉裁注:《说文解字注》,第3页。

③ 徐锴:《说文解字系传》,北京:中华书局,1987年,第3页。

④ 《周易正义》,阮元校刻《十三经注疏》,第78页。

⑤ 孙诒让撰,孙启治点校:《墨子间诂》,北京:中华书局,2001年,第225页。

⑥ 刘向撰,向宗鲁校证:《说苑校证》,北京:中华书局,1987年,第466页。

是"其状如人,豹尾虎齿而善啸,蓬发戴胜,是司天之厉及五残","人面、虎身,有文有尾,皆白"。① 神具有动物的形象,可能与远古时期人们对动物力量的崇拜意识有关。②

自然的天和日月星辰也被认为是神,《周礼·春官·大宗伯》说鬼神可以分为天神、地祇与人鬼三个主要类别,其中的"神"包括昊天上帝、日月星辰以及司中司命、风师雨师等。郑玄认为"昊天,天也;上帝,玄天也",是以自然的天解释至上神。另外,郑玄还说:"司中,三能三阶也;司命,文昌宫星;风师,箕也;雨师,毕也……星谓五纬,辰谓日月所会十二次。司中司命文昌第五第四星。"③郑玄其实把神和天上的星象联系在一起,至少在他的观念中,神是自然属性的,与人的距离十分遥远。

也就是说,先秦秦汉时期的"神"具有更多的自然属性,往往给人一种虚无缥缈、庄严肃穆,甚至令人恐怖的印象。而神生活在悠远的天上世界,与人间的距离十分遥远,其间有巫者负责神与人的沟通。

在古代文献之中,神人与仙人往往没有被严格区分,例如前引《庄子》中的"仙人"也被称为"神人"。进入秦汉时期以后神人和仙人身份混淆的情况更为常见,秦汉文献中有所谓"大人",例如《史记·封禅书》有关公孙卿候仙人的记载说道:"仙人可见,而上往常遽,以故不见。今陛下可为观,如缑城,置枣脯,神人宜可致也。"④公

① 袁珂:《山海经校注》,第50、306、407页。
② 当然,认为神灵具有动物的形象,和图腾崇拜有着异曲同工之妙,至于两者之间的关联,还有继续讨论的空间。有关动物与神的问题还可参见陈梦家《商代的神话与巫术》,《燕京学报》1936年第20期;另参张光直《商周神话与美术中所见人与动物关系之演变》,氏著:《中国青铜时代》,北京:生活·读书·新知三联书店,1999年,第409页。
③ 《周礼注疏》,阮元校刻《十三经注疏》,第757页。
④ 《史记》卷二八《封禅书》,第1400页。

孙卿同一句话里既出现了"仙人"也出现了"神人",显然是没有严格区分两者身份。另外,《封禅书》还说:"公孙卿持节常先行候名山,至东莱,言夜见大人,长数丈,就之则不见,见其迹甚大,类禽兽云。"[1]公孙卿所谓的仙人有人的形状,但又比一般人高大,且足迹"类禽兽",是知亦是人兽组合的形象,虽不脱《山海经》古意,但亦有秦汉时代的新特征。另外《史记·司马相如列传》说:"相如既奏《大人之颂》,天子大说,飘飘有凌云之气,似游天地之间意。"[2]这里的大人也就是仙人。

顾颉刚认为,在"长生不老"和"自由自在"这两个中心观念上,神和仙其实没什么两样。[3] 实际上人们追求成为神仙,也正是对自由和长生的向往,所以对神和仙并没有认真区分。另外,神和仙都是远离人的神秘而虚假的存在,人们在脑海中重构、描述他们形象的时候,也自然而然地表现相同,忽略不同。然而这并不意味着本文在使用"神"和"仙"的概念的时候会不加区分地随意使用,事实上对于这两种概念的准确理解,是认识先秦秦汉时人鬼神观的重要方式。

另外需要注意的是,巫者和方术士作为努力向人们描述"神界"和"仙界"的群体,也有着截然不同的利益取向。大体来说,极力描述神界景象的多是巫者,他们对神界内的神人以祭祀为主,请求神降福或降灾;最喜欢描述仙界景象的则是方术士,他们认为人通过修炼可以获得长生,或者飞升抵达仙界,成为仙人。也就是说,在对神界与仙界,神人与仙人不同景象进行描述的背后,是巫者和方术

---

[1]《史记》卷二八《封禅书》,第1397页。
[2]《史记》卷一一七《司马相如列传》,第3063页。
[3] 顾颉刚:《〈庄子〉和〈楚辞〉中昆仑和蓬莱两个神话系统的融合》,《中华文史论丛》1979年第2辑。

士两个不同群体的不同思维方式。到了汉武帝的时代,包括公孙卿在内的方术士们完成了对神仙形象的建构,使得神仙的世界充满魅力,汉武帝的升仙想象也就有了比较深厚的基础。

另外根据顾颉刚的研究,神界和不死药的传说来自西部《山海经》神话系统,后来逐渐向东传播,到达东部海滨之后与当地固有的仙人传说以及特殊的海市蜃楼景致结合,就有了蓬莱海上仙山传说系统。① 而方术士们又继承了邹衍以来的阴阳五行学说,使得海上仙山及仙药的传说更加完整和丰富,对此司马迁在《史记·封禅书》中有较为客观的描述:

> 自齐威、宣之时,驺子之徒论著终始五德之运,及秦帝而齐人奏之,故始皇采用之。而宋毋忌、正伯侨、充尚、羡门高最后皆燕人,为方仙道,形解销化,依于鬼神之事。驺衍以阴阳主运显于诸侯,而燕齐海上之方士传其术不能通,然则怪迂阿谀苟合之徒自此兴,不可胜数也。②

《封禅书》中提到的宋毋忌、正伯侨、充尚、羡门高,包括汉代著名的海外仙人安期生,③他们原本都是在滨海地域活跃的方术士,其中的一些人以医药为事,不排除某些人为了神化自己的药方,谎称来源于海外仙山。于是一整套海外仙境的传说就这样建构起来,而不死升仙的理念也由此得到更为广泛的传播,秦始皇亦深受影响。

---

① 顾颉刚:《〈庄子〉和〈楚辞〉中昆仑和蓬莱两个神话系统的融合》,《中华文史论丛》1979 年第 2 辑。

② 《史记》卷二八《封禅书》,第 1368—1369 页。

③ 相关研究参见朱钢《"安期生"考》,《文化遗产》2008 年第 1 期;洪伟民《松乔考——关于赤松子和王子乔的传说》,《复旦学报(社会科学版)》1996 年第 4 期;魏代富《太子晋与王子乔的融合——兼论"天下王氏出太原"的形成》,《甘肃社会科学》2013 年第 3 期。

3. 秦始皇的"不死"追求

前文提到,秦始皇对"不死"的追求前后有较大不同,总体来看愈到后期秦始皇对于不死升仙的关注也愈多,显然这与秦统一政治局势的变化以及秦始皇本人身体健康状况都有直接的关联。

秦统一之初,秦始皇对未来王朝继承方式的设计是"二世三世至于万世,传之无穷"。① 个人的生命终将终结,始皇帝并非没有意识到这一点,所以他一方面持续修建陵墓,另一方面把希望寄托于后人,希望后世能够继承自己的事业。帝国的事业通过培养继承人的方式延续,这是符合自然规律的认知。只是在秦始皇统治的最后几年,一系列特殊事件的发生对他有不小的触动,让他对"不死"有了更为浓厚的兴趣。

首先是秦始皇三十二年(前215)"亡秦者胡"谶语出现,据《史记·秦始皇本纪》记载:

> 因使韩终、侯公、石生求仙人不死之药。始皇巡北边,从上郡入。燕人卢生使入海还,以鬼神事,因奏录图书,曰"亡秦者胡也"。始皇乃使将军蒙恬发兵三十万人北击胡,略取河南地。②

根据《蒙恬列传》的说法,秦并天下之后不久,蒙恬就率领三十万人北逐戎狄,《史记》还说蒙恬"暴师于外十余年",③可以肯定蒙恬出击匈奴在卢生奏录图书之前。另外,作为帝国的基本政策,出击匈奴

① 《史记》卷六《秦始皇本纪》,第236页。
② 《史记》卷六《秦始皇本纪》,第252页。另外,《剑桥中国秦汉史》对"亡秦者胡"预言的真实性提出质疑,原因有三点,一是这件预言后来应验了,二是这样的预言能够最终献给秦始皇有些荒谬,三是卢生献预言的方式非常奇怪。参(英)崔瑞德等主编《剑桥中国秦汉史:公元前221年至公元220年》,杨品泉等译,北京:中国社会科学出版社,1992年,第115页。
③ 《史记》卷八八《蒙恬列传》,第266页。

和修筑长城在秦统一之后不久就已经开始进行,均与"亡秦者胡"的所谓谶语无关。① 然这则谶语的出现让秦始皇意识到他辛苦建立的帝国有覆亡的危险,为了消除这种潜在的危险,秦始皇刻意强化在北边的军事行动,恐怕也是有的。② 所以,如果卢生奏录图书这件事是确实存在的,那么它对秦始皇最大的触动恐怕在帝国的安全方面,正如林剑鸣所言,这确实反映了当时人们对于匈奴骚扰的忧虑。③ 正因此,尽管"谶语图书"事颇虚妄,皇帝还是相信了。事实上,帝国内外的安全、统一局面的维持等问题,是秦帝国建立后一系列政策的基本出发点。

第二件事是秦始皇三十五年(前212)侯生和卢生的逃亡,这也是影响极为深远的所谓"坑儒"事件的直接导火索。《史记·秦始皇本纪》载:

> 始皇为人,天性刚戾自用,起诸侯,并天下,意得欲从,以为自古莫及己。专任狱吏,狱吏得亲幸。博士虽七十人,特备员弗用。丞相诸大臣皆受成事,倚辨于上。上乐以刑杀为威,天下畏罪持禄,莫敢尽忠。上不闻过而日骄,下慑伏谩欺以取容。秦法,不得兼方,不验,辄死。然候星气者至三百人,皆良士,畏忌讳谀,不

---

① 相关的研究参陈苏镇《两汉之际的谶纬与〈公羊学〉》,《文史》2006 年第 3 辑。

② 《史记集解》引郑玄曰:"胡,胡亥,秦二世名也。秦见图书,不知此为人名,反备北胡。"(《史记》卷六《秦始皇本纪》,第 252 页)郑玄很可能是基于后来事实所作的判断,熊铁基考证后认为这是郑玄的臆想,参氏著《秦始皇的最后十年》,《熊铁基文集》第 8 卷,武汉:华中师范大学出版社,2021 年。日本学者鹤间和幸认为卢生奏录图书是丞相李斯授意的,将"胡"解释成"胡人"也是李斯的意见,目的是从预言中寻找攻打匈奴的正当理由,参鹤间和幸著《始皇帝:秦始皇和他生活的时代》,杨振红、单印飞译,北京:中信出版社,2019 年,第 123 页。但是秦王朝确实亡于胡亥之手,安居香山认为秦始皇错误地理解了预言书,参氏著《纬书与中国神秘思想》,田人隆译,第 110 页。梁宗华也认为北击匈奴是秦始皇为了巩固政权、永保基业的重要举措,而所谓的谶言只是表面上的原因,参氏著《汉代经学流变与儒学理论发展》,济南:山东人民出版社,2018 年,第 24 页。

③ 林剑鸣:《秦汉史》,上海:上海人民出版社,2019 年,第 75 页。

敢端言其过。天下之事无小大皆决于上,上至以衡石量书,日夜有呈,不中呈不得休息。贪于权势至如此,未可为求仙药。①

在听闻侯生、卢生逃亡之后,秦始皇大为愤怒,他说:"吾前收天下书不中用者尽去之。悉召文学方术士甚众,欲以兴太平,方士欲练以求奇药。今闻韩众去不报,徐市等费以巨万计,终不得药,徒奸利相告日闻。卢生等吾尊赐之甚厚,今乃诽谤我,以重吾不德也。诸生在咸阳者,吾使人廉问,或为訞言以乱黔首。"②根据秦始皇自己的说法,他把文学和方术士召集在身边的主要目的是"兴太平";杨宽认为秦始皇自称"兴太平"的原因是召集了方技和数术两方面的人才;③吕思勉则认为"兴太平"是就文学士而言的,④其实所谓"兴太平"可以理解为一种文化上的怀柔政策,秦人有善待东方六国士人的传统,其中文学和方术士显然没有被认真区分。有学者认为秦的文化怀柔政策可以追溯到吕不韦编著《吕氏春秋》,⑤此说可从。而从所谓"奸利相告日闻"来看,秦始皇对当时方术士们的行为也并非完全没有怀疑,但即便如此,他还是只惩罚了其中一部分诽谤他,或者"訞言以乱黔首"的方术士。对于其他的文学和方术士,秦始皇还是愿意继续支持。顾颉刚指出秦始皇对侯生、卢生的不满在于其"摇祸人心",所以应当重重治罪。⑥ 钱穆也说:"所谓自除犯禁者,

---

① 《史记》卷六《秦始皇本纪》,第258页。
② 《史记》卷六《秦始皇本纪》,第258页。
③ 杨宽:《战国史》,上海:上海人民出版社,2019年,第532页。
④ 吕思勉:《秦汉史》,第71页。
⑤ 参李禹阶《秦始皇"焚书坑儒"新论——论秦王朝文化政策的矛盾冲突与演变》,《重庆师范大学学报(哲学社会科学版)》2004年第6期。另参刘力、姜静《"靡然西向"至"异说纷起"——周秦之变视域下士人与秦政权关系演变探析》,《重庆师范大学学报(哲学社会科学版)》2017年第1期。
⑥ 顾颉刚:《秦汉的方士与儒生》,第10页。

即犯诽谤上及妖言祸乱黔首之禁,决非谓兴太平及炼求奇药为犯禁
也。诽上之禁,即去年李斯奏请焚书所谓以古非今偶语诗书之类
矣。故曰使天下知之以惩,正使皆惩于诽上与妖言,决不惩其望星
气,炼奇药,为方术,及以文学兴太平也。后世乃谓秦廷所坑尽属术
士,亦失其真。"①也有学者指出,"坑儒"之后秦始皇重点打压的是
儒家学派,其中虽然也包括方术士,但重点是诵法孔子的儒生,②可
备一说。也就是说,真正令秦始皇愤怒的是对他的"诽谤",也就是
对秦一直以来的"兴太平"政策的误解和否定。

如果说前面两件事情只是引起了秦始皇的警惕和愤怒,那么秦
始皇三十六年(前211)发生的一系列事件则对秦始皇的内心造成了
更大的触动,这一系列事件包括"荧惑守心"、"始皇帝死而地分"刻
石以及山鬼献璧等事件。

首先是荧惑守心星象及解读,《史记·秦始皇本纪》记载:

> 三十六年,荧惑守心。有坠星下东郡,至地为石,黔首或刻
> 其石曰"始皇帝死而地分"。始皇闻之,遣御史逐问,莫服,尽取
> 石旁居人诛之,因燔销其石。始皇不乐,使博士为《仙真人诗》,
> 及行所游天下,传令乐人歌弦之。③

荧惑守心是对最高统治者极为不利的星象,《论衡·变虚》说
"宋景公之时,荧惑守心",并认为"荧惑,天罚也"。④ 宋艳萍考察马
王堆汉墓帛书《五星占》,发现其中有荧惑与他星相遇而发生死亡事

---

① 钱穆:《秦汉史》,北京,生活·读书·新知三联书店,2005 年,第 26 页。
② 梁宗华:《汉代经学流变与儒学理论发展》,第 22 页。
③《史记》卷六《秦始皇本纪》,第 259 页。
④《论衡校释》刘盼遂案:"天则,疑当为天使。"下文皆作"天使",且申说荧惑所以为
　天使之故,可证。参王充著,黄晖撰《论衡校释(附刘盼遂集解)》,北京:中华书
　局,1990 年,第 202 页。

件的占文,显示荧惑失行会引发重大灾异的思想在当时有一定的影响力。① 但根据黄一农的推算,秦始皇三十六年实际上并没有发生荧惑守心的天象。② 那么究竟是谁告知秦始皇当年有荧惑守心天象的? 他的目的究竟为何? 由于史料的缺失,现在对这个问题很难有确切的回答。但前面提到秦始皇身边有"候星气者至三百人",这些人的政治倾向是否影响他们做出荧惑守心的判断,这应当是一个可以继续讨论的问题。

无论如何,荧惑守心这件事给秦朝的臣民一种暗示,即始皇帝可能不久于人世。前面提到,秦始皇对帝国的继承问题早已有打算,他希望帝国能够以二世、三世以至万世这样的方式延续下去,然史料中并没有提到始皇帝立太子,而就在不久之前,长子扶苏也被他派去北方监蒙恬之兵,远离了政治中心。一年后也就是三十七年,秦始皇最后一次出巡,少子胡亥请从被允许,其中是否有考察帝国未来继承人的意思不得而知。当然秦始皇很可能也已经意识到,最理想的情况是方术士们能够求得仙药,服用后不死,所以秦始皇再次"考验"徐市等人求仙药的结果,《秦始皇本纪》载:"方士徐市等入海求神药,数

---

① 宋艳萍:《"荧惑守心"与秦始皇之死——从马王堆汉墓帛书〈五星占〉说起》,邬文玲、戴卫红主编:《简帛研究二〇二一(春夏卷)》,桂林:广西师范大学出版社,2021年。

② 黄一农:《中国星占学上最凶的天象:"荧惑守心"》,氏著:《社会天文学史十讲》。黄一农发现历代文献中的二十三次荧惑守心记录,有十七次不曾发生,而另一方面西汉实际发生了四十多次荧惑守心天象,但都没有见到记载。另外,杨宽统计中国历代正史上就记载有二十四次这样的凶兆,根据检验其中有十三次是符合当时天象的,见氏著《战国史》,第609页。杨旭认为将"荧惑守心"天象置于秦始皇三十六年可以彰显天命在朝代更替中的价值,参氏著《秦始皇末年"荧惑守心"问题再探——基于简帛文献和天象复原的联合研究》,邬文玲、戴卫红主编:《简帛研究二〇二三(春夏卷)》,桂林:广西师范大学出版社,2023年。另外相关的研究参刘次沅、马莉萍《中国古代天象记录:文献、统计与校勘》,西安:陕西三秦出版社,2021年。

岁不得，费多，恐谴。"①于是欺骗皇帝说海中的大鲛鱼阻碍求神药。

　　紧接着荧惑守心发生的是陨石坠落，附近的百姓在上面刻上了"始皇帝死而地分"字样。②"地分"等谶语被学者认为是反秦浪潮的重要思想武器，③这也显示当地人期望秦朝灭亡的强烈心态。④陨石坠落的地点是东郡，原属于魏国统治地区，杨宽《战国史》指出秦王政三年（前244）秦攻取魏地建置东郡，⑤而在被秦人统治三十余年之后，依然有反秦势力活动，这件事情恐怕对秦始皇也有极大的触动。而且"始皇帝死而地分"这句话透露出来的政治信号极为明显，即秦始皇一直追求的大一统很可能会在他死后化为泡影，所以始皇"不乐"，而这可能会让秦始皇对于不死有更强烈的欲望。秦始皇对这次刻石事件的处置十分坚决果断，他把石旁之人尽皆诛杀，同时燔销其石，以彻底消除这次事件的影响。⑥

　　而三十六年秋天发生的山鬼献璧事件同样也在暗示皇帝可能会很快死去。《史记·秦始皇本纪》载：

　　　　秋，使者从关东夜过华阴平舒道，有人持璧遮使者曰："为

----

① 《史记》卷六《秦始皇本纪》，第263页。
② 有学者指出，"始皇帝"的称号和措辞均不符合事实，归入"《史记》中的窜改增添部分"，（英）崔瑞德等主编《剑桥中国秦汉史：公元前221年至公元220年》，杨品泉等译，第115页。相关的研究参孙闻博《初并天下：秦君主集权研究》，西安：西北大学出版社，2021年，第148页。
③ 梁宗华：《汉代经学流变与儒学理论发展》，第212页。
④ 马孟龙：《大一统王朝的确立：秦汉》，上海：上海人民出版社，2018年，第31页。
⑤ 杨宽：《战国史》，第460页。相关的研究参孙闻博《东郡之置与秦灭六国——以权力结构与郡制推行为中心》，王子今主编，刘志平、曾磊副主编：《秦史：崛起与统一》，西安：西北大学出版社，2019年。
⑥ 吕思勉已经指出此举是"秦之失政"，参《秦汉史》，第13页。另外学者们也注意到，秦始皇的这些举动背离了法家"缘法而治""信赏必罚"的初衷，参张彩凤、常光玮主编《中国法律思想史》，北京：中国人民公安大学出版社，2012年，第70页。

吾遗滈池君。"因言曰:"今年祖龙死。"使者问其故,因忽不见,置其璧去。使者奉璧具以闻。始皇默然良久,曰:"山鬼固不过知一岁事也。"退言曰:"祖龙者,人之先也。"使御府视璧,乃二十八年行渡江所沈璧也。于是始皇卜之,卦得游徙吉。迁北河榆中三万家。拜爵一级。①

从"默然良久"的反应来看,这次事件对始皇帝的心理造成了极大的冲击,而秦始皇说"山鬼固不过知一岁事也",意思是只要熬过了今年,这个预言就过期作废了,②其实可以说是自我安慰。

所谓"二十八年行渡江所沈璧",指的是秦始皇二十八年(前219)秦始皇在封禅泰山、东游海上、祭祀八神、派遣徐市出海求仙、过彭城祷祠出周鼎之后,南下过淮河到衡山、南郡,在湘山祠附近遇到大风,"几不得渡",这样的字句意味着秦始皇乘坐的船有倾覆的危险,这令他非常生气。在听闻湘君乃是尧女舜妻之后,"使刑徒三千人皆伐湘山树,赭其山",③沉璧于江或者就是此时之事。根据秦博士的说法,湘山祠中祭祀的湘君神是帝舜的两位妻子,《史记索隐》说:"《楚词·九歌》有湘君、湘夫人。夫人是尧女,则湘君当是舜。今此文以湘君为尧女,是总而言之。"④《楚辞》王逸注云:"尧二女娥皇女英随舜不返,没于湘水之渚,因为湘夫人。"⑤《山海经·中山经》云"又东南一百二十里,曰洞庭之山……帝之二女居之",郭璞注云:"《九歌》湘君、湘夫人自是二神。"⑥韩愈《黄陵庙碑》认为郭璞

---

①《史记》卷六《秦始皇本纪》,第259页。

② 参栾保群《中国古代的谣言与谶语》,第25页。

③《史记》卷六《秦始皇本纪》,第248页。

④《史记》卷六《秦始皇本纪》,第248页。

⑤ 洪兴祖:《楚辞补注》,北京:中华书局,1983年,第64页。

⑥ 郝懿行撰,栾保群点校:《山海经笺疏》,北京:中华书局,2021年,第166页。

和王逸的说法均存在问题,他认为:"尧之长女娥皇为舜正妃,故曰君。其二女女英,自宜降曰夫人也。故《九歌》辞谓娥皇为君,谓女英帝子,各以其盛者推言之也。"①无论如何,这件事对当地楚人是极大的不尊重,也必然会引起楚人思想的反弹,山鬼献璧事件或许就是这种反弹的结果。②

总的来说,"荧惑守心"天象、"始皇帝死而地分"刻石以及山鬼献璧事件都有着非常明显的人为痕迹;联系秦始皇三十二年"亡秦者胡"的谶语,以及侯生和卢生的逃亡,在秦始皇统治的最后几年频繁发生这样的事件,表明大一统帝国的统治并不十分稳固,各种分裂思想和分裂势力一直都在以各种方式活跃。这些带有神秘主义性质的预言固然可怕,然而对于政治家来说,背后隐藏的分裂思想以及离心力更应当提防。而为了应对期待"始皇帝死而地分"的分裂思想,秦始皇一方面继续支持方术士的求仙行动,一方面也通过各种方式向民众宣扬皇帝升仙的可能性,其中的重点就是《仙真人诗》的歌舞表演。

三、《仙真人诗》考

秦始皇受卢生等方术士的影响,崇拜仙人和真人,并且命博士作《仙真人诗》,意图向民众宣扬皇帝即将不死升仙。由史料的记载来看,《仙真人诗》具有很强的表演性特征,属于理念上的宣传,其最终效果差强人意。

---

① 韩愈:《黄陵庙碑》,韩愈撰,马其昶校注:《韩昌黎文集校注》,上海:上海古籍出版社,1986年,第495—497页。相关的研究参陈泳超《尧舜传说研究》,南京:南京师范大学出版社,2016年,第270页。
② 秦楚之间的矛盾由来已久,统一帝国建立以后,在秦人的统治下楚人承受着远比其他各国沉重的痛苦,相关研究参见陈苏镇《〈春秋〉与"汉道"——两汉政治与政治文化研究》,第8页。

1. 仙人与真人

前文曾讨论仙人和神人的相关问题,与之类似,真人的传说也是渊源有自。《说文解字》释"真"说:"真,仙人变形而登天也,从匕从目从乚,八所承载也。"徐氏《系传》卷一五曰:"真者,仙也,化也。从匕,匕即化也。反人为亡,从目从乚。八,其所乘也。""眞"字被拆分成上下两个部分,段玉裁解释上半部分匕和目是眼睛,并引"道书"说,养生之道耳目为先,耳目为寻真之阶梯,乚读隐,仙人能隐形;下半部分的两个竖是根基,并引《抱朴子》中所谓"乘蹻者可以周流天下",认为这两个竖可能是仙人所乘之蹻。① 也有学者指出,"真"字与"贞"字同源,"真人"也就是甲骨卜辞中的"贞人"。②

顾炎武注意到:"五经无'真'字,始见于老、庄之书。"③《老子》曰:"其中有精,其精甚真。"《庄子·渔父》篇:"孔子愀然曰:'敢问何谓真?'客曰:'真者,精诚之至也。'"事实上,《庄子》中的"真人"具有和"仙人"相似的特征,《庄子·大宗师》说:"何谓真人? 古之真人,不逆寡,不雄成,不谟士。若然者,过而弗悔,当而不自得也。若然者,登高不慄,入水不濡,入火不热。是知之能登假于道者也若此。"④庄子所谓的真人登高不会恐惧,进入水中不会弄湿身体,进入火中不会燃烧,"翛然而往,翛然而来",强调真人具有跨越空间的特性。另外,庄子还说真人"不忘其所始,不求其所终",说真人是超越了时间的存在。应当注意,庄子并没有直接说真人具有"不死"的特征,所谓"不知说生,不知恶死",⑤是说真人对于生死的本质已经看透,但并不是说真人不死,这是庄子描述的真人与后世卢生等所谓

---

① 许慎撰,段玉裁注:《说文解字注》,第384页。
② (韩)河永三:《"贞""真"同源考》,《中国文字研究》2014年第1期。
③ 顾炎武著,黄汝成集释,栾保群点校:《日知录集释》,第946页。
④ 郭庆藩撰,王孝鱼点校:《庄子集释》,第226页。
⑤ 郭庆藩撰,王孝鱼点校:《庄子集释》,第229页。

真人最主要的不同。而在《庄子》中除真人之外，还有至人、神人、圣人以及仙人。其中《齐物论》说至人"大泽焚而不能热，河、汉沍而不能寒，疾雷破山、风振海而不能惊。若然者，乘云气，骑日月，而游乎四海之外"，《逍遥游》说："藐姑射之山，有神人居焉，肌肤若冰雪，淖约若处子。不食五谷，吸风饮露。乘云气，御飞龙，而游乎四海之外。"①庄子所谓的至人、神人，与真人、仙人类似，同样具备超越时间和空间的特征。至于是否可以理解为长寿或者不死，则可以继续讨论。

文献中有"各归其真""各反其真"的说法，《列子·天瑞》曰："精神离形，各归其真，故谓之鬼。鬼，归也，归其真宅。"②《汉书·杨王孙传》曰："死者，终生之化，而物之归者也。归者得至，化者得变，是物各反其真也。"③所以顾炎武认为："以生为寄，以死为归，于是有'真人''真君''真宰'之名。"④另外顾炎武还提到，除了秦始皇"慕真人"之外，魏太武改元"太平真君"，唐玄宗诏以四子之书为"真经"，也都与"真"的这层含义有关。⑤

秦汉时代文献中的"真人"通常指的是仙人，《淮南子·精神》说："所谓真人者，性合于道也。故有而若无，实而若虚，处其一，不知其二，治其内，不识其外，明白太素，无为复朴，体本抱神，以游于天地之樊。"何宁集释引杨树达认为这部分内容本自《庄子·天地篇》。⑥《淮南子·诠言》也说："能反其所生，若未有形，谓之真人。

① 郭庆藩撰，王孝鱼点校：《庄子集释》，第 28 页。
② 杨伯峻：《列子集释》，第 20 页。
③ 《汉书》卷六七《杨胡朱梅云传》，第 2908 页。
④ 顾炎武著，黄汝成集释，栾保群点校：《日知录集释》，第 946 页。
⑤ 《日知录集释》原注："《新唐书·艺文志》：天宝元年，诏号《庄子》为《南华真经》，《列子》为《冲虚真经》，《文子》为《通玄真经》，《亢桑子》为《洞灵真经》。"
⑥ 刘安编，何宁撰：《淮南子集释》，北京：中华书局，1989 年，第 521 页。

真人者,未始分于太一者也。"①学者们也大都认为《淮南子》中提到的"真人"和《庄子》中的论述并没有本质不同。② 另外,贾谊《鵩鸟赋》说:"真人淡漠兮,独与道息。"③贾谊对真人"淡漠"的印象,与卢生所谓真人"恬倓"的性格如出一辙。再者,司马相如《大人赋》说:"邪绝少阳而登太阴兮,与真人乎相求。"④从后文来看,司马相如是把伯侨、羡门、岐伯、祝融、句芒等都当成了"真人"。王充《论衡·道虚》说:"血气之发,附于骨肉。骨肉之物,烹之辄死。今言烹之不死,一虚也。既能烹煮不死,此真人也。"⑤后来蔡邕《王子乔碑》说:"王孙子乔者,盖上世之真人也。"⑥而《列仙传》中的《老子》《毛女》《负局先生》《朱璜》等篇中都提到了"真人",他们也都被认为是仙人,或者与仙人有关,而在传说中这些人已经具备了不死或者长寿的特性。⑦

　　在秦汉史料中,也有把最高统治者称为"真人"的记载,如《吕氏春秋·季春纪》记载商汤和伊尹讨论如何取天下,伊尹说:"精气日新,邪气尽去,反其天年,谓之真人也。"⑧伊尹认为的"真人"是指能够取得天下的人。同样《焦氏易林·否之》:"豫:南山之峻,真人所在;德配唐虞,天命为子;保佑欹享,身受大庆。"⑨这两处"真人"显然指的是统治者,而并不是具有不死特征的仙人。再如《史记·秦

① 刘安编,何宁撰:《淮南子集释》,第 992 页。
② 参李建光《论〈淮南子〉的真人信仰及其证明》,《湖南省社会科学》2010 年第 3 期。
③《史记》卷八四《屈原贾生列传》,第 2500 页。
④《史记》卷一一七《司马相如列传》,第 3085 页。
⑤ 王充著,黄晖撰:《论衡校释(附刘盼遂集解)》,第 328 页。
⑥《蔡中郎集》,文渊阁四库全书本。
⑦ 参史党社、王子今《秦祭祀研究》,西安:西北大学出版社,2021 年,第 116 页。
⑧ 吕不韦编,许维遹集释,梁运华整理:《吕氏春秋集释》,北京:中华书局,2009 年,第 70 页。
⑨ 焦延寿著,尚秉和注,常秉义点校:《焦氏易林注》,北京:光明日报出版社,2005 年,第 125 页。

始皇本纪》提到"楚兵已屠关中，真人翔霸上"，①《秦楚之际月表·索隐述赞》云"真人霸上，卒享天禄"，②这两处"真人"指的是后来的汉高祖刘邦。《三国志·魏书·武帝纪》说："初，桓帝时有黄星见于楚、宋之分，辽东殷馗善天文，言后五十岁当有真人起于梁、沛之间，其锋不可当。"③这里的"真人"指的是曹操。使用"真人"这个词汇指代最高统治者，很可能与秦始皇自称"真人"，以及命博士作《仙真人诗》有关。④

2. 卢生的真人故事

秦始皇对于真人的认识来源于方术士卢生，秦始皇三十五年卢生为秦始皇讲述真人故事，《史记·秦始皇本纪》载：

> 卢生说始皇曰："臣等求芝奇药仙者常弗遇，类物有害之者。方中，人主时为微行以辟恶鬼，恶鬼辟，真人至。人主所居而人臣知之，则害于神。真人者，入水不濡，入火不爇，陵云气，与天地久长。今上治天下，未能恬倓。愿上所居宫毋令人知，然后不死之药殆可得也。"于是始皇曰："吾慕真人，自谓'真人'，不称'朕'。"⑤

在卢生的描述中，真人入水不湿，入火不被燃烧，可以在云气中飞行，可见卢生对真人的认识与《庄子》相似，是以有论者据此认为卢生和道家颇有渊源。⑥ 然与庄子不同的是，卢生着重强调了真人

---

① 《史记》卷六《秦始皇本纪》，第293页。
② 《史记》卷一六《秦楚之际月表》，第800页。
③ 《三国志》卷一《魏书·武帝纪》，第22页。
④ 至于《后汉书》中提到"刘氏真人，当更受命"，其中"真人"的含义应是"真其人也"，与秦始皇仰慕的真人并不相同。
⑤ 《史记》卷六《秦始皇本纪》，第257页。
⑥ 张华松：《秦代的博士与方士》，《孔子研究》1999年第1期。

"与天地久长"的特征,这也就是所谓的长生不死,①而恰恰正是这点打动了秦始皇,所以他才会羡慕真人,而且自称"真人",不称朕。

卢生是来自燕地的方术士,秦始皇三十二年的时候就曾经派他求羡门、高誓。② 后来卢生奏录图书"亡秦者胡也",此举深刻影响始皇的观念,"始皇乃使将军蒙恬发兵三十万人北击胡"。另外卢生"微行"的建议也被采纳,秦始皇因此"令咸阳之旁二百里内宫观二百七十复道甬道相连"。以上种种,皆可见卢生关于"真人"的描述深得始皇信赖。另外,《淮南子·道应》说"卢敖游乎北海,经乎太阴,入乎玄阙,至于蒙谷",高诱注云:"卢敖,燕人,秦始皇召以为博士,使求神仙,亡而不反也。"③学者们大多认为这里的"卢敖"也就是卢生,后来《新唐书·宰相世系表》说"秦有博士(卢)敖",④郑樵《通志》也说"秦有博士卢敖",⑤指的应当都是方士卢生。

另外卢生为博士的说法应当也是后来出现的,《史记》中并未明确说卢生是博士,从"臣等求芝奇药仙者常弗遇"的说法来看,卢生的真实身份可能是医者。从卢生所言来看,他真正擅长的是某些养生之术,基本要求是"恬惔",也就是不能过分劳动精神,包括不能过分操劳行政等"俗务",这也正是"方仙道"的基本内容。⑥ 另外卢生

---

① 美国学者普鸣也认为,卢生描述的真人的特点就是不受自然环境的制约,能够登至天上,并且与天地一样长生,参氏著《成神:早期中国的宇宙论、祭祀与自我神化》,张常煊、李健芸译,北京:生活·读书·新知三联书店,2020年,第240页。
② 陶磊认为羡门也就是萨满,参氏著《从巫术到数术——上古信仰的历史嬗变》,第162页。
③ 刘安编,何宁撰:《淮南子集释》,第881页。
④ 《新唐书》卷七三上《宰相世系》,北京:中华书局,1975年,第2884页。
⑤ 郑樵撰,王树民点校:《通志二十略》,北京:中华书局,1995年,第88页。
⑥ 有研究者认为,方仙道应当理解为"服食不死之方药,追求肉身成仙,依于鬼神之事",参石介文《"方仙道"解》,《宗教学研究》总第9期,成都:四川大学出版社,1987年。另参郑杰文《方仙道的产生和发展》,《中国道教》1990年第4期。

所擅长的方术中也应当包含一些饮食方面的注意事项,例如蔬食辟谷之类,这也是秦汉时代人们对养生求仙的基本认识,著名的例子是留侯张良入关以后"性多病,即道引不食谷,杜门不出岁余"。① 张良修行的辟谷之术大概与治愈疾病有关,为了修行此术,张良杜门不出,不过问政务,目的即在于维持身体健康。②《抱朴子·杂应》说"欲得长生,肠中当清;欲得不死,肠中无滓",又说"食谷者智而不寿,食气者神明不死"。③ 马王堆汉墓帛书有《却谷食气篇》,"却谷"也就是"辟谷",也就是不吃粮食。④ 学者们也注意到,"道引"的方术就是"通过肢体(的)俯仰屈伸,并配合以呼吸行气运动",以"达到锻炼身体、预防和治疗疾病的养生之术"。⑤ 而这些其实都应归属于广义上的医术。

然而秦始皇真正需要的是"不死之药",即服用之后可以实现长生不死的药物。于是这就形成了一种矛盾,即皇帝需要"不死之药",但方术士们实际上擅长的只是疗愈疾病以及通过养生康健体魄。为了解决这个矛盾,方术士们一方面宣称确实有不死之药的存在,也在多方努力求取这种仙药,但一方面也在试图劝说皇帝注意养生。所以卢生在秦始皇三十五年的时候提出真人的生活方式,根本目的还是劝皇帝不要过分操劳,所谓"时为微行"恐怕更多是为了避免过多政务烦扰。

同样是在秦始皇三十五年,卢生和侯生逃亡,真实的原因很可能是他们已经意识到自己的方术和皇帝需求之间的矛盾不可弥合,

---

① 《史记》卷五五《留侯世家》,第 2044 页。
② 周敏华:《张良"道引不食谷"的根源探究:以〈史记〉与马王堆帛书互证》,《华中国学》总第 8 卷,武汉:华中科技大学出版社,2017 年。
③ 葛洪著,王明校释:《抱朴子内篇校释》,北京:中华书局,1985 年,第 423 页。
④ 唐兰:《马王堆帛书〈却谷食气篇〉考》,《文物》1975 年第 6 期。
⑤ 苏奎:《汉代导引俑与导引术》,《中国历史文物》2010 年第 5 期。

所谓"不死之药"迟早会被证明不存在,根据"不得兼方,不验,辄死"的秦法,卢生等人的方术经不起考验,所以选择逃亡,详见后文的讨论。得知侯生、卢生逃亡消息后秦始皇大为震怒,由此引发著名的"坑儒"事件,但方仙道对秦始皇的影响却仍在持续。

3. 弦歌游行《仙真人诗》

前文提到卢生为秦始皇讲述真人故事,秦始皇因此说"吾慕真人,自谓'真人',不称'朕'",后来卢生逃亡,但秦始皇对真人的信仰并没有受到影响。卢生逃亡的次年,秦始皇命博士作《仙真人诗》:

> 三十六年,荧惑守心。有坠星下东郡,至地为石,黔首或刻其石曰"始皇帝死而地分"。始皇闻之,遣御史逐问,莫服,尽取石旁居人诛之,因燔销其石。始皇不乐,使博士为《仙真人诗》,及行所游天下,传令乐人歌弦之。①

需要注意的是,《仙真人诗》的创作背景是荧惑守心和陨石下东郡事件。前文提到,荧惑守心预示最高统治者的死亡,是极不吉利的星象。然而有学者研究发现,秦始皇三十六年并没有发生所谓的荧惑守心星象;②与之类似,"始皇帝死而地分"的谶言也是一个不吉利的预言,同样带有极为明显的政治信号,即秦始皇一旦死去,大一统的局面就会终结,秦帝国会立即陷入分崩离析的局面。顾颉刚指出:"从楚、汉之际看来,这句人造的谶言也是十分应验的。"③这两则预言都暗示皇帝可能不久于人世,大一统帝国即将崩塌。为了应对可能出现的糟糕局面,抵消预言的负面影响,秦始皇继续相信真人

---

① 《史记》卷六《秦始皇本纪》,第 259 页。
② 黄一农:《中国星占学上最凶的天象:"荧惑守心"》,氏著:《社会天文学史十讲》。另参氏著《星占·事应与伪造天象——以"荧惑守心"为例》,《自然科学史研究》第 10 卷第 2 期,1991 年。
③ 顾颉刚:《秦汉的方士与儒生》,第 89 页。

说,并命令博士作《仙真人诗》,向民众表明求仙已经获得了成功,皇帝不会死去。基于此可以认为,"仙真人"指的是秦始皇,《仙真人诗》的基本内容就是歌咏和赞叹皇帝成仙。后来王莽听说黄帝时建华盖以登仙,于是"造华盖九重……力士三百人黄衣帻,车上人击鼓,挽者皆呼'登仙'"。① 王莽想要达到的是与秦始皇相同的效果,即宣传皇帝即将成为仙人。

也就是说,《仙真人诗》其实是官方采用弦歌的形式进行宣传,从而影响民间舆论。在秦始皇之前,民间对统治者的赞美形式被称为"讴歌",或者"歌讴",例如《史记·五帝本纪》说:"诸侯朝觐者不之丹朱而之舜,狱讼者不之丹朱而之舜,讴歌者不讴歌丹朱而讴歌舜。"② 可见得到百姓的讴歌与朝觐、狱讼一样,被认为是获得民众拥戴的重要标志。③ 另外,《荀子·儒效》说:"故近者歌讴而乐之,远者竭蹶而趋之,四海之内若一家,通达之属莫不从服。"《议兵》也说:"故近者歌讴而乐之,远者竭蹷而趋之,无幽闲辟陋之国莫不趋使而安乐之,四海之内若一家,通达之属莫不从服,夫是之谓人师。"④ 同样以歌讴作为统治者获得民众拥戴的重要标志。秦始皇的《仙真人诗》也具有类似歌讴的性质,只不过这种讴歌是官方制定的,属于自我赞美。

从先秦秦汉文献的记载来看,"歌"也是人们较为熟悉的表达感情的方式。例如孔子就非常喜欢歌,《论语·述而》说"子于是日哭,

① 《汉书》卷九九下《王莽传下》,第 4169 页。
② 《史记》卷一《五帝本纪》,第 30 页。
③ 潘祥辉:《"歌以咏政":作为舆论机制的先秦歌谣及其政治传播功能》,《新闻与传播研究》2017 年第 6 期。另参饶龙隼《先秦诸子讴歌考》,《古籍研究》2002 年第 1 期。
④ 王先谦撰,沈啸寰、王星贤点校:《荀子集解》,北京,中华书局,1988 年,第 121、279 页。

则不歌",《阳货》说:"孺悲欲见孔子,孔子辞以疾。将命者出户,取瑟而歌。使之闻之。"孔子最认可的生活状态就是《论语·先进》所云"风乎舞雩,咏而归"。① 这是雩祭之后的歌咏。孟子说齐国人善于歌,所谓"绵驹处于高唐,而齐右善歌"。② 而楚国人对于歌舞也有特殊的爱好,历史早期楚地就有民歌《江有汜》,《楚辞》中有"九歌"。据说孔子曾经听到过《楚狂接舆歌》,古越歌有《孺子歌》,其中有"沧浪之水"等句,有学者认为与楚歌有共同的渊源。③ 后来项羽被围垓下曾悲歌忼慨,《史记·留侯世家》载高祖令戚夫人楚舞:"为我楚舞,吾为若楚歌。"歌曰:"鸿鹄高飞,一举千里。羽翮已就,横绝四海。横绝四海,当可奈何。虽有矰缴,尚安所施。"④ 荆轲刺秦,临行曾为"羽声慷慨",并为歌曰:"风萧萧兮易水寒,壮士一去兮不复还。"⑤ 司马迁说赵、中山之地人们好"悲歌慷慨"。⑥ 虽然地域不同,但人们以歌表达悲凉慷慨豪迈的情绪是大致相同的。而西部的秦人鼓缶而歌,则是另外一种情绪的表达方式了。可见在当时包括鲁国、齐国、楚国、赵国、秦国、中山国在内,各地人们都习惯以"歌"来表达感情,是以秦始皇的《仙真人诗》就是用"歌"这种各地人们都比较习惯的形式,来引起人们的注意,并进而引起思想上的共鸣。

---

① 程树德撰,程俊英、蒋见元点校:《论语集释》,北京,中华书局,1990 年,第 449、1229 页。
② 赵岐注云:"高唐,齐西邑。绵驹处之,故曰齐右善歌。"焦循撰,沈文倬点校:《孟子正义》,北京:中华书局,1987 年,第 831 页。
③ 朱秋枫:《浙江歌谣源流史》,杭州:浙江古籍出版社,2004 年,第 37 页。
④《史记》卷五五《留侯世家》,第 2047 页。
⑤《史记》卷八六《刺客列传》,第 2534 页。有学者认为《易水歌》始见于南朝江淹所作的《燕丹子》,今本《史记·刺客列传》中的相关内容是后人从注文中窜入的,见张海明《司马迁作〈易水歌〉献疑》,《文艺研究》2013 年第 4 期。
⑥《史记》卷一二九《货殖列传》,第 3263 页。

　　可以推测,陪同秦始皇巡游天下的应当是一支具有一定规模的弦歌表演队伍,除了弦者、歌者之外,抑或有舞者存在,他们在所到之处表演歌舞,势必吸引当地民众围观,这样确实能够起到一定的宣传效果。另外,在秦汉时代某些重要的仪式中,歌者或者舞者中通常都有儿童的身影。前引《论语·先进》说:“莫春者,春服既成。冠者五六人,童子六七人,浴乎沂,风乎舞雩,咏而归。”①阎步克指出“雩”就是祈雨的仪式,儿童受教于乐师,并参与以舞祈雨,而这就是儒的起源。②《史记·高祖本纪》提到刘邦作《大风歌》:“悉召故人父老子弟纵酒,发沛中儿得百二十人,教之歌。”③《史记·乐书》也说:“高祖过沛诗《三侯之章》,令小儿歌之。”④后来汉惠帝时在沛立高祖原庙,这一百二十歌童被保留下来,在祭祀高祖时为“吹乐”。另外汉武帝时祭祀太一、后土,也征召歌儿,在祭祀时歌唱,有论者指出这是为祭祀活动临时召集组织的。⑤儿童的声音轻灵悠远,一百多人的合唱能够给人的心灵带来较为强烈的震撼,这也被认为是神灵所欣赏和愉悦的,所以也符合包括宗庙祭祀迎送神音乐的要求。史料记载没有提到秦始皇弦歌《仙真人诗》的队伍中是否有孩童,但并不能完全排除这种可能性。

　　秦始皇时期命博士所作《仙真人诗》的内容已不可知,但先秦秦汉典籍中保存有当时人们的歌词,例如《孺子歌》云:“沧浪之水清兮,可以濯我缨! 沧浪之水浊兮,可以濯我足!”⑥孔子听到的《接舆

---

① 程树德撰,程俊英、蒋见元点校:《论语集释》,第449页。

② 阎步克:《乐师与“儒”之文化起源》,氏著:《乐师与史官:传统政治文化与政治制度论集》,北京:生活·读书·新知三联书店,2001年。

③ 《史记》卷八《高祖本纪》,第389页。

④ 《史记》卷二四《乐书》,第1177页。

⑤ 彭卫、杨振红:《中国妇女通史·秦汉卷》,杭州:杭州出版社,2010年,第5页。

⑥ 焦循撰,沈文倬点校:《孟子正义》,第497页。

之歌》云："凤兮！凤兮！何德之衰？往者不可谏兮，来者犹可追也。已而，已而！今之从政者殆而。"①垓下之围项羽慷慨悲歌云："力拔山兮气盖世，时不利兮骓不逝。骓不逝兮可奈何，虞兮虞兮奈若何。"②高祖归故乡自作《大风歌》云："大风起兮云飞扬，威加海内兮归故乡，安得猛士兮守四方。"③可以推测，秦博士所作的《仙真人诗》歌词应当与前引歌词类似，大多为韵文。

魏晋时期有"游仙诗"，鲁迅认为《仙真人诗》是"后世游仙诗之祖"，④闻一多也说"仙真人诗"就是"游仙诗不祧之祖"。⑤ 事实上，《仙真人诗》以及《楚辞》都被认为是广义上的游仙诗，对于后来乐府诗以及魏晋时期的"游仙诗"都有重要的影响。⑥

闻一多也指出，《仙真人诗》和《楚辞》都是歌，而且都有对非现实世界的描写，所以认为《离骚》和《仙真人诗》有关。⑦ 这样的看法有一定的道理，事实上学者们大都认可《楚辞》就是楚人的歌词，和《诗经》、汉乐府一样，具有可以歌唱的特质。⑧ 另外，民国时期学者廖平认为《离骚》就是秦始皇时代博士所作的《仙真人诗》，主要证据是《离骚》开头几句："帝高阳之苗裔兮，朕皇考曰伯庸……名余曰正则兮，字余曰灵均。"秦的祖先是高阳氏，而秦始皇名政，所以廖平认为这几句说的就是秦始皇自己。廖平否定《离骚》为屈原所作并认为《离骚》就是秦博士《仙真人诗》的判断，明显过于武断了。闻一多

① 《史记》卷四七《孔子世家》，第 1933 页。

② 《史记》卷七《项羽本纪》，第 333 页。

③ 《史记》卷八《高祖本纪》，第 389 页。

④ 鲁迅：《汉文学史纲要》，《鲁迅全集》第九卷。

⑤ 闻一多：《屈原问题——敬质孙次舟先生》《廖季平论离骚》，氏著：《神话与诗》。

⑥ 朱光潜：《〈楚辞〉和游仙诗》，《朱光潜全集》第 10 卷，合肥：安徽教育出版社，1993年，第 593 页。

⑦ 闻一多：《屈原问题——敬质孙次舟先生》《廖季平论离骚》，氏著：《神话与诗》。

⑧ 郭纪金：《楚辞可歌刍论》，《文学评论》2000 年第 6 期。

就非常尖锐地批评了廖平的观点，他认为《离骚》是秦博士所作属于无稽之谈。但闻一多并没有全然否定廖平的看法，他认为《离骚》虽然不是秦博士所作，但在性质上确实可以归类于"仙真人诗"，也就是说《离骚》是屈原所作的"仙真人诗"。之所以会得出这样的结论，是因为闻一多在《离骚》中读到了很多与神仙及神仙世界描写有关的内容。例如在《离骚解诂》中闻一多对《离骚》的诠释，就以神仙及游仙为主题进行的。① 闻一多实际上是把"仙真人诗"当成了一种特殊的文学形式，而这种文学形式就是后世游仙诗的滥觞。可以认为，《仙真人诗》在形式上和《离骚》以及后世的游仙诗有相似之处，归于同一文学类别并无不可。

　　再者，由于秦乐府编钟和乐府封泥的发现，学者们大都相信秦已经设置了乐府机构，也有学者认为秦的乐府机构主要负责在宗庙和陵寝祭祀中使用音乐。② 虽然《仙真人诗》歌词的作者是博士，但是招募歌者以及弦乐人员，编队训练应当都是乐府的职责，史料中虽未明言，但秦乐府与《仙真人诗》的关系是不容忽视的。至于《仙真人诗》对后世乐府的影响，有两例可证：其一，魏武帝《秋胡行四解》有"我居昆仑山，所谓者真人"之句，据陈贻焮考证，此诗创作于建安二十年三月曹操西征张鲁之时；③其二，现存《乐府诗集》中有曹植"仙人篇"，郭茂倩《乐府广题》曰："秦始皇三十六年，使博士为

---

① 闻一多：《离骚解诂》，上海：上海古籍出版社，1985年。另参马达《〈离骚〉与"仙真人诗"——兼评闻一多论〈离骚〉》，《衡阳师专学报（社会科学）》1989年第1期。

② 相关研究参见寇效信《秦汉乐府考略——由秦始皇陵出土的乐府编钟谈起》，《陕西师范大学学报》1978年第1期；周天游《秦乐府新议》，《西北大学学报》1997年第1期；陈四海《从秦乐府钟秦封泥的出土谈秦始皇建立乐府的音乐思想》，《中国音乐学》2004年第1期；陈瑞泉《秦"乐府"小考》，《天津音乐学院学报（天籁）》2005年第4期。

③ 陈贻焮：《论诗杂著》，北京：北京大学出版社，1989年，第44页。另参张宏《曹操曹植游仙诗的艺术成就》，《殷都学刊》1996年第1期。

《仙真人诗》,游行天下,令乐人歌之。"有论者指出:"今存的乐府诗中,以《仙人篇》名题者,仅有此篇。"①

　　总的来说,《仙真人诗》背后有错综复杂的政治背景,它是秦政府用音乐和歌咏形式进行的宣传,歌颂和赞美的仙人和真人就是秦始皇帝本人。这样做其实是在向民众宣示皇帝已经成为仙人,获得了长生不死的能力,以此影响民众思想,打击那些期望"始皇死而地分"的各地分裂势力。可以说《仙真人诗》是带有维护统一目的的作品,也是秦始皇统治晚期面对日渐严重的政治危局不得已采用的应对措施。但这样带有欺瞒意味的宣传会随着秦始皇的离世而彻底失去效验,也会极大降低秦政府统治的公信力。

四、小结

　　应当认为,秦始皇求仙虽然也着眼于为自己求福佑,但他更为直接的诉求还应从政治角度进行考察。秦统一之后分裂思想和分裂势力遍布于山东各地乃至秦政权中央,他们慑于秦始皇的权威暂时还不敢有所作为,但秦始皇一旦去世,局面就会一发不可收拾。后来秦二世统治时期秦帝国的迅速崩溃即证实了这一点。为了应对可能出现的严重危局,秦始皇一方面强力钳制思想言论,大力镇压不利统一的"异端"思想和学说;另一方面大力支持求仙,给予方术士们极大的支持。秦始皇召集文学和方术士以"兴太平",是因为相对于留存各地的传统巫祝势力,方术士不仅有一整套"先进"的神仙和不死之药理论,在政治倾向上也更认同统一的秦帝国,所以秦始皇刻意提高方术士的地位,借以压制各地传统巫祝势力。其实不难理解,如果当真能获得仙药最好,即便仙药一时不可得,求仙也是

---

① 林久贵、周玉容编著:《曹植全集》,武汉:崇文书局,2020年,第77页。

对期盼皇帝去世的分裂势力的有力回击。在以上种种原因共同影响下，秦始皇的求仙活动一直持续到他去世还未结束。

秦始皇死后不久帝国重新陷入分裂，"始皇帝死而地分"的预言最终被证实。不能说秦始皇没有意识到分裂思想和分裂势力的普遍存在，然而在消除其对民众思想影响的过程中，秦始皇的很多努力后来被证明无效。例如资助方术士求仙却终究还是一场空，《仙真人诗》的弦歌表演也没起到预想的效果。但也并不能因此完全否定秦始皇的努力，秦汉政治文化中"假威鬼神"不再被接受和认可，这与秦始皇的努力显然是有关联的。

第二节　汉武帝的巫术和方术体验

得益于巫师和方术士们的努力，汉武帝在各类巫术和方术中获得极佳的个人体验，这是他笃信巫术和方术的思想基础。需要注意的是，皇帝本人关于巫术和方术的个人体验，有许多不能为外人道的内容；即便是近距离观察了汉武帝祭祀求神的司马迁，也未能体察其中深意，在《史记》中留下"世俗之所知也，无绝殊者"的看法。至于后人更多以"昏惑""多欲"来批评汉武帝求仙，也是没有理解在巫术和方术中的个人体验对于汉武帝思想的影响。

一、神君与汉武帝的巫术体验

从文献记载来看，"神君"除了是神灵的尊称之外，也是汉代人对于巫术灵验的巫者的称呼。汉武帝早年受外祖母平原君臧儿影响，信赖长陵神君的巫者之术，中年经历疾病困扰被上郡神君治愈，这些都让他笃信通过鬼神祭祀得到福佑的真实性;而到了晚年身体和精神状况都较差,他相信这是来自巫蛊的影响,这正是"巫蛊之祸"的思想背景。可以发现,汉武帝终生笃信鬼神巫术,正缘自他在巫术中获得过较好的体验,而这又与巫师们竭尽所能为皇帝提供良好的巫术体验服务是分不开的。

1. 宛若与长陵神君

汉武帝的外祖母臧儿有着极不平凡的一生,而其中最具有传奇色彩的是她年轻的时候曾经向长陵"神君"祈福,后来她人生的荣华富贵也被归因于长陵"神君"的帮助。臧儿的故事显然对幼年刘彻的思想有着重要的影响,让他坚信巫者之术真实有效验。

司马迁《史记·封禅书》载宛若的故事较详:

> 是时上求神君,舍之上林中蹄氏观。神君者,长陵女子,以子死,见神于先后宛若。宛若祠之其室,民多往祠。平原君往祠,其后子孙以尊显。及今上即位,则厚礼置祠之内中。闻其言,不见其人云。①

"以子死",《孝武本纪》作"以子死悲哀",多有学者认为长陵女子在儿子死后悲哀,然后自己不久也死了。② 然《汉书·郊祀志》作

---

① 《史记》卷二八《封禅书》,第 1384 页。

② 白寿彝总主编,白寿彝、廖德清、施丁主编:《中国通史》第四卷说:"所谓神君,实是长陵县的一个女子,因儿子死去而装神弄鬼,骗得不少愚民往祠。"上海:上海人民出版社,2015 年,第 1309 页。此说恐怕受《汉武故事》所谓"生一男,数岁死,女悼痛之,岁中亦死"影响,然《汉书·郊祀志》明确说长陵女子"以乳死",所以彭卫和杨振红认为神君应当为难产而死,并指出如果平原君微时就开始侍奉神君,那么神君信仰产生的年代应当在汉文帝时代。另外,彭卫和杨振红曾提到古希腊有主管妇女分娩之神阿尔忒弥斯(Artemis),如果妇女分娩顺利,要向分娩女神献祭;如果难产而死,就要把衣服献给这位女神。产乳而死是女子非正常死亡的重要原因之一,所以也会因此而产生出各种相关的信仰,详见彭卫和杨振红《中国妇女通史·秦汉卷》相关的讨论。

"以乳死",颜师古注引孟康曰"产乳而死",①说长陵女子是产子不顺死亡,这在医学落后的时代是较为常见的现象。所谓"见神"也就是"降神",即长陵女子死后"附身"在姒娣宛若身上,让人们相信鬼神的降临是巫者的基本技能。据说长陵女子极为灵验,所以被当地民众称为"神君";而平原君臧儿祭祀神君,后来子孙尊显,神君的灵力被认可,也引起了汉武帝的注意。

汉武帝即位以后将神君接入宫廷之中,《史记·封禅书》说"则厚礼置祠之内中,闻其言,不见其人云",②《汉书补注》王先谦认为这里所谓"内中"就是蹄氏观之中,并不是通常理解的宫廷之中。③"蹄氏观",《汉书》作"礴氏馆",司马相如《封禅文》有"鬼神接灵圉,宾于闲馆"一句,《汉书》颜师古注引文颖曰:"是时上求神仙之人,得上郡之巫长陵女子,能与鬼神交接,治病辄愈,置于上林苑中,号曰神君。有似于古之灵圉,礼待之于闲馆舍中也。"④是将神君供奉于上林苑中特别的居处。所谓"闲馆",班固《西都赋》云:"徇以离宫别寝,承以崇台闲馆,焕若列宿,紫宫是环。"⑤唐代柳宗元《桂州裴中丞作訾家洲亭记》有"左浮飞阁,右列闲馆"一句,⑥可知"闲馆"原意当是清雅幽静的宫殿。

蹄氏观位于上林苑中,⑦章太炎认为:"汉上林中有蹄氏观,盖仿

---

①《汉书》卷二五上《郊祀志上》,第 1216 页。

②《史记》卷二八《封禅书》,第 1384 页。

③ 班固撰,颜师古注,王先谦补注:《汉书补注》,北京:商务印书馆,1959 年,第 2106 页。

④《汉书》卷五七下《司马相如传下》,第 2602 页。

⑤ 班固:《西都赋》,严可均编:《全上古三代秦汉三国六朝文》,北京:中华书局,1958 年,第 1205 页。

⑥ 柳宗元著:《柳宗元集》,北京:中华书局,1979 年,第 727 页。

⑦ 徐卫民认为礴氏馆可能在上林苑西部,见林剑鸣、吴永琪主编《秦汉文化史大辞典》,上海:上海汉语大词典出版社,2002 年,第 817 页。

虒祁而名也。"①"虒祁"是晋国三大著名宫殿之一,晋平公筑"虒祁宫"的记载见于《左传》昭公八年(前534)"于是晋侯方筑虒祁之宫",杜预注云:"虒祁,地名也,在绛州西四十里,临汾水也。"②章太炎指出"虒祁"有时也作"施惠之台",例如《史记·乐书》中有"平公置酒于施惠之台",《史记正义》云一本"庆祁之堂",并认为这就是《左传》中的"虒祁之宫"。另外,《韩非子·十过》中有所谓"施夷之台",应当也就是"虒祁宫"。③ 另外应当注意的是,"虒祁宫"在文献中一直与鬼神之事有关,根据《左传》和后来《史记·乐书》的记载,师旷曾于此演奏"靡靡之音",据说:"一奏之,有白云从西北起。再奏之,大风至而雨随之,飞廊瓦,左右皆奔走。平公恐惧,伏于廊屋之间。晋国大旱,赤地三年。"④

另外,近些年来考古工作者在山西侯马虒祁遗址进行了多次发掘工作,发现了大量的祭祀坑,其中埋藏有牛和羊等牺牲,证明这里曾经是晋国重要的祭祀场所。⑤ 有学者从"虒祁"二字的本意出发,认为"祁"可通"祈",并引张衡《东京赋》"冯相观祲,祈禬禳灾",及注释"谓求祈福而除灾害也",认为"虒祁"的原意就是祈福,"虒祁"这个地方本来就是晋国人求福之处。⑥ 也就是说,晋国人有"虒祁宫",是为祭祀神灵以求福佑的宫殿,秦汉以后仿晋国制度,在上林苑中修建"蹏氏观",其实也是祭祀神灵之所在。只是现在已经无法知晓西汉时期长安城中的"蹏氏观"是早已存在,还是汉武帝专为

---

① 章太炎:《春秋左传读》,《章太炎全集(2)》,上海:上海人民出版社,2022年。

②《春秋左传正义》,阮元校刻《十三经注疏》,第4456页。

③ 王先慎撰,钟哲点校:《韩非子集解》,北京:中华书局,1998年,第63页。

④《史记》卷二四《乐书》,第1236页。

⑤ 王金平等:《山西侯马虒祁遗址》,《大众考古》2015年第8期。

⑥ 高青山:《"虒祁"与晋国社稷》,山西省考古学会、山西省考古研究所编:《山西省考古学会论文集(4)》,太原:山西人民出版社,2006年。

"神君"而建。①

司马迁所记"神君"故事大抵如此，至此基本可以判断宛若原本是一个活动在民间的女性巫者，后来被汉武帝接入宫中，在上林苑蹄氏观为皇帝祈福。后来《汉武故事》将长陵女子之事神化，并提供了不见于《史记》的信息，《史记正义》引《汉武故事》云：

> 起柏梁台以处神君，长陵女子也。先是嫁为人妻，生一男，数岁死，女子悼痛之，岁中亦死，而灵，宛若祠之，遂闻言宛若为生，民人多往请福，说家人小事有验。平原君亦事之，至后子孙尊贵。及上即位，太后延于宫中祭之，闻其言，不见其人。至是神君求出局，营柏梁台舍之。初，霍去病微时，自祷神君，及见其形，自修饰，欲与去病交接，去病不肯，谓神君曰："吾以神君精洁，故斋戒祈福，今欲淫，此非也。"自绝不复往。神君惭之，乃去也。②

至唐代孙颀《神女传》提供了这个故事的结局部分："卫太子未败一年，神君乃去。东方朔娶宛若为小妾，生子三人，与朔俱死"。③对于这个结局，《太平广记》卷二九一引《汉武故事》记载道："卫太子未败一年，神君乃去。东方朔娶宛若为小妻，生子三人，与朔俱死"。④ 东方朔娶宛若为小妻，自然也是后人的附会。明代陆楫编《古今说海》卷一一七《汉武故事》记载说霍去病死后，汉武帝"造神

---

① 《史记·秦始皇本纪》记载说秦统一过程中曾仿建诸侯宫殿，即所谓"秦每破诸侯，写放其宫室，作之咸阳北阪上"。"虒祁宫"很可能是秦始皇"写放"诸侯宫室的产物。另外，《三辅黄图》载"观"类建筑，并未提到"蹄氏观"，可能在汉武帝之后被废弃。

② 《史记》卷一二《孝武本纪》，第 452 页。

③ 孙颀：《神女传三则》，王云五主编，吴曾祺编：《万有文库》，上海：商务印书馆，1929 年。

④ 李昉等编：《太平广记》，北京：中华书局，1961 年，第 2318 页。

君请术,行之有效,大抵不异容成也。神君以道授宛若,亦晓其术,年百余岁,貌有少容。卫太子未败一年,神君亡去,自柏梁台烧后,神稍衰。东方朔娶宛若为小妻,生三子,与朔同日死。时人疑化去,未死也。自后贵人公主慕其术,专为淫乱,大者抵罪,或夭死,无复验云"。①

需要注意的是,秦汉以后女巫在社会上的地位愈发低落,人们在描述女巫的时候多形容其"美艳",而且颇多涉淫之事。例如《晋书·夏统传》中的两女巫"并有国色,庄服甚丽",②以及杜佑提到当时巴梁间"乡里有美鬓面人,迭迎为尸以祭之"。③ 此处神君欲与霍去病"交接",正符合魏晋时代以后人们对女巫的看法。④ 另外《太平广记》卷二九一引《汉武故事》记载说,神君想要和男子交合的原因是为了增加其年寿,这也是魏晋以后道教信仰中才开始出现的内容。⑤

可以发现,《汉武故事》中的"神君"故事是在原有史实的基础上进行了演绎和神化,其中很多内容并不可靠,但也提供了《史记》《汉书》缺载的宝贵资料,这就为依据这些资料探析历史的真实提供了可能性,是以对于《汉武故事》的相关记载并不能一概否定。

长陵女子因难产而死,"先后"宛若祭祀,"神君"故事因之而起,则宛若是"神君"故事的关键。前引《封禅书》载长陵神君"见神于

① 本书所引《汉武故事》出自李剑锋著《唐前小说史料研究》,济南:山东教育出版社,2016 年,第 68—69 页。
② 《晋书》卷九四《夏统传》,北京:中华书局,1974 年,第 2428 页。
③ 杜佑撰,王文锦等点校:《通典》,北京:中华书局,1988 年,第 4980 页。
④ 例如赵容俊注意到魏晋时期巫女的身份与当时供人玩乐的"女乐"无异,是说可参,见氏著《汉魏晋时期的巫术特征考察》,《史林》2011 年第 4 期。相关的研究另参韩书晓《魏晋的巫者》,上海:华东师范大学出版社,2015 年。
⑤ 例如《真诰》中就记载了仙女追求凡人男子的故事,其中以愕绿华痴情于羊权事最为突出。当然《真诰》的目的可能在于说明这些仙女是凡人的导师,通过性的行为引导凡人成仙,是道教的一种修炼方式,相关的研究参见岳齐琼《汉唐道教修炼方式与道教女性观之变化研究》,成都:巴蜀书社,2009 年。

先后宛若"，后来《汉书》颜师古注引文颖之言已经明确指出宛若的身份是巫者，即所谓"上郡之巫长陵女子，能与鬼神交接，治病辄愈"。《太平广记》卷二九一引《汉武故事》载"神君"之言曰"宛若为主"，则更加明显地说明宛若自称能"降鬼"在自己身上，并代替鬼神说话。"神君"最先引起人们注意的是"说家人小事有验"，意思是说"神君"能够叙说邻里家人的小事，以这样的方式证明自己的预测是可以验证的，从而在乡里中获得神异的印象。这种现象其实很容易理解，乡里社会中的巫者能够描述他人隐秘之事，以此取得他人信赖，历史上也多有类似情形，例如清代姚东升辑录鬼神之事，说："今俗淫祠，每称神君，而司巫者言神君，又甚夥焉。"[1]日本学者幸田露伴推测："所谓神君，只不过类似于巫师骗人的腹语术和反言技。所谓腹语术，就是巫师自己说话而声音不从口中发出；所谓反言技，就是巫师自己说话，但是声音就像从远处传来的一样。这些都是妖妄之徒标新立异、故弄玄虚来欺瞒人的诈术陋技。"[2]这种推测是有一定道理的。

　　可以认为，"长陵女子"原本只是活跃在乡里的女巫，[3]其活动范围也主要在长陵附近。事实上，如果不是汉武帝的祖母平原君臧儿也参与了对这位"神君"的祭祀，并且后来富且贵，那么这位乡里中的女巫怕是没有什么机会出现在史家的视野之中。[4]所以平原君臧儿是长陵神君故事中的另外一位重要角色。史料记载说臧儿是"故燕王臧荼孙"，汉建立以后燕王臧荼谋反被杀，据李开元推测，汉政

<hr />

[1] 姚东升辑，周明校注：《释神校注》，成都：巴蜀书社，2015 年，第 198 页。

[2] （日）幸田露伴著：《东方朔和猛犸象》，范宏涛译，北京：清华大学出版社，2015 年，第 135 页。

[3] 李零也认为长陵女子的妯娌宛若就是主其事的女巫，见《中国方术续考》，第 66 页。

[4] 清代学者李晚芳就批评，"以天子而祠村妇之鬼，古今未闻其言"。李晚芳：《读史管见》，济南：齐鲁书社，2014 年，第 47 页。

府没有严厉惩罚诛灭臧荼家族,而是做了宽大处理,所以臧儿在关中平静地过着平民的生活。① 臧儿幼年可能随父亲逃亡匈奴,后来回到关中,先嫁给槐里人王仲为妻,生有一子两女;后来王仲死,臧儿又改嫁到长陵田氏。臧儿祭祀"神君"应当是在改嫁长陵田氏以后。史料记载,在嫁给长陵田氏以后,臧儿又给田氏生下二子,也就是田蚡和田胜。

后来臧儿占卜,得出的结果是"两女当贵",据《汉书》记载:"臧儿长女嫁为金王孙妇,生一女矣,而臧儿卜筮曰两女当贵,欲倚两女,夺金氏。金氏怒,不肯与决,乃内太子宫。太子幸爱之,生三女一男。"②《汉武故事》记载:"相工姚翁善相人,千百弗失,见后而叹曰:'天下贵人也,当生天子。'"③《汉武故事》把"卜筮"换成了"相面",更符合古来贵人多有神异面相的传统。这里所谓的"长女"是槐里王仲之女,也就是后来汉武帝生母,文献中称她为"王娡"。王娡所嫁之金王孙应当也是平民,金氏不满臧儿所为,将王娡送入太子宫。④ 褚先生在补这段历史的时候说得非常隐晦,他说:"王太后在民间时所生一女者,父为金王孙。王孙已死,景帝崩后,武帝已立,王太后独在。"⑤之所以特意强调景帝已死太后独在,恐怕是要说明汉景帝一直不知道王娡曾生育一女。

研究汉代婚姻形态的学者普遍注意到这期的改嫁较为自由,

① 李开元:《臧荼一家的吊诡命运》,《国家人文历史》2017 年第 8 期。
② 《汉书》卷九七《外戚传上》,第 3945 页。
③ 陆楫编:《古今说海》,成都:巴蜀书社,1996 年。
④ 后来史料中提到王娡为金王孙生有一女名金俗,汉武帝时韩嫣"承间白言太后有女在长陵也",于是汉武帝"乘舆驰至长陵。当小市西入里,里门闭,暴开门,乘舆直入此里,通至金氏门外止,使武骑围其宅,为其亡走,身自往取不得也"。《史记》卷四九《外戚列传》,第 1982 页。
⑤ 《史记》卷四九《外戚世家》,第 1982 页。

臧儿在前夫死后可以自由改嫁,而王姞离婚后入太子宫,也能受到太子宠幸,为汉景帝生一男三女。[①] 然而就为了占卜说"两女当贵",臧儿就想要把已经出嫁,并且已经生子的女儿夺回改嫁,臧儿本人笃信鬼神占卜之事,由此也可见一斑。[②] 其实可以认为,在汉代社会中类似臧儿这种普通的民众,正是巫鬼信仰的主要信众。而臧儿的特殊之处在于她后来的富贵荣耀,史书记载汉武帝即位之后臧儿被封为平原君,其家族一度极为显耀。李开元曾经统计,臧儿共生有二女三男,长女皇后,次女贵妃,三男皆为列侯。五位刘姓外孙,一位为皇帝,四位为国王,其他姓氏的外孙儿女不可尽数。[③] 由燕王臧荼孙女而为普通平民,再由平民而大富大贵,这种人生阅历一定会让臧儿感慨人生无常,而把这一切归功于当时的"神君"之灵力,也会极力宣扬"神君"之灵验。年轻的汉武帝可能正是受臧儿的影响,也随之笃信"神君"。[④] 所以《封禅书》记载说:"及今上即位,则厚礼置祠之内中。"根据《汉书》的记载,平原君臧儿薨于建元五年夏四月,这一年汉武帝只有二十一岁,童年和青少年时期外祖母臧儿的故事一定会给他留下难以磨灭的印象。

总的来说,长陵女子难产而死化为"神君",背后显然是其姊娌宛若为巫者之事。长陵"神君"这样的地方区域性小神灵,之所以能够登上历史的舞台,和平原君臧儿的推崇以及后来汉武帝的信赖有着密切的关系,正是臧儿以自己的亲身经历验证了长陵"神君"的灵

[①] 杨树达:《汉代婚丧礼俗考》,南昌:江西教育出版社,2017 年,第 31 页。另参彭卫《汉代婚姻形态》,西安:三秦出版社,1988 年,第 195 页。

[②] 杨树达注意到,"女子之父母强夺其女而归,皆希见之事也",参氏著《汉代婚丧礼俗考》,第 30 页。

[③] 李开元:《臧荼一家的吊诡命运》,《国家人文历史》2017 年第 8 期。

[④] 胡适就认为长陵神君可以说是汉武帝外婆家带来的宗教,见氏著《中国思想史》,长春:吉林出版集团有限公司,2018 年,第 348 页。

验,汉武帝才会开始关注"神君",并将女巫宛若接到宫廷之中奉养。长陵神君的故事在青少年时期的汉武帝心中留下了深刻的印象,这初次的巫术体验也深深影响了汉武帝的思想,他对巫者之术的信赖已经深入到思想深处。

2. 上郡巫与寿宫神君

武帝时代还有一位上郡神君,后来居住于寿宫,所以也被称为"寿宫神君"。寿宫神君被认为治愈了汉武帝的疾病,这让皇帝愈发笃信巫术。根据《史记·封禅书》记载:

> 文成死明年,天子病鼎湖甚,巫医无所不致,不愈。游水发根乃言曰:上郡有巫,病而鬼下之。上召置祠之甘泉。及病,使人问神君。神君言曰:"天子毋忧病。病少愈,强与我会甘泉。"于是病愈,遂幸甘泉,病良已。大赦天下,置寿宫神君。神君最贵者太一,其佐曰大禁、司命之属,皆从之。非可得见,闻其言,言与人音等。时去时来,来则风肃然。居室帷中。时昼言,然常以夜。天子祓,然后入。因巫为主人,关饮食。所欲者言,行下。又置寿宫、北宫,张羽旗,设供具,以礼神君。神君所言,上使人受其言,命之曰"画法"。其所语,世俗之所知也,无绝殊者,而天子心独喜。其事秘,世莫知也。①

根据《史记》的记载,侍奉"神君"的显然就是巫者,荀悦《汉纪》云:"上尝疾病,有巫为上致神君,贵者曰太一,其次曰太禁、司命之属,皆从之。"②这位巫者居于上郡,所以有学者怀疑他可能是"胡巫"。③

---

① 《史记》卷二八《封禅书》,第 459 页。
② 荀悦著,张烈点校:《汉纪》,北京:中华书局,2002 年,第 226—227 页。
③ 王子今:《西汉长安的"胡巫"》,《民族研究》1997 年第 5 期。李零也认为上郡巫者可能是胡巫,见《中国方术续考》,第 66 页。

而汉武帝不得已启用"胡巫",是因为尽管"巫医无所不致",但依然
无法治愈疾病。由司马迁的观察也可见胡巫的手段其实和中原地
区的巫者并没有太大不同,基本都是宣称鬼神依附在自己身上,并
因此获得了神秘的能力,能够帮助人们解决疾病等方面的问题。①
所谓"病而鬼神下之",《孝武本纪》和《汉书·郊祀志》皆作"病而鬼
下之",颜师古解释为"本尝遇病,而鬼下之,故为巫也",后文也提到
"因巫为主人,关饮食",都说明巫者宣称鬼神能够降临在自己身上。
王叔岷《史记斠证》引俞樾的考证云:"'神君'乃巫之神,以巫为主
人,居帷幄中与人言,即所谓'上郡有巫,病而鬼神降之'者也。"②巫
者居于帷幄中为鬼神代言,可能都用不到前引幸田露伴所谓的"腹
语术"或者"反言技"。

　　与前文提到的"蹄氏观"类似,汉武帝祭祀上郡"神君"的地点是
"寿宫"。《史记集解》引服虔曰:"立此便宫也。"臣瓒曰:"宫,奉神
之宫也。《楚辞》曰'蹇将澹兮寿宫'。"③《楚辞》王逸注云:"寿宫供
神之处也。祠祀皆欲得寿,故名为寿宫也。"④姜亮夫怀疑汉武帝置
寿宫供奉神君用的是"楚制",并认为"寿宫"应当就是《诗·鲁颂》
中的"閟宫",认为汉人又或称为"秘殿"。⑤ 关于寿宫的地点,《史记
正义》引《括地志》云:"寿宫、北宫皆在雍州长安县西北三十里长安
故城中。"《三辅黄图》云:"寿宫,北宫有神仙宫、寿宫,张羽旗,设供
具,以礼神君。神君来,则肃然风生,帷帐皆动。"何清谷注释认为,
汉武帝先是在甘泉宫"置寿宫神君",后来回到长安,为了供奉神君,

---

① 参马新、贾艳红、李浩著《中国古代民间信仰:远古——隋唐五代》,上海:上海人
　民出版社,2010 年,第 179 页。
② 王叔岷:《史记斠证》,北京:中华书局,2007 年,第 437 页。
③《史记》卷一二《孝武本纪》,第 460 页。
④ 洪兴祖:《楚辞补注》,第 57 页。
⑤ 姜亮夫:《楚辞通故》,昆明:云南人民出版社,2002 年,第 147 页。

又"置寿宫北宫"。① 也就是说,寿宫位于北宫之中。②

梁玉绳认为"置酒寿宫神君"中"酒"字是衍文。③ 郭嵩焘《史记札记》认为:"案《汉书·郊祀志》亦作'置寿宫神君',玩文义,当作'置酒寿宫',班氏盖误也。《史记》'置酒寿宫神君',以上下文义求之,实不误。武帝祠神君甘泉,自在病前,即此所云寿宫也。神君言:'天子病少愈,与我会甘泉。'于是上幸甘泉,置酒寿宫以应其言,所谓'因巫为主人关饮食',则置酒时情事也。下云'置寿宫北宫',别是一事,不可因此遂谓先置寿宫,又置寿宫北宫也。"④此说可参。

汉武帝的疾病被"神君"治愈,这对汉武帝本人而言意义极为重要。汉武帝之前汉朝诸帝大都在五十岁之前去世,而此时汉武帝四十余岁,这场疾病的治愈自然会让汉武帝极度信赖鬼神的灵力,并且更为相信依靠鬼神求得长生的可能性。这也让汉武帝对于太一神极为礼遇,顾颉刚就注意到汉武帝因为疾病被治愈而激起了对太一的强烈信仰,所以太一能够在诸神中获得独尊的资格。⑤ 至于汉武帝的疾病为何就莫名其妙痊愈了,学者们猜测可能是患者的心理作用。⑥

《史记·封禅书》还提到神灵和人沟通的"画法",所谓:"神君所言,上使人受书其言,命之曰'画法'。"《孝武本纪》集解引《汉书音义》曰:"或云策画之法也。"正义曰:"画音获。案:画一之法。"⑦

---

① 何清谷:《三辅黄图校注》,西安:三秦出版社,2006 年,第 217 页。
② 有学者注意到汉代离宫别馆本身就有祭祀功能,参梁陈《西汉离宫别馆祠祀功能考述》,中国古都学会编:《中国古都研究》总第 34 辑,西安:陕西师范大学出版总社,2018 年。
③ 梁玉绳撰,贺次君点校:《史记志疑》,北京:中华书局,1981 年,第 812 页。
④ 郭嵩焘:《史记札记》,郭嵩焘撰,梁小进主编:《郭嵩焘全集》,长沙:岳麓书社,2018 年。
⑤ 顾颉刚:《古史辨自序》,北京:商务印书馆,2011 年,第 241 页。
⑥ 卿希泰:《中国道教史》第一卷,成都:四川人民出版社,1988 年,第 40 页。
⑦《史记》卷一_《孝武本纪》,第 460 页。

梁玉绳《史记志疑》所据金陵本作"书法",梁玉绳认为:"汉志作'画法',孟康曰'策画之法也'。此与《补纪》作'书法',非。正义书音获,尤非。"①无论"策画之法"还是"画一之法"均不可解。陈槃认为"画法"与"师法"类似,是神人所设之方,并引《中论·修本》说:"行秽者,人不使画法,以无验也。"②根据此说,"画法"确实应理解为"方式""方法"。

从《史记》的记载来看,作为郎中的司马迁,有机会进入寿宫,并参与了汉武帝祭祀"神君"的礼仪。③《封禅书》"太史公曰":"余从巡祭天地诸神名山川而封禅焉。入寿宫侍祠神语,究观方士祠官之意,于是退而论次自古以来用事于鬼神者,具见其表里。后有君子,得以览焉。若至俎豆珪币之详,献酬之礼,则有司存。"④所以司马迁认为巫者代替鬼神的言论是"其所语,世俗之所知也,无绝殊者,而天子心独喜"。《汉书补注》云:"(世俗之所知,)对世俗所知言之,言其所言浅近,皆世所知。至其事诡秘,非世所知。盖言所受之书,不可信颇致微词。"⑤其实从《史记》的相关叙述来看,司马迁怀疑巫者造伪,但在"天子心独喜"的情况下他也无法明确说出自己的怀疑。但是他陈述基本事实,并以相对客观的态度记载上郡巫者和寿

---

① 梁玉绳撰,贺次君点校:《史记志疑》,第 812 页。

② 陈槃:《战国秦汉间方士考论》,《中央研究院历史语言研究所集刊》第 17 本,1948 年。《中论》注释引《玉篇·书部》:"画,计也,策也。"并称:"按画谓筹画,字亦作'划'。行读去声。抱病者,人不使之为医;品行污秽者,人不使之筹画法令。盖身有疾而不能医,尚可使医人之疾乎? 品行污秽而不能自正,尚可使出令正人乎? 以其人无可验信也。"参徐幹撰,孙启治解诂《中论解诂》,北京: 中华书局,2014 年,第 56 页。

③ 赵生群认为"入寿宫侍祠神语"的应当是司马谈而不是司马迁,可备一说,参氏著《太史公书研究》,西安: 陕西人民出版社,1994 年,第 91 页。

④《史记》卷二八《封禅书》,第 1404 页。

⑤ 班固撰,颜师古注,王先谦补注:《汉书补注》,第 2112 页。

宫神君的活动,希望"后有君子,得以览焉"。

另外,荀悦的态度可以与司马迁对比,《汉纪》载神君故事:"神君所〔言〕,上使人记之。其言世俗所知,亦无(余)〔绝〕殊者,而上心甚善之。其事秘,(亡)〔世〕莫传也,而信以为神矣。"①事实上,荀悦对汉武帝"信以为神矣"的嘲讽是后世读史者的基本态度,后人更多以"昏惑""多欲"来批评汉武帝的行为。

无论如何,汉武帝坚信上郡神君治愈了疾病,因而对于巫鬼之术更加信赖也是情理之中的。但同时也应该注意的是,"神君"并不能够持续提供这样良好的体验,当时旁观了上郡神君巫术表演的司马迁已经隐约意识到其中可能存在的问题。而最为关键的是,神君无法给皇帝提供关于人生的终极答案,仅仅治疗疾病或者承诺富贵这样的目标,并不是皇帝真正想要追求的。另外,自古以来人们都相信鬼神能够带来疾病,汉武帝晚年健康状况较差,对致病鬼神的恐惧也与日俱增,所以对于祠祭祝诅引发的巫蛊问题进行了极为严厉的打击,进而引发了后来的巫蛊之祸。

3. 巫蛊问题

除了向鬼神求取福佑之外,人们还可以请求鬼神为害他人,给他人带来疾病和伤害,这也就是巫蛊之术。汉武帝早年严厉处理陈皇后巫蛊案件,后来处置公孙敬声和阳石公主巫蛊事也毫不容情,并引发了影响深远的巫蛊之祸,而这一切的根源皆在于巫鬼之术对汉武帝思想的影响。

史料记载提到,普通百姓对统治阶层不满可以"祝诅上";先秦

---

① 荀悦著,张烈点校:《汉纪》,第 227 页。针对汉武帝祭祀神君事,荀悦有一段评论,他认为:"若夫神君之类,精神之异,非求请所能致也,又非可以求福而禳灾矣。且其人不自知其所然而然,况其能为神乎! 凡物之怪亦皆如之。"至东汉时期,儒生士大夫阶层对于鬼神之事态度的转变可见一斑。

以来的统治者都相信,他们有可能受到来自民间的诅咒,并因此而患病或者死亡,这是"巫蛊"问题的社会思想基础。所谓"予及汝偕亡"证明类似的诅咒确实经常发生,而"防民之口"也很可能就是基于这一层面的考虑,所以统治者会考虑任用"巫者"来监视民众,即所谓"王怒,得卫巫,使监谤者",《史记正义》认为"以巫人神灵,有谤毁必察也"。① 据《左传》昭公二十年(前522)的记载,齐侯得了疥疮,有人建议诛杀为国君祈祷的祝史,晏子认为"民人苦病,夫妇皆诅,祝有益也,诅亦有损……虽其善祝,岂能胜亿兆人之诅,君若欲诛于祝史,修德而后可。"②根据晏子的说法,人民一旦生活不好,就会诅咒统治者,然后会造成统治者的疾病或者死亡。刘向《新序》卷一《杂事》记载"祝简"之言:"且君苟以为祝有益于国乎?则诅亦将为损世亡矣,一人祝之,一国诅之,一祝不胜万诅,国亡不亦宜乎?"③也是说民众的诅咒会危害统治者的生命健康。

汉代建立以后仍设置有"秘祝"之官,从名称来看,其职事是进行秘密的祭祷,为国君求福或者免除灾祸,据《史记·孝文本纪》:

> 十三年夏,上曰:"盖闻天道祸自怨起而福繇德兴。百官之非,宜由朕躬。今秘祝之官移过于下,以彰吾之不德,朕甚不取。其除之。"④

所谓"移过于下",也就是将本应当降临到帝王身上的灾祸转移给大臣或者百姓,《史记集解》引应劭曰:"秘祝之官移过于下,国家讳之,故曰秘。"⑤同样在《封禅书》中也说:"祝官有秘祝,即有灾祥,

---

① 《史记》卷四《周本纪》,第142页。
② 《春秋左传正义》,阮元校刻《十三经注疏》,第2091页。
③ 陈茂仁:《〈新序〉校正》,台北:花木兰文化出版社,2007年,第36—37页。
④ 《史记》卷一〇《孝文本纪》,第427页。
⑤ 《史记》卷一〇《孝文本纪》,第427页。

辄祝祠移过于下"。①也就是说,如果发生灾祸,秘祝官负责将灾异转移到臣民身上,这是因为当时的人们相信,如果灾祸应在臣民身上,国君就可免除灾难。因为这样的事情影响"德行",所以需要十分隐秘,故而从事此事的祝官被称为"秘祝"。②

汉文帝时秘祝之官被取消,但祝诅能够给人的生命健康造成损害的观念并未消失,并且影响了后来汉武帝一系列决策。汉武帝早年曾严厉处理陈皇后巫蛊案件,《史记·外戚世家》说:"陈皇后挟妇人媚道,其事颇觉,于是废陈皇后。"③司马迁并未交代"妇人媚道"的具体内容,学者们认为"媚道"和生育问题有密切关系。④《汉书·外戚传》载"女子楚服等坐为皇后巫蛊祠祭祝诅",后来被枭首于市,"相连及诛者三百余人",武帝赐皇后策里面说:"皇后失序,惑于巫祝,不可以承天命。其上玺绶,罢退居长门宫。"⑤《资治通鉴》综合《史记》《汉书》的说法:"女巫楚服等教陈皇后祠祭厌胜,挟妇人媚道;事觉,上使御史张汤穷治之。汤深竟党与,相连及诛者三百余人,楚服枭首于市。"⑥无论"祠祭祝诅"还是"祠祭厌胜",被伤害的

---

① 《史记》卷二八《封禅书》,第 1377 页。
② 相关的研究参见李璟憬《西汉秘祝考——人类学巫术理论视角下的秦汉秘祝》,《长安学刊(哲学社会科学版)》2018 年第 B12 期;董云香《秦汉秘祝源流考论》,《古代文明》2014 年第 8 期。
③ 《史记》卷四九《外戚世家》,第 1979 页。
④ 钱钟书认为"媚道"是一种"可以使人失宠遭殃,亦可以使己承恩致福"的妇人方术,见《管锥编》,北京:中华书局,1979 年,第 297 页。相关的研究参李建民《"妇人媚道"考——传统家庭的冲突与化解方术》,《新史学》第 7 卷第 4 期,1996 年。
⑤ 《汉书》卷九七上《外戚传上》,第 3948 页。
⑥ 《资治通鉴》卷一八《汉纪一〇》,北京:中华书局,1956 年,第 591 页。《汉武故事》云:"皇后宠遂衰,骄妒滋甚。女巫楚服自言有术,能令上意回,昼夜祭祀,合药服之。巫着男子衣冠帻带,素与皇后寝居,相爱若夫妇。上闻,穷治侍御,巫与后诸妖蛊咒诅,女而男淫,皆伏辜。"涉及宫闱秘事,《汉武故事》此处的记载颇多臆测,不足取信。《汉武故事》原文引自李剑锋著《唐前小说史料研究》,第 67 页。

对象都有可能会是皇帝本人,这应当是汉武帝穷治陈皇后巫蛊事件的原因。① 需要注意的是,楚服被"枭首于市"是因为她所触犯的是"大逆"之罪,她的巫术被认为伤害到了汉武帝本人。另外所谓"妇人媚道"也涉及控御心智等内容,有学者注意到,这种巫术在汉朝建立之后侵入社会上层生活,并直接开启了汉武帝后期的巫蛊之祸。②

武帝晚年严厉处理公孙敬声与阳石公主巫蛊事,《汉书·公孙敬声传》载:"(朱)安世遂从狱中上书,告敬声与阳石公主私通,及使人巫祭祠诅上,且上甘泉当驰道埋偶人,祝诅有恶言。下有司案验贺,穷治所犯,遂父子死狱中,家族。"③在这次案件中,诸邑公主、阳石公主及皇后弟子长平侯伉皆坐巫蛊诛,这让皇后和卫太子极度紧张,班固认为:"巫蛊之祸起自朱安世,成于江充,遂及公主、皇后、太子,皆败。"《容斋随笔》也说:"两公主实卫后所生,太子未败数月前,皆已下狱诛死,则其母与兄岂有全理! 固不待于江充之谮也。"④巫蛊之祸起自朱安世这样的判断是符合历史事实的,《资治通鉴》汉武帝征和二年也将此事置于巫蛊之祸事前。⑤ 事实上,巫蛊类案件很难有切实证据,公孙敬声与阳石公主行巫蛊即便子虚乌有也被穷治,是以巫蛊往往作为打击政敌的手段,而这一切的根源则是汉武帝内心中对鬼神巫蛊的信赖。

《资治通鉴》中有一段不见于《史记》和《汉书》的史料描述巫蛊

---

① 辛德勇认为,陈皇后祝诅的内容,当然是不利于汉武帝的性命,所以才以"大逆无道"论之,参氏著《海昏侯刘贺》,北京:读书·生活·新知三联书店,2016 年,第58 页。

② 相关的研究参蒲慕州《巫蛊之祸的政治意义》,《"中研院"历史语言研究所集刊》第57 本第 3 分,1986 年。另参方诗铭《西汉武帝晚期的"巫蛊之祸"及其前后》,《上海博物馆集刊》1987 年第 4 期。

③《汉书》卷六六《公孙刘田王杨蔡陈郑传》,第 2878 页。

④ 洪迈撰,孔凡礼点校:《容斋随笔》,北京:中华书局,2005 年,第 238 页。

⑤《资治通鉴》卷二二《汉纪一四》,第 726 页。

之祸的背景:

> 是时,方士及诸神巫多聚京师,率皆左道惑众,变幻无所不为。女巫往来宫中,教美人度厄,每屋辄埋木人祭祀之;因妒忌恚詈,更相告讦,以为祝诅上,无道。上怒,所杀后宫延及大臣,死者数百人。上心既以为疑,尝昼寝,梦木人数千持杖欲击上,上惊寤,因是体不平,遂苦忽忽善忘。①

所谓"埋木人祭祀之",最初的目的可能是以桐木人代替自身承受疾病、灾祸(也就是所谓"度厄"),类似后世的"松人解除"之类的巫术。② 当然通过祭祀鬼神驱使木人为自己服务甚至害人,也属于这种巫术的常规操作。汉武帝会梦到"木人数千持杖欲击",是相信埋木人这样的祠祭祝诅巫术,可能确实会对自己造成伤害。与其他伤害不同的是,祝诅巫术的伤害无处不在且防无可防。正是在这样的观念影响之下,汉武帝会对祝诅案件强力打击,丝毫不留余地。《汉书·武五子传》说:"是时,上春秋高,意多所恶,以为左右皆为蛊道祝诅,穷治其事。"③班固的描述应当是符合历史事实的。

梦见被木人袭击是汉武帝真实的巫术体验,《容斋随笔》"巫蛊之祸"条采信了《资治通鉴》中"木人数千持杖欲击上"的说法,另外还提到了男子带剑入建章宫事。洪迈认为这两件事都来自汉武帝的"妄念",他认为:"是时帝春秋已高,忍而好杀,李陵所谓法令无常,大臣无罪夷灭者数十家。由心术既荒,随念招妄,男子、木人之兆,皆迷不复开,则谪见于天,鬼瞰其室。"④也就是说,汉武帝晚年的

---

① 《资治通鉴》卷二二《汉纪一四》,第 728 页。
② 姜守诚:《香港所藏"松人"解除木牍与汉晋墓葬之禁忌风俗》,《成大历史学报》第 31 号,2006 年。
③ 《汉书》卷六三《武五子传》,第 2742 页。
④ 洪迈撰,孔凡礼点校:《容斋随笔》,第 238 页。

精神状态较差，"遂苦忽忽善忘"，神思恍惚影响了理性判断，这是后来巫蛊之祸发生的重要背景。①

　　总的来说，汉武帝对神君的灵力非常信赖，无论是早年遇到的长陵神君还是中年遇到的上郡神君，汉武帝都相信他们的巫术是灵验的，因此给予极高的礼遇，而这些巫师也极力为汉武帝提供良好的巫术体验，不断强化巫术灵验的印象，汉武帝因此信赖巫术弥甚。而正因为汉武帝深信鬼神巫术，所以穷治巫蛊案件，尤其到晚年后身体和精神状况较差，对来自巫蛊的伤害极为恐惧，所以在处理卫太子涉嫌巫蛊的案件中伤及根本。

二、巫鬼杂糅与汉武帝的方术体验

　　前文提到，汉武帝早年因外祖母平原君臧儿的个人经历而崇信长陵神君，中年因疾病得到治愈相信上郡神君，至晚年则恐惧来自鬼神巫术的伤害，可以说汉武帝思想的底色是巫鬼。方术士们虽然承诺长寿以及不死之药，但最先吸引汉武帝的仍是鬼神巫术，这种巫鬼和方术杂糅的局面其实是为了迎合汉武帝的思想观念，为皇帝提供真实而具体的体验。事实上，汉武帝时代早期登场的几位方术士，以少君、少翁、栾大以及公孙卿为代表，他们宣称的"术"的基本内容仍然是巫鬼之术。

1. 李少君祠灶

　　汉武帝时代第一位出场的方术士是齐人李少君，《史记·封禅书》说"是时李少君亦以祠灶、谷道、却老方见上"，其中"祠灶"主要是祭祀鬼神求取福佑，"谷道"和"却老方"则是比较典型的方术。关

---

① 相关的研究参蒲慕州《巫蛊之祸的政治意义》，《"中研院"历史语言研究所集刊》第57本第3分，1986年；方诗铭《西汉武帝晚期的"巫蛊之祸"及其前后》，《上海博物馆集刊》1987年第4期。

于"祠灶",《史记索隐》引如淳曰:"祠灶可以致福。"案云:"礼灶者,老妇之祭,盛于盆,尊于瓶。《说文》《周礼》以灶祠祝融。《淮南子》炎帝作火官,死为灶神。司马彪注《庄子》云髻,灶神也,如美女,衣赤。"①王国维注意到,周代已有祭祀灶神者,②许地山认为:"李少君倡炼丹砂为黄金和祠灶,与后来道教底炼丹及民间祭灶有密切关系。"③也有学者指出,少君所言也接近于炼丹术。④ 另外由《史记索隐》也可知,灶神是由火神祝融演化而来的,后来逐渐变为灶食之神。⑤ 另外灶神的女性身份也引起了学者们的注意。⑥ 也就是说,虽然李少君从来都被归入"方仙道",⑦但李少君介绍给汉武帝的"祠灶",其实属于祭祀鬼神求取福佑的传统巫鬼之术。

另外,少君的身份是"故深泽侯人主方",为深泽侯主管方药之事,或许正因此他擅长的"术"中有"谷道"和"却老方",而这些都是所谓"方仙道"中的重要内容。《史记集解》解释"谷道"为"食谷道引。或曰辟谷不食之道"。这种辟谷服食之道有着悠久的传统,史料中说张良"性多病,即道引不食谷,杜门不出岁余"。⑧ 学者们注意到"辟谷不食"的思想来源于《庄子》藐姑射神人不食五谷吸

①《史记》卷一二《孝武本纪》,第453页。

② 王国维:《东山杂记》,《王国维学术随笔》,北京:社会科学文献出版社,2000年。

③ 许地山:《道教史》,刘仲宇导读,第122页。

④ 有学者指出,少君的方术可能是将丹砂蒸出水银,见朱晟《我国人民用水银的历史》,《化学通报》1957年第4期。相关的研究参韩吉绍《知识断裂与技术转移:炼丹术对古代科技的影响》,济南:山东文艺出版社,2008年,第127页。

⑤ 贾艳红:《略论先秦两汉民间的灶神崇拜》,《管子学刊》2003年第3期。

⑥ 相关的研究参任军《灶神考源》,《中国史研究》1999年第1期;另参常建华《中国古代岁时节日》,北京:中国工人出版社,2020年,第404页。

⑦ 吕锡琛:《道家、方士与王朝政治》,长沙:湖南出版社,1991年,第30页。另参氏著《道家道教与中国古代政治 道家道教政治伦理阐幽》,长沙:湖南人民出版社,2002年。

⑧《史记》卷五五《留侯世家》,第2044页。

风饮露之说，①而这种方术也直接影响后来道教的药饵服食。② 所谓"却老方"应当是可以延年益寿免老除病的方术，有学者将之归入方仙道中的"不死方"，③根据《淮南子·精神》中关于"吐故内新，熊经鸟伸"的说法，④推测"却老方"应当包括呼吸吐纳以及身体锻炼方面的内容。也就是说，史料所载李少君擅长的"谷道"与"却老方"更接近于养生术，即通过饮食调整或者身体锻炼实现健康长寿。前文提到，"祠灶"的本质是通过祭祀鬼神求取福佑，源自巫者之术，少君一人兼具两种类型的术，也可见历史早期巫术与方术杂糅的情形。

《资治通鉴》系李少君出场于元光二年（前133），⑤是时武帝只有二十三岁，正是"好自击熊、豕，驰逐野兽"的年纪，对于少君所谓"祠灶则致物，致物而丹沙可化为黄金，黄金成以为饮食器则益寿，益寿而海中蓬莱仙者可见，见之以封禅则不死"的言论更多的是猎奇，而且此时"封禅"还没有在皇帝心目中留下特别深刻的印象。至于"谷道"和"却老"之类需要调节饮食和锻炼身体之类的方术，年轻的汉武帝显然不会有太过浓厚的兴趣。所以虽然史料记载他曾"亲祠灶，遣方士入海求蓬莱安期生之属，而事化丹沙诸药齐为黄金"，但此后十余年间汉武帝忙于"出师征伐"与"变更制度"，祠灶求仙制作黄金等并非当时要务。

随着少君去世，汉武帝求仙也就告一段落，直到十余年后齐人少翁以及栾大的出现，汉武帝的求仙活动才逐渐到达高潮。

---

① 傅勤家：《中国道教史》，上海：上海书店出版社，1990年，第139页。
② 卿希泰：《道教与中国传统文化》，福州：福建人民出版社，1992年，第399页。
③ 郑杰文：《方仙道的方术——〈论方仙道〉之二》，《中国道教》1991年第1期。
④ 刘安编，何宁撰：《淮南子集释》，第527页。
⑤《资治通鉴》卷一八《汉纪一〇》，第579页。

2. 少翁的鬼神方

《资治通鉴》系少翁出场于元狩四年(前 119),然并不完全可信。① 陈苏镇考证,王夫人病死于元狩六年(前 117)四月间,②少翁出场应在此之后。此时汉武帝已经接近四十岁了,挚爱王夫人离世的苦痛让汉武帝的心态发生了较大的变化,史料中多有"帝痛之""帝悼之"等语句。③

根据司马迁的说法,少翁的方术让汉武帝看到了亡故的王夫人,《史记·封禅书》说:"以方盖夜致王夫人及灶鬼之貌云,天子自帷中望见焉。"④班固则认为汉武帝看到的是"李夫人",《汉书·李夫人传》:

> 上思念李夫人不已,方士齐人少翁言能致其神。乃夜张灯烛,设帷帐,陈酒肉,而令上居他帐,遥望见好女如李夫人之貌,还幄坐而步。又不得就视,上愈益相思悲感,为作诗曰:"是邪,非邪? 立而望之,偏何姗姗其来迟!"⑤

根据学者考证,班固作"李夫人"误,应以"王夫人"为是。王先谦《汉书补注》引周寿昌曰:"《封禅书》'上有所幸王夫人,夫人卒,少翁以方盖夜致。'王夫人,是即前所云赵之王夫人,非李夫人也。王李皆早卒,而王叙在李前,视李夫人先卒可知。李夫人有子,为昌邑哀王,其封以天汉四年。少翁之诛,在元狩四年,距王封时已二十三年。王封十一年而薨,谥之曰哀,年必不永。即以二十岁分封,当

---

① 《通鉴》对于此处时间的处理不妥,《封禅书》中的"明年"似乎并非都指"第二年"。见《资治通鉴》卷一九《汉纪一一》,第 647 页。
② 陈苏镇:《〈春秋〉与"汉道"——两汉政治与政治文化研究》,第 266 页。
③ 《史记》卷四九《外戚世家》,第 1981 页。
④ 《史记》卷二八《封禅书》,第 1388 页。
⑤ 《汉书》卷九七上《外戚传上》,第 3952 页。

少翁死时，王尚未生，即李夫人何以死也。《通鉴》据《史记》作王夫人，注曰：齐王闳之母，亦明班史有误也。《钩弋传》云，宠姬王夫人男齐怀王，是胡注所本。或有以少翁作李少君者，尤误。少君诛死，更在少翁十数年前。"[1]

另外，虽然学者们猜测少翁利用了光影技术，[2]但他确实让武帝相信自己看到了亡故的王夫人，这给汉武帝带来了极为真实的巫术体验，少翁也正因此深得武帝信赖。此后，少翁通过对"神灵世界"的想象和建构，尝试为汉武帝提供更为丰富的体验。司马迁载少翁之言曰："上即欲与神通，宫室被服非象神，神物不至。"所以"作画云气车，及各以胜日驾车辟恶鬼。又作甘泉宫，中为台室，画天、地、太一诸鬼神，而置祭具以致天神"。[3] 学者们注意到，汉代人根据对建筑空间的模拟想象仙境，[4]由此也可以得到印证。只是少翁描述的"神灵世界"与后来栾大提到的海外仙境截然不同，显示他们两人来自不同的方术体系。《封禅书》说少翁"以鬼神方见上"，而从具体内容来看也是祭祀和驱使鬼神，这其实是传统的巫鬼之术。

本质上来说，少翁擅长的是传统的求神降神的巫者之术。这种巫术容易被证伪，如果少翁无法持续让汉武帝相信自己看到了神异的迹象，就不会得到持续的信赖和支持。事实上，少翁也就是在持续制造"神迹"的过程中被揭穿，《封禅书》说："乃为帛书以饭牛，详不知，言曰此牛腹中有奇。杀视得书，书言甚怪。天子识其手书，问

---

① 班固撰，颜师古注，王先谦补注：《汉书补注》，第 5573 页。
② 李远国：《墨家与道教》，《孔子研究》1991 年第 4 期。
③《史记》卷二八《封禅书》，第 1388 页。
④ 巫鸿著：《中国古代艺术与建筑中的"纪念碑性"》，李清泉、郑岩译，上海：上海人民出版社，2017 年，第 284 页。另参武红丽《中国美术考古学概论》，北京：中国电影出版社，2021 年，第 122 页。

其人,果是伪书,于是诛文成将军,隐之。"①与下文提到的栾大以"诬罔"罪被腰斩不同,史料中没有明确提到少翁的罪名,这大概与汉武帝要刻意隐去少翁之死的真相有关。

总的来看,齐人少翁虽然通常被认为是方术士,但他向汉武帝献"鬼神方",且并未提及长寿以及不死,其身份应属巫者无疑。少翁"以方盖夜致王夫人及灶鬼之貌",给汉武帝带来了真实而具体的巫术体验,所以汉武帝虽然诛杀少翁,但对其术仍十分信赖。

3. 栾大的"不死方"

少翁死的第二年也就是元鼎元年(前116),汉武帝大病一场,前文提到的上郡巫者登场。另外,霍去病去世于元狩六年(前117),《史记》说"天子悼之"。② 再加上王夫人的去世,这一系列事件都影响着汉武帝心态的变化,大概也正是在此之后,汉武帝心态中多了对老病的惆怅以及对仙人世界的向往。元鼎四年(前113)汾阴出大鼎,方术士栾大登场,同年公孙卿上"鼎书",并描述了黄帝升仙的过程,汉武帝感慨"诚得如黄帝,吾视去妻子如脱躧耳"。

需要注意的是,从元狩元年司马迁二十四岁的时候开始,一直到元鼎年间,司马迁正在汉武帝身边为郎中,③有机会近距离观察汉武帝求仙的心态变化。《史记》对此后方术士们活动的记载是最直接可靠的材料,司马迁对这些材料的选择取舍同样是应当注意的内容。

《封禅书》描述汉武帝见到栾大时的心态:"天子既诛文成,后悔其蚤死,惜其方不尽,及见栾大,大说。"由前述汉武帝步入中年的人

---

① 《史记》卷二八《封禅书》,第1388页。

② 《史记》卷一一一《卫将军骠骑列传》,第2939页。

③ 王国维:《太史公行年考》,《观堂集林(外二种)》,石家庄:河北教育出版社,2003年。也有学者认为,司马迁为郎中是在汉武帝元狩三年到元鼎五年之间,可备一说,参卢献锁《司马迁仕为郎中年月及原因考》,《语文学刊》2008年第1期。

生经历来看,司马迁对汉武帝这种心态的观察和描述应当说是真实可信的。与少翁相似,栾大也尝试向汉武帝描述仙境的景象,《封禅书》载其言曰:"臣常往来海中,见安期、羡门之属。顾以臣为贱,不信臣。又以为康王诸侯耳,不足与方。臣数言康王,康王又不用臣。臣之师曰:'黄金可成,而河决可塞,不死之药可得,仙人可致也。'"①栾大描述的仙境的核心内容是"不死方",这也是最能够打动汉武帝的部分。另外,栾大提到的安期生的真实身份应当是活跃在滨海地域的方术士,其传说在当时具有广泛的影响力。② 栾大的故事中将自己的身份描述为安期生的弟子,刻意强调自己和海上神仙之间的联系,以博取汉武帝的信赖。

栾大还告诉汉武帝:"臣师非有求于人,人者求之。陛下必欲致之,则贵其使者,令有亲属,以客礼待之,勿卑,使各佩其信印,乃可使通言于神人。神人尚肯邪不邪。致尊其使,然后可致也。"③栾大的要求自有合理性,所以武帝于此并不怀疑,也答应"令有亲属","以卫长公主妻之,赍金万斤,更命其邑曰当利公主"。有人认为栾大此举在于自保,即所谓"大惩文成见诛,令有亲属者,欲结婚帝室也,不知汉主多更适尚主,反易得罪也"。④ 后来也有学者指出,"有亲属"的意思是方术士们尝试建立皇帝和神仙之间的联系,让皇帝最终成为神仙的一员。⑤ 当然栾大希望通过这样的方式提高自己社会地位的意图也是十分明显的。⑥ 其实无论是公主还是官职、金钱,这些在武

---

① 《史记》卷二八《封禅书》,第 1390 页。
② 朱钢:《"安期生"考》,《文化遗产》2008 年第 1 期。
③ 《史记》卷二八《封禅书》,第 1390 页。
④ 程馀庆:《历代名家评注史记集说》,西安:三秦出版社,2011 年,第 395 页。
⑤ 巫鸿著:《中国古代艺术与建筑中的"纪念碑性"》,李清泉、郑岩译,第 284 页。
⑥ (日)清宫刚:《中国古代文化研究:君臣观、道家思想与文学》,北京:九州图书出版社,1997 年,第 195 页。

帝看来与不死成仙相比都不重要，汉武帝说"我何爱乎"，殆非虚言。

只是栾大的"大言"也将自己推向极端危险的境地，他自己固然能够做到"处之不疑"，但要获得皇帝持续的信任和支持，需要拿出实在的证据，也就是要"有验"。然而无法持续验证正是栾大所面临最严重的问题。

后来栾大也曾行降神巫术，据《史记·封禅书》：

> 于是五利常夜祠其家，欲以下神。神未至而百鬼集矣，然颇能使之。①

学者们注意到，栾大的这种方术与"上郡有巫，病而鬼神下之"相同，包括少翁让汉武帝看到王夫人以及"灶鬼"的容貌，其实都是"使物见鬼术"。②《抱朴子·论仙》说："《神仙集》中，有召神劾鬼之法，又有使人见鬼之术。"③指的就是这种类型的巫术。另外《后汉书·方术列传》中有高获能够"役使鬼神"，也有刘根能够召史祈"亡父祖近亲数十人，皆反缚在前，向根扣头"，又有寿光侯"能劾百鬼众魅，令自缚见形"，④其实都是这种类型的巫术。所谓"夜祠"说明栾大采用的是夜祷之术。⑤ 也就是说，栾大所采用的其实是典型的巫

---

① 《史记》卷二八《封禅书》，第 1390 页。

② 郑杰文：《方仙道的方术——〈论方仙道〉之二》，《中国道教》1991 年第 1 期。

③ 葛洪著，王明校释：《抱朴子内篇校释》，第 20 页。

④ 《后汉书》卷八二上《方术列传上》，北京：中华书局，1965 年，第 2711 页。这种"劾鬼"巫术对后来道教产生了重要影响，参杨英《〈搜神记〉与道教劾鬼术》，中国魏晋南北朝史学会、四川大学历史文化学院编：《魏晋南北朝史论文集》，成都：巴蜀书社，2006 年；另参刘仲宇《考神召鬼的心理分析——兼说中国宗教中的神秘主义》，氏著：《攀援集》，成都：巴蜀书社，2011 年。

⑤ 学者们已经注意到汉代初年有"昏时夜祠"的礼俗，参孔庆典《10 世纪前中国纪历文化源流：以简帛为中心》，上海：上海人民出版社，2011 年，第 229 页。相关的研究另参杨华《楚国礼仪制度研究》，武汉：湖北教育出版社，2017 年，第 202 页。

者之术。① 然他自称与文成同师，在身份上属于燕齐海上方士，这也属于方术与巫鬼之术杂糅的情形。

《封禅书》说栾大祭祀降神产生了某种实际的效果，也就是所谓"神未至而百鬼集矣，然颇能使之"，肯定了栾大具有役使鬼神的能力。《汉书·郊祀志》删去了此句，显示班固不信其真，当然这一句也可能是后来补充进入《史记》之中的，其文意与司马迁本意有明显不同。前文提到，司马迁近距离观察汉武帝求仙，在记述上运用描写的技巧，"加强以叙述代批评的效果"，②这是司马迁记叙汉武帝求仙的总体方式。而从总体上看，司马迁不认为鬼神存在，例如前面说寿宫神君的"画法"是"世俗之所知也，无绝殊者"，对于无法理解的少翁"降鬼"方术用了"盖夜致王夫人及灶鬼之貌云"的说法。然而此处说"神未至而百鬼集"，则是肯定栾大具有役使鬼神的能力，这与司马迁一贯的主张不符，更与下文记述栾大"其方尽，多不雠"前后矛盾。所以我们有理由怀疑这条材料的真实性，推测它很可能是后世窜入《史记》中的。

然而即便栾大当真擅长"役使鬼神"的巫术，也并不能满足汉武帝的需求。因为栾大承诺汉武帝的是求取"不死"仙药的药方，如果不能够完成这样的任务，再多的巫术表演也无法让汉武帝满意。《封禅书》说"其后装治行，东入海，求其师云"，是说栾大决定入海求其师，寻找武帝真正想要的仙药或者制作仙药的药方。然司马迁说他"不敢入海，之泰山祠。上使人随验，实毋所见。五利妄言见其师，其方尽，多不雠。上乃诛五利"。《史记索隐》郑德云："相应为雠，谓其言语不相应，无验也。"③也就是说，栾大之死的根本原因是他欺骗皇帝说曾经见到了其师安期生，而且方术无法得到验证。元

---

① 王勇：《楚文化与秦汉社会》，长沙：湖南大学出版社，2009 年，第 153 页。

② 徐复观：《两汉思想史》第三册，第 347 页。

③《史记》卷二八《封禅书》，第 1395 页。

鼎五年栾大被杀，班固说栾大被诛的罪名是"诬罔"，即"乐通侯栾大坐诬罔要斩"，①《资治通鉴》汉武帝元鼎五年说："五利妄言见其师，其方尽多不雠，坐诬罔，腰斩；乐成侯亦弃市。"②汉律有"诬罔"罪条，《历代刑法考》认为："诬罔以不道论，乃《汉律》之重者。"③有学者注意到，诬罔其实是以虚构的事实陷害或者欺骗他人，坐诬罔罪者应处以死刑。④ 也就是说，栾大被杀的根本原因是欺瞒皇帝，汉武帝诛杀栾大援引汉律中的诬罔之罪，于律相合。

总体上来看，栾大真正擅长的是祭祀鬼神，通过表演"斗棋"让人们相信他具有役使鬼神的能力，虽然在身份上栾大通常被认为是方术士，但本质上行使的仍然是巫鬼之术。另外也应当注意到，汉武帝虽然会被栾大等人一时迷惑，但也在认真判断他们的巫术是否真实"有验"，尤其在少翁和栾大以后，汉武帝对方术士的态度已经发生了明显的变化。

4. 公孙卿候神

公孙卿也是齐人，元鼎四年登场。此时包括少翁和栾大在内，之前宣扬"鬼神方"的方仙道一派的技术基本上已经被证明无法有效验证，然而公孙卿方术的核心内容在天文历算方面，与方仙道一派有明显的差别，也未曾向皇帝承诺不死之药，是以可能得以善终。

《封禅书》载公孙卿之言曰："今年得宝鼎，其冬辛巳朔旦冬至，与黄帝时等。"⑤可见公孙卿擅长历法，属于方术中的"天文历算"一派。李零指出，天文历算原来是官方典守，但是到了西汉也有不少方

① 《汉书》卷六《武帝纪》，第 187 页。
② 《资治通鉴》卷二〇《汉纪一二》，第 669 页。
③ 沈家本撰，邓经元、骈宇骞点校：《历代刑法考》，北京：中华书局，1985 年，第 1437 页。
④ 黄源盛：《汉唐法制与儒家传统》，桂林：广西师范大学出版社，2020 年，第 76 页。
⑤ 《史记》卷二八《封禅书》，第 1393 页。

士参加。① 事实上公孙卿也确实参与了太初历的修订工作,例如元封七年公孙卿和壶遂、司马迁联合上书汉武帝说"历纪坏废,宜改正朔"。② 这一派方术士的基本思想是通过建立与历史上相关事件之间的联系来构建神秘信仰体系,他们的活动应当引起注意。③

司马迁转述公孙卿向汉武帝讲述的黄帝升仙故事极为详尽,《史记·封禅书》载公孙卿云:

> 黄帝采首山铜,铸鼎于荆山下。鼎既成,有龙垂胡䫇下迎黄帝。黄帝上骑,群臣后宫从上龙七十余人,龙乃上去。余小臣不得上,乃悉持龙䫇,龙䫇拔,堕黄帝之弓。百姓仰望黄帝既上天,乃抱其弓与胡䫇号,故后世因名其处曰鼎湖,其弓曰乌号。④

公孙卿的黄帝故事令汉武帝极为震撼,对后来汉武帝祭祀太一神灵也有影响。⑤ 汉武帝感慨"诚得如黄帝,吾视去妻子如脱躧耳",

---

① 李零:《中国方术续考》,第 110 页。
②《汉书》卷二一上《律历志上》,第 975—976 页。
③ 相关的研究参郭津嵩《公孙卿述黄帝故事与汉武帝封禅改制》,《历史研究》2021 年第 2 期。
④《史记》卷二八《封禅书》,第 1394 页。
⑤ 有关黄帝和太一信仰的讨论可参《顾颉刚读书笔记》第十六卷《史林杂识初编》"黄帝"条,《顾颉刚全集》,北京:中华书局,2011 年;孙作云:《黄帝与尧之传说及其地望》,《中央亚细亚》1943 年第 1 期;钱穆:《神农与黄帝》,《说文月刊》第 4 卷合订本,1944 年;吕思勉:《三皇五帝考》,吕思勉、童书业编著《古史辨》第七册,上海:上海古籍出版社,1982 年;王青:《黄帝神话的发展与演变》,氏著:《汉朝的本土宗教与神话》,台北:洪叶文化事业有限公司,1998 年,第 75 页;李凭:《黄帝历史形象的塑造》,《中国社会科学》2012 年第 3 期。关于太一崇拜可参见津田左右吉《太一について》,《白鸟博士还历纪念东洋史论丛》,东京:岩波书店,1925 年,第 632 页;钱宝琮:《太一考》,《燕京学报》1932 年第 12 期;葛兆光:《众妙之门——北极与太一、道、太极》,《中国文化》1990 年第 2 期;胡其德:《太一与三一》,《东方宗教研究》1993 年新 3 期;李零:《"太一"崇拜的考古研究》《"三一"考》,氏著:《中国方术续考》。

然后"拜卿为郎,东使候神于太室",公孙卿求神自此始。这一年汉武帝四十三岁,此时卫后色衰失宠,王夫人离世,刘据"材能少,不类己",在当时情形下武帝说出"去妻子如脱屣"的话倒也不十分夸张。另外,汉武帝《秋风辞》中有"欢乐极兮哀情多,少壮几时兮奈老何"句,也可以说是这种心态的极佳写照。① 汉武帝对升仙的向往是真实的。

需要注意的是,公孙卿和栾大同样是以一番神妙莫测的言论令武帝折服,但公孙卿只是被拜为郎,"东使候神于太室",而栾大初见就被拜为五利将军,数月之后便贵震天下。二人待遇差别的缘由首先是栾大有乐成侯的推荐以及在胶东国宫中为王"尚方"的履历,其次是栾大自称与文成同师且"为人长美,言多方略,而敢为大言,处之不疑",以及最重要的"斗棋"之方被验证,这些让武帝相信栾大很可能会像少翁和上郡"神君"一样具有神异的能力,所以迅速给予他极高的待遇。而公孙卿应当被当成众多"擖捥而自言有禁方能神仙"者之一,而且其所言也暂时无法验证,对于这样的人武帝的态度是姑且信之,若能有验再作区别对待。

公孙卿被拜为郎之后往河南候神,元鼎六年(前111)冬,他向武帝报告说在缑氏城和东莱地区都见到了仙人的踪迹,《史记·封禅书》说:"公孙卿候神河南,言见仙人迹缑氏城上,有物如雉,往来城上。"②汉武帝到缑氏城见到了所谓的"仙人迹",但从"得毋效文成、

---

① 《秋风辞》前有序云"上行幸河东,祠后土,顾视帝京欣然,中流与群臣饮燕,上欢甚"。史籍记载武帝至少五次前往汾阴,最早一次是元狩二年后土祠落成,其后分别是元封四年、元封六年、太初二年和天汉元年。元狩二年汉武帝才三十五岁,大概不会说出"奈老何"之类的话,所以《秋风辞》应当写于元封以后,可视作武帝中晚年心态的表现。相关的研究参柏俊才《〈秋风辞〉与汉武帝天汉年间的精神世界》,赵敏俐主编:《汉代文学与文化研究》,北京:商务印书馆,2018年。
② 《史记》卷一八《封禅书》,第1396页。

五利乎"的问话可知,他显然并不信任公孙卿。公孙卿讲述的故事实在并不高明,"有物如雉,往来城上"的故事与"宝鸡"的传说如出一辙。《封禅书》提到秦时陈宝祠有神降临,"其神或岁不至,或岁数来,来也常以夜,光辉若流星,从东南来集于祠城,则若雄鸡,其声殷云,野鸡夜雊"。① 这样的神仙故事自然难以让汉武帝满意。

次年也就是元封元年(前110)公孙卿向汉武帝报告说在东莱见到了"大人",《史记·封禅书》载:

> 公孙卿持节常先行候名山,至东莱,言夜见大人,长数丈,就之则不见,见其迹甚大,类禽兽云。群臣有言,见一老父牵狗,言"吾欲见臣公",已忽不见。上既见大迹,未信,及群臣有言老父,则大以为仙人也。②

公孙卿说的"大人"以及牵狗老父所谓的"臣公"都指的是仙人。其实传统文本中也经常以"大人"来表示神人或者仙人,例如姜嫄履大人迹的传说等。③ 有学者注意到,类似传说主要出现在东部沿海地区,④"大人迹"确实具有非常丰富的文化隐喻。⑤ 汉武帝看到了"大人迹",虽然没有失去对仙人的信仰,⑥但依然并不相信公孙卿的言论。第二年公孙卿再次报告说见到仙人的时候,汉武帝也来到东莱,《史记·封禅书》说:

---

① 《史记》卷二八《封禅书》,第1359、1402页。
② 《史记》卷二八《封禅书》,第1397页。
③ 闻一多:《姜嫄履大人迹考》,氏著:《神话与诗》。
④ 姚圣良:《先秦两汉神仙思想与文学》,济南:齐鲁书社,2009年,第39—30页;张宏:《秦汉魏晋游仙诗的渊源流变论略》,北京:宗教文化出版社,2009年,第16页。另参袁珂《巨人——齐鲁神话与仙话的艺术概括》,《思想战线》1991年第4期。
⑤ 汤惠生:《脚印岩画与大人迹》,《民族研究》2004年第4期。
⑥ (日)清宫刚:《中国古代文化研究:君臣观、道家思想与文学》,第195页。

其春,公孙卿言见神人东莱山,若云"欲见天子"。天子于是幸缑氏城,拜卿为中大夫。遂至东莱,宿留之数日,无所见,见大人迹云。①

武帝先后三次都没见到神仙,就以文成五利的下场威胁公孙卿。公孙卿的托词很有趣,他说:"仙者非有求人主,人主者求之。其道非少宽假,神不来。言神事,事如迂诞,积以岁乃可致也。"②前一句本是栾大敷衍武帝的,用意在抬高神灵以及自身地位,同时争取更多回旋空间。后一句说求仙之道在"宽假",是为了争取更多的时间。所谓"宽假"也就是"宽暇",前文提到卢生说秦始皇"未能恬倓",并批评秦始皇"贪于权势",③可知"宽暇""恬淡"是方仙道一派对于修炼成仙的基本认识。其实刻意延长求仙的时间也是公孙卿一直的对策,例如他刚见到武帝时就说:"黄帝且战且学仙。患百姓非其道,乃断斩非鬼神者。百余岁然后得与神通。"④《汉书补注》引何焯曰:"恐其言不验被诛,故远其期于百余岁。即后言非少宽暇神不来之意。"⑤对此,钱钟书评论说:"学仙所以求长寿,今乃谓长寿然后得学仙;汉武若非妄想颠倒,必能遁词知其所穷。"⑥

另外,公孙卿也在尝试描述和建构神仙世界,他跟汉武帝说:"仙人可见,而上往常遽,以故不见。今陛下可为观,如缑城,置脯枣,神人宜可致也。且仙人好楼居。"⑦于是汉武帝在长安作蜚廉桂观,在甘泉作益延寿观,又在甘泉作通天茎台,在下方祭祀招徕神

---

① 《史记》卷二八《封禅书》,第 1399 页。
② 《史记》卷二八《封禅书》,第 1396 页。
③ 《史记》卷六《秦始皇本纪》,第 257、258 页。
④ 《汉书》卷二五上《郊祀志上》,第 1228 页。
⑤ 班固撰,颜师古注,王先谦补注:《汉书补注》,第 2121 页。
⑥ 钱钟书:《管锥编》,第 473 页。
⑦ 《史记》卷二八《封禅书》,第 1400 页。

人。巫鸿指出，方术士们之所以侧重对仙境的描述，是因为根据他们自己的说法，要招致神物就需要重构和复制仙境的景象。① 郑岩认为，方术士们想要在现实世界建构一套与神仙信仰相配套的建筑体系，对应的是方术士们口头描述的仙境景象。② 可以注意到，公孙卿关于神仙世界的描述，都是建立在"候神"事业基础上的。

　　《史记》记载公孙卿候神一直没有效验，但公孙卿可能最终得以善终，《封禅书》说："方士之候祠神人，入海求蓬莱，终无有验。而公孙卿之候神者，犹以大人之迹为解，无有效。"③公孙卿并未向汉武帝承诺过可以求得"不死之药"或者药方之类，这或许是他能够得以善终的主要原因。④ 当然，公孙卿也没有获得栾大那样的地位和财富。栾大之后汉武帝对于求仙之事多有倦怠，对待公孙卿求仙虽然"冀遇其真"，但也没有认真支持。司马迁关于汉武帝后期对待神仙心态的判断是真实可靠的。

　　前文提到，公孙卿属于方术中的"天文历算"一派，但在《封禅书》的描写中，公孙卿最主要的工作是"候神"。司马迁自己擅长天文历法，《汉书》也提到他曾经和公孙卿一起上书建议修订历法改正朔，对公孙卿在历法方面的能力不会毫不知情。然而《封禅书》特意突出公孙卿的方术士身份，显然是司马迁有意而为的。太史公对于公孙卿一派以"黄帝"为信仰基础的历法家显然并不认可，相关的探讨详参本书第二章第三节。

---

① 巫鸿著：《中国古代艺术与建筑中的"纪念碑性"》，李清泉、郑岩译，第220页。
② 郑岩：《从考古学到美术史》，上海：上海人民出版社，2012年，第160页。另参孙机《汉代物质文化资料图说》，北京：文物出版社，1991年，第186页。
③《史记》卷二八《封禅书》，第1403页。
④ 也有学者指出，在文成五利之后汉武帝就再没有诛杀方术士了，对方术士比较宽容，更多的是信用他们的故事和建言，而较少质疑，见郭津嵩《公孙卿述黄帝故事与汉武帝封禅改制》，《历史研究》2021年第2期。

5. 乘龙升仙

公孙卿讲述的黄帝乘龙升仙的故事也带给汉武帝极佳的个人体验,以至于让汉武帝说出那句著名的"诚得如黄帝,吾视去妻子如脱躧耳"的言论。其实乘龙升仙的传说有着久远的传承,由于汉武帝对升仙的向往,龙在政治文化中的象征意义逐渐增强。

汉武帝元鼎四年秋天,齐人公孙卿把据说传自申公的"鼎书"进献给汉武帝:

> 黄帝得宝鼎宛朐,问于鬼臾区。鬼臾区对曰:"帝得宝鼎神策,是岁己酉朔旦冬至,得天之纪,终而复始。"于是黄帝迎日推策,后率二十岁复朔旦冬至,凡二十推,三百八十年,黄帝仙登于天。

有论者指出,黄帝升天的最早传说也来源于此。[1] 随后在汉武帝的询问之下,公孙卿讲述了黄帝乘龙升天的故事,公孙卿还直言"汉之圣者在高祖之孙且曾孙",其所言尽投武帝之所好。然而公孙卿真正高明之处还不在于他逢迎武帝的爱好,而是他在新的乘龙故事中加入了几个极为鲜明的神秘政治文化符号:其一是"宝鼎",也就是在之前的元鼎四年六月,"得宝鼎后土祠旁",[2]当时汉武帝君臣对这件祥瑞十分珍视,"公卿大夫皆议请尊宝鼎","闻昔泰帝兴神鼎一,一者壹统,天地万物所系终也",公孙卿说黄帝铸鼎成而成仙,这样的话切合了当时的政治文化特点。其二是"封禅",这是武帝中后期政治文化的重要事件。其三是黄帝,黄帝和太一崇拜在西汉中后期信仰领域中的重要意义也是不言而喻的。其四,公孙卿的乘龙故事还巧妙地借用了当时另外一个政治符号——天马,在公孙卿的描述中,天马就如

---

[1] 参见 Athur Waley, The Heavenly Horses of Ferghana: A New View, *History Today* 5.2, 1955.
[2] 《汉书》卷六《武帝纪》,第 181 页。

同垂胡须下迎黄帝的龙一样,也是天神派遣下来迎接武帝升仙的。

天马和宝鼎一样,被武帝君臣认为是天赐祥瑞,据《汉书·武帝纪》元鼎四年:"六月,得宝鼎后土祠旁。秋,马生渥洼水中。作宝鼎、天马之歌。"①太始二年,武帝在追述自己所获祥瑞时总结性地说道:"有司议曰,往者朕郊见上帝,西登陇首,获白麟以馈宗庙,渥洼水出天马,泰山见黄金,宜改故名。今更黄金为麟趾褭蹄以协瑞焉。"②而马生渥洼水中的时间有元狩三年(前120)和元鼎四年(前113)两说,《汉书·武帝纪》及荀悦《汉纪》都系此事于元鼎四年,《汉书·礼乐志》及《资治通鉴》则系于元狩三年。③ 但两说均在公孙卿向武帝献"鼎书"之前,想来公孙卿应当是充分理解了天马对武帝君臣的政治文化意义,然后加以利用的。

渥洼水所出天马对武帝政治的重要意义,也可以从武帝君臣为天马所作之歌知晓:

> 太一况,天马下,沾赤汗,沫流赭。志俶傥,精权奇,箍浮云,晻上驰。体容与,迣万里,今安匹,龙为友。元狩三年马生渥洼水中作。④

---

① 《汉书》卷六《武帝纪》,第184页。

② 《汉书》卷六《武帝纪》,第206页。

③ 有学者指出汉得河西地在元狩三年,但当时军政范围不可能达到酒泉以西千里之遥的渥洼水附近,也不可能马上征调戍卒在此处屯田。参钱伯泉《渥洼水天马史事辩正》,《甘肃社会科学》2006年第3期。然这种说法其实也存在问题。首先,"匈奴昆邪王杀休屠王,并将其众四万人来降"是在元狩二年,而非该学者所谓的元狩三年;其次,李斐所言之事真伪难定。是以在没有更多材料的情况下,元狩三年和元鼎四年得天马说可两存之。另参李正宇《渥洼水天马史事综理》,《敦煌研究》1990年第3期。

④ 《汉书》卷二二《礼乐志》,第1060页。《史记》卷二四《乐书》作"太一贡兮天马下"(第1178页),《史记索隐》认为"贡"与"况"两字意思相同,颜师古云:"言此天马乃太一所赐,故来下也。"

渥洼天马产于敦煌附近,品质无法与乌孙或者大宛的天马相比,所以太初四年,汉武帝征伐大宛,终于得汗血宝马,并作《西极天马歌》:

> 天马徕,从西极,涉流沙,九夷服。天马徕,出泉水,虎脊两,化若鬼。天马徕,历无草,径千里,循东道。天马徕,执徐时,将摇举,谁与期?天马徕,开远门,竦予身,逝昆仑。天马徕,龙之媒,游阊阖,观玉台。太初四年诛宛王获宛马作。①

无论"龙为友",还是"龙之媒",都明白显示天马和龙的关系。而所谓"游阊阖""观玉台",应当是乘龙上天的意思。颜师古注引应劭云"阊阖,天门。玉台,上帝之所居",那么"游阊阖"也就是登临天界的意思。另外,司马相如《大人赋》有"招翠黄乘龙于沼"一句,张揖曰:"乘龙,四龙也。"孟康曰:"翠黄,乘黄也,龙翼马身,黄帝乘之而仙。言见乘黄而招呼之。《礼乐志》曰'訾黄其何不来下'。余吾渥洼水中出神马,故曰乘龙于沼也。"但颜师古认为:"此说非也。言招致翠黄及乘龙于池沼耳。乘音食证反。《春秋传》曰'帝赐之乘龙'。"②孟康说乘龙于沼说的是渥洼水中出神马,看来是更为可靠的看法,而孟康所谓"訾黄"见《汉书·礼乐志》"安世房中歌":"吾知所乐独乐六龙,六龙之调使我心若,訾黄其何不徕下。"颜师古注引应劭曰:"訾黄一名乘黄,龙翼而马身,黄帝乘之而仙。武帝意欲得之,曰:'何不来邪?'"③

史家注意到,汉武帝经营西域绝不仅仅只有政治、军事上的目的,还应当包含有探寻西域方物,甚至是打听西王母确切下落的附

---

① 《汉书》卷二二《礼乐志》,第1060页。
② 《汉书》卷五七下《司马相如传下》,第2602页。
③ 《汉书》卷二二《礼乐志》,第1059页。

带使命。① 余英时认为，汉武帝迫切想要得到大宛马更深层次的原因是他坚定地相信"天马"是沟通人世与仙界的媒介，作为龙种的"天马"能够将汉武帝载上昆仑山与西王母相会，而这正是黄帝乘龙稍加变通之后的想法。② 这样的看法无疑是正确的，正如《西极天马歌》所云"天马徕，开远门，竦予身，逝昆仑"，颜师古引文颖也说："武帝好仙，常庶几天马来，当乘之往发昆仑也。"③ 在汉代人看来，神异的马是龙的子孙，与龙具有相同的载人升仙的功能，所以汉人也常说"天用莫如龙，地用莫如马"。④

另外需要留意的是，龙经常被用来比喻高大神骏的马匹，在某些文献中虽然明确提到"龙"，但指的却是马。闻一多就注意到："古图画龙形似马，传说中龙与马亦往往不分二物，故凡言驾龙乘马者，皆谓马也。"⑤ 也有学者指出，《离骚》中无论叫马还是叫龙，指的都是马，和龙没有什么关系，⑥这样的看法值得注意。再者，《礼记·月令》说："天子居青阳右个，乘鸾路，驾仓龙。"⑦除"仓龙"外，天子驾车使用的还有"赤骝""白骆""铁骊"，很显然这些都是马。《周礼·夏官·廋人》说："及祭马祖，祭闲之，先牧，乃执驹散马耳……马八尺以上为龙，七尺以上为騋，六尺以上为马。"⑧是说身高（或者身

---

① 参钱穆《秦汉史》，第86页；（日）伊濑仙太郎《中国西域经营史研究》，东京：岩南堂书店，1968年；（日）羽溪了谛《西域之佛教》，贺昌群译，北京：商务印书馆，1999年；（日）白鸟库吉《西域史研究 上》，《白鸟库吉全集》第六卷，东京：岩波书店，1970年。
② 类似的观点也见于余嘉锡《余嘉锡论学杂著》，北京：中华书局，2007年，第175—180页。
③《汉书》卷二二《礼乐志》，第1060页。
④《史记》卷三〇《平准书》，第1427页。
⑤ 闻一多：《伏羲考》，氏著：《神话与诗》。
⑥ 赵逵夫：《〈离骚〉中的龙马同两个世界的艺术构思》，《文学评论》1992年第1期。
⑦《礼记正义》，阮元校刻《十三经注疏》，第1363页。
⑧《周礼注疏》，阮元校刻《十三经注疏》，第861、1363页。

长）达到一定程度的马会被称为"龙"。再者,《大戴礼记·五帝德》托孔子语曰:"黄帝黼黻衣,大带,黼裳,乘龙扆云……（颛顼）乘龙而至四海:北至于幽陵,南至于交趾,西济于流沙,东至于蟠木,动静之物……（帝喾）春夏乘龙,秋冬乘马。"《集注》孔广森曰:"龙,亦谓马也。于《易》,《震》为龙,《乾》为马。春乘木气,秋乘金气。夏阳从春,冬阴从秋。"[1]孔广森"龙,亦谓马也"的说法应当注意。可以认为,以上材料中出现的龙,是用来描述马的神骏,可以说是马的"形容词",正如《吕氏春秋·本味》所说:"马之美者,青龙之匹,遗风之乘。"[2]

顾颉刚在《史林杂识初编》中有一篇名为"乘龙"的短文,其中列举了先秦秦汉时期史料中"乘龙""驾龙"的材料,可参看。[3]顾颉刚提出了一些极富启发性的意见:"古人知识未广,以真事物之反映增损变化,构为光怪陆离之神话,虽非真史实而不可谓其非真想象。若去神话而谈古史,犹去嬉戏而谈儿童之生活也,乌乎可!"诚然,古人关于龙形象的构拟基本都是来自想象,而想象的背后则是影响深远的神秘意识。顾颉刚提到的文献记载中乘龙的例子有《周易·象卦》"时乘六龙以御天";《大戴礼记·五帝德》"颛顼……乘龙而至四海";《山海经》夏后启、句芒、冰夷"乘两龙";[4]《韩非子·十过》"昔者黄帝合鬼神于泰山之上,驾象车而六蛟龙";《楚辞·九歌》"龙驾兮帝服",最后也提到了公孙卿给汉武帝讲述的黄帝乘龙上天的故事。顾颉刚没有提到的乘龙例子还有《晏子春秋·外篇不合经

---

① 黄怀信:《大戴礼记汇校集注》,西安:三秦出版社,2005年,第731—748页。

② 吕不韦编,许维遹集释,梁运华整理:《吕氏春秋集释》,第320页。

③ 顾颉刚:《史林杂识初编》,《顾颉刚全集》。

④《山海经》中"乘两龙"的应当还有南方祝融、西方蓐收、北方禺强。见《山海经·海外北经》郭璞注:"一本云:北方禺强,黑身手足,乘两龙。"袁珂:《山海经校注》,第248页。

术者》"昔者秦缪公乘龙而理天下",①《庄子·逍遥游》说神仙"不食五谷,吸风饮露,乘云气,御飞龙,而游乎四海之外"。② 另外还有《史记·赵世家》说孝成王四年"王梦衣偏裻之衣,乘飞龙上天,不至而坠,见金玉之积如山"。③ 以上诸例足以证明乘龙的想法在当时非常常见,而且并不局限于死后。

另外,所谓"龙马负图"中的"龙马",指的也应当是马。据《尚书》孔安国传"伏羲氏王天下,龙马出河,遂则其文,以画八卦",④龙马出河,很显然也是受到水中出天马传说的影响。再者,《列仙传》提到有"马师皇者,黄帝时马医也。知马形,生死之诊,治之辄愈。后有龙下向之垂耳张口。皇曰:此龙有病,知我能治"。⑤ 马医能治龙疾,可知魏晋之后龙马关系更加被神化了。

6. 小结

可以发现,活跃于汉武帝时代的方术士,诸如李少君、少翁、栾大以及公孙卿等人,他们的"术"的底色仍然是驱神弄鬼的巫鬼之术,但其中也杂糅了包括"不死升仙"等更具吸引力的内容,这些都是为了给汉武帝营造良好的巫术体验。事实上,巫鬼之术有着悠久的历史,而且有着较为广泛的社会基础,反倒是"不死药"和"不死方",当时的方术士对于相关的知识知之甚少。所以他们能够表演请神降鬼之类的方术,但若真要他们求取"不死药"和"不死方"的时候却无能为力。汉武帝虽然对升仙有着较为强烈的愿望,但实际上在升仙方术中并没有太过理想的体验。

① 马骕撰,王利器整理:《绎史》,北京:中华书局,2002 年,第 1600 页。
② 郭庆藩撰,王孝鱼点校:《庄子集释》,第 28 页。
③《史记》卷四三《赵世家》,第 1824 页。
④《尚书正义》,阮元校刻《十三经注疏》,第 239 页。龙马负图出河的传说在西汉中期以前极少见到,怀疑它可能是随谶纬之说而起的。
⑤ 王叔岷:《列仙传校笺》,北京:中华书局,2007 年,第 6 页。

需要注意的是,对于"真实"的含义应当辩证地去看待,假如方术士们能够持续为皇帝提供真实的体验,让皇帝相信鬼和神的存在,那么他们也会持续得到支持,至少不会因为巫术和方术不验而被诛杀。然而巫术和方术的根本问题就在于难以持续有效验证,而无法验证的根源在于巫术和方术在根本思想上的谬误,即鬼神不存在,不死升仙在实际上也不可能。即便方术士能够让人们一时看到"神迹",但终究无法避免"不验辄死"的结局。

三、余论:秦皇汉武的态度

梳理秦皇汉武的鬼神观念和求仙过程,可以发现汉武帝有着强烈的个人体验色彩,也就是追寻的更多是一己之福,而秦始皇关注的更多是帝国的长治久安,这也导致了两人对待巫术和方术有不同的态度,并因此在巫术和方术中获得了完全不同的个人体验。

汉武帝到中年以后志得意满,田余庆先生认为,"汉武帝在元封年间已经完成了历史赋予他的使命",[1]包括罢黜百家、独尊儒术等意识形态改革,设中朝、行察举、建太学、削王国、改兵制、设刺史等政治、军事改革,以及统一货币、管盐铁、算缗告缗、平准均输等经济制度改革等等,所以他要封禅,告成功。而这和秦始皇中年以后面临的局面完全不同,秦始皇虽然在二十八年也封禅泰山,但这一年更像是秦始皇事业的分水岭,如果说在这一年之前他觉得自己的事业比三皇和五帝还要成功,那之后尤其是他统治后期接连发生的一系列事件,带给他更多的是危险的信号,迫使他继续采取各种措施维持帝国的统一,其中就包括继续巡视各地、发布刻石,继续支持方术士们的求仙,以论证皇帝不死,以期能够继续维系帝国的统治。

---

① 田余庆:《论轮台诏》,氏著:《秦汉魏晋史探微(重订本)》,北京:中华书局,2011 年。

后来的史实也证明秦始皇的担忧并不是没有道理,他死后继承人难以应对复杂的局面,帝国迅速走向崩塌。反观汉武帝由于制度完备且"顾托得人",死后国家依然有序运行。汉武帝有亡秦之失而最终悔过,也是之前学者深入讨论过的内容,此不赘述。

再者秦始皇虽然羡慕真人,但并没有材料显示他想到真人的世界里生活,他想要的只是不死之药,希望能够长生不老,长久地统治帝国使之继续运转,根本出发点还是维系自己的功业。而与秦始皇相比,汉武帝中年以后对世俗世界颇多倦怠与厌弃的情绪,他希望能够像黄帝那样升仙,到另外一个世界——也就是天上的世界生活,他对黄帝乘龙升仙极为羡慕,甚至说"诚得如黄帝,吾视去妻子如脱躧耳"。也就是说,两位皇帝虽然都曾求仙,但目的还是有着非常明显的不同。

还需要注意的是,秦始皇始终以"秦法"约束和管控方术士们的活动。某种程度上讲,秦法的威慑性起到了良好的效果,所以方术士在面临方术可能不验的情况下选择逃亡,例如侯生和卢生的逃亡,以及传说中徐福的逃亡等等。相比之下汉代的方术士则是敢于铤而走险欺瞒皇帝,例如汉文帝时代的新垣平,以及汉武帝时代的少翁、栾大等人,都有实际的证据表明他们在方术上作假。另外汉武帝时代的方术士在和皇帝沟通的时候也会讲"臣师非有求人,人者求之""仙者非有求人主,人主者求之"之类的话。巫鸿认为,方术士之所以如此说,是因为他们刻意塑造了比人更高贵的神仙,即便是天子在神仙面前也是卑下的。神仙与人有距离,而方术士们掌握着和神仙沟通的方式,所以他们可以向皇帝施压以获得权势和富贵。所以栾大会说:"陛下必欲致之,则贵其使者,令有亲属,以客礼待之,勿卑,使各佩其信印,乃可使通言于神人。神人尚肯邪不邪。致尊其使,然后可致也。"这也就导致武帝册封栾大为将军时荒诞的

95

一幕出现:"使使衣羽衣,夜立白茅上,五利将军亦衣羽衣,夜立白茅上受印,以示不臣也。"[1]此举甚至已经超脱了帝国政治运行的正常秩序,秦始皇时代的方术士显然没有这样的地位。

再者,没有材料显示秦代方术士曾进入秦代官僚体制中,方士和儒士类似,他们大多来自东方六国,被秦人视作"客",被秦始皇和李斯称为"诸生",这一点和战国时代活跃于秦国的游士并无本质不同。如同李斯、叔孙通与张苍那样,诸生中的优异者也有可能进入秦的官僚系统,并获取高位,但史料记载中并没有提到方术士曾经获得高位。而汉武帝时代的方术士中少翁和栾大都被封为"将军",尤其是栾大得四将军印,且被封为二千户、乐通侯,位上将军。另外其他"自言有禁方能神仙"者也有可能像公孙卿那样进入郎官系统,并且逐渐获得升迁的机会。除此之外武帝时代建立了各种祭祀场所,例如"薄忌泰一及三一、冥羊、马行、赤星、五(床)"等,这些由太祝管辖,那么在其中主持祭祀的方术士也应当属于国家官僚系统人员。另外还有"八神、诸明年、凡山"等地方祭祀场所,也应当属于官方。[2] 其他的一些方术士如果自言有神迹,也可以设立祭祀场所,《封禅书》说"方士言神祠者弥众",即就此而言。例如公孙卿以及候神于执期的"明年"之类,武帝时代这些祭祀场所不归祠官管理,但其所需经费显然要官方支付。所以就其属性而言,在其中主持祭祀活动的方术士至少也应当具有半官方的性质。最后是被武帝差遣入海求仙之人,《封禅书》说武帝曾"予方士传车及间使求仙人以千数"。[3] 这些人的身份是"间使",有些能使用官方的驿传系统,也可

---

[1]《史记》卷二八《封禅书》,第 1390、1391 页。

[2] 相关研究参杨华《秦汉帝国的神权统一——出土简帛与〈封禅书〉、〈郊祀志〉的对比考察》,《历史研究》2011 年第 5 期。

[3]《史记》卷二八《封禅书》,第 1397 页。

见其身份具有官方性质。总的来说，与秦始皇相比，汉武帝时代求仙具有明显的官方特征，是以国家行政系统来为皇帝求取仙药。

最后，由于统计的困难，现在无法确知秦汉时期方术士们在求仙花费方面的具体差异，秦始皇时代的方术士求仙成本多者如徐福等"费以巨万计"，很明显这些花费超出了秦始皇的预计，但这个数字过于模糊，而且这笔钱于当时秦政府而言究竟超支多少，是无法确切知晓的。然而可以知道的是，仅仅是栾大迎娶当利公主的嫁妆武帝就花费了黄金万斤，而且除了史料中明确记载的文成五利、公孙卿之流的方术士，其他"自言有禁方能神仙"，以及数千获得传车和间使身份的方术士，也会有大量的花费。另外诸如国家、地方以及方术士们自己主持的祭祀场所也是一笔很大的开销，以至于到了汉成帝时期由于政府财政困难不得不进行裁撤工作。总而言之，与汉武帝相比，秦始皇对方术士求仙的资金投入要少很多，而且管理制约也更加的严格有序。

总的来说，虽然秦始皇和汉武帝都曾较大力度支持方术士们求仙，但两人对于求仙的态度有着非常明显的不同。秦始皇求仙更多着眼于国家政治的运行，更倾向于维护政治局势的稳定，对方术士的控制也更为严格有序；相比之下汉武帝更关注在巫术和方术中的个人体验，更关注个人长生不死与升仙，"追寻一己之福"目的更加明显。

第三节　不验辄死：巫术和方术的终极难题

据《史记·秦始皇本纪》，方术士侯生和卢生在准备逃亡之前曾有一段对话，其中提到了秦法"不得兼方，不验，辄死"的问题：

上乐以刑杀为威,天下畏罪持禄,莫敢尽忠。上不闻过而日骄,下慑伏谩欺以取容。秦法,不得兼方,不验,辄死。然候星气者至三百人,皆良士,畏忌讳谀,不敢端言其过。①

其中"不得兼方,不验,辄死"的"秦法"显然令方术士们非常恐惧。侯生和卢生等方术士为秦始皇求取仙药,如果不能成功,秦人就可以使用这条法律惩罚他们,这是他们逃亡的直接原因。② 所谓"验"指的是方术被证明有效,在秦汉语境中也常用"雠",例如《史记·封禅书》说栾大"其方尽,多不雠",《史记索隐》引郑德云:"相应为雠,谓其言语不相应,无验也。"③颜师古注《汉书·郊祀志》说"雠,应当也。不雠,无验也",④可见"验"和"雠"语意相同。另外秦汉语境里"中"字也有相似含义。例如《史记》说李少君善于"巧发奇中",《史记集解》引如淳曰"时时发言有所中也",⑤由《史记》相关记载也可知,"巧发奇中"的意思是他的预测言论往往能够被验证。另外《二年律令·史律》提到对卜者的考核,说"卜六发中一以上,乃得为卜",⑥即占卜六次至少要有一次被验证成功才能够成为卜者,此处的"中"也是能够验证的意思。另外《论语·先进》孔子说子贡善于揣摩市场行情"亿则屡中",⑦这里的"中"和"验""雠"含义也基本相同。

①《史记》卷六《秦始皇本纪》,第258页。
② 李开元:《秦谜:重新发现秦始皇》,北京:北京联合出版公司,2015年,第168页。
③《史记》卷二八《封禅书》,第1395页。
④《汉书》卷二五上《郊祀志上》,第1232页。
⑤《史记》卷一二《孝武本纪》,第454页。
⑥ 彭浩、陈伟、(日)工藤元男主编:《二年律令与奏谳书:张家山二四七号汉墓出土法律文书释读》,上海:上海古籍出版社,2008年,第299页。相关的研究参王子今《张家山汉简〈二年律令·史律〉"学童"小议》,《文博》2007年第6期;赵平安:《新出〈史律〉与〈史籀篇〉的性质》,赵平安编著:《新出简帛与古文字古文献研究》,北京:商务印书馆,2009年。
⑦《论语注疏》,阮元校刻《十三经注疏》,第5428页。

能否有"验"是考察各种巫术和方术最直接的方式,不仅秦法如此,不同时期对"术"的考察都以是否能验证作为标准。巫术和方术皆面临"不验"的问题,巫师承诺福佑以及治疗疾病之类,而方术士们承诺长生不死,这些其实都很难得以验证,秦汉时期也多有巫师和方术士因巫术和方术得不到验证而被诛杀。

一、巫术不验与巫者被杀

巫术的基本内容是向鬼神祭祀,祈祷鬼神赐福或者加害他人,如果巫者宣称的福佑或者灾祸没有出现,则证明巫术无效;如果恰好疾病被治愈,或者恰好有灾祸现象发生,则证明有效。事实上,巫术"有验"是偶然性事件,多数巫术无法持续有效验证,是以多有巫者因此被诛杀。只是史料中巫者被杀的记载也比较偶然,这主要是因为在长期实践中巫者也具有了一定规避风险的能力。

1. 焚巫与暴巫

早期文献提到天旱的时候暴巫或者焚巫,巫者"舞雩"以求雨,如果未能降雨则显示巫者的巫术得不到验证,焚烧是为了惩罚巫者的巫术不验。然求雨仪式中也有以巫者为牺牲的记载,暴巫与焚巫关涉极为复杂的社会思想,不能进行简单化的解释。

有关焚巫较早的记载见于《左传》僖公二十一年(前639):

> 夏,大旱。公欲焚巫尪。臧文仲曰:"非旱备也。修城郭、贬食、省用、务穑、劝分,此其务也。巫尪何为? 天欲杀之,则如勿生;若能为旱,焚之滋甚。"①

一般的观点认为焚巫尪是为了求雨,"巫"或者"尪"被当成牺

①《春秋左传正义》,阮元校刻《十三经注疏》,第1811页。

牲,而暴虐他们求雨是为了得到上天的怜悯。例如杜预正义就认为:"巫尫女巫也,主祈礼请雨者。或以为尫非巫也,瘠病之人,其面上向,俗谓天哀。其病恐雨入其鼻,故为之旱,是以公欲焚之。"后来学者们也大都支持这种观点,例如张光直就认为商汤的身份是大巫,或至少承担了巫者的某种职能,例如作为求雨的"牺牲"。[①]另外王充也说:"天旱,阳胜,故愁阳之党,巫为阳党,故鲁僖遭旱,议欲焚巫。"[②]这是从阴阳的角度来解释焚巫,显然这种说法是后起的。[③]

也有观点认为焚巫是因为巫术不验,例如郑众就认为:"鲁僖公欲焚巫尫,以其舞雩不得雨。"[④]是说鲁僖公之所以要焚巫尫是因为求雨的巫术没有效验。这是因为根据《周礼》的记载,巫者的职事本来就是在遇到旱灾的时候祭祀求雨,《周礼·春官·司巫》说:"若国大旱,则帅巫而舞雩。"孔颖达疏引《春秋纬》解释"雩"为"呼嗟求雨之祭"。[⑤] 孙诒让《周礼正义》引《公羊》桓五年传云:"'大雩者何?旱祭也。'何注云:'雩,旱请雨祭名。使童男女各八人,舞而呼雩,故谓之雩。'《说文》雨部云:'雩,夏祭乐于赤帝,以祈甘雨也。'《月令》:'仲夏之月,命有司为民祈祀山川百源,大雩帝,用盛乐。'注云:

---

① 张光直:《中国青铜时代(二集)》,北京:生活·读书·新知三联书店,1990 年,第44 页。参裘锡圭《说卜辞的焚巫尫与作土龙》,氏著:《古文字论集》,北京:中华书局,1992 年。陈来也支持这样的看法,他认为商汤自焚并不是出自爱民之心,而是以大巫的身份自觉履行焚巫的传统,以求降雨,参氏著《古代宗教与伦理:儒家思想的根源》,北京:生活·读书·新知三联书店,2017 年,第 31 页。
② 王充著,黄晖撰:《论衡校释(附刘盼遂集解)》,第 944 页。
③ 也有论者指出,先秦时期的暴巫是在"舞雩"没有达到目的的情况下施加的惩罚,而到了两汉时期暴巫是为了协调阴阳,这样的说法虽有一定道理,但又有绝对化的嫌疑。参陈业新《灾害与两汉社会研究》,上海:上海人民出版社,2004 年,第342 页。
④《周礼注疏》,阮元校刻《十三经注疏》,第 1762 页。
⑤《周礼注疏》,阮元校刻《十二经注疏》,第 1762 页。

'阳气盛而常旱。雩,吁嗟求雨之祭也。'"①这样的观点有一定道
理,也是理解先秦时期"焚巫"习俗的另外一个思路。② 有学者根据
这里的记载,认为春秋战国时期秦国也存在焚烧女巫求雨的习俗。③

另外,《礼记·檀弓》也有相似的记载:

> 岁旱,穆公召县子而问然,曰:"天久不雨,吾欲暴尪而奚
> 若?"曰:"天则不雨,而暴人之疾子,虐,毋乃不可与!""然则吾
> 欲暴巫而奚若?"曰:"天则不雨,而望之愚妇人,于以求之,毋乃
> 已疏乎!"④

秦穆公和鲁僖公的想法一样,都想要尝试通过"暴"巫和尪的方
法来解决天旱的问题,这是因为巫尪负责祭祀求雨,"天久不雨"意
味着他们求雨的巫术没有得到有效的验证。

然而前文提到在臧文仲和县子的建议下,鲁僖公和秦穆公最后
都没有焚"巫尪"。需要注意的是,《左传》和《礼记》是为了表彰臧
文仲和县子的理性主义言论,即遇到旱灾不应简单归咎于巫者,而
应当体恤民情并针对灾害做好充分的准备,这和孔子主张遇到大旱
则修人道之政刑与德的道理是相通的。⑤ 但类似的情形在更早的历
史时期肯定也曾发生,巫者求雨不验而被诛杀恐怕是常有的事情。

其实以巫者作为"牺牲"的说法也有一定的渊源,在商周以来的
传统中,都有以人作为"牺牲"祭祀天神以求雨的记载,而这种祭祀
方式也以焚烧"牺牲"作为基本的方式,这与因巫术不验而焚巫有明

---

① 孙诒让著,汪少华点校:《周礼正义》,北京:中华书局,2015 年,第 2479 页。
② 陈梦家:《商代的神话与巫术》,《燕京学报》1936 年第 20 期。
③ 曹旅宁:《秦律新探》,北京:中国社会科学出版社,2002 年,第 194 页。
④ 孙希旦撰,沈啸寰、王星贤点校:《礼记集解》,北京:中华书局,1989 年,第 307 页。
⑤ 参刘信芳《出土简帛宗教神话文献研究》,合肥:安徽大学出版社,2014 年,第
　170 页。

显的区别。甲骨文中有"焚"字,被认为和商代焚巫祭祀神灵求雨有关,相关文例如下:

贞:焚,有雨? 勿焚,无其雨? 　　　　　　《合集》12842 正

辛卯卜:其狩,焚,擒? 　　　　　　　　　《合集》10402

勿惟焚,无其雨? 　　　　　　　　　　　《合集》12851

贞,焚牢,有雨? 勿焚妎,无其雨? 　　　　《合集》1121

壬辰:其焚,雨? 　　　　　　　　　　　　《合集》33317

戊戌卜:焚,雨? 于乩焚,雨? 于舟焚,雨? 《合集》34483

乙卯卜:今日焚,从雨? 　　　　　　　　　《合集》34485

商汤"桑林祷雨"的故事也见于《尚书大传》,其中提道:"汤伐桀之后,大旱七年。史卜曰:'当以人为祷。'汤乃剪发断爪,自以为牲,而祷于桑林之社,而雨大至,方数千里。"[1]以自身为牺牲祭祀天神又见于周公金縢故事,《史记·鲁周公世家》载:"周公于是乃自以为质,设三坛,周公北面立,戴璧秉圭,告于太王、王季、文王。"[2]所谓"自以为质",也就是以自身作为"牺牲"。

至东汉时期仍有以人为"牺牲"求雨的记载,《后汉书·独行列传》载谅辅故事:

谅辅字汉儒,广汉新都人也。仕郡为五官掾。时夏大旱,太守自出祈祷山川,连日而无所降。辅乃自暴庭中,慷慨咒曰:

---

① 皮锡瑞疏证引述了《墨子·兼爱》以及《吕氏春秋·季春纪》《淮南子》《说苑·君道》《论衡·感虚》等,认为诸篇的记载皆与《大传》相合,参皮锡瑞《尚书大传疏证》,北京:中华书局,2015 年,第 130—131 页。另楼劲对"汤祷"传说的文本系统进行了梳理,参氏著《汤祷传说的文本系统》,《中国社会科学院历史研究所学刊》第 6 集,北京:商务印书馆,2010 年;后收入氏著《中古政治与思想文化史论》,上海:上海人民出版社,2023 年。
②《史记》卷三三《鲁周公世家》,第 1516 页。

"辅为股肱,不能进谏纳忠,荐贤退恶,和调阴阳,承顺天意,至令天地否隔,万物焦枯,百姓喁喁,无所诉告,咎尽在辅。今郡太守改服责己,为民祈福,精诚恳到,未有感彻。辅今敢自祈请,若至〔日〕中不雨,乞以身塞无状。"于是积薪柴聚茭茅以自环,搆火其傍,将自焚焉。未及日中时,而天云晦合,须臾澍雨,一郡沾润。①

谅辅自焚是以自身为牺牲,祈求上天降雨,与商汤"桑林祷雨"以及周公祭祀行为相似。需要注意的是,类似的"祷雨"故事中,自焚虽然已经准备完毕,但商汤和谅辅都没有被焚烧而死,人们愿意看到的故事模式是上天受到感动,立即降下大雨。同样,《搜神记》载孙策曾暴晒于吉求雨:"令人缚置地上,暴之,使请雨。若能感天,日中雨者,当原赦;不尔,行诛。"②这段故事也见于《三国志·吴书》裴松之注,③最后的结果也是日中的时候降下暴雨。

另外《山海经》中有"女丑之尸",被认为和暴巫的传统有关,其中提到:

> 女丑之尸,生而十日炙杀之。在丈夫北。以右手障其面。十日居上,女丑居山之上。④

郝懿行说:"十日并出,炙杀女丑,于是尧乃命羿射杀九日也。"袁珂认为,所谓"炙杀",可能是"暴巫"之象,女丑可能就是女巫:"暴巫焚巫者,非暴巫焚巫也,乃以女巫饰为旱魃而暴之焚之以禳灾

① 《后汉书》卷八一《独行列传》,第 2694 页。
② 干宝撰,李剑国辑校:《搜神记辑校》,北京:中华书局,2019 年,第 48 页。
③ 裴松之注引《江表传》说"即催斩之,县首于市",另云"《江表传》《搜神记》于吉事不同,未详孰是"。《三国志》卷四六《吴书·孙策传》,第 1110 页。
④ 郝懿行撰,栾保群点校:《山海经笺疏》,第 183 页。

也,暴巫即暴魃也。女丑衣青(见《大荒西经》),旱魃亦衣青(见《大荒北经》),是女丑饰为旱魃而被暴也。"①袁珂这样的说法虽然出自推测,但也是有一定道理的。②东汉宫廷中所谓"傩"的表演,其基本模式也是表演驱逐疾疫。③论者认为类似的表演与戏剧的产生有密切关系,而且直到历史后期这样的表演也一直在民间进行。例如有研究者指出,近代农村仍然存在着晒旱魃的习俗,即在大旱之时,人们用纸糊一个女人像,悬挂在高杆上,任太阳暴晒以求雨。④

经由此也可以理解董仲舒《春秋繁露·求雨》中的相关记载:

> 春旱求雨。令县邑以水日祷社稷山川,家人祀户。无伐名木,无斩山林。暴巫聚尪八日。⑤

秋天遭遇旱灾之时,也要进行类似的表演,只是暴巫尪的时间改成了"九日"。根据袁珂的看法,"暴巫聚尪八日"或者"九日"也可以理解为巫和尪扮演成旱魃之类的灾害之神,暴巫即表演暴晒或者焚烧旱魃的仪式。其中提到的"八日"或者"九日",应当就是这种表演仪式持续的时间。

也就是说,"焚巫"和"暴巫"历史现象成因较为复杂,可能是因为要惩罚巫者求雨巫术没有效验,也可能是将巫者作为"牺牲",以此打动上天降雨。应当说这两种可能性都是存在的。另外,作为"牺牲"以祈雨的人员身份又不完全是巫者,执政者或者政府官员都

---

① 袁珂:《山海经校注》,第218页。

② 也有论者反对袁珂的意见,认为逐魃与暴巫有明显的区别,见赵林《说尸及〈山海经〉的诸尸》,《甲骨文与殷商史》新3辑,上海:上海古籍出版社,2013年。

③ 相关的研究参赵兴勤《略论东汉的歌舞与大傩》,《中国古代小说戏剧研究》第15辑,兰州:甘肃人民出版社,2019年。另参章军华《中国傩戏史》,上海:上海大学出版社,2014年。

④ 李世晓:《汉代的〈虎吃旱魃〉画像研究》,《南都学坛》2010年第6期。

⑤ 董仲舒著,苏舆撰:《春秋繁露义证》,北京:中华书局,1992年,第426—427页。

曾作为牺牲,进行过类似的表演。需要注意的是,巫者扮演旱魃之类带来灾害的神灵,通过表演旱魃被驱逐的方式祈雨,类似的表演曾经在不同地域长期流存。

2. 医疗中巫术的验证问题

前文讨论"暴巫"与"焚巫"的传统,而在文献之中也有巫者因巫术无法验证而被诛杀。尤其是在关涉健康的医疗领域,如果巫术不能够有效验,巫者往往会陷入非常危险的境地。

成帝时代曾有人使用巫术"为国求福",但后来因巫术不验而被诛杀,据《汉书·杜周传附缓弟钦传》记载,杜周后人杜业与翟方进不平,翟方进死后杜业上书言事,提到翟方进与司直师丹相善,而师丹曾经举荐同乡为巫降神:

> 丹前亲荐邑子丞相史能使巫下神,为国求福,几获大利。幸赖陛下至明,遣使者毛莫如先考验,卒得其奸,皆坐死。假令丹知而白之,此诬罔罪也。不知而白之,是背经术惑左道也:二者皆在大辟。①

汉成帝复兴神仙方术,这就给了各类术士活跃的机会,然而师丹举荐的并不是职业的巫者,而是作为政府官员的"丞相史",他被认为具有善于下神的巫术。② 杜业推测,师丹举荐丞相史使巫下神是为了"获大利",确实是有原因的,前引《史记·封禅书》记载汉武帝曾经"病甚",游水发根告诉他上郡有巫,能够下神,武帝信之,结果身体果然好了,汉武帝后来对"神君"极为优待,游水发根显然也因此获利。③

---

① 《汉书》卷六〇《杜周传》,第 2680 页。
② 参林富士《汉代的巫者》,台北:稻乡出版社,1999 年,第 27 页。
③ 杨华认为游水发根来自南方,采用的是南方淮河流域的巫术系统,见杨华《新蔡简所见楚地祭祷礼仪二则》,丁四新主编:《楚地简帛思想研究(二)》,武汉:湖北教育出版社,2005 年。

汉成帝身体状况不好,史书说他"即位数年,无继嗣,体常不平",①因此信任各类巫术方术。但汉成帝对巫术行为十分谨慎,他事先派遣使者"考验",结果果然有问题,行巫术的"丞相史"因此"坐死"。除了巫者之外,推荐者也被认为应当承担责任,例如杜业就认为举荐者师丹如果知道"丞相史"巫术诈伪,则是诬罔之罪;而如果师丹不知巫术诈伪,则是惑于"左道",两者都应当"大辟"。②

三国时代多有巫者尝试以符水治疗疾病,但魏明帝时有人因此被杀,据《三国志·魏书·明帝纪》:

> 青龙三年中,寿春农民妻自言为天神所下,命为登女,当营卫帝室,蠲邪纳福。饮人以水,及以洗疮,或多愈者。于是立馆后宫,下诏称扬,甚见优宠。及帝疾,饮水无验,于是杀焉。③

东汉中后期瘟疫横行,给当时人们带来巨大灾难,也给巫师或者方术士提供了活跃的机会,符水治病就是在这种情况下开始流行。④ 寿春农民妻的符水也就是这一类巫术。寿春农民妻自称为"天神所下",她的身份应当与前文提到的"神君"类似,是在民间活动的巫者。⑤ 而她的"符水"能够"洗疮"且有一定的效验,可能是因

---

① 《汉书》卷九八《元后传》,第 4019 页。

② 沈家本认为"师丹之使巫下神,亦属左道",参沈家本撰,邓经元、骈宇骞点校《历代刑法考》,第 435 页。

③ 《三国志》卷三《魏书·明帝纪》,第 114 页。

④ 参林富士《东汉晚期的疾疫与宗教》,《"中研院"历史语言研究所集刊》第 66 本第 3 分,1995 年。

⑤ 唐长孺注意到魏文帝时期曾颁布过关于"左道"的禁令,而寿春农民妻在民间传播巫术,直至被魏明帝所知并受到优待,可知魏文帝的禁令早已废弛了,参氏著《魏晋期间北方天师道的传播》,《唐长孺社会文化史论丛》,武汉:武汉大学出版社,2001年。而黄初禁令的废弛很可能与魏明帝本人崇信巫术有关,相关的研究参吴成国《六朝巫术与社会研究》,第 99 页。

为她知晓一些医方,或者曾为医者。"或多愈者"的说法显示这位巫者的符水曾经有效验,这是她获得百姓信赖以及魏明帝"优宠"的重要原因。然而这位农民妻为皇帝的健康服务,后来因为无法治愈魏明帝的疾病而被诛杀,这其实是典型的"不验,辄死"案例。

然史料记载魏晋之时"符水"治病多有能够验证者,这或许与巫医杂糅的社会背景有关。例如太平道曾以符水治病作为吸引和控制信徒的手段,《后汉书·皇甫嵩传》说:"初,钜鹿张角自称'大贤良师',奉事黄老道,畜养弟子,跪拜首过,符水咒说以疗病,病者颇愈,百姓信向之。"①"病者颇愈"的说法值得注意,这说明当时颇有一些人被张角的符水治愈,当然其中很多应当属于自限性疾病,患者自行痊愈。《三国志·魏书·张鲁传》裴松之注引《典略》说:"太平道者,师持九节杖为符祝,教病人叩头思过,因以符水饮之,得病或日浅而愈者,则云此人信道,其或不愈,则为不信道。"②这是说被符水治愈的是得病时间较短,或者病情较浅的人,显然裴松之和《典略》的作者并不认为符水真的能够治病。另外《资治通鉴》说:"初,钜鹿张角奉事黄、老,以妖术教授,号'太平道'。咒符水以疗病,令病者跪拜首过,(……祖张道陵,盖同此术也。)或时病愈,众共神而信之。"③太平道以符水治病而能够有效验,其中显然有医疗技术相关知识的支撑,例如方诗铭就注意到太平道领袖巫医结合的特点。④

《三国志·吴书·孙策传》裴松之注引《江表传》提到琅琊于吉曾经制作符水治病:"时有道士琅邪于吉,先寓居东方,往来吴会,立

① 《后汉书》卷七一《皇甫嵩传》,第 2299 页。
② 《三国志》卷八《魏书·张鲁传》,第 263 页。
③ 《资治通鉴》卷五八《汉纪五十》,第 1864 页。
④ 方诗铭:《曹操·袁绍·黄巾(增订本)》,上海:上海辞书出版社,2021 年,第 565 页。

精舍,烧香读道书,制作符水以治病,吴会人多事之。"①另外《晋书·艺术传》载有幸灵以符水治病故事,其中提到:

> 有龚仲儒女病积年,气息财属,灵使以水舍之,已而强起,
> 应时大愈。又吕猗母皇氏得痿痹病,十有余年,灵疗之,去皇氏
> 数尺而坐,冥目寂然,有顷,顾谓猗曰:"扶夫人令起。"猗曰:"老
> 人得病累年,奈何可仓卒起邪?"灵曰:"但试扶起。"于是两人夹
> 扶以立。少选,灵又令去扶,即能自行,由此遂愈。于是百姓奔
> 趣,水陆辐辏,从之如云。皇氏自以病久,惧有发动,灵乃留水
> 一器令食之,每取水,辄以新水补处,二十余年水清如新,尘垢
> 不能加焉。②

《晋书》说当时幸灵以符水治病灵验,"于是百姓奔趣,水陆辐辏,从之如云",百姓对于符水疗病的信仰由此可见一斑。另外《宋书·羊欣传》说:"(羊欣)素好黄老,常手自书章,有病不服药,饮符水而已。兼善医术,撰药方十卷。"③羊欣自己擅长医术,也曾经撰写药方,但他有病的时候只是饮符水而不吃药,大抵也是因为信任符水的效验。事实上,虽然后来人们认识到符水、圣水之类并不能够真正治愈疾病,并屡屡加以禁止,但相关的信仰行为却一直留存于民间社会。④

事关生命和健康,医疗领域显然对"有验"有着极高的要求,《史记·扁鹊仓公列传》载汉文帝曾下诏询问仓公"所为治病死生验者

---

① 《三国志》卷四六《吴书·孙策传》,第 1110 页。
② 《晋书》卷九五《艺术列传》,第 2483—2484 页。
③ 《宋书》卷六二《羊欣传》,北京:中华书局,1974 年,第 1662 页。
④ 相关的研究参马伯英《中国医学文化史》,上海:上海人民出版社,2020 年,第 665 页。

几何人也,主名为谁",汉文帝关心仓公的医术是否真实"有验",所以特意询问他曾经治愈过哪些人。仓公在报告中说他年轻的时候注意到"医药方试之多不验者",后来得到了阳庆的古医书,实际验证了一段时间之后发现这部医书的记载"诊病决死生,有验,精良"。[①]仓公意在说明,医疗领域是否能够验证以实际操作为准,显然这是一种相对科学合理的方法,也正因此医术逐渐脱离"巫医不分"的境地,逐渐走向科学。当然也应该认识到,在较短时间内,符水之类带有巫术色彩的疗病方式可能多次得到验证,尤其是针对得病时间较短或者病情较浅的情况,符水巫术往往能够有验,并因此获得民众的信赖。

前文提到巫者因巫术无法验证而被诛杀,现有的例证均出现在事关健康的医疗领域,这一领域对于无论医术还是巫术的可验证性都有较高的要求,而这也正是推动"巫医分离"的重要原因。另外需要注意,东汉以后符水治病受到广泛的欢迎,这与当时医术无法控制疫情传播有关,"符水"疗病的方式或者因提供洁净饮水、注重清洁卫生,或者因病人患病较浅而被验证,"符水"有效的思想因此迅速传播,而这也正是道教获得发展的重要思想基础。

3. 祝祷的验证问题

文献记载中,与巫的职事类似,祝也负责向鬼神祈祷,保佑人们免于疾病和死亡,但是如果其术不验,也会面临被杀的惩罚。祝诅类巫术也被认为具有伤害性,是以这种巫术是否能够有验也被特别关注。

《左传》昭公二十年(前522),齐侯得了疥疮,有人建议诛杀为国君祈祷的祝史,晏子认为:"民人苦病,夫妇皆诅,祝有益也,诅亦有损……虽其善祝,岂能胜亿兆人之诅?君若欲诛于祝史,修德而后可。"[②]齐侯生病,说明"祝史"使用的巫术不验,所以有人建议诛

①《史记》卷一〇五《扁鹊仓公列传》,第2796页。
②《春秋左传正义》,阮元校刻《十三经注疏》,第2091页。

杀"祝史"。但在晏子的建议下,"祝史"没有被诛杀,这与前文提到的在臧文仲和县子建议下鲁僖公和秦穆公没有诛杀巫者相似。《左传》等文献的记载中晏子、臧文仲和县子等人的思想具有一定的先进性,但同时也说明因其术得不到验证而诛杀巫、祝恐怕并非个例。

另外,刘向《新序》卷一《杂事》记载:

> 中行寅将亡,乃召其太祝,而欲加罪焉。曰:"子为我祝,牺牲不肥泽耶?且齐戒不敬耶?使吾国亡,何哉?"祝简对曰:"……且君以为祝有益于国乎?则诅亦将为亡矣,一人祝之,一国诅之,一祝不胜万诅,国亡不亦宜乎?"中行子乃惭。①

中行寅期待太祝能够以肥泽的牺牲、虔诚的态度,在神灵之前祈祷,保佑自己和家族免于疾病或者死亡。而中行寅"将亡"意味着祝官并没有完成这样的任务,所以中行寅打算在临死前治祝官之罪,这同样是较早历史时期的"不验,辄死"案例。其实这条资料提到的是传统的"祝由术",②中行寅和"祝简"都认为"祝"有益于人的身体健康,而"诅"这种行为则会让人的健康受损。③

事实上,"祝"的主要方式是与鬼神交流,请求鬼神带来福佑,或者给他人带去灾害,而所谓的"祝诅"巫术也就基于此产生了。祝诅

---

① 陈茂仁:《〈新序〉校正》,第36—37页。
② 马王堆医书的出土对于认识祝由术提供了新的材料,相关的研究参周一谋等《马王堆医学文化》第八章"马王堆医书与古代祝由疗法",上海:文汇出版社,1994年;喻燕姣《马王堆医书祝由术研究四则》,湖南省博物馆主编:《湖南省博物馆四十周年纪念论文集》,长沙:湖南教育出版社,1996年;丁媛、丁洁韵、张如青《唐以前祝由术在医疗中的应用》,《中华医史杂志》2015年第3期;高静《祝由术之沿革与应用探析》,《中医文献杂志》2021年第1期。
③ 有关"祝诅"的研究参董涛《汉代的祝诅》,《道学研究》2011年第1期;宋洁《两汉"妖言"与"祝诅"关系探析》,《湖南大学学报(社会科学版)》2014年第2期;李凯《从清华简〈尹至〉看上古祝诅巫术》,氏著:《出土文献与商周文明初探》。

巫术具有人身伤害的性质,民间可能因使用类似巫术产生纠纷,《睡虎地秦墓竹简·封诊式》中就记录了一桩类似的案件:

> 毒言 爰书:某里公士甲等廿人诣里人士五(伍)丙,皆告曰:丙有宁毒言,甲等难饮食焉,来告之。即疏书甲等名事关谍(牒)北(背)。·讯丙,辞曰:外大母同里丁坐有宁毒言,以卅余岁时毚(迁)。丙家节(即)有祠,召甲等,甲等不肯来,亦未尝召丙饮。里节(即)有祠,丙与里人及甲等会饮食,皆莫肯与丙共杯(杯)器。甲等及里人弟兄及它人智(知)丙者,皆难与丙饮食。丙而不把毒,毋(无)它坐。①

材料中的"士五丙"遇到的麻烦是有"毒言"而被邻居举报,邻居们认为"士五丙"会使用祝诅之类的语言巫术,所以邻居不愿与他往来,担心受到他的伤害。后来官府调查之后发现"士五丙"没有做过毒害他人的事件,并无犯罪情由,这桩案件就此结束。秦汉时期民间类似的纠纷应当很多,对社会治安会造成一定影响,但由于材料的限制,其他具体情形已难确知。

总的来说,巫或者祝因为巫术无法得到有效验证而被诛杀,在历史早期应当是较为常见的现象,这是当时社会对巫者考察与掌控的重要手段。事实上,以是否能够验证对各类"术"进行考察,并威胁诛杀不验者,这恐怕是历史早期常见的处理方式,并不是针对巫者而特别设立的。另外,方术也曾遭遇无法验证的问题,方术士们应对方术的不验难题也值得进一步讨论。

二、方术的不验难题

前文侯生与卢生对话中提到秦法"秦法,不得兼方,不验,辄

---

① 睡虎地秦墓竹简整理小组编:《睡虎地秦墓竹简》,第162—163页。

死"。很多学者将"方"理解为方术,即如果方术无法得到验证,就会被处死,侯生与卢生就是因为恐惧被处死而逃亡,此事直接引发了著名的"坑儒"事件。而方术士为了赢得信赖,也会刻意展示"小方",其中的一些内容与早期的博物学以及科学技术史有关。

1. 验"小方"

秦汉史料中常见为方术者以"小方"炫惑他人,此举是为了获得信赖。秦始皇和汉武帝的目的都是不死升仙,也因此资助方术士们求仙,然而仙人和不死之药在事实上都不存在,这是不可解的难题,也就注定了方术士们承诺的"不死"不可能得到验证。面对这样的情况,方术士们和秦皇汉武展开博弈,其基本策略是以"小方"或者"小术"博取信赖,然后尽可能拖延兑现承诺的时间。史料记载卢生曾经告诉秦始皇"亡秦者胡"的谶语,应当也属于这类"小方"。此外汉武帝的时候少君、栾大等人都曾向汉武帝展示"小方"以博取初步的信赖。

文献记载秦汉时期的方术中有许多"小术"或者"小方"被验证的例子,例如齐人李少君,《史记》说他"资好方,善为巧发奇中",后来李少君见汉武帝,"上有故铜器,问少君。少君曰'此器齐桓公十年陈于柏寝'。已而案其刻,果齐桓公器"。① 当时在场的人都觉得很惊讶,以为少君可能已经有几百岁了。王充曾经怀疑:"或时闻宫殿之内有旧铜器,或案其刻以告之者。故见而知之……今时好事之人,见旧剑古钩,多能名之,可复谓目见其铸作之时乎?"②这可以说是早期的金石学,或者少君也掌握了相关的专业知识。李学勤注意到当时掌握了青铜器相关知识的也不乏其人。③ 有学者考证

① 《史记》卷二八《封禅书》,第 1385 页。

② 王充著,黄晖撰:《论衡校释(附刘盼遂集解)》,第 332 页。

③ 李学勤先生讨论中国古代青铜器相关问题,曾经提到李少君辨认青铜器之事,另外还提到汉宣帝时代张敞考释美阳所出尸臣鼎一事,见氏著《中国青铜器的奥秘》,香港:商务印书馆,1987 年。

齐桓公时无柏寝,但也有人认为,"齐桓公时虽无柏寝之台,未必无此铜器"。① 无论如何,少君的"小方"得到"验证",这是他后来继续进行方术活动的基础。

再例如《史记·封禅书》载栾大见汉武帝时"上使先验小方,斗旗,旗自相触击",《史记·孝武本纪》正义引高诱注《淮南子》云:"取鸡血与针磨擣之,以和磁石,用涂棋头曝干之,置局上,即相拒不止也。"②《史记·封禅书》索隐引顾氏案则作:"取鸡血杂磨鍼铁杵,和磁石棋头,置局上,即自相抵击也。"③这说明在长期的实践中,人们已经发现了磁的排斥现象。④ 另外关于"斗旗",正义:"音其。文本或作'棋'。"并引《说文》云"棋,博棋也",指的是六博棋的棋子。而《资治通鉴》亦作"斗旗",梁玉绳《史记志疑》认为"斗棋"和"斗旗"两说可并存。⑤ "斗旗"说也见于《汉武故事》:"(栾)大尝于殿前树旐数百枚。大令旐自相击,翻翻竟庭中去地十余丈。观者皆骇。"⑥显然《汉武故事》对栾大的故事进行了夸张和神化,栾大所使用的应该是博棋之棋,而非旌旗之旗。栾大的"小方"能够验证,也是他后来一系列方术活动的基础。

再后来齐人少翁有所谓"鬼神方",也属于"小方",《封禅书》载:"齐人少翁以鬼神方见上。上有所幸王夫人,夫人卒,少翁以方盖夜致王夫人及灶鬼之貌云,天子自帷中望见焉。"⑦显然少翁掌握

① 王叔岷:《史记斠证》,第 1192 页。
②《史记》卷一二《孝武本纪》,第 462 页。
③《史记》卷二八《封禅书》,第 1390 页。
④ (英)李约瑟原著:《中华科学文明史》第 1 卷,(英)柯林·罗南改编,上海交通大学科学史系译,上海:上海人民出版社,2001 年,第 56 页。相关的研究参宋德生、李国栋《电磁学发展史》,南宁:广西人民出版社,1987 年,第 6 页。
⑤ 梁玉绳撰,贺次君点校:《史记志疑》,第 813 页。
⑥ 转引自王叔岷《史记斠证》,第 442 页。
⑦《史记》卷二八《封禅书》,第 1387 页。

了光学的基本知识。事实上，春秋战国时代的人们就已经认识到了光的折射和反射现象，例如《墨子》就对于光学现象有详细的记载。[①]虽然少翁的"小方"很容易辨别，但汉武帝深信不疑，[②]少翁因此被封为文成将军，受到许多赏赐。

需要注意的是，史料记载中被验证的所谓"小方"有很多建立在历史学、博物学或者物理学知识的基础之上，例如少君能够辨别青铜器的年代，栾大能认识到磁学的基础原理，而少翁能利用光学的基础原理等等。这些也都可以归之于早期的科学探索，尽管这种探索的目的是为后续的方术获得信赖做准备，但其中对科学技术的促进意义仍然是不能忽视的。

2. 方术不验

然而实际上无法持续有效验证正是各类"方术"难以解决的问题。有学者指出，恰恰正是"无验"制约着方术的发展，使得它根本无法成为宗教。因为宗教提供的是美丽的诺言，其应验的期限在遥远的未来甚至是来生，而方术的成效必须立竿见影，或者在指日可待的时间内取得成效，否则方术士就要面临严厉的惩罚，所以方术士的活动始终在幻想和现实的夹缝中挣扎。[③] 另外也有学者指出，方术士们如果想要听众相信他们的话，就要强调仙人和仙境的"真实性"，而这种刻意强调的"真实性"往往会把方术士们置于非常危

[①] 相关的研究参见姜宝昌《墨学与现代科技》，北京：中国书店出版社，1997 年；邵长杰《墨子科技思想中的人文关怀》，《中国文化报》2012 年 12 月 4 日；于光胜、刘长明《墨子的科技思想及其当代价值》，《自然辩证法研究》第 31 卷第 4 期，2015 年。

[②] 王充在《论衡·乱龙篇》中曾尝试推测汉武帝当时的心态，所谓："道士以术为李夫人，夫人步入殿门，武帝望见，知其非也，然犹感动，喜乐近之。"王充著，黄晖撰：《论衡校释（附刘盼遂集解）》，第 702 页。王充认为汉武帝"知其非也"，是比较贴近史实的判断。

[③] 孙机：《仙凡幽明之间——汉画像石与"大象其生"》，《中国国家博物馆馆刊》2013 年第 9 期。

险的境地,因为他们许下的诺言需要仙人降临或者真的找到不死之药,不幸的是这根本是不可能的。①

秦始皇虽然并未诛杀方术士,但史料记载他曾"考入海方士",《史记集解》引服虔曰:"疑诈,故考之。"瓒曰:"考校其虚实也。"②侯生、卢生逃亡之后秦始皇大怒,说:"今闻韩众去不报,徐市等费以巨万计,终不得药,徒奸利相告日闻。"③由"终不得药"的说法可知秦始皇其实早已注意到方术不验的问题,只是由于方术士多方辩解,秦始皇才没有深究。

徐市等"费以万计",但一直没有得到仙药,他们的理由是"以风为解,曰未能至,望见之焉",联系《封禅书》说公孙卿面对汉武帝的质疑"以大人迹为解",可知这是寻找各种理由为自己辩解,不停拖延方术应验的期限正是方术士们应对"考验"的基本策略。三十七年(前210)秦始皇最后一次出巡,在琅琊附近遇到徐市,据《史记·秦始皇本纪》记载:

> 方士徐市等入海求神药,数岁不得,费多,恐谴,乃诈曰:"蓬莱药可得,然常为大鲛鱼所苦,故不得至,愿请善射与俱,见则以连弩射之。"④

徐市"恐谴"是因为他"入海求神药"但是"不得",按照"不验,辄死"的秦法,他怕是难逃一死。而且之前的"以风为解"恐怕也很难再说服皇帝,所以徐市试图以新的说辞逃脱"不验"的惩罚。虽然大鲛鱼守护不死之药的谎言并不十分高明,但匪夷所思的是秦始皇

① 巫鸿著:《中国古代艺术与建筑中的"纪念碑性"》,李清泉、郑岩译,第220页。
② 《史记》卷二八《封禅书》,第1370页。
③ 《史记》卷六《秦始皇本纪》,第258页。
④ 《史记》卷六《秦始皇本纪》,第263页。

恰好梦到与海神战，博士占梦告诉他"水神不可见，以大鱼蛟龙为候。今上祷祠备谨，而有此恶神，当除去，而善神可致"。这位"博士"采信徐市关于"大鲛鱼"的说辞，并在此基础上演化出"大鱼蛟龙"说法，令秦始皇信服，也最终帮助徐市通过这次"考验"。

秦始皇后来死于归途中，求仙结束。秦二世也曾沿秦始皇的路线出巡，但史料中没有见到他资助方术士求仙的记载，也没有见到他"考验"或者惩罚求仙未果的方术士，徐市等人就这样淡出了历史的舞台。汉代人大都相信徐市出海后没有回归，即所谓"得平原广泽，止王不来"。[1]《汉书·郊祀志》也说："遣徐福、韩终之属多赍童男童女入海求神采药，因逃不还。"[2]《三国志·吴书·吴主传》也说："亶洲在海中，长老传言秦始皇帝遣方士徐福将童男童女数千人入海，求蓬莱神山及仙药，止此洲不还。"[3]虽然这些都只是"长老传言"，但说明当时人们大都认为徐市逃脱了"不验，辄死"的惩罚。

汉文帝时代赵国人新垣平一度"贵幸"，《史记·封禅书》记载汉文帝"贵平上大夫，赐累千金"。新垣平诈令人献玉杯，并向汉文帝预言"阙下有宝玉气来者"。后来事情败露，"人有上书告新垣平所言气神事皆诈也。下平吏治，诛夷新垣平"。[4]《史记·孝文本纪》说新垣平被"夷三族"，《汉书·郊祀志》作"诛夷平"，颜师古注认为："夷者，平也，谓尽平除其家室宗族。"[5]梁玉绳《史记志疑》指出

①《史记正义》引《括地志》云："亶州在东海中，秦始皇遣徐福将童男童女，遂止此州。其后复有数洲万家，其上人有至会稽市易者。"《史记》卷一一八《淮南衡山列传》，第3086页。

②《汉书》卷二五下《郊祀志下》，第1260页。

③《三国志》卷四七《吴书·吴主传》，第1136页。

④《史记》卷二八《封禅书》，第1382—1383页。

⑤《汉书》卷二五上《郊祀志上》，第1215页。

高后元年已经除三族之罪:"新垣平复行三族之诛,岂妖诬不道,不用常典耶?"①实际上,新垣平被"夷三族"是因为有"谋反"的举动,《史记·历书》说:"新垣平以望气见,颇言正历服色事,贵幸,后作乱。"②《汉书·刑法志》也说:"新垣平谋为逆,复行三族之诛。"③关于新垣平到底为何谋逆,以及有哪些谋逆的举动,荀悦《汉纪》的说法是:"新垣平诈发觉,遂谋反,诛夷三族。"④是说新垣平因方术诈伪被发觉而谋反,然后被"夷三族"。也就是说,如果按照"不验辄死"的规定,新垣平因为方术欺诈败露被杀是没有问题的,但新垣平受到了"夷三族"的处罚,应当是因为有其他不轨行为。

汉武帝时期诛杀文成、五利已见前述,究其本质,仍然是方术得不到验证,且刻意欺瞒皇帝而被发觉。《资治通鉴》载田千秋之言曰:"方士言神仙者甚众,而无显功,臣请皆罢斥遣之!"⑤所谓"无显功"是说方术士们的承诺大多没有验证,然而后来汉武帝也没有再诛杀方术士,是对方术士们存有期待,也是因为方术士们为求自保发明新的话语体系。⑥

3. 技术的不验问题

需要注意的是,史料中也有因技术失败而被诛杀的例证,本书认为这也属于广义上的"不验辄死"。《三辅黄图》提到汉武帝曾经在扶荔宫进行荔枝移植的试验,其中提到:

扶荔宫,在上林苑中。汉武帝元鼎六年,破南越起扶荔宫,

① 梁玉绳撰,贺次君点校:《史记志疑》,第258页。
②《史记》卷二六《历书》,第1260页。
③《汉书》卷二三《刑法志》,第1104页。
④ 荀悦著,张烈点校:《汉纪》,第124页。
⑤《资治通鉴》卷二二《汉纪一四》,第738页。
⑥ 参郭津嵩《公孙卿述黄帝故事与汉武帝封禅改制》,《历史研究》2021年第2期。

以植所得奇草异木：菖蒲百本；山姜十本；甘蕉十二本；留求子
十本；桂百本；密香、指甲花百本；龙眼、荔枝、槟榔、橄榄、千岁
子、甘橘皆百余本。上木，南北异宜，岁时多枯瘁。荔枝自交趾
移植百株于庭，无一生者，连年犹移植不息。后数岁，偶一株稍
茂，终无华实，帝亦珍惜之。一旦萎死，守吏坐诛者数十人，遂
不复莳矣。①

何清谷认为扶荔宫在夏阳，并且认为这里是汉武帝多次东巡经
过的地方，而且又是设置铁官的要地，有黄河水运之便，所以在此营
造行宫并种植从南方运来的奇草异木是有可能的。值得注意的是
"守吏坐诛者数十人"，论者大多认为汉武帝酷烈，但如果从"不验辄
死"的角度来看也就能够理解了。这也说明"不验辄死"的应用范围
并不仅限于"方术"。

汉昭帝时代，有人因言天文历法不验险些被诛杀。《汉书·律
历志》载，汉昭帝元凤三年，太史令张寿王上书指出当时使用的《太
初历》存在诸多问题，请求改历，他认为"今阴阳不调，宜更历之过
也"。汉昭帝派遣"主历使者"鲜于妄人询问情况，后来鲜于妄人"请
与治历大司农中丞麻光等二十余人杂候日月晦朔弦望、八节二十四
气，钩校诸历用状。奏可。诏与丞相、御史、大将军、右将军史各一
人杂候上林清台，课诸历疏密，凡十一家。以元凤三年十一月朔旦
冬至，尽五年十二月，各有第"。② 也就是说，这次检验是以历法对照
实际天象，来证明《太初历》的精确性。③ 最后的结果是"寿王课疏
远"，有司认为张寿王"非汉历，逆天道，非所宜言，大不敬"，如果按

---

① 何清谷：《三辅黄图校注》，第208—209页。
②《汉书》卷二一上《律历志上》，978页。
③ 参陈美东《中国古代天文学思想》，北京：中国科学技术出版社，2013年，第331页。

照这个罪名定罪的话,张寿王当被处死。汉昭帝"有诏勿劾",张寿王才免于死刑。也就是说,张寿王推步天文的方法得不到验证,同样属于"不验辄死"的范畴。

汉代设置有"尚方"负责为皇室制作精良的器物,管理机构对尚方技术有着严格的要求,如果技术失败也可能会受到严厉的惩罚。汉成帝时刘向"典尚方铸作事",献《枕中鸿宝苑秘书》铸黄金之法。但尚方以此法铸黄金,"方不验","乃下更生吏,吏劾更生铸伪黄金,系当死。更生兄阳城侯安民上书,入国户半,赎更生罪。上亦奇其材,得逾冬减死论"。① 可见,刘向献方"不验",是要被处死的。与之类似,魏明帝朝"尚方令坐猥见考竟",徐宣"上疏陈威刑大过";②"杨丰子后为尚方吏,帝以职事谴怒,欲致之法,(孙)资请活之"。③尚方令被"考竟",杨丰子"以职事谴怒",当皆源自制作或监制器物出现质量问题。刘向和杨丰子都险些因制作器物无法达到要求被杀,同样也属"不验辄死"。

汉哀帝时代方术士夏贺良等人也因方术不验被诛杀。哀帝青年继位,但和成帝一样也是身体久病,而且同样没有继嗣,《汉书·郊祀志》说他"博征方术士,京师诸县皆有侍祠使者,尽复前世所常兴诸神祠官,凡七百余所,一岁三万七千祠云"。④ 与此同时,汉哀帝也听信方术士夏贺良等人建议"更受命",夏贺良告诉皇帝如果"更受命"就会延年益寿,而且会有皇子出生;而如果"不应天命"就会像汉成帝那样没有继嗣,还会有洪水灾火等灾异。只是汉哀帝虽然听从夏贺良等人的建议改元再受命,身体状况却并没有好转,不仅祥

---

① 《汉书》卷三六《楚元王传》,第1928—1929页。
② 《三国志》卷二二《魏书·徐宣传》,第646页。
③ 《三国志》卷一四《魏书·孙资传》,第459页。
④ 《汉书》卷二五下《郊祀志下》,第1264页。

瑞现象没有出现,反而是灾异继续发生,所以汉哀帝最终"以其言亡验,遂下贺良等吏"。汉哀帝在诏书中深刻检讨,强调自己为国民福祉听信了夏贺良等人,但"卒无嘉应,久旱为灾",所以决定改过,并且认为"贺良等反道惑众,奸态当穷竟"。最后有司判"贺良等执左道,乱朝政,倾覆国家,诬罔主上,不道。贺良等皆伏诛"。① 夏贺良等人伏诛的主要原因是试图干预朝政引起大臣不满,整个事件其实也可以视为一场政治斗争。只是夏贺良等人失去哀帝信任还是因为他们的方术无法得到验证,即哀帝想要身体康复、灾异减少等都未实现,所以给了反对派攻击他们的机会。

总的来看,"不验辄死"的法律是秦人加强技术类管控的手段,存在于巫术、方术以及医术、天文推步之术等领域,并非针对方术而设立。只是巫术和方术的本质内容是求取鬼神降下福佑或者灾祸,以及求取长生不死之药等方面,这些注定无法持续有效验证,秦始皇时代的方术士面对这项秦法极为紧张而选择逃亡,汉代文献中甚至有人因为技术无法验证而被诛杀。另外也要注意到,在医术、天文推步之术以及器物制作、农作物栽培等领域,相关从业人员在"不验辄死"的压力之下不断精进技术,使得相关的技术逐渐进步,传统科学技术的发展与"不验辄死"制度之间的关系应当引起特别注意。

三、说"不得兼方"

前文论及侯生、卢生逃亡之时讨论秦法,除了"不验辄死"之外,还有"不得兼方"一句,这其实也是秦人对各类宣称有技术的人进行管理和考察的基本手段。"不得兼方"来源于"禁民二业"的共识,考虑的是生产技术进步的问题,对于认识古代技术的发展也有重要意义。

---

① 《汉书》卷七五《眭两夏侯京翼李传》,第3193页。

1. 兼方考

　　历来学者对什么是"兼方"有不同的理解,《史记正义》认为:"言秦施法不得兼方者,令民之有方伎不得兼两齐,试不验,辄赐死。"①所谓"两齐"就是"两伎",也就是两种方技。泷川资言《史记会注考证》引冈白驹曰"秦法,凡方士不得兼两伎",②大体上同意《史记正义》的说法。然对于《史记正义》的解读,姚范《援鹑堂笔记》认为不妥,他认为"方"字应该连下读,即此句应该读为"秦法不得兼,方不验,辄死"。③姚范此说显然是因为不理解何为"兼方",而且也没有办法解释"秦法不得兼"是何意。所以中华书局点校本没有采纳这些建议,依然读为:"秦法,不得兼方,不验,辄死。"郭嵩焘《史记札记》首先对"方"的字义进行了辨析,认为《说文解字》中"方"为"并船"之意,而《大射礼》中说"左右曰方",所以这里"方"的意思应该是辨方、居方,所以他认为:"谓若东西方向有定位,不得参差交互为说也。疑此'方'字不当为方伎,惟不听其参差互易,是以其言之验否易辨也。"④这种解释其实过于迂曲了,"不得兼方"的"方"还是应当作"方伎""方术"解。

　　杨宽理解"不得兼方"为"人民有方术的不能把多种方术兼试",⑤是《史记正义》意思的进一步延伸。另外也有人将这一句翻译为"秦朝规定每一方士只许掌握一种方技,不准同时持两种以上的方技"。⑥后来也有人进一步联想,认为:"因为他们的方术和药

① 《史记》卷六《秦始皇本纪》,第 258 页。
② 司马迁撰,(日)泷川资言考证,杨海峥整理:《史记会注考证》,上海:上海古籍出版社,2015 年,第 362 页。
③ 姚范:《援鹑堂笔记》,清道光姚莹刻本。
④ 郭嵩焘:《史记札记》,郭嵩焘撰,梁小进主编:《郭嵩焘全集》。
⑤ 杨宽:《秦始皇》,上海:上海人民出版社,1957 年,第 99 页。
⑥ 李梓:《秦始皇资料选编》,北京:中华书局,1976 年,第 40 页。

方,直接关系到皇帝的生命安全,故立此专条,规定一个人不得兼营两种方术,他们的方术和药方,如果没有效验,便要立即处以死刑。"① 另外也有人认为"兼"有"美"意,吴国泰引《孟子·公孙丑下》"王馈兼金一百"句赵注"兼金,好金也。其价兼倍于常者,故谓之兼金",认为"兼方"应当就是好方、良方,此句的文意是秦法规定如果得不到良好之方,或方不验,就会被赐死。② 此说有一定道理,然过于迂曲。据《说文解字》,"兼"的本意是"持两禾",③而金文中的写法也是单手握两禾;与之类似的是"秉"字,其意思是单手握一禾。是以兼方之兼还应理解为"兼有""兼持"为是。

另外一个关键之处是对"方"的理解,自《史记正义》以来学者们大都认为"方"指的就是方术、方技,但也有人认为"方"指的是"方案""药方"。例如有学者就认为"方士不得献两种以上药方,一种试验不灵,就得处死",④径直把"方"理解为"药方"。应当认为,尽管《史记》中"不得兼方"的说法出自方术士之口,但也没有必要一定把"方"理解为方术。这条秦法显然并非针对方术士而设立,"不得兼方"的主语除了方术士之外,还有可能是医者、巫者、农人、工匠以及其他技术类人员,那么这里的"方"就包括医术、巫术、农业技术以及手工业、工程技术等等。这是以往学者在讨论这个问题时所没有留意到的。

2."禁民二业"的共识

虽然"兼方"的说法仅见于《秦始皇本纪》,但文献中却屡见"兼技""兼官""兼事"等说法,与本书讨论的"兼方"类似。需要注意的

① 蒲坚主编:《中国法制史》,北京:光明日报出版社,1999 年,第 70 页。
② 吴国泰遗著:《〈史记〉解诂》,《文史》第 43 辑,北京:中华书局,1997 年。
③ 许慎撰,段玉裁注:《说文解字注》,第 329 页。
④ 赵淡元主编:《中国历史要籍介绍及选读》,北京:高等教育出版社,2011 年,第 91 页。

是,对于"兼技"之类的行为,古人常持否定意见,其基本思想来源于"禁民二业"理念,也就是反对民众同时从事两种及以上的职业。

《盐铁论·贫富》文学曰:"古者,事业不二,利禄不兼,然诸业不相远,而贫富不相悬也。"王利器校注广引史籍中关于"事业不二"的记载,现摘录如下:

> 《荀子·富国》篇:"能不兼技,人不兼官。"《慎子·威德》篇:"古者,工不兼事,士不兼官。工不兼事则事省,事省则易胜,士不兼官则职寡,职寡则易守。故士位可世,工事可常。"《韩非子·难一》篇:"一人不兼官,一官不兼事。"……《淮南子·主术》篇:"工无二技,士不兼官。"又《齐俗》篇:"是以人不兼官,官不兼事,士农工商,乡别州异。是故农与农言力,士与士言行,工与工言巧,商与商言数。是以士无遗行,农无废功,工无苦事,商无折货。"《后汉书·文苑黄香传》引《田令》:"商者不农。"又《刘般传》:"先是时,下令禁民二业,般上言:郡国以官禁二业,至有田者不渔捕。"注:"谓农者不得商贾也。"又《桓谭传》:"先帝禁人二业。"又《张衡传》:"官无二业,事不并济。"张之象注曰:"《齐俗》训曰:治世之体易守也,其事易为也,其礼易行也,其责易偿也。是以人不兼官云云。《诠言》曰:贾多端则贫,士多技则穷,心不一也。"①

这些材料都是在讨论"禁民二业"政策。② 这项政策规定民众只能在士农工商四者中择一而为,不能同时兼营两种职业;而且同一

---

① 桓宽撰集,王利器校注:《盐铁论校注》,北京:中华书局,1992 年,第 224—225 页。
② 相关的研究参朱绍侯《秦汉"禁民二业"政策浅析》,《信阳师范学院学报(哲学社会科学版)》1984 年第 2 期。另参赵光怀《两汉"禁民二业"政策的历史考察》,《烟台大学学报(哲社版)》2002 年第 2 期;陈英《汉代行业贫富差距与"禁民二业"政策》,《山西师大学报(社会科学版)》2010 年第 4 期。

职业内部也不允许"兼职",例如《淮南子》所谓的"工无二技",以及"漆者不画,凿者不斫,工无二伎"之类。可以认为,前者侧重于对"利"的平均,而后者更关注效率的提高,以下分而论之。

　　所谓对"利"的平均,也就是限制一部分民众通过兼营其他职业获得高利,即《盐铁论·错币》篇所说:"古之仕者不稽,田者不渔,抱关击柝,皆有常秩,不得兼利。"是说"仕者""田者"以及"抱关击柝"者都有固定的收入,如果兼营其他产业就会发生侵夺他人利益的事件,进而会导致社会不平均和不稳定。所以董仲舒说:"受禄之家,食禄而已,不与民争业,然后利可均布,而民可家足。"①同样关注的是"利"的平均,认为如果实现"利"的均布,民众就会富足。根据董仲舒的理解,这一政策更多针对的是商人和政府官员的"聚敛",不允许他们兼营农业生产,其实是为了保护农民利益,维系社会公平。

　　秦国自商鞅变法起提倡"作壹",这其实也就是"禁民二业",据《商君书·农战》:"其教民也,皆作壹而得官爵……作壹,则民不偷营,民不偷营则多力,多力则国强。"②其中"作壹"更强调民众要专业于农,而不能兼营其他行业,即所谓"明君修政作壹,去无用,止浮学,事淫之民壹之农,然后国家可富而民力可抟"。后来蔡泽追述商君功业时也说:"劝民耕农利土,一室无二事,力田稽积,习战阵之事,是以兵动而地广,兵休而国富。"③所谓"一室无二事"指的就是商君的"教民作壹"政策。

　　另外,《吕氏春秋·上农》也说:"凡民自七尺以上属诸三官,农攻粟,工攻器,贾攻贷,时事不共,是谓大凶。"④其基本思想与四民分

①《汉书》卷五六《董仲舒传》,第 2521 页。参孟祥才《"禁民二业"——董仲舒的社会财富分配论》,氏著:《秦汉人物散论续集》,济南:山东大学出版社,2019 年。
②蒋礼鸿:《商君书锥指》,北京:中华书局,1986 年,第 20 页。
③《史记》卷七九《范睢蔡泽列传》,第 2423 页。
①吕不韦编,许维遹集释,梁运华整理:《吕氏春秋集释》,第 686 页。

职类似。而《尉缭子·治本》则说："夫在耘耨,妻在机杼,民无二事,则有储蓄。"①从后文看,尉缭子甚至认为制作木器、金器之类的手工业都没有存在的必要,除了农业以外的其他行业都被视为"二事",都会影响民众富裕和国家富强。《商君书》和《尉缭子》把农业以外的行业都称为"二业",并不认可四民分业,这可以理解为较极端的"禁民二业"思想。

汉代建立以后为发展生产、稳定社会经济,也采取"禁民二业"的政策,例如《史记·平准书》说："天下已平,高祖乃令贾人不得衣丝乘车,重租税以困辱之。孝惠、高后时,为天下初定,复弛商贾之律,然市井之子孙亦不得仕宦为吏。"②及至文帝时代强调节俭敦朴,所谓"宫室苑囿狗马服御无所增益。有不便,辄弛以利民",其本质也是不与民争"利"。前引《后汉书·刘般传》说"是时下令禁民二业",李贤注曰："谓农者不得商贾也。"③这是汉明帝永平年间之事,但这个政策在刘般的建议下取消。④ 另外前引王利器注释提到《后汉书·黄香传》说:"《田令》'商者不农',《王制》'仕者不耕',伐冰食禄之人,不与百姓争利。"李贤注释引《礼记·王制》:"上农夫食九人,下士视上农夫,禄足以代耕也。"⑤《王制》禁止政府官员从事农业生产活动,而《田令》所谓"商者不农"是限制商人从事农业,两者出发点都在保护农民之"利",实际关注的依然是社会的平均和稳定。司马迁总结西汉建立七十年的成就时说:"守闾阎者食粱肉,为

---

① 转引自马骕撰,王利器整理《绎史》,第 2818 页。
②《史记》卷三〇《平准书》,第 1418 页。
③《后汉书》卷三九《刘般传》,第 1305 页。
④ 有学者指出,当时"禁民二业"的政策并没有收到预期的效果,反而产生了意外的流弊,所以汉明帝在刘般的建议下就取消了这项政策,参齐涛主编《中国古代经济史》,济南:山东大学出版社,2011 年,第 274 页。
⑤《后汉书》卷八〇上《文苑传上·黄香传》,第 2615 页。

吏者长子孙,居官者以为姓号。故人人自爱而重犯法,先行义而后绌耻辱焉。"①认为民众长久稳定在固定的职业上,是社会秩序稳固和民众富裕的前提。

至于黄香引的《田令》是否就是刘般提到的汉明帝"禁民二业"之令,以及是否是汉高祖所下"贾人不得衣丝乘车"之令则不得而知。② 只是在汉代"禁民二业"与"不得兼方"一样都是以法令的形式颁布,成为政府的既定政策,是需要引起特别注意的问题。

禁民二业思想的另外一个出发点是在专业技术的提升方面,也就是朱绍侯指出的行业专一化问题。③ 是说如果民众专心一种行业,则技术、技巧比较容易掌握,而且有利于同行之间的交流,正如前引《慎子·威德》说"工不兼事则事省,事省则易胜""农与农言力,士与士言行,工与工言巧,商与商言数"。④ 在生产力不高的情况下,此项政策确实有利于生产工艺与技术的提升,对当时的经济发展有利。

实际上,古人在医学等专业技术领域更强调不能"二业"。有学者根据山东、河南等地出土的战国时代医人玺印,认为在医学发展的早期曾经存在过"每一医人只治一病""一人专事一技"的现象,并且认为"古人所谓技之精者,不能两工,这是战国人医学的特色"。⑤ 只是后来随着技术发展有人也在逐渐突破这种界限,例如有学者在评价扁鹊医术的时候就说他突破了"一技见称"和"秦法不得兼方"

---

① 《史记》卷三〇《平准书》,第 1420 页。

② 李贤《后汉书》注认为田者不农之令始于汉明帝永平年间,朱绍侯则同意李贤的看法,认为这里的"先帝"指的是刘邦,禁民二业政策起源于西汉初年。

③ 朱绍侯:《秦汉"禁民二业"政策浅析》,《信阳师范学院学报(哲学社会科学版)》1984 年第 2 期。

④ 慎到著,许富宏校注:《慎子集校集注》,北京:中华书局,2013 年,第 14 页。

⑤ 陈直:《玺印木简中发现的古代医学史料》,氏著:《文史考古论丛》,天津:天津古籍出版社,1988 年;卢嘉锡主编,廖育群等著:《中国科学技术史·医学卷》,北京:科学出版社,1998 年,第 52 页。

的限制，兼习了各种医疗技术，除了精通针灸、砭石、熨帖、按摩等疗法外，还善于合并几种疗法为患者治病。而到了秦汉时期医术已经获得发展，已经没有医者"不兼方"的现象。① 对于医学不兼方的认识也有助于理解秦法"不得兼方"的相关规定。

秦人的手工业技术，尤其是其中的军事器械制造技术曾经达到过高超的水平，这也是秦人统一六国的技术层面的原因之一，②而且考古出土实物"物勒工名"制度也说明在工业技术层面秦人确实强调专业化分工，这对于保证器械的技术含量以及质量都有较大的好处。

而专业进行巫术活动的巫者，也有明确的职事划分，且不能从事其他无关职业。据《史记·封禅书》，西汉建立以后在长安设置祠祝官、女巫，其中"九天巫，祠九天……河巫祠河……南山巫祠南山秦中"。③ 所谓秦中就是二世皇帝，也就是说巫者都有专门祭祀的鬼神，④这与医者"一人专事一技"的现象类似。另外，《后汉书·高凤传》提到高凤拒绝仕宦时说"本巫家，不应为吏"，⑤巫者之家不能成为政府官员的现象引起了学者的重视，⑥这应当也可以视为"禁民二业"现象。而"巫家"的提法，以及《续汉书·百官志》刘昭注提到的"家巫"，⑦提示我们巫者这类以家族为单位活动的特殊群体，职业具

---

① 中国科学院中国自然科学史研究室编：《中国古代科学家》，北京：科学出版社，1959年，第 8 页；张岱年：《中华思想大辞典》，长春：吉林人民出版社，1991 年，第 298 页。
② 王子今：《秦统一原因的技术层面考察》，《社会科学战线》2009 年第 9 期。
③《史记》卷二八《封禅书》，第 1379 页。
④ 相关的研究参杨华《秦汉帝国的神权统一——出土简帛与〈封禅书〉、〈郊祀志〉的对比考察》，《历史研究》2011 年第 5 期。
⑤《后汉书》卷八三《逸民传·高凤传》，第 2769 页。
⑥ 详参林富士《汉代的巫者》，第 27 页。
⑦《后汉书》，第 3594 页。相关的研究参童涛《汉代方术活动中的女性角色》，《华南师范大学学报（社会科学版）》2012 年第 4 期。

有世袭性特征，"不兼方"除了来自政府法令规定之外，其自身应当也考虑了技术传承的持续性以及纯粹性等问题。

与巫者类似，在祭祀活动中尸、祝和庖人也都有各自的职事，通常情况下他们也不能从事与自己职事无关之事。《庄子·逍遥游》有"越俎代庖"的典故："庖人虽不治庖，尸祝不越樽俎而代之矣。"[1]这里的庖人和尸、祝都参与祭祀活动，并有各自不同的职事，庖人负责准备牺牲，尸代表鬼神接受祭祀，而祝则负责念诵祝词一类活动，尸和祝不能够代替庖人的职事。而尸祝之所以不越俎代庖的深层次原因，或者也可以从"禁民二业"的传统理念中寻找。

到了汉代，出现某一种占家专司某一种方术的现象，《史记·日者列传》中的一段材料提道："孝武帝时，聚会占家问之，某日可取妇乎？五行家曰可，堪舆家曰不可，建除家曰不吉，丛辰家曰大凶，历家曰小凶，天人家曰小吉，太一家曰大吉。辩讼不决。"[2]五行、堪舆、建除、丛辰、历、天人、太一诸家都负责占卜择日，但每家专营一种占卜技术，所以有各自不同的名称，而且他们的占卜技术也大相径庭，在同一日占卜同一件事会有截然不同的吉凶结果。有学者认为这是秦法"不得兼方"在汉武帝时代的继续实施，[3]这种看法是有道理的。

总的来说，"不得兼方"的秦法并非针对方术士，也不是秦法所独有，后来汉代法律中也有类似内容。实际上无论是"不得兼方"还是"禁民二业"，都是自战国以来的知识阶层基于当时社会现象和社会问题而产生的共识，其中道家学说强调其不扰民的层面，而儒家强调其"以德化民"的层面。后来这一思想逐渐为统治阶层接受，并

---

① 王先谦撰，沈啸寰点校：《庄子集解》，北京：中华书局，1987年，第5页。

②《史记》卷一二七《日者列传》，第3222页。

③ 张铭恰：《秦代"巫现象"杂谈——兼谈秦代的"日者"》，《陕西历史博物馆馆刊》第11辑，西安：三秦出版社，2004年。

成为政府法令,根本目的还是为了财富平均、社会稳定,故而限制某一部分民众获得高利,同时考虑专业技术的发展,以及不同职业之间的互相促进。当然随着社会的发展,"不得兼方"的原则开始受到冲击,前述史料记载中扁鹊兼习多种医术以及东汉明帝时期取消"不得兼方"的政策就是其例证。

四、小结

根据前文的讨论,让侯生和卢生等方术士十分紧张的秦法"不得兼方,不验,辄死"有着悠久的传统,秦法中的这一规定并非针对方术士而特意设置,而是对几乎所有"术"的管理手段。巫或者祝所施行的巫术因为无法有效验证而被诛杀,在历史早期应当是较为常见的现象,这其实也可以理解成对巫者考察与掌控的重要手段。方术也同样面临无法验证的问题,方术士们宣称的不死和升仙注定无法持续有效验证,秦始皇时代的方术士面对这项秦法极为紧张而选择逃亡,汉代文献中也记载有人因为技术无法验证而被诛杀。然而与巫术和方术不同的是,战国秦汉时代的医术、天文推步之术,以及器物制作、农作物栽培等领域的技术逐渐进步,这是因为相关从业人员在"不验辄死"的压力之下不断精进技术,行政管理政策与技术进步之间的互动关系值得进一步思考。

另外,前文讨论"不得兼方"的问题,注意到这一政策考虑了技术发展和社会平均两个方面的问题,"不得兼方"与"禁民二业"可以说是战国秦汉以来知识阶层和统治者在社会治理领域达成的共识。可以认为,"不得兼方"政策根本目的还是为了财富平均、社会稳定,故而限制某一部分民众获得高利,同时考虑专业技术的发展,以及不同职业之间的互相促进。从前文的讨论来看,秦法中对技术有专门的管理手段,不但要求技术最好专业分工,限制兼理多种职业,而且如果有人宣称有"术",那就要接受验证,如果无法验证,就要接受处罚。从实际的情况来看,这些管理政策对于促进技术的发展与进步有明显的作用,秦汉以来各种技术有较为显著的发展。只是巫术和方术却由于特定的原因无法持续有效地验证,这也使得秦皇汉武以后人们对于巫术和方术的认识更加理性。

第二章 谶纬的预测与应验

　　前文曾论及制约巫术和方术发展的核心问题是无法持续有效地验证,而谶纬获得信赖的原因恰恰在于应验,例如夏侯胜关于久阴不雨的预言、眭孟预言、再受命预言以及刘秀当为天子预言等纷纷应验。谶纬的应验与基于特殊政治需要的解读有关,各类术士承诺效应在前,人们求验于后,是以往往出现"有验"情形。基于事后解读的谶言能够应验本不足为奇,然历史记载又往往刻意建构,例如"再受命"预言不应于成帝、不应于哀帝、不应于王莽,而最终验证于光武中兴,其中作史者刻意为之的痕迹十分明显。谶纬之预测未来,又往往与历谱之学紧密相关,其核心观点认为历史是机械循环的,现实和历史之间有神秘的联系,例如汉家和尧的王朝命运发展有必然的关联,所以尧有禅让之举,汉必然会有传国之运。历谱之学将历法之术神化,认为就像历法会有始有终,王朝命运也会有始有终,这也为谶纬预测未来提供了依据。

　　本章主要讨论谶纬的应验逻辑和谶纬中机械循环的史观问题。可以发现,预言及其应验是谶纬最为核心的内容,也是谶纬被支持和认可的关键性因素。与此同时本章也尝试从解读、书写以及循环史观等不同的方面讨论谶纬的预测和应验。

第一节　秦谶考

《史记》中提到有所谓"秦谶"。"谶"的本质是应验了的预言，尽管预言并不一定都能应验，但史官会特意选择那些神秘应验的预言，并书写在史书之中，《秦记》之中显然就保留有类似已经应验了的预言，其中的一些内容也为后来《史记》书写秦史采用。与此同时应当注意到，"秦谶"之外也有所谓"赵谶"以及"齐谶"或者"楚谶"，流行于不同地域的应验预言与政治文化之间有着紧密的关系。

一、秦谶及谶之起源

《史记》中常见应验的政治预言，司马迁对这种涉及政治发展并最终应验的预言比较重视，并且把秦穆公得到的预言称为"秦谶"。而除了秦穆公谶言之外，周太史儋预言以及"亡秦者胡"等都可以归入"秦谶"。谶言对秦政治文化的影响应当注意。

1."谶"与政治预言

从文献记载来看，"谶"的本意指的就是被验证的预言；从性质上来看，"谶"属于政治预言。"谶纬"虽然往往并称，但"谶"显然早于"纬"，在相当早的历史时期就已经出现了。

文献记载中"谶"表示的是被验证的预言，其特点在于"诡为隐语，预决吉凶"，陆贾《新语·明诫》云："御占图历之变，下衰风化之失，以匡盛衰，纪物定世。"[1]有论者以为，其中"图历之变"就是预言天道变化的"谶"。[2]《后汉书·张衡列传》载张衡之言曰："立言于

---

[1] 陆贾撰，王利器校注：《新语校注》，北京：中华书局，2012年，第157页。
[2] 姚圣良：《先秦两汉神仙思想与文学》，第192页。

前,有征于后,故智者贵焉,谓之谶书。谶书始出,盖知之者寡。"①根据张衡的说法,"谶"在预言与应验方面的特色是十分鲜明的。许慎《说文解字》曰:"谶,验也。有征验之书。河雒所出书曰谶。"②强调"谶"的可验证性。《后汉书·光武帝纪》李贤注云:"谶,符命之书。谶,验也。言为王者受命之征验也。"③同样强调"谶"的"征验"特征。宋代胡寅认为谶具有预言功能,可能与《周易》有关,他说:"谶书原于《易》之推往以知来。"④俞正燮《癸巳存稿》引《释名》《说文》,认为"谶"指的是"已验之事"。⑤也就是说,"谶"所记载的就是各种能够得到验证的预言,所以《四库全书总目》云:"案儒者多称谶纬。其实谶自谶、纬自纬,非一类也。谶者诡为隐语、预决吉凶。"⑥"隐语"与"预决吉凶"的说法揭示了"谶"之本意。

学者们大多认识到"谶"与"纬"本不相同,⑦吕思勉的概括较为精准,他指出:"谶纬相附,始于西京之末。若徒论谶,则其所由来者旧矣。《说文·言部》:'谶,验也。有征验之书。'《竹部》:'籤,验也。'二字音义皆同,即今所谓豫言也……今俗所谓求籤,实即求谶,乃古之遗言也。特世莫知籤谶同字,遂昧其本义尔。"⑧学者们大都认可"谶"作为能够验证预言的性质,冷德熙认为谶作为预言隐语,

①《后汉书》卷五九《张衡列传》,第 1912 页。

②许慎著,段玉裁注:《说文解字注》,第 90 页。

③《后汉书》卷一上《光武帝纪上》,第 3 页。

④马端临:《文献通考》,北京:中华书局,2011 年,第 5504 页。张广保也注意到《左传》中预言的句式与谶言较为相似,认为谶言与占卜的卜辞有直接的渊源关系,参张广保《纬书的构成及其思想渊源研究》,《道学研究》2008 年第 2 期。

⑤俞正燮撰,于石等点校:《癸巳存稿》,《俞正燮全集(贰)》,合肥:黄山书社,2005年,第 470 页。

⑥永瑢等撰:《四库全书总目》,北京:中华书局,1965 年,第 47 页。

⑦钟肇鹏:《谶纬论略》,第 8 页。

⑧吕思勉:《吕思勉读史札记》,上海:上海古籍出版社,2015 年,第 740—741 页。

已起于先秦。① 边家珍认为："用语言形式表达称为谶语、谶言、谶谣或省称为谶；用符号、图画的形式来表达的叫图谶。"②王云也强调谶"在当时主要是神预示人间吉凶祸福的启示或隐言"。③ 张峰屹注意到，"谶"这个字不见于现存的先秦古籍，在汉代文献中其含义是鲜明而且一致的，即均为"朕兆预言"。④ 熊铁基指出，"谶"预言是被事实证明的，也就是验证过的。⑤ 葛志毅认为"谶"具有占验性预言的本质，其出现时间必定很早，因为人们出于对自身命运的关怀尤其需要预知未来。⑥ 曾亦、黄铭认为："谶与纬不同，盖纬与经附，而谶在征验。"⑦郑先兴认为："谶的本义是指已被证实了的预言。"⑧李申也注意到"谶"的预言性质，但特意指出"谶"指的是上帝对人的预言。⑨ 李培健也认为"谶本为神秘性的预言，昭示人间吉凶祸福"。⑩

　　另外学者们也注意到，谶语的重要特性是有多种解释方式且易于附会。张岂之《中国思想史》以为谶是"预言吉凶的隐语"，⑪金春

① 冷德熙：《超越神话——纬书政治神话研究》，北京：东方出版社，1996 年，第 237 页。

② 边家珍：《汉代经学发展史论》，北京：中国文史出版社，1993 年，第 196 页。

③ 王云：《中国古代思想史稿》，济南：山东友谊出版社，1997 年，第 148 页。

④ 张峰屹：《谶纬思潮与汉代文学思想》，南京：江苏凤凰出版社，2021 年，第 45、46 页。但是李申注意到《墨子·非攻》中说"天命周文王伐殷有国"，属于谶言，但《墨子》确实也没有明确提到"谶"。李申：《中国儒教史》，上海：上海人民出版社，1999 年，第 373 页。

⑤ 熊铁基：《从数术到谶纬——中国神秘学的形成》，《熊铁基文集》第 4 卷，武汉：华中师范大学出版社，2021 年。

⑥ 葛志毅：《河洛谶纬与刘歆》，氏著：《谭史斋论稿四编》，哈尔滨：黑龙江人民出版社，2008 年。

⑦ 曾亦、黄铭：《董仲舒与汉代公羊学》，上海：上海人民出版社，2017 年，第 155 页。

⑧ 郑先兴：《汉代思想史专题论稿》，开封：河南大学出版社，2016 年，第 185 页。

⑨ 李申：《中国儒教史》，第 373 页。

⑩ 李培健：《西汉德运考——五德终始说下的政治史》，西安：陕西人民出版社，2019 年，第 156 页。

⑪ 张岂之：《中国思想史》，西安：西北大学出版社，2016 年，第 145 页。

峰也认为"典型的谶语是政治'隐语',即政治谜语"。① 顾颉刚认为这类预言的作者是史官。② 陈槃指出谶的造作者为方士,③余嘉锡也认为图谶之书不出于儒者,与燕齐海上之方士有重要关系。④

2. 秦穆公之谶

《史记》的《赵世家》和《扁鹊仓公列传》都记载了赵简子故事,其中明确提到了所谓"秦谶"。《赵世家》说赵简子昏迷五日,苏醒之后告诉众人他去了"帝所":

> 居二日半,简子寤。语大夫曰:"我之帝所甚乐,与百神游于钧天,广乐九奏万舞,不类三代之乐,其声动人心。有一熊欲来援我,帝命我射之,中熊,熊死。又有一黑来,我又射之,中黑,黑死。帝甚喜,赐我二笥,皆有副。吾见儿在帝侧,帝属我一翟犬,曰:'及而子之壮也,以赐之。'帝告我:'晋国且世衰,七世而亡,赢姓将大败周人于范魁之西,而亦不能有也。今余思虞舜之勋,适余将以其胄女孟姚配而七世之孙。'"⑤

在此之前,司马迁还记载了扁鹊视赵简子之疾后的言论:

> 血脉治也,而何怪! 在昔秦缪公尝如此,七日而寤。寤之日,告公孙支与子舆曰:"我之帝所甚乐。吾所以久者,适有学也。帝告我:'晋国将大乱,五世不安;其后将霸,未老而死;霸

---

① 金春峰:《汉代思想史》,北京:中国社会科学出版社,1987 年,第 343 页。

② 顾颉刚:《秦汉的方士与儒生》,第 88 页。

③ 陈槃:《战国秦汉间方士考论》,《中央研究院历史语言研究所集刊》第 17 本,1948 年。

④ 余嘉锡:《王西庄先生窥园图记卷子跋》,《余嘉锡文史论集》,长沙:岳麓书社,1997 年。

⑤《史记》卷四三《赵世家》,第 1787 页。

者之子且令而国男女无别。'"公孙支书而藏之,秦谶于是出矣。献公之乱,文公之霸,而襄公败秦师于殽而归纵淫,此子之所闻。今主君之疾与之同,不出三日疾必间,间必有言也。①

《史记·封禅书》也载有秦穆公之病:

> 其后十四年,秦缪公立,病卧五日不寤;寤,乃言梦见上帝,上帝命缪公平晋乱。史书而记藏之府。而后世皆曰秦缪公上天。②

司马迁说记载晋国将要大乱的言论为"秦谶",这引起了研究谶纬学者的注意。顾炎武认为:"谶记之兴,实始于秦人,而盛于西京之末也。"③徐养原《纬候不起于哀平辨》认为图谶之名始于"秦谶","乃术士之言,与经义初不相涉"。④ 朱希祖也认可此说。⑤ 吕思勉认为:"此梦前知晋献公之乱,文公之霸,襄公败秦师于殽而归纵淫,正所谓豫言也。"⑥翦伯赞指出:"预言而以谶之名出现于中国史,始于秦穆公一梦。"⑦杨宽认为这则谶言应当是三家分晋后赵国伪造,是借助谶符以篡夺。⑧ 许道勋也认为这里的"秦谶"是最早的谶言,⑨任蜜林认为这则谶言产生于秦始皇统一六国之前,可以视为最早的谶语。⑩ 前引《四库全书总目》认为"《史记·秦本纪》称卢生奏

① 《史记》卷四三《赵世家》,第1787页。
② 《史记》卷二八《封禅书》,第1360页。
③ 顾炎武著,黄汝成集释,栾保群点校:《日知录集释》,第1520页。
④ 刘勰著,黄叔琳注,李详补注,杨照明校注拾遗:《增订文心雕龙校注》,北京:中华书局,2012年,第918页。
⑤ 朱希祖:《中国史学通论》,南昌:江西教育出版社,2018年,第13页。
⑥ 吕思勉:《秦汉史》,第577页。
⑦ 翦伯赞:《秦汉史》,北京:北京大学出版社,1983年,第500页。
⑧ 杨宽:《中国上古史导论》,上海:上海人民出版社,2016年,第307页。
⑨ 许道勋、徐洪兴:《中国经学史》,上海:上海人民出版社,2006年,第110页。
⑩ 任蜜林:《汉代内学——纬书思想通论》,成都:巴蜀书社,2011年,第21页。

录图书之语是其始也"。① 此说显然没有被学者广泛接受。

也有论者指出,这则谶言的出现与秦国的强大过程有关,"是秦人解释自己逐步强大、扩张并奠定统一基础的政治神话"。② 到了汉代以后,这一神话的性质发生了变化,张衡《西京赋》说:"昔者大帝说秦缪公而觐之,飨以钧天广乐。帝有醉焉,乃为金策,锡用此土,而翦诸鹑首。是时也,并为强国者有六,然而四海同宅西秦,岂不诡哉。"③其中"帝有醉焉"的说法否定了秦人得到天命的合法性,否定秦人应有天下。④ 也有研究者认为,《史记》提到的谶言中"上帝"是至高无上的权威,这显示司马迁对于"天命"的认可。⑤

其实赵简子记载的这些内容也应当归属于"赵谶"。需要注意的是,无论秦穆公所谓的晋国"五世不安",还是赵简子转述"帝"关于晋国"七世而亡"的预言,后来都应验。这则故事并不见于《左传》等文献,其内核是赵国兴盛的神话故事,其中也包含有晋国的衰亡,推测应当是赵国的上层贵族制造,为赵的合法性服务。⑥ 其中与扁鹊相关的内容应是附会,这部分内容应当是司马迁在赵地

① 永瑢等撰:《四库全书总目》,第47页。
② 蒋晓光:《〈西京赋〉中秦穆公故事源流考》,《求索》2017年第5期。
③ 张衡:《西京赋》,严可均编:《全上古三代秦汉三国六朝文》,第761页。
④ 相关的研究参赵金平《星象观念与汉赋"体国经野"的秩序认知》,《华中学术》第35辑,武汉:华中师范大学出版社,2021年。
⑤ 张强:《司马迁与宗教神话》,西安:陕西人民教育出版社,1995年,第122页。
⑥ 顾颉刚注意到《左传》中多魏国祖先事迹,甚至怀疑《左传》是魏国人所作,见氏著《春秋三传及国语之综合研究》,成都:巴蜀书社,1988年,第32页。有论者以为这些故事是赵氏出于政治目的编造的,以示上天对赵国的眷顾以及赵国与上天之间的神秘联系,可备一说,参梁晓云《〈史记〉撰述宗旨研究——兼与〈左传〉文献对比》,开封:河南大学出版社,2020年,第105页。也有学者注意到《史记》的《赵世家》和《晋世家》多载鬼神故事,集中体现了司马迁对历史事件因果关系的认识,参陈桐生《中国史官文化与〈史记〉》,汕头:汕头大学出版社,1993年,第146页。

采访所得。

3. 周太史儋谶言

《史记》在《周本纪》《秦本纪》以及《封禅书》和《老子韩非列传》中四次提及秦与周之间的"分合",这也可以被视为政治预言。这些内容应当出于《秦记》的记载,应当也属于"秦谶"。

《史记·周本纪》云:

> 烈王二年,周太史儋见秦献公曰:"始周与秦国合而别,别五百载复合,合十七岁而霸王者出焉。"①

《秦本纪》云:

> 十一年,周太史儋见献公曰:"周故与秦国合而别,别五百岁复合,合(七)十七岁而霸王出。"②

《封禅书》载周太史儋之言曰:

> 秦始与周合,合而离,五百岁当复合,合十七年而霸王出焉。③

《老子韩非列传》载周太史儋之言曰:

> 始秦与周合,合五百岁而离,离七十岁而霸王者出焉。④

大致相同的内容也见于《汉书·郊祀志》:

> 后四十八年,周太史儋见秦献公曰:"周始与秦国合而别,别五百载当复合,合七十年而伯王出焉。"儋见后七年,栎阳雨金,

①《史记》卷四《周本纪》,第159页。
②《史记》卷五《秦本纪》,第201页。
③《史记》卷二八《封禅书》,第1364—1365页。
④《史记》卷六二《老子韩非列传》,第2142页。

献公自以为得金瑞,故作畦畤栎阳,而祀白帝。①

显然《汉书·郊祀志》中的内容基本上来自《史记·封禅书》,而《史记》中的相关内容则可能来自《秦记》。关于《秦记》,《史记·六国年表》说:"秦既得意,烧天下《诗》《书》,诸侯史记尤甚,为其有所刺讥也。《诗》《书》所以复见者,多藏人家,而史记独藏周室,以故灭。惜哉,惜哉! 独有《秦记》,又不载日月,其文略不具。"②《秦记》的内容较为简略,但谶语应当是其中重要的部分。晁福林根据"史记周太史儋见秦献公"判断其中"史记"指的就是《秦记》。③

《史记》以上四处文字虽略有不同,但文意并无区别。这则谶语中有历史也有预言,其中历史的部分是"秦与周合"以及"合而离";至于预言的部分,一是"五百岁复合",二是"合十七年而霸王出"。可以发现,这则谶语最基本的思想就是李零所谓的"分久必合合久必分"的大趋势,④而正如何泽恒所言,这样的预言之所以能够得到验证,虽然不能排除偶中的可能,但更多应当是后人的附会。⑤ 陈槃曾经怀疑这部分内容是秦始皇时期方士伪造的,"盖始皇时方士由此导谀始皇者",陈槃另外还说"史公未考,遂不免为

① 《汉书》卷二五上《郊祀志上》,第 1199 页。

② 《史记》卷一五《六国年表》,第 686 页。

③ 晁福林:《周太史儋谶语考》,《史学月刊》1993 年第 6 期。金德建也有同样的观点,参金德建《〈秦记〉考证》,氏著:《司马迁所见书考》,上海:上海人民出版社,1963 年,第 415—423 页。相关的研究另参王子今《秦史的灾异记录》,秦始皇兵马俑博物馆编:《秦俑秦文化研究——秦俑学第五届学术讨论会论文集》,西安:陕西人民出版社,2000 年。有关《秦记》的研究另参王子今《〈秦记〉及其历史文化价值》,《秦文化论丛》第 5 辑,西安:西北大学出版社,1997 年。

④ 李零:《先秦诸子的思想地图——读钱穆〈先秦诸子系年〉》,氏著:《何枝可依:待兔轩读书记》,北京:生活·读书·新知三联书店,2009 年。相关的研究另参祝中熹《早期秦史》,兰州:敦煌文艺出版社,2004 年,第 148 页。

⑤ 何泽恒:《先秦儒道旧义新知录(增订本)》,北京:生活·读书·新知三联书店,2020 年,第 403 页。

其所欺"。① 根据前文的讨论,周太史儋谶语是司马迁参考自《秦记》的相关记载,陈槃的判断应当有误。至于司马迁四次引用这则谶言但其中略有差异的原因,卢云指出:"这种多歧义、易附会的预言,也是谶纬神学的渊源之一。"②

关于周太史儋的身份,司马迁说:"或曰儋即老子,或曰非也,世莫知其然否。"③颜师古注引孟康的意见认为太史儋也就是老聃,但是颜师古认为:"此亦周之太史名,非必老聃。老聃非秦献公时。"④丁四新结合文献记载和前人的研究进行梳理,认为周太史儋和秦献公同时,与老子相去甚远,老子并不是周太史儋。⑤晁福林认为太史儋的真实身份是作为周王朝的使臣出使秦国,⑥这样的判断应当是可信的,而太史儋的言论对于沟通秦和周之间的关系确实具有一定的积极意义。⑦

关于周太史儋谶言的含义,《史记正义》解释较为清楚:

> 秦周俱黄帝之后,至非子末别封,是合也。合而离者,谓非子末年,周封非子为附庸,邑之秦,是离也。五百岁当复合者,谓从非子邑秦后二十九君,至秦孝公二年五百岁,周显王致文

---

① 陈槃:《战国秦汉间方士考论》,《中央研究院历史语言研究所集刊》第 17 本,1948 年。

② 卢云:《汉晋文化地理》,西安:陕西人民教育出版社,1991 年,第 191 页。

③ 《史记》卷六三《老子韩非列传》,第 2142 页。

④ 《汉书》卷二五上《郊祀志上》,第 1199 页。

⑤ 丁四新:《郭店楚简竹书哲学思想研究》,北京:中国人民大学出版社,2024 年,第 98 页。相关的研究另参李水海《老子新考论》第二章第四节《老子不是太史儋》,西安:陕西人民出版社,2015 年,第 75 页。陈成吒:《先秦老学史》,上海:上海古籍出版社,2022 年,第 172 页。

⑥ 晁福林:《周太史儋谶语考》,《史学月刊》1993 年第 6 期。

⑦ 也有学者认为老子与周太史儋是同一人,相关的研究参郭沂《郭店竹简与先秦学术思想》,上海:上海教育出版社,2001 年,第 520 页。

武胙于秦孝公,复与之亲,是复合也。十七年霸王出焉者,谓从
秦孝公三年至十九年,周显王致伯于秦孝公,是霸出也;至惠王
称王,王者出焉。然五百岁者,非子生秦侯已下二十八君,至孝
公二年,合四百八十六年,兼非子邑秦之后十四年,则五百岁
矣。诸家解皆非也。①

　　泷川资言《史记会注考证》引中井积德曰:"秦祖事周,未别封,
是始合也。襄公始列为诸侯,是别也。及西周献地,是复合也。霸
王指始皇一人。若年数少差,固所不论,是谶文之常也。"②晁福林指
出:"谶语预言从秦与周之别下延五百载,秦与周将复合,意即秦将再
次纳入周的麾下。复合后十七年,秦将称霸,秦国之称王者也将在这
个时候出现。太史儋的谶语若以史实验之,大体上是符合的。"③
　　需要注意的是,周太史儋谶言中"五百载""五百岁"的说法,
"五百"是《史记》中具有重要象征意义的数字。《太史公自序》"太
史公曰":"先人有言:'自周公卒五百岁而有孔子。孔子卒后至于今
五百岁,有能绍明世,正《易传》,继《春秋》,本《诗》《书》《礼》《乐》
之际?'意在斯乎!意在斯乎!小子何敢让焉。"④司马迁关于五百年
而圣人受命的思想显然有着悠久的传承,《孟子·公孙丑下》说:"五
百年必有王者兴,其间必有名世者。由周而来七百有余岁矣,以其
数则过矣,以其时考之则可矣。"⑤圣王与太平也可以说是春秋战国

---

①《史记》卷二八《封禅书》,第 1365 页。

② 司马迁撰,(日)泷川资言考证,杨海峥整理:《史记会注考证》,第 223 页。

③ 晁福林:《周太史儋谶语考》,《史学月刊》1993 年第 6 期。郭嵩焘认为"霸王"指的是
　　刘邦、项羽,可备一说,参郭嵩焘《史记札记》,郭嵩焘撰,梁小进主编:《郭嵩焘全集》。

④《史记》卷一三〇《太史公自序》,第 3296 页。

⑤《孟子注疏》,阮元校刻《十三经注疏》,第 5871 页。有论者指出,"五百年必有王者
　　兴"其实也可以说是谶言,参庄春波《星象与天命——〈河图〉、〈洛书〉考》,氏著:
　　《古史钩沉》,天津:历史教学社,1995 年。

谶言的重要主题。① 对于"五百"这个天数的认识，显然也是司马迁"究天人之际"的重要内容。有论者认为司马迁本人受三统说的影响，认为五百年是一个世运转移的周期。② 美国学者班大为指出，关于"五百"年天数的认识，在周代初年就已经出现了。③

也就是说，周太史儋关于周秦之间分合的谶言最终是应验了的，这则谶语以秦人的视角看待历史的发展，显然就是司马迁所谓的"秦谶"。而制作这则谶言的政治目的是为秦的崛起服务，以周秦之间的渊源作为秦人合法性的重要来源。

4. 其他秦谶

《史记·秦本纪》载秦人的先祖，其中有"嗣将大出"的说法，应当属于早期的"秦谶"：

> 秦之先，帝颛顼之苗裔孙曰女脩。女脩织，玄鸟陨卵，女脩吞之，生子大业。大业取少典之子，曰女华。女华生大费，与禹平水土。已成，帝锡玄圭。禹受曰："非予能成，亦大费为辅。"帝舜曰："咨尔费，赞禹功，其赐尔皂游。尔后嗣将大出。"乃妻之姚姓之玉女。大费拜受，佐舜调驯鸟兽，鸟兽多驯服，是为柏翳。舜赐姓嬴氏。④

司马迁此处记载可能来自《秦记》，对于认识秦人早期发展的历史是极为重要的资料。其中"尔后嗣将大出"属于预言，其实也可理解为"谶"，这可能是所谓"秦谶"的早期形式。柏翳也就是"伯益"，他在帮助大禹治水中立有功劳，所以得到舜的封赐。伯益被赐为嬴

---

① 葛志毅：《河洛谶纬与刘歆》，氏著：《谭史斋论稿四编》。

② 李则纲：《周秦两汉学术思想中的"史观"》，《中原月刊》第6卷第3期，1942年。

③ （美）班大为：《中国上古史实揭秘——天文考古学研究》，徐凤先译，上海：上海古籍出版社，2008年。

④ 《史记》卷五《秦本纪》，第173页。

氏,由此为嬴秦之祖,此后嬴氏逐渐壮大,所以"嗣将大出"的谶言其实都是应验了的。

另外"亡秦者胡"也是早期的"谶言"之一。鹤间和幸认为这则谶言来自李斯的授意,是为了给出击匈奴寻求合适的借口。① 如果此说成立,那么这则谶言可以被认为是"秦谶"。另外熊铁基也认为"亡秦者胡"是"秦谶"。② 只是这则谶语显然并非秦人制作,是否可以归于"秦谶"还可以继续讨论。《论衡·实知》说:"亡秦者胡,《河图》之文。"③《吕氏春秋》云:"非独相马然也,人亦有征,事与国皆有征。圣人上知千岁,下知千岁,非意之也,盖有自云也。绿图幡薄,从此生矣。"④张峰屹认为《吕氏春秋》以及其他相关文献记载中的《绿图》指的都是《河图》,可备一说。⑤ 安居香山指出,录图书是类似纬书"史事谶"的秦代预言书。⑥ 前文提到,这则谶言出自燕国方士卢生献给秦始皇的《录图书》,栾保群认为:"卢生是燕人,邻近北边,熟知匈奴人的强盛对北疆的威胁,所以他编的'预言'其实并不完全是骗人,而是代表了北方百姓的一种忧虑。"⑦

需要注意的是,秦始皇时期"今年祖龙死"也是一则谶言,它借助"山鬼"之言预测"祖龙"的死期,《史记·秦始皇本纪》载:"秋,使

① (日)鹤间和幸:《始皇帝:秦始皇和他生活的时代》,杨振红、单印飞译,第123页。
② 熊铁基:《从数术到谶纬——中国神秘学的形成》,《熊铁基文集》第4卷。
③ 王充著,黄晖撰:《论衡校释(附刘盼遂集解)》,第1070页。
④ 吕不韦编,许维遹集释,梁运华整理:《吕氏春秋集释》,第580页。
⑤ 相关的研究参张峰屹《谶纬思潮与汉代文学思想》,第72页。任蜜林也认为卢生所奏的《录图书》就是《吕氏春秋》中提到的《绿图》,并认为《绿图》是圣人预测吉凶的东西,而《绿图》显然在《吕氏春秋》的时代就已经得到了广泛的传播。参任蜜林《汉代内学——纬书思想通论》,第23页。
⑥ (日)安居香山:《纬书与中国神秘思想》,田人隆译,第110—111页。
⑦ 栾保群还认为,从结果上看,"亡秦者胡"的预言并没有应验,但后世之人却将"胡"解释成"胡亥",认为这则谶言应验在了秦二世胡亥,其实是不合理的。参栾保群《中国古代的谣言与谶语》,第21页。

者从关东夜过华阴平舒道,有人持璧遮使者曰:'为吾遗滈池君。'因言曰:'今年祖龙死。'使者问其故,因忽不见,置其璧去。"《集解》引苏林曰:"祖,始也。龙,人君象。谓始皇也。"服虔曰:"龙,人之先象也,言王亦人之先也。"应劭曰:"祖,人之先。龙,君之象。"① 顾颉刚也注意到,这个预言是以"祖龙"暗射"始皇",祖等于始,龙等于皇,这里以龙作为君主的象征意义是十分明显的。② 秦始皇对于其中包含的意思也十分清楚,所以这则谶言让他"默然良久"。这块玉璧是秦始皇二十八年在楚地湘江附近渡江所沉,可以推测这则谶言的背后与楚地各种势力有密切的关系,如果将这则谶言归为"楚谶",似乎也无可厚非。③ 然而司马迁记载这则谶言出现的时间是秦始皇三十六年,但秦始皇是到次年也就是三十七年才去世的,若按此说,则这则谶言其实并没有完全应验。④ 另外,田天注意到《左传》昭公二十四年有"王子朝用成周之宝珪于河"的故事,与"今年祖龙死"的故事如出一辙,其中包含的深意耐人寻味。⑤ 需要注意的是,这些谶言有些可能是在秦地民间流行,与秦官方的意识形态并

---

① 《史记》卷六《秦始皇本纪》,第259页。
② 顾颉刚:《五德终始说下的政治和历史》,《清华学报》第6卷第1期,1930年。
③ 也有研究者推测,这则谶言是秦的御府官员等人集体创作的,理由是沉江所用的玉璧并非极端稀罕之物,秦的御府库中应当保存有类似的玉璧,御府官员见到使者所持玉璧,表示这件玉璧和二十八年所沉之玉璧类似,而这句话经过传播就变成了确实是二十八年所沉玉璧。但这种说法有太多推测的成分,恐未足信。参(美)梁少熊《探解秦皇秦俑之谜》,西安:陕西人民出版社,2022年,第94页。
④ 鹤间和幸根据新出土的《赵正书》,怀疑司马迁关于秦始皇去世的相关记载可能存在问题,"今年祖龙死"的预言可能发生在秦始皇三十七年。见(日)鹤间和幸《始皇帝:秦始皇和他生活的时代》,杨振红、单印飞译,第170页。
⑤ 田天:《秦汉国家祭祀史稿》,第270—271页。《左传》昭公二十四年原文:"冬,十月癸酉,王子朝用成周之宝珪于河。甲戌,津人得诸河上。阴不佞以温人南侵,拘得玉者,取其玉。将卖之,则为石。王定而献之,与之东訾。"《春秋左传正义》,阮元校刻《十三经注疏》,第2106页。田天指出这一故事的象征意味是只有真正的君主才能够祭祀名山大川,篡逆者则不被山川神认可。

不完全一致。

总的来说,秦穆公之谶以及周太史儋的谶言,还有后来的"亡秦者胡""今年祖龙死"等等,都可以归于"秦谶",但其间也有明显的差异。秦穆公之谶和周太史儋的谶言应当是记载于《秦记》之中,为秦政权服务的;其他几则谶言则在民间流行,被司马迁收入《史记》之中。另外,《秦记》现在虽然已经无法看到,但谶言应当是其中的重要内容,司马迁写作《史记》有"秦记"作为参考,也采信了其中的谶言,为描述历史发展的趋势服务。

二、赵谶、齐谶与楚谶

司马迁明确提到了"秦谶",前文对于相关的内容进行了梳理,然而谶言既然有较为悠久的传统,则必然不会只有"秦谶",只是列国史书毁于秦火,为各国政治服务的谶言也大多未能保留。梳理相关记载可以发现,史料中至少有"赵谶""齐谶"以及"楚谶"等相关内容。

1. 赵谶

前文提到赵简子书写的谶语可以被认为是"赵谶",①赵国可能早有谶言流行。其实从前引《史记》的相关论述看,"赵谶"出现的时间可能还要早于秦,例如有学者认为,所谓"秦谶"是在春秋时盛行于晋地,后来传至秦。②

《史记·赵世家》还提到赵襄子时期的一则神秘预言:

> 原过从,后,至于王泽,见三人,自带以上可见,自带以下

①顾颉刚已有此说,参氏著《秦汉的方士与儒生》,第88页。张广保也指出虽然没有点明其为"赵谶",但"帝告我"等内容与秦谶基本相同,可以认为是具有相似性质的文献,参张广保《纬书的构成及其思想渊源研究》,《道学研究》2008年第2期。
②卢云:《汉晋文化地理》,第193页。

不可见。与原过竹二节,莫通。曰:"为我以是遗赵毋恤。"原过既至,以告襄子。襄子齐三日,亲自剖竹,有朱书曰:"赵毋恤,余霍泰山山阳侯天使也。三月丙戌,余将使女反灭知氏。女亦立我百邑,余将赐女林胡之地。至于后世,且有伉王,赤黑,龙面而鸟噣,鬓麋髭髯,大膺大胸,脩下而冯,左衽界乘,奄有河宗,至于休溷诸貉,南伐晋别,北灭黑姑。"襄子再拜,受三神之令。①

《论衡》以及《风俗通义》都载有此事,文辞略有不同。② 其中"朱书"上书写的所谓"三神之令"就是谶言,吕思勉注意到《史记》的记载以及《墨子·明鬼下》《管子·轻重丁》中都有"为天使者",这是人受命于天的表现。③ 这则神话的历史背景是晋国的赵氏与智伯之间的斗争,这则谶言出现的时间正是智、韩、魏三家围赵,晋阳危在旦夕之际,天神的谶言应验,赵氏后来转危为安,赵氏与韩、魏合兵灭智氏。所以有学者认为,原过与赵襄子应当就是这则谶言的制造者。④ 另外"余霍泰山山阳侯天使"的说法引起了学者们的注意,杨宽认为这一神话显然与赵地的霍太山之祀有关,并认为这一传说是在赵武灵王胡服骑射之后出现的。⑤ 霍太山祭祀在历史后期仍然存在,吕锡琛注意到《旧唐书》中有"霍山神使"协助李渊的记

---

① 《史记》卷四三《赵世家》,第 1795 页。
② 梁玉绳《史记志疑》认为:"《论衡·纪妖篇》作'余霍太山阳侯天子',与此同讹,当依《风俗通》卷一作'余霍太山阳侯大吏'。"梁玉绳撰,贺次君点校:《史记志疑》,第 1056 页。另参杨宽《战国史料编年辑证》,上海:上海人民出版社,2016 年,第 101 页。
③ 吕思勉:《吕思勉读史札记》,第 430 页。
④ 丁进:《周礼考论——周礼与中国文学》,上海:上海人民出版社,2008 年,第 136 页。
⑤ 杨宽:《战国史料编年辑证》,第 101 页。

载,可参看。①

赵国的史官确实较为活跃,②他们应当就是所谓"赵谶"的记录或者制造者,例如《史记》载赵简子苏醒后告知众人谶言,司马迁说"董安于受言而书藏之",意思是董安于将谶言认真记录保存。董安于是史官董因的后人,这一家族在晋国一直是史官。从《史记》中的记载来看,赵国谶言大多集中于灭智伯以及三家分晋时期,陈桐生指出:"纵观《赵世家》,在简、襄和武灵王之世,凡在赵国命运攸关的重大转折关头,都是由天神指点而化险为夷渡过难关。"③

其实赵国史官书写类似谶言还有更早的历史,例如《史记·晋世家》载有申生鬼魂之事:

> 秋,狐突之下国,遇申生,申生与载而告之曰:"夷吾无礼,余得请于帝,将以晋与秦,秦将祀余。"狐突对曰:"臣闻神不食非其宗,君其祀毋乃绝乎?君其图之。"申生曰:"诺,吾将复请帝。后十日,新城西偏将有巫者见我焉。"许之,遂不见。及期而往,复见,申生告之曰:"帝许罚有罪矣,弊于韩。"④

这里申生的鬼魂发挥了上帝"使者"的作用,负责向狐突传递信息。申生鬼魂所谓的"帝许罚有罪矣"的谶言后来得到验证,秦国与晋国在韩原附近发生大战,晋国战败,晋惠公被秦人俘虏。这件事更早的源头是晋惠公从秦国归国的时候曾经对秦人有承诺,

---

① 吕锡琛:《道家道教与中国古代政治 道家道教政治理论阐幽》,第 291 页。《旧唐书·高祖本纪》原文曰:"有白衣老父诣军门曰:'余为霍山神使诣唐皇帝曰:八月雨止,路出霍邑东南,吾当济师。'高祖曰:'此神不欺赵无恤,岂负我哉!'"《旧唐书》卷一《高祖本纪》,北京:中华书局,1975 年,第 3 页。
② 相关研究参许兆昌《先秦史官的制度与文化》,哈尔滨:黑龙江人民出版社,2006 年。
③ 陈桐生:《中国史官文化与〈史记〉》,第 146 页。
④《史记》卷三九《晋世家》,第 1651 页。

而且在秦人遭遇饥荒的时候拒绝支援。在晋国史官的记载中，晋惠公的被俘是因为"天帝"的惩罚。这则谶言和前述关于晋国"五世不安""七世而亡"相似，推测也是后来赵国史官对于晋国灭亡的预言书写。

另外，《赵世家》载赵国史援为赵盾占梦，预言赵盾家族将要衰落，其中提道："初，赵盾在时，梦见叔带持要而哭，甚悲；已而笑，拊手且歌。盾卜之，兆绝而后好。赵史援占之，曰：'此梦甚恶，非君之身，乃君之子，然亦君之咎。至孙，赵将世益衰。'"①后来屠岸贾果然屠灭赵氏。与前文提到的类似，这条谶言也是赵国上层为政治目的而制造并宣传的。

《史记·赵世家》提道："六年，大饥，民讹言曰：'赵为号，秦为笑。以为不信，视地之生毛。'"②所谓"讹言"可以认为是谣言，也可以理解为谶言。王利器《风俗通义校注》认为："此盖谓赵受天灾，颗粒不收，而秦人幸灾乐祸也。下二句谓，如谓言之不信，试看地上之出产如何也。"③杨宽指出："盖秦可乘赵大饥而灭赵，次年赵即为秦灭。"④这也是被验证了的谶言。王子今指出，这条民谣说明了灾异对政治过程的影响。⑤ 鹤间和幸则将这句话理解为："赵国被灭后，赵人进入的就是这样一块土地。他们怀着对秦的满腔怨恨，发誓顽强抵抗到最后。"⑥若此说可从，那么这句谶言就和"亡秦者胡"以及"亡秦必楚"具有相似性。

---

① 《史记》卷四三《赵世家》，第 1783 页。
② 《史记》卷四三《赵世家》，第 1832 页。
③ 应劭撰，王利器校注：《风俗通义校注》，北京：中华书局，1981 年，第 44 页。
④ 杨宽：《战国史料编年辑证》，第 1229 页。
⑤ 王子今：《秦史的灾异记录》，秦始皇兵马俑博物馆编：《秦俑秦文化研究——秦俑学第五届学术讨论会论文集》。
⑥ （日）鹤间和幸：《始皇帝：秦始皇和他生活的时代》，杨振红、单印飞译，第 80 页。

　　除了赵国史官之外,魏国的史官也倾向于书写应验的预言,司马迁也见到了这些记载,《史记》的《晋世家》和《魏世家》都记载了卜偃为毕万占卜的故事,晋献公十六年,以魏封毕万,卜偃认为:"毕万之后必大矣。万,满数也;魏,大名也。以是始赏,天开之矣。天子曰兆民,诸侯曰万民。今命之大,以从满数,其必有众。"①有论者指出,卜偃其实是利用星占进行的预测。② 另外,《史记》还记载了辛廖的筮占,所谓:"初,毕万卜仕于晋国,遇《屯》之《比》。辛廖占之曰:'吉。屯固比入,吉孰大焉。其后必蕃昌。'"③显然魏国后来的强大验证了这则预言。④ 这则关于魏国兴盛的谶言,也可以称为"魏谶"。

　　另外,由于"秦谶"和"赵谶"分别来自秦穆公和赵简子的梦境,他们都是在梦境得到上天的预言,所以多有学者认为"谶"与"梦占"直接相关。例如章太炎就以为:"自周末已有秦谶。秦谶者,梦书之伦,本不傅六经。今之谶纬,即与秦谶异,实不可引援。"⑤所谓"梦书"是说秦谶与梦占直接相关。王子今注意到,《史记》中记梦凡19例,属于秦人历史记录的多达4例,秦人历史记载中保留有关占梦的内容颇多,也反映了秦文化的神秘主义特质。⑥ 卢云认为:

<hr>

① 《史记》卷四四《魏世家》,第1835页。
② 陈久金:《天上人间:中国古代星座体系》,郑州:河南文艺出版社,2022年,第52页。
③ 《史记》卷四四《魏世家》,第1835页。
④ 徐中舒认为,《左传》的作者注意到魏国强大,但没有看到魏国衰落,可以证明《左传》成书于魏国强盛的时期。参氏著《〈左传〉的作者及其成书年代》,《宋代文化研究》第十三、十四辑,成都:四川大学出版社,2006年。杨伯峻也有相似的意见,他认为根据卜偃的预测可以推测《左传》作于周威烈王二十三年(前403)魏斯称侯以后,参氏著《浅谈〈左传〉》,氏著:《杨伯峻治学论稿》,长沙:岳麓书社,1992年。
⑤ 路玄编:《章太炎讲历史》,上海:上海人民出版社,2020年,第105页。
⑥ 王子今:《秦史的灾异记录》,秦始皇兵马俑博物馆编:《秦俑秦文化研究——秦俑学第五届学术讨论会论文集》。

"所谓'秦谶',是源自古代巫觋史卜文化的梦兆占验迷信,春秋时盛行于晋地,并传至秦地。"①张强也认为"谶语实际上是一种梦占,它属于占卜"。② 实际上,"谶"有多种表现形式,梦境应该只是其中一种。

赵国以及魏国的史官其实都来自晋国,他们记载了较多谶言,以证明赵国和魏国兴盛的神学意义,前文提到的"秦谶"显然也受其影响。应当注意到,这种对历史发展趋势预言以及应验的记载,正是史官的基本职事,是以司马迁在《史记》中也多载有类似的谶言。

2. 齐谶

前引余嘉锡注意到图谶之书不出于儒者,与燕齐海上之方士有重要关系,③燕齐地域显然也是谶言的重要发源地,这里流行的谶语可称为"齐谶"。可以发现,"齐谶"与三晋和秦的谶言明显不同,主要的表现是"齐谶"与"隐语"联系密切。

有研究者提到,齐地有喜欢"隐语"的传统,例如《史记·滑稽列传》说:"齐威王之时喜隐,好为淫乐长夜之饮,沈湎不治,委政卿大夫。百官荒乱,诸侯并侵,国且危亡,在于旦暮,左右莫敢谏。淳于髡说之以隐曰:'国中有大鸟,止王之庭,三年不蜚又不鸣,王知此鸟何也?'王曰:'此鸟不飞则已,一飞冲天;不鸣则已,一鸣惊人。'"④《索隐》说"隐"也就是"隐语"或者称"谜语",其实也就是"隐喻",由此看来齐威王喜欢的"隐"与"谶"确实具有相似性。正如钱南扬所论:"盖古人隐语,大都意在谲谏。"⑤有论者联系后来夏贺良的"谶

---

① 卢云:《汉晋文化地理》,第191页。
② 张强:《司马迁与宗教神话》,第119页。
③ 余嘉锡:《王西庄先生窥园图记卷子跋》,《余嘉锡文史论集》。
④《史记》卷一二六《滑稽列传》,第3197页。
⑤ 钱南扬:《谜史》,上海:上海文艺出版社,1986年,第6页。

书",认为谶纬之学发源于齐地学术,可备一说。①

　　《文心雕龙·谐隐篇》说:"谶者,隐也;遁辞以隐意,谲譬以指事也。"②《荀子·赋篇》之中有五篇赋,论者以为就是五篇"隐"。③ 例如《蚕赋》中有"占之五泰"的说法,其中提道:"臣愚而不识,请占之五泰。五泰占之曰:此夫身女好而头马首者与? 屡化而不寿者与? 善壮而拙老者与? 有父母而无牝牡者与? 冬伏而夏游,食桑而吐丝,前乱而后治,夏生而恶暑,喜湿而恶雨。蛹以为母,蛾以为父。三俯三起,事乃大已。夫是之谓蚕理。"王先谦集解引俞樾云:"占,验也。五泰,五帝也。五帝,少昊、颛顼、高辛、唐、虞。理皆务本,深知蚕之功大,故请验之也。"④从前后文意来看,荀子所谓的"占"与齐威王所喜的"隐"有相似之处。春秋战国齐地喜好"隐"的风气与"谶"产生之间的关系应当引起特别的注意。另外也有研究者注意到隐语和占卜之间的关系,可参看。⑤

3. 楚谶

　　楚地是各类谶言产生与流行的重要区域。仅在《史记》的记载中,楚南公所谓"亡秦必楚"以及陈胜吴广伪造的"大楚兴陈胜王"等,也可以说是一种政治预言,其实也就是"谶";另外"东南有天子气""今年祖龙死"的谶言显然也都与楚人有关。

　　楚地各类神秘巫术和方术较为盛行,谶言流行也较其他地域更为频繁。其中最为著名的就是"楚虽三户亡秦必楚"的谶言,《史

① 黑琨:《西汉初年地方学术文化中心研究》,济南:山东文艺出版社,2016 年,第112 页。
② 周勋初:《文心雕龙解析》,南京:凤凰出版社,2015 年,第 242 页。
③ 伏俊琏:《从〈史记〉到〈人物志〉》,北京:商务印书馆,2024 年,第 125 页。
④ 王先谦撰,沈啸寰、王星贤点校:《荀子集解》,第 478 页。
⑤ 张强:《司马迁与宗教神话》,第 119 页。

记·项羽本纪》载范增之言曰:"秦灭六国,楚最无罪。自怀王入秦不反,楚人怜之至今,故楚南公曰'楚虽三户,亡秦必楚'也。"①关于"南公"的身份,学者们历来有不同的意见,吕锡琛考证认为"这位作此谶语的楚南公是一位善识几变的方士",并且认为南公是"善言阴阳废兴之数的人"。② 而学者们普遍注意到这则谶言中所蕴含的楚人对秦人的仇恨,这也是楚人在反秦斗争中最为坚决的重要表现。③李开元认为在战国以来的秦楚角力中,最后的胜利者是楚人,而成就楚人最后胜利的三位是陈胜、项羽和刘邦,这就是"楚虽三户,亡秦必楚"谶言的真实意义。④ 如果从这个角度理解,这则谶言确实也是应验了的。其实历史上多有类似谶言,栾保群就指出《晋书》中有"中国当败吴当复"之类的谶言。⑤

另外,陈胜吴广"篝火狐鸣"曰"大楚兴,陈胜王",这其实也属于谶言,也可以归入所谓"楚谶"。《史记·陈涉世家》说:"又间令吴广之次所旁丛祠中,夜篝火,狐鸣呼曰'大楚兴,陈胜王'。卒皆夜惊恐。旦日,卒中往往语,皆指目陈胜。"⑥吴广其实是代鬼神立言,预

①《集解》徐广曰:"楚人也,善言阴阳。"骃案:文颖曰"南方老人也"。《索隐》徐广云:"楚人善言阴阳者,见《天文志》也。"《正义》虞喜《志林》云:"南公者,道士,识废兴之数,知亡秦者必于楚。"《汉书·艺文志》云南公十三篇,六国时人,在阴阳家流。《史记》卷七《项羽本纪》,第300—301页。

② 吕锡琛:《道家道教与中国古代政治 道家道教政治伦理阐幽》,第198页。

③ 相关的研究参陈苏镇《〈春秋〉与"汉道"——两汉政治与政治文化研究》。另参史党社《秦与"戎狄"文化的关系研究》,上海:上海古籍出版社,2022年。

④ 李开元:《秦崩:从秦始皇到刘邦》,北京:生活·新知·读书三联书店,2015年,第167页。另参氏著《汉帝国的建立与刘邦集团——军功受益阶层研究》,上海:三联书店,2000年。另参田余庆《说张楚》,《历史研究》1989年第2期,后收入氏著《秦汉魏晋史探微(重订本)》。相关的研究另参张梦晗《"亡秦必楚"的历史文化探究》,北京:人民出版社,2024年。

⑤ 栾保群:《中国古代的谣言与谶语》,第110页。

⑥《史记》卷四八《陈涉世家》,第1950页。

测"大楚"和陈胜未来将要兴盛,这则谶言与前文提到的秦穆公以及赵简子谶言相似。根据《史记》的记载,后来陈胜建立"张楚"政权,并且称王,"大楚兴,陈胜王"的谶言也是应验了的。司马迁写这则谶语确实意味深长,栾保群指出,"这是史书中第一条揭出制造谣谶的动机、过程的材料"。[1] 陈胜吴广假借鬼神以"威众"的动机与细节都被交代得清晰明白。[2] 前文提到,秦始皇刻石反对"假威鬼神",司马迁对此的态度是积极的,那么此处详述陈胜吴广借鬼神立威的动机也就清楚明了。

另外,"东南有天子气"谶言也与楚人有关。《史记·高祖本纪》云:"秦始皇帝常曰'东南有天子气',于是因东游以厌之。"[3]可见"东南有天子气"是假借秦始皇的言论。然而从地域上看,秦人的东南方向就是楚地,楚人制造这样的谶言,并为反秦活动提供神学上的依据是可能的。从司马迁的记述来看,刘邦对于这种说法也较为熟悉,所以会有"自疑"的心理活动,《高祖本纪》说:"高祖即自疑,亡匿,隐于芒、砀山泽岩石之间。"这也可以说明"东南有天子气"确实是流行于东南地区的谶言,刘邦以及吕后对于这则谶言是有所耳闻的。可以发现,"东南有天子气"本质上与前述几条谶言的性质相近,都是为了反秦服务。而从范增关于刘邦有天子气的判断来看,项羽军队之中有专门进行望气活动的人员,这就进一步印证了楚人

---

[1] 栾保群推测司马迁如此书写的目的是为了让读者能够看透刘邦斩白蛇神话的本质,但此说是否符合司马迁本意还可继续讨论,参氏著《中国古代的谣言与谶语》,第28页。

[2] 周桂钿将篝火狐鸣与王莽的丹书白石以及刘秀的"赤伏符"并列,认为这些都是特意制造谶为自己的政治目的服务,此说可参,见氏著《秦汉思想史》第十二章《经学与谶纬》,石家庄:河北人民出版社,2000年,第285页。相关的研究另参梁宗华《汉代经学流变与儒学理论发展》,第212页。

[3]《史记》卷八《高祖本纪》,第348页。

制造"东南有天子气"谶言的可能性。

三、小结

总的来说，"秦谶"的性质是被验证了的神秘预言，《史记》所载的"秦谶"主要有秦穆公之谶以及周太史儋的谶言，还有后来的"亡秦者胡""今年祖龙死"等等。"秦谶"主要有两种形式，其中一种由秦国史官记录和书写，主要是为秦的合法性提供天意和神学支持，这些谶言应当主要保存于记载秦国历史的《秦记》之中。另外也有一些谶言在民间流行，诸如"亡秦者胡"之类的政治谶言，在意识形态上与官方不完全一致。司马迁写作《史记》的时候一方面采用《秦记》中的相关记载，另外也采集留存民间的说法，以应验的历史预言描述历史发展的趋势。

"秦谶"之外，当时其他地域也存在类似被验证的预言，三晋系统史官较为活跃，尤其赵国也流行类似谶言，应有所谓"赵谶"存在，类似谶言为赵国兴盛服务的政治目的十分明显。另外齐地有喜欢"隐语"的传统，"齐谶"应与隐语有联系；而楚地原本神秘巫术和方术较为流行，尤其在秦灭楚之后，楚人制造大量反对秦人统治的谶言，其中就包括"楚虽三户亡秦必楚"以及"东南有天子气"等，另外"今年祖龙死"之类的谶言可能也是在这样的情况下由楚人制作宣扬，而为世人所知的。

第二节　谶纬预言的应验逻辑

西汉中后期流行一系列预言，其中包括久阴不雨预言、公孙病已立预言、再受命预言以及刘秀当为天子预言等等，而这些预言都

以各自不同的方式应验,这让人们相信,基于谶纬的预言具有神奇的应验能力。对于这种情况,皮锡瑞有一段简要概括:

> 汉儒言灾异,实有征验。如昌邑王时,夏侯胜以为久阴不雨,臣下有谋上者,而应在霍光。昭帝时,眭孟以为有匹夫为天子者,而应在宣帝。成帝时,夏贺良以为汉有再受命之祥,而应在光武。王莽时谶云"刘秀当为天子",尤为显证。故光武以赤伏符受命,深信谶纬。五经之义,皆以谶决。贾逵以此兴左氏,曹褒以此定汉礼。于是五经为外学,七纬为内学,遂成一代风气。光武非愚闇妄信者,实以身试有验之故。①

皮锡瑞的这段论述证明经学在两汉取得重要地位,和经术士预测重大历史事件应验有密切之关联。夏侯胜预言正言中了霍光等人的阴谋,而眭孟提到的"公孙病已立"的预言,甘忠可及夏贺良"再受命"的预言也都在后来应验。至西汉末年谶纬"刘秀当为天子"甚至具体到未来皇帝的姓名,而且恰好应验在光武帝刘秀,后来刘秀即以赤伏符受命即天子位。皮锡瑞认为刘秀本人并非"愚闇妄信"之人,实在是因为他确实亲身验证经术预言之有效,所以才如此重用经学和谶纬之学。这确实是符合历史真实的看法。这些谶纬预言究竟是如何应验的,是需要进一步思考的内容。

一、久阴不雨预言

久阴不雨预言是以天象判断人事的典型事例,夏侯胜久阴不雨臣谋主的预言正言中了霍光等人的阴谋,这一度让霍光十分紧张。后来霍光宽大处理夏侯胜,并称赞经术的可靠性,其实也是为了宣

---

① 皮锡瑞撰,吴仰湘编:《经学历史》,北京:中华书局,1981年,第108—109页。

扬自身行为合乎天人,为自己的行为寻求天意上的合法性。事实上,这则预言之所以广为传播,显然离不开霍光等人的刻意宣扬。

1. 夏侯胜的预言

汉昭帝死后,刘贺以诸侯王的身份继承皇位,在刘贺并不长的皇帝生涯中,发生了一件颇具神秘主义色彩的事件,《汉书·五行志下》载:

> 昭帝元平元年四月崩,亡嗣,立昌邑王贺。贺即位,天阴,昼夜不见日月。贺欲出,光禄大夫夏侯胜当车谏曰:"天久阴而不雨,臣下有谋上者,陛下欲何之?"贺怒,缚胜以属吏,吏白大将军霍光。光时与车骑将军张安世谋欲废贺。光让安世,以为泄语,安世实不泄,召问胜。胜上《洪范五行传》曰:"'皇之不极,厥罚常阴,时则有下人伐上。'不敢察察言。故云臣下有谋。"光、安世读之,大惊,以此益重经术士。①

此事的神秘之处在于夏侯胜的预言是准确的,霍光与张安世等人当时确实在谋划废立之事,所以夏侯胜的言论一度让他们极为紧张,霍光甚至认为是张安世泄露了秘密。

同事在《汉书》夏侯胜的本传中有更为详尽的记载:

> 会昭帝崩,昌邑王嗣立,数出。胜当乘舆前谏曰:"天久阴而不雨,臣下有谋上者,陛下出欲何之?"王怒,谓胜为妖言,缚以属吏。吏白大将军霍光,光不举法。是时,光与车骑将军张安世谋欲废昌邑王。光让安世以为泄语,安世实不言。乃召问胜,胜对言:"在《洪范传》曰'皇之不极,厥罚常阴,时则下人有伐上者',恶察察言,故云臣下有谋。"光、安世大惊,以此益重经

---

① 《汉书》卷二七下之上《五行志下之上》,第 1459—1460 页。

术士。后十余日,光卒与安世白太后,废昌邑王,尊立宣帝。
光以为群臣奏事东宫,太后省政,宜知经术,白令胜用《尚书》
授太后。迁长信少府,赐爵关内侯,以与谋废立,定策安宗庙,
益千户。①

夏侯胜的预言对刘贺并未造成太大影响,他也并没有因此而有
所防备,只认为夏侯胜是"袄言",依照惯例把他交给有司处置。② 夏
侯胜师从夏侯始昌学习《尚书》及《洪范五行传》,汉昭帝时被征为博
士。夏侯胜和《洪范五行传》未必真有预测未来的能力,"臣下有谋
上者"的看法更可能来自敏锐的政治嗅觉。或者正如有学者指出的
那样,刘贺当时的表现很难说是称职的皇帝,大肆封赏王国故人的
举动又不可避免地触动大权在握且实力雄厚的霍光等人的利益,在
当时情况下预测霍光有所举动也是有可能的,特殊天象当然只是借
口而已。当然也不能排除确实有人向夏侯胜泄露了霍光的阴谋。
而夏侯胜之所以刻意引用《洪范五行传》说明特殊天象产生的原因,
一方面是为了自身安全,一方面也是为了神化自己的政治意见。③

后来这件事也成为刘贺"行淫乱"的证据之一,即所谓"文学光
禄大夫夏侯胜等及侍中傅嘉数进谏以过失,使人簿责胜"。④ 然而此
事对于夏侯胜本人,以及汉代经学的发展可谓至关重要。于夏侯胜

---

① 《汉书》卷七五《眭两夏侯京翼李传》,第 3155 页。
② 廖伯源认为昌邑王此时的处置并无不妥,因为没有证据而诉说臣下谋反,确实应当
下狱,见氏著《秦汉史论丛》,台北:五南图书出版有限公司,2003 年,第 43 页。另
参吕宗力《汉代的谣言》,杭州:浙江大学出版社,2011 年,第 63 页。
③ 相关的讨论可参见廖伯源《秦汉史论丛》《昌邑王废黜考》;苏德昌《〈汉书·五行
志〉研究》,台北:台湾大学出版中心,2013 年,第 416 页。辛德勇最近的研究指出,
这件事"一方面反映出霍光能够及时知晓昌邑王刘贺身边所发生的事情,同时也说
明外间对霍光废黜昌邑王的企图已有所察觉"。见氏著《海昏侯刘贺》,第 139 页。
④ 《汉书》卷六八《霍光传》,第 2944 页。

本人而言,他得以列名参与废立之事,并因此而封侯,有学者认为夏侯胜在这件事情上的表现也可以说是谋废昌邑王舆论的制作者。①此后夏侯氏的传人如孔霸、牟卿、李寻、郑宽中等人都以言五行灾异显于朝野。② 于经学而言,因为灾异预测得到验证,所以"经术"以及"经术之士"受到格外重视,东汉时谢该总结道"夏侯胜辩常阴之验,然后朝士益重儒术",③后来康有为也说"以占验祸福动人主,汉时五经家皆然"。④

2. 久阴不雨预言的流传

夏侯胜之后,史料中也陆续出现"久阴不雨"的说法,例如《汉书·杨恽传》记录杨恽的言论:"正月以来,天阴不雨,此《春秋》所记,夏侯君所言。行必不至河东矣。"颜师古注引张晏云:"后土祠在河东,天子岁祠之"。⑤ "行必不至河东"暗示皇帝将不久于人世,其言颇为不敬,当时人就批评他"以主上为戏语,尤悖逆绝理"。而杨恽引用"夏侯君"所言,可知该预言为时人所知。

后来刘向总结:"孝宣兴起之表,天狗夹汉而西,久阴不雨者二十余日,昌邑不终之异也。"⑥刘向认为久阴不雨预示着昌邑不终,认可了了这则预言的效力。只是刘向说久阴不雨持续的时间"二十余日",不见他处记载。值得注意的是,刘向的表述是"昌邑不终",用意在于突出久阴不雨应在昌邑王刘贺被废黜。然而夏侯胜认为"久

---

① 顾凯:《谶纬神学与西汉中期政权更迭——以汉废帝废立事件为中心》,《地方文化研究》2016 年第 5 期。
② 张兵:《〈洪范〉诠释研究》,济南:齐鲁书社,2007 年,第 31 页。
③《后汉书》卷七九下《儒林列传下》,第 2585 页。
④ 康有为:《新学伪经考》,长春:吉林出版社,2017 年,第 98 页。相关的研究也参看王江武《从汉景帝"汤武革命"之禁看两汉公羊学的演变》,《东方哲学》第 10 辑,上海:上海书店出版社,2017 年。
⑤《汉书》卷六六《公孙刘田王杨蔡陈郑传》,第 2891—2892 页。
⑥《汉书》卷三六《楚元王传》,第 1964 页。

阴不雨"是因为霍光等人有"谋上"的举措,刘向显然已转移了"久阴不雨"预言的重点。

《三国志·吴书·陆凯传》记载孙晧时期的太史郎陈苗报告说:"久阴不雨,风气回逆,将有阴谋,晧深警惧云。"与刘贺不同,孙晧听取了太史的建议,对臣下谋反的预言有所提防,所以后来能保平安。① 另外此事也载于《晋书·五行志下》:"吴孙晧宝鼎元年十二月,太史奏久阴不雨,将有阴谋。孙晧惊惧。时陆凯等谋因其谒庙废之。及出,留平领兵前驱,凯先语平,平不许,是以不果。晧既肆虐,群下多怀异图,终至降亡。"②其中也提到孙晧听取太史郎陈苗的意见,认为"久阴不雨"预示着臣下有阴谋,所以提前防备。

《晋书·天文志》对久阴不雨灾异有了更详尽的描述:"凡连阴十日,昼不见日,夜不见月,乱风四起,欲雨而无雨,名曰蒙,臣有谋。"③同样的内容也见于《隋书·天文志》,其中提道:"凡连阴十日,昼不见日,夜不见月,乱风四起,欲雨而无雨,名曰蒙,臣谋君。故曰,久阴不雨臣谋主。"④其中"蒙"也就是"濛",《开元占经》引《黄帝占》也说:"凡连阴十日,昼不见日,夜不见月,乱风四起,欲雨而无雨,名曰濛;臣谋君,故曰久阴不雨,臣谋主。"郗萌曰:"濛雾者邪气也,阴来冲阳,奸臣谋君。在天为濛,在人为雾;日月不见为濛,前后人不相见为雾。"⑤此外,也有人将"蒙"解释为《蒙卦》,详下文。

---

① 《三国志》卷六一《吴书·陆凯传》,第 1404 页。裴松之注引《吴录》曰:"旧拜庙,选兼大将军领三千兵为卫,凯欲因此兵以图之,令选曹白用丁奉。晧偶不欲,曰:'更选。'凯令执据,虽暂兼,然宜得其人。晧曰:'用留平。'凯令其子祎以谋语平。平素与丁奉有隙,祎未及得宣凯旨,平语祎曰:'闻野猪入丁奉营,此凶征也。'有喜色。祎乃不敢言,还,因具启凯,故辍止。"
② 《晋书》卷二九《五行志下》,第 901 页。
③ 《晋书》卷一二《天文志》,第 334 页。
④ 《隋书》卷二一《天文下》,北京:中华书局,1973 年,第 589 页。
⑤ 李零主编:《中国方术概观·占星卷》,第 995 页。

需要注意的是,《晋书·天文志》认为"连阴十日"是"久阴",这与前述刘向"二十余日"的说法不同。

3. 久阴不雨与蒙气、《蒙卦》

久阴不雨臣谋主的原因被解释为阴阳不调,例如前引《汉书》记载夏侯胜引《洪范传》曰:"皇之不极,厥罚常阴,时则下人有伐上者。"①《汉书·五行志》引《洪范五行传》曰:"皇之不极,是谓不建,厥咎眊,厥罚恒阴,厥极弱。时则有射妖,时则有龙蛇之孽,时则有马祸,时则有下人伐上之痾,时则有日月乱行,星辰逆行。"②《续汉书·五行》刘昭注引郑玄云:"王,君也。不名体而言王者,五事象五行,则王极象天也。天变化为阴为阳,覆成五行。"郑玄还认为之所以会有"常阴"这样的灾异,是因为"王极象天,天阴养万物,阴气失,故常阴",也就是说久阴的原因是作为在上者的天的势力没有伸张,所以导致阴气不协调,出现常阴的天气。而至于"下人伐上"的原因,郑玄解释为:"阴阳之神曰精气,情性之神曰魂魄,君行不由常,侈张无度,则是魂魄伤也,王极气失之病也。天于不中之人,恒耆其味,厚其毒,增以为病,将以开贤代之也。"③

在汉代人普遍的看法中,诸如后宫女性干政、大臣谋反等事件都可以算作是阴侵阳的表现,其灾异现象是雨、雪等极端天气的发生,久阴不雨也是其中一种。例如《汉书·五行志》说:"上嫚下暴,则阴气胜,故其罚常雨也""天见其将然,故正月大雨水而雷电。是阳不闭阴,出涉危难而害万物。"④阴阳观念确实可以解释"久阴不雨"是由于阴气过盛,阴侵阳,显示在人事上就是臣下谋上。例如刘

① 《汉书》卷七五《眭两夏侯京翼李传》,第 1355 页。
② 《汉书》卷二七下之上《五行志下之上》,第 1458 页。
③ 《后汉书》,第 3341、3342 页。
④ 《汉书》卷二七中之上《五行志中之上》,第 1353 页

向解释文公十三年"自正月不雨,至于秋七月"时说:"故不雨而生者,阴不出气而私自行,以象施不由上出,臣下作福而私自成。一曰,不雨近常阴之罚,君弱也。"①认为"常阴之罚"代表着君主的权威开始降低,这与夏侯胜解释下人有伐上者的意思基本相同。甚至有人认为阴过盛的话,君主的身体健康也会受到影响,例如《汉书·王嘉传》载王嘉上封事,指出汉哀帝身体不健康的原因就是给予了董贤太多的封赏,所谓"臣骄侵罔,阴阳失节,气感相动,害及身体"。②

京房以"蒙气"说解释久阴不雨臣谋主,《汉书·五行志》引京房《易传》曰:"有蜺、蒙、雾。雾,上下合也。蒙如尘云。蜺,日旁气也。"③关于"蒙",《说文解字》说"蒙,王女也。从艹,冡声",段玉裁注:"今人冡冒皆用蒙字为之。"④《释名·释天》曰:"蒙,日光不明,蒙蒙然也。"⑤有学者将"蒙气"理解为"雾气""乱气""杂气",⑥也有学者认为"日昼昏""日无光"等现象都与京房所谓的"蒙气"有关。⑦ 另外"蒙"也有覆盖的意思,《小尔雅·广诂》曰"盖、戴、楙、蒙、冒,覆也",⑧《方言》也说"蒙,覆也",⑨或者正因此,"蒙"也就有了蒙蔽和欺骗的衍伸意思,如果以此"蒙"来解释久阴不雨臣谋主,应当是合适的。

《汉书·五行志》引京房《易传》曰:"行善不请于上,兹谓作福,蒙一日五起五解。辟不下谋,臣辟异道,兹谓不见,上蒙下雾,风三变而俱解。"另外还说:"下专刑兹谓分威,蒙而日不得明。大臣厌小

① 《汉书》卷二七中之上《五行志中之上》,第1393页。
② 《汉书》卷八六《何武王嘉师丹传》,第3498页。
③ 《汉书》卷二七下之上《五行志下之上》,第1460页。
④ 许慎撰,段玉裁注:《说文解字注》,第46页。
⑤ 刘熙撰,毕沅疏证,王先谦补:《释名疏证补》,第21页。
⑥ 周立升:《两汉易学与道家思想》,上海:上海文化出版社,2001年,第101页。
⑦ 卢央:《易学与天文学》,北京:中国书店,2003年,第8页。
⑧ 迟铎集释:《小尔雅集释》,北京:中华书局,2008年,第8页。
⑨ 周祖谟校笺:《方言校笺(附索引)》,北京:中华书局,1993年,第73页。

臣兹谓蔽,蒙微,日不明,若解不解,大风发,赤云起而蔽日。"①可知京房所谓的"蒙气"和久阴不雨相似,根本还是由于阴气过盛,在下者侵夺了在上者的威权。此外《汉书·京房传》记载京房至陕上封事云:"乃丙戌小雨,丁亥蒙气去,然少阴并力而乘消息,戊子益甚,到五十分,蒙气复起。此陛下欲正消息,杂卦之党并力而争,消息之气不胜。强弱安危之机不可不察。"在京房看来蒙气是雾气、乱气之类,是阴气过盛引起的气候反常,颜师古注引孟康曰:"分一日为八十分,分起夜半,是为戊子之日日在巳西而蒙也。蒙常以晨夜,今向中而蒙起,是臣党盛君不胜也。"②可见在京房看来,"蒙气复起"是群臣乱政、君主权威下降的表现。③ 这与久阴不雨臣谋主的思路基本相同。有学者指出蒙气是京房灾异说经常用到的概念,京房对蒙气的理解大体就是阴侵阳,并认为其灾异论的基本逻辑是通过天气之变化,推测阴阳二气的消长,然后与当值卦气的正常状态比较,推说人事中阴阳二要素的盛衰转变,进而占测或评论人事。④

前文提到也有人以《蒙卦》来解释久阴不雨,例如东汉时代的郎顗就明确将久阴不雨灾异和《蒙卦》联系起来,《后汉书·郎顗传》记载他上书云:

> 窃见正月以来,阴暗连日。《易内传》曰:"久阴不雨,乱气也,《蒙》之《比》也。蒙者,君臣上下相冒乱也。"又曰:"欲德不用,厥异常阴。"夫贤者化之本,云者雨之具也。得贤而不用,犹久阴而不雨也。⑤

---

①《汉书》卷二七下之上《五行志下之上》,第1460—1461页。

②《汉书》卷七五《眭两夏侯京翼李传》,第3165页。

③ 相关的研究参徐芹庭《两汉京氏陆氏易学研究》,北京:中国书店,2011年,第5页。

④ 参陈侃理《儒学、数术与政治:灾异的政治文化史》。

⑤《后汉书》卷三〇下《郎顗传》,第1055页。

郎𫗱所谓"正月以来,阴暗连日"应当也属于久阴不雨的天象,他认为所谓"蒙"就是君臣上下相冒乱,采用了蒙字的本意。前文提到蒙的本字是"冡",甲骨文中有覆盖、罩住的意思,所以用"冒"解释"蒙"具有一定的合理性。郎𫗱以卦气解释久阴不雨,应当是受到京房的启发。李贤注引《易稽览图》曰:"日食之比,阴(得)〔覆〕阳也。《蒙》之《比》也,阴冒阳也。"认为蒙气和日食相似,都是阴的势力覆盖了阳的势力,也就是所谓的阴侵阳。李贤引郑玄注云:"蒙,气也。比非一也。邪臣谋覆冒其君,先雾从夜昏起,或从夜半或平旦。君不觉悟,日中不解,遂成蒙。君复不觉悟,下为雾也。"①可见郑玄对蒙气的理解和京房相似,都是短时间内临时而起的乱气的意思,其实并没有直接涉及卦象。所以卢央指出郎𫗱提到的蒙和比都不是卦名,而是大气昏暗的状况,出现这种天气,比之于人事即君臣上下相冒乱。②

王文采从卦象上来解释,认为《蒙卦》是坎下艮上,中间为离,雾在山下以掩日,是君不觉悟而受蒙之象,故称蒙。③ 也有学者认为《蒙卦》有四阴爻,二阳爻,表示阴气盛,干扰阴阳消息,如果表现在人事上,就是臣下与君主争夺权力,也就是所谓的臣下谋上。④ 应当注意到,《汉书·五行志》解释"皇之不极,是谓不建"说:"王者自下承天理物。云起于山,而弥于天。天气乱,故其罚常阴也。一曰,上

<hr>

① 《后汉书》卷三〇下《郎𫗱传》,第1055页。有学者解释"阴得阳",认为发生日食之时,月亮迫近太阳,接受太阳之光,所以叫作阴得阳。又大雾弥漫,遮天蔽日,也就是阴气笼罩着阳气。参萧洪恩《易纬今注今译》,武汉:武汉大学出版社,2016年,第273页。

② 卢央著,周易工作室点校:《京氏易传解读》,北京:九州出版社,2004年,第224页。

③ 王文采:《周易经象义证》,北京:九州出版社,2012年,第84页。

④ 朱伯崑:《易学哲学史》,北京:昆仑出版社,2009年,第211—212页。另参张涛《秦汉易学思想研究》,北京:中华书局,2005年,第261页。

失中,则下强盛而蔽君明也。"①所谓"云起于山,而弥于天",说的应当就是《蒙卦》山上水下的卦象,是以郎𫖮以《蒙卦》解释久阴不雨,在京房蒙气说的基础上又有所发明,但其基本思路则是一致的。

总的来说,久阴不雨,也就是长时间昼夜不见日月又没有下雨,被认为是阴盛阳衰、阴侵阳的表现,汉代人用这样的理论解释久阴不雨现象和人事之间的关联,逻辑简明而且容易接受。至于夏贺良预言的应验及相关预言的传播,显然和霍光集团的默许及支持有千丝万缕的联系,其实正是霍光本人亲自证明了夏贺良预言应验,也是在霍光的支持下,夏贺良得以参与废立之事而且被封侯,霍光的主要意图应当是为废黜刘贺寻求上天意志的支持。久阴不雨预言背后的政治因素是不能忽视的。

二、眭孟的预言

眭弘字孟,《汉书》说他曾经"从嬴公受《春秋》",是董仲舒的再传弟子。汉昭帝时期,眭孟曾经根据泰山石自立以及虫食树叶成文字的现象,判断可能会有匹夫成为天子,所以建议汉昭帝禅让。眭孟的预言被认为应在汉宣帝,眭孟之子被汉宣帝征召为郎,眭孟学派也受到汉宣帝特别的扶持。眭孟预言的应验显然离不开汉宣帝刻意宣扬。

1. 眭孟预言的出现

汉昭帝时期出现了泰山石自立和虫食树叶成"公孙病已立"的文字现象,眭孟对其进行了解读,《汉书·五行志》载:

> 孝昭元凤三年正月,泰山莱芜山南匈匈有数千人声。民视

---

① 《汉书》卷二七下之上《五行志下之上》,第1458页。

之,有大石自立,高丈五尺,大四十八围,入地深八尺,三石为
足。石立处,有白乌数千集其旁。眭孟以为石阴类,下民象,泰
山岱宗之岳,王者易姓告代之处,当有庶人为天子者。①

《汉书·眭弘传》有更为详尽的记载:

> 孝昭元凤三年正月,泰山莱芜山南匈匈有数千人声,民视
> 之,有大石自立,高丈五尺,大四十八围,入地深八尺,三石为
> 足。石立后有白乌数千下集其旁。是时昌邑有枯社木卧复生,
> 又上林苑中大柳树断枯卧地,亦自立生,有虫食树叶成文字,曰
> "公孙病已立",孟推《春秋》之意,以为"石柳皆阴类,下民之
> 象,泰山者岱宗之岳,王者易姓告代之处。今大石自立,僵柳复
> 起,非人力所为,此当有从匹夫为天子者。枯社木复生,故废之
> 家公孙氏当复兴者也"。孟意亦不知其所在,即说曰:"先师董
> 仲舒有言,虽有继体守文之君,不害圣人之受命。汉家尧后,有
> 传国之运。汉帝宜谁差天下,求索贤人,禅以帝位,而退自封百
> 里,如殷周二王后,以承顺天命。"孟使友人内官长赐上此书。
> 时,昭帝幼,大将军霍光秉政,恶之,下其书廷尉。奏赐、孟妄设
> 祅言惑众,大逆不道,皆伏诛。后五年,孝宣帝兴于民间,即位,
> 征孟子为郎。②

眭孟上书的核心观点是圣人受命和天命转移,他判断天命已经
转移,汉家应当禅让。③ 关于大石自立,眭孟根据《春秋》经义,认为
泰山是王者异姓告代之处,这里发生灾异有着非同寻常的意义;至
于"公孙病已立"的含义,眭孟引用董仲舒的意见,认为皇帝应当将

---

① 《汉书》卷二七中之上《五行志中之上》,第 1400 页。
② 《汉书》卷七五《眭两夏侯京翼李传》,第 3153 页。
③ 参张文智《孟、焦、京易学新探》,济南:齐鲁书社,2013 年,第 26 页。

帝位禅让给贤能的人。应当注意的是,眭孟判断灾异现象时"推《春秋》之意",实际上就是为预测术添加经学的依据,这种做法与夏侯胜如出一辙。是时汉昭帝年幼,霍光秉政,禅让帝位的说法触碰到了当时的政治底线,眭孟被下狱,以"祅言惑众,大逆不道"的罪名被诛。[1] 眭孟的言论确实"迂阔",本质上是对董仲舒以来的阴阳五行学说极为信赖,以义理附会现实,[2]而对于政治的禁忌并未过多留意,因而下场悲惨。

然而后来汉宣帝起自民间,眭孟的预言被认为应验在了汉宣帝身上。[3] 汉宣帝小名"病已",这正对应了预言中的"公孙病已立",《汉书·五行志》说:"后昭帝崩,无子,征昌邑王贺嗣位,狂乱失道,光废之,更立昭帝兄卫太子之孙,是为宣帝。帝本名病已。"[4]《汉书·丙吉传》载丙吉给霍光要求立宣帝的奏记中写道:"遗诏所养武帝曾孙名病已在掖庭外家者,吉前使居郡邸时见其幼少,至今十八九矣,通经术,有美材,行安而节和。"[5]丙吉提示霍光,刘病已之名,以及他为汉武帝遗诏所养的身份,正合"公孙病已立"的谶言。后来霍光与群臣请立宣帝的奏书中也明确说"孝武皇帝曾孙病已",[6]特意提示曾孙"病已"以及孝武皇孙的身份,显然也受"公孙病已立"谶言的影响。

京房也曾对泰山石立和"公孙病已立"进行解释,《汉书·五行志》引京房《易传》曰:"'复,崩来无咎。'自上下者为崩,厥应泰山之

---

① 沈家本撰,邓经元、骈宇骞点校:《历代刑法考》,第 1416 页。

② 马勇:《秦汉学术社会转型时期的思想探索》,西安:陕西人民出版社,1998 年,第 56 页。

③ 栾保群:《中国古代的谣言与谶语》,第 41 页。

④《汉书》卷二七中之下《五行志中之下》,第 1412 页。

⑤《汉书》卷七四《魏相丙吉传》,第 3143 页。

⑥《汉书》卷八《宣帝纪》,第 238 页。

石颠而下,圣人受命人君房。"又曰:"石立如人,庶士为天下雄。立于山,同姓;平地,异姓。立于水,圣人;于泽,小人。"①关于"公孙病已立",京房《易传》曰:"枯杨生稊,枯木复生,人君亡子。"②后来刘向也将汉宣帝之立与柳树复起联系在一起,《汉书·刘向传》载他的上书中提道:"孝昭帝时,冠石立于泰山,仆柳起于上林,而孝宣帝即位。"又曰"孝昭时,有泰山卧石自立,上林僵柳复起……此为特异,孝宣兴起之表。"③《宋书·符瑞》也说:"及昭帝崩,昌邑王又废,光立宣帝,武帝曾孙,本名病已,在民间白衣三世,如孟言焉。"④《资治通鉴》载:"春,正月,泰山有大石自起立;上林有柳树枯僵自起生,有虫食其叶成文,曰'公孙病已立'。"胡三省注云:"此为宣帝兴于民间之符。"⑤顾炎武《日知录》"谶兆"条也说:"汉孝昭帝时,上林苑中大柳断仆地,一朝起立,生枝叶,有虫食其叶,成文字曰'公孙病已立'。及昌邑王废,更立昭帝兄卫太子之孙,是为宣帝,帝本名病已。"⑥

汉宣帝即位之后征孟子为郎,是从官方的角度对眭孟预言的肯定,而此事于经学的意义当和夏侯胜的预言类似,正如有学者指出的那样:"不特使一般据经以预测未将的儒者增添不少信心,并且给汉代《春秋》先师董子所谓'天子受命于天'的话加一重保证。"⑦人们由此更加信赖经术的预测能力。

2. 眭孟预言的应验方式

由眭孟上书来看,他当时并不知道"公孙病已"指的就是刘病

①《汉书》卷二七中之上《五行志中之上》,第1400页。
②《汉书》卷二七中之下《五行志中之下》,第1412页。
③《汉书》卷三六《楚元王传》,第1964页。
④《宋书》卷二七《符瑞》,第770页。
⑤《资治通鉴》卷二三《汉纪一五》,第767页。
⑥顾炎武著,黄汝成集释,栾保群点校:《日知录集释》,第1775页。
⑦姚舜钦:《秦汉哲学史》,郑州:河南人民出版社,2016年,第201页。另参马勇《汉代〈春秋〉学研究》,成都:四川人民出版社,1992年,第308页。

已,那么这则预言的应验方式就更值得深思。正如孙家洲所言,柳叶谶文应当并不是后来人的妄行编造,而是在某种偶然性巧合的基础上,以曲解和附会的方式,凑成了它的"应验"。① 事实上,以曲解和附会的方式建立结果和预言之间的关系,也是多数预言应验的基本逻辑。

文献中往往以"应"来解释有些预言应验的方式,例如《容斋随笔》"占术致祸"条说:"汉昭帝时,昌邑石自立,上林僵柳复起,虫食叶曰'公孙病已立'。眭孟上书,言当有从匹夫为天子者,劝帝索贤人而禅位,孟坐袄言诛,而其应乃在孝宣,正名病已。"②这其实是误解,所谓的"应"本质就是根据后来事态的发展对预言进行的解释。另外洪迈还认为:"吉凶祸福之事,盖未尝不先见其祥。然固有知之信之,而翻取杀身亡族之害者。"意思是说如果误解了"应"的所在,反而会遭致祸事,例如后文要提到的公孙述。

《汉书·眭孟传》载:"后五年,孝宣帝兴于民间,即位,征孟子为郎。"③这其实是从官方层面确定了眭孟预言指的就是汉宣帝刘病已,宣帝很愿意让人们相信眭孟预言就是"应"在了自己身上。不仅如此,汉宣帝还支持眭孟的学生严彭祖和颜安乐的学术活动,《汉书·儒林传》曰:"彭祖为宣帝博士,至河南、东郡太守。以高第入为左冯翊,迁太子太傅,廉直不事权贵。"④严彭祖由博士而至太守、太子太傅,虽然由于"廉直不事权贵"最终没有成为宰相,但他的仕途如此平顺,显然有汉宣帝的刻意支持。后来严彭祖和颜安乐的学生也有知名者,《汉书·儒林传》载:"(严彭祖)授琅邪王中,为元帝少

---

① 孙家洲:《汉代"应验"谶言例释》,《中国哲学史》1997年第2期。

② 洪迈撰,孔凡礼点校:《容斋随笔》,第22页。

③ 《汉书》卷七五《眭两夏侯京翼李传》,第3153页。

④ 《汉书》卷八八《儒林传》,第3616页。

府,家世传业。中授同郡公孙文、东门云。云为荆州刺史,文东平太傅,徒众尤盛。云坐为江贼拜辱命,下狱诛。"①汉宣帝征眭孟子为郎,以及扶持眭孟学派的举动,以实际行动表示对眭孟预言的认可。

　　如果要将眭孟的预言解读为应在汉宣帝刘病已,如何处理其中关于禅让的问题也应当注意。孙家洲指出,当时人们都认为虫食柳叶文字应验在了汉宣帝身上,但人们有意无意忽略了眭孟意见中关于"禅让"部分的内容。② 陈苏镇也认为这则预言只要去掉汉家退位的内容,就成了汉家中兴的神学预言。③ 徐兴无认为,汉宣帝其实宣称过自己就是"汉家尧后",④也有学者指出,禅让并不一定非要异姓,同姓也不无不可。⑤ 其实汉家尧后以及禅让的说法正是眭孟上书最核心和最关键的内容,然而从汉宣帝即位时代开始,人们就有意无意忽略了这一部分内容,反而是刻意强调"公孙病已立"和汉宣帝名"病已"之间的联系。

　　眭孟说"故废之家公孙氏"本意说的是姓公孙者,在汉宣帝时代人们的解读中,"公孙"的"公"指的是戾太子刘据,所以"公孙"就是宣帝刘病已了。然而到了西汉末年,公孙述援引谶纬作为称帝的依据,认为这则谶语中有"公孙"二字,应该应在自己身上。《后汉书·

①《汉书》卷八八《儒林传》,第3616页。
② 孙家洲:《汉代"应验"谶言例释》,《中国哲学史》1997年第2期。
③ 陈苏镇:《〈春秋〉与"汉道"——两汉政治与政治文化研究》,第321页。
④ 徐兴无:《刘向评传》,南京:南京大学出版社,2005年,第304页。但也有学者对徐兴无的意见进行了批评,认为其所引文不足以证明汉宣帝宣称过自己是"汉家尧后",见陈泳超《〈世经〉帝德谱的形成过程及相关问题——再析"五德终始说下的政治和历史"》,文史哲编辑部:《"疑古"与"走出疑古"》,北京:商务印书馆,2010年。相关的研究另参杨权《新五德理论与两汉政治——"尧后火德"说考论》,北京:中华书局,2006年。
⑤ 陈泳超《〈世经〉帝德谱的形成过程及相关问题——再析"五德终始说下的政治和历史"》,文史哲编辑部:《"疑古"与"走出疑古"》。

公孙述》载："述亦好为符命鬼神瑞应之事,妄引谶记。以为孔子作《春秋》,为赤制而断十二公,明汉至平帝十二代,历数尽也,一姓不得再受命。又引《录运法》曰:'废昌帝,立公孙。'《括地象》曰:'帝轩辕受命,公孙氏握。'"这让刘秀非常紧张,于是在给公孙述的书中明确说:"图谶言'公孙',即宣帝也。代汉者当涂高,君岂高之身邪?"①刘秀明确宣称"公孙"应在汉宣帝身上,阻止公孙述借助这则预言制造舆论。

　　刘秀的意见显然也影响了班固的态度。事实上,班固也正是在光武帝刘秀态度的基础上对眭孟的预言以及后来的应验进行书写。可以说,班固所处的政治环境也影响了他对史料的选择,正是因为眭孟预言受到从汉宣帝到光武帝的支持,班固才对眭孟预言以及后来的应验过程进行了详细的记载。与此同时,班固还详细梳理了眭孟学派的传承,其意也在肯定眭孟预言。可以说,今人之所以对眭孟预言应验在汉宣帝身上有如此明确的印象,和班固的书写有非常密切的关系。

3. 眭孟预言与昭帝政局

　　正如学者们所认为的那样,眭孟的预言与汉昭帝时代的政治局势有着极为密切的关系。在汉昭帝时代灾异事件广泛流传,背后反映的是相当一部分人的政治意见,对此顾颉刚指出:"人民经了一番大痛苦,疮痍未复,他们长在希望异姓受命,有一个新天子出来救济他们一下,既有这等事情发生(前述泰山石自立等现象),正好为异姓受命之说张目。"②陈苏镇也认为,霍光坚持"汉家制度"和武帝路线,招致儒生的不满。尤其是盐铁会议之后,汉昭帝和霍光无视贤良文学的主张,继续推行原有的政策,这引起了儒生们的强烈抗议,

---

① 《后汉书》卷一三《隗嚣公孙述列传》,第 537 页。
② 顾颉刚:《五德终始说下的政治和历史》,《清华学报》第 6 卷第 1 期,1930 年。

于是就在这个时候出现了"汉家尧后"的说法。① 民间流传的所谓大石自立，枯柳复起之类的传闻，也都是在这样的情况之下出现的。另外，吕宗力也认为这些谶言是西汉中后期以后方士巫祝制造出来的，以迎合社会舆论，掀动政治风浪，从中谋取私利。②

张小锋认为，汉昭帝时代戾太子刘据的势力仍然对政治局势有所影响，③陈苏镇也认为，孝宣帝取名在前，"有虫食树叶成文字"在后，所以"公孙病已立"的谶言很可能就是同情太子的人们编造出来的"征怪"。④ 而汉昭帝时代有"成方遂事件"，证明当时确实存在思慕戾太子刘据的社会思潮，《汉书·隽不疑传》记载：

> 始元五年，有一男子乘黄犊车，建黄旗，衣黄襜褕，着黄冒，诣北阙，自谓卫太子。公车以闻，诏使公卿将军中二千石杂识视。长安中吏民聚观者数万人。右将军勒兵阙下，以备非常。丞相御史中二千石至者（立）〔并〕莫敢发言。京兆尹不疑后到，叱从吏收缚。或曰："是非未可知，且安之。"不疑曰："诸君何患于卫太子！昔蒯聩违命出奔，辄距而不纳，春秋是之。卫太子得罪先帝，亡不即死，今来自诣，此罪人也。"遂送诏狱。⑤

由吏民和群臣的反应来看，同情卫太子的情绪是存在的，而同情卫太子势力的活动也是昭帝政局的重要内容。"公孙病已立"明

---

① 陈苏镇：《〈春秋〉与"汉道"——两汉政治与政治文化研究》，第312页。另参华友根《西汉礼学新论》，上海：上海社会科学院出版社，1998年，第197页。
② 吕宗力：《东汉碑刻与谶纬神学》，赵国华主编：《东汉史研究》，武汉：湖北人民出版社，2016年。
③ 张小锋：《"公孙病已立"谶言的出现与昭帝统治局势》，《中国史研究》2001年第1期。
④ 陈苏镇：《〈春秋〉与"汉道"——两汉政治与政治文化研究》，第312页。
⑤ 《汉书》卷七一《隽疏于薛平彭传》，第3037页。

确包含当时在民间的刘病已的名字,显然是有人刻意而为的,虫食树叶成文字可能确实是某些支持戾太子刘据的势力制造出来的"征怪"。

然而眭孟本人显然并不清楚泰山石自立以及虫食树叶成文字和后来汉宣帝之间的关系,班固判断"孟意亦不知其所在",应是事实。"故废之家公孙氏"的说法显示眭孟将"公孙"理解为了姓氏,而且建议皇帝求索贤人禅让帝位;而皇帝自己"退自封百里,如殷周二王后"的建议,也显示眭孟并不知晓这则预言的真实意图。[①] 陈苏镇认为,眭弘并不是太子一党,也没有留意到皇曾孙的存在,所以对于这个谶言的真谛并不知晓,[②]这样的意见显然是正确的。

至于眭孟本人的政治意见,显然以改制为核心内容。顾颉刚认为眭孟是"民众革命思潮中的牺牲者",[③]钱穆认为眭孟属于改革派,[④]吕思勉则分析:"推《春秋》之意,以为当有匹夫为天子者……以后世眼光观之,其似教霍光以篡夺者。"[⑤]李培健认为眭孟不过是墨守董仲舒阴阳灾异之学,没有不轨之心,而且他提出的禅让也并不一定是要给异姓。[⑥] 姚舜钦指出:"据经以说灾异,不仅是预测'将来';应考天心,而实行改革。"[⑦]是以本质上眭孟其实就是对现实政治中的某些问题不满,根据灾异现象上书要求进行变革。

---

① 叶德辉认为"退封百里如二王后,亦公羊家新周故宋之说",班固撰,颜师古注,王先谦补注:《汉书补注》,第4686页。
② 陈苏镇:《〈春秋〉与"汉道"——两汉政治与政治文化研究》,第312页。
③ 顾颉刚:《五德终始说下的政治和历史》,《清华学报》第6卷第1期,1930年。另参田兆元《神话叙事与社会发展研究》,西安:陕西师范大学出版社,2019年,第351页。
④ 钱穆:《国史大纲》,北京:商务印书馆,1991年,第150—152页。
⑤ 吕思勉:《秦汉史》,第120页。
⑥ 李培健:《西汉德运考——五德终始说下的政治史》,第115页。
⑦ 姚舜钦:《秦汉哲学史》,第200页。

根据前文的讨论可以认为,泰山石自立以及虫食文字"公孙病已立"是某些别有用心人士刻意制造的"征怪"。眭孟并不是唯一针对这些"征怪"进行解读的人,但他据此上书要求汉帝禅让,因此被诛,其政治意见也因此广为人知。后来汉宣帝即位支持眭孟及其学派,眭孟的预言就被用于配合汉宣帝时代的政治局势,这是眭孟预言应验的政治背景。另外光武帝刘秀出于反对公孙述的政治目的支持眭孟预言应在宣帝,所以这则预言被班固刻意强调并书写在《汉书》之中。可以说汉宣帝、汉光武帝的支持以及班固的记录共同完成了眭孟预言的应验。

三、再受命预言

"再受命"预言出现于西汉中后期,从史料的记载来看,"再受命"思想的出现与齐人甘忠可有着非常密切的关系,后来甘忠可下狱不久死去,他的弟子继续活动,并对汉哀帝时期的政局产生了一定影响。事实上,甘忠可所谓的"再受命"只是通过一定的仪式方面的改革,以求得重新获取天命,即便是后来夏贺良等人怂恿汉哀帝改制,其实质性的措施也并不很多。可以说西汉中后期以来的"再受命"运动纯粹是理念上的努力,并没有触及政治体制层面。然而由于改制牵涉到汉朝政治斗争,所以仓促之中走向失败。但这种"再受命"的思想也对后来政治的演变产生了非常重要的影响,王莽篡位恰好可以理解为另外一种形式的"再受命"。

1. 甘忠可与再受命预言的出现

有关甘忠可活动的记载主要见于《汉书·李寻传》:

> 初,成帝时,齐人甘忠可诈造《天官历》《包元太平经》十二卷,以言"汉家逢天地之大终,当更受命于天,天帝使真人赤

精子,下教我此道"。忠可以教重平夏贺良、容丘丁广世、东郡郭昌等,中垒校尉刘向奏忠可假鬼神罔上惑众,下狱治服,未断病死。①

这段记载说甘忠可活跃的时间是汉成帝时,然而具体时间不详。《资治通鉴》置于汉哀帝建平二年(前5)夏贺良等人提议改制时,是对夏贺良师承的追述,也没有明确说明具体的时间。据钱穆《刘向歆父子年谱》,刘向任中垒校尉的时间是汉成帝阳朔二年(前23),那么甘忠可活动的时间应当就在此后了,钱穆认为:"观忠可之行伪以杀身,可见当时尊信阴阳律历终始五德之盛,亦见其时正有汉家历数当终之说。否则忠可虽愚妄,亦何从凭空造为此等之见耶? 其事未知在何年,向既为中垒校尉,断当在此后。"②

从《汉书》记载来看,甘忠可等人在当时已经形成了较有影响力的学术团体。甘忠可除了著书立说以外,还通过教授学生传播"更受命"思想,即所谓"忠可以教重平夏贺良、容丘丁广世、东郡郭昌等",③颜师古注引服虔说"重平"是"勃海县",晋灼说"容丘"是"东海县",而甘忠可自己是齐人,这一集团的地域性特征较为明显。燕齐一带自战国以来都是阴阳五行和神仙方术最为流行的地方。陈寅恪认为:"若王吉、贡禹、甘忠可等者,可谓上承齐学有渊源,下启天师之道术。"另外陈寅恪定于吉得《太平经》的"曲阳"为东海之曲阳,属东海郡,也是齐地,而《太平经》成于燕齐神仙方术、阴阳五行流行的地域恐非偶然。陈寅恪还指出:"自战国驺衍传大九州之说,至秦始皇、汉武帝时方士迂怪之论,据《太史公书》,皆

---

① 《汉书》卷七五《眭两夏侯京翼李传》,第3192页。
② 钱穆:《刘向歆父子年谱》,《燕京学报》1930年第7期。
③ 《汉书》卷七五《眭两夏侯京翼李传》,第3192页。

出于燕、齐之域……神仙学说之起原及其道术之传授,必与此滨海地域有连。"①

　　甘忠可的弟子之中,丁广世后来隐而不现,夏贺良最终将甘忠可的思想变成汉朝"改元易号"的具体政策。另外郭昌是东郡人,《汉书》记载说他在哀帝时是长安令,后来也正是因为郭昌从中协调,夏贺良才有机会见到汉哀帝,在改制过程中发挥了重要作用。另外汉哀帝时代辅政的李寻和解光应当也是甘忠可学说的支持者。② 可以发现,甘忠可通过著书立说以及教授学生,在齐地已经形成了比较具有影响力的学术势力,也引起了包括刘向在内的汉朝统治阶层的重视,不得不以行政力量对他们的学术行为加以干涉。根据《李寻传》记载,刘向举奏甘忠可"假鬼神罔上惑众",于是甘忠可被下狱。在狱中甘忠可承认了自己的罪行,但这件事情还没有结案,甘忠可就在狱中病死了。

　　汉朝政府以行政手段干预甘忠可的学术活动,是因为甘忠可提出"更受命"的思想,这在当时被认为是"左道"。事实上,所谓"更受命"指的是重新获得天命,正如钱穆所说,这种观念并不始于甘忠可,而且也没有随着甘忠可之死停止传播。③ 前引陈苏镇的意见提到,有一部分儒生对汉朝自武帝以来的政策不满,面对日益严重的

---

① 陈寅恪:《天师道与滨海地域之关系》,《金明馆丛稿初编》,上海:上海古籍出版社,2020年。另参汤一介《中国传统文化中的儒释道》,北京:中国和平出版社,1988年,第142页。
② 有学者注意到,李寻和解光是《辩惑论》中提到的"仪君",参刘铭恕《敦煌的两个较早的道教人物李寻、索靖》,刘长文编:《刘铭恕考古文集》,郑州:河南人民出版社,2013年。
③ 钱穆认为:"盖(谷)永之此言,亦隐寓汉家运数将终之意。当时据灾异言占应,多持此说,宜乎莽之乘机而起也。下至窦融与河西,彼中智者,犹谓'自前世博物道术之士,谷子云夏贺良等,建明汉有再受命之符,言之久矣',可见当时汉运中衰之说入人之深。"钱穆:《刘向歆父子年谱》,《燕京学报》1930年第7期。

政治和社会问题提出改革的办法,其中一些人甚至提出"汉家有传国之运"的说法,要求汉朝将政权传给有德之人。[1] "再受命"相较于"传国"的说法在政治倾向上相对中和,这种说法强调为了改变现状需要重新获得天命的认可,"更受命"的思想本质上不是要颠覆汉朝。[2] 但这种思想依然引起了汉朝政府的警惕。

需要注意的是,虽然刘向是导致甘忠可下狱的重要人物,但甘忠可下狱是汉朝行政司法体制审判的结果。[3] 刘向举报甘忠可"假鬼神罔上惑众",根据汉朝法律,经过司法审讯之后甘忠可很可能会被判"妖言罪"。例如前引汉昭帝时眭孟见"公孙病已立"等,上书昭帝要求禅让,这种言论触及当时政治底线,于是眭孟被定罪为"妄设祆言惑众,大逆不道",因而被诛杀。沈家本《历代刑法考》引《礼记·王制》"执左道以乱政,杀",注:"左道,若巫蛊及俗禁。"疏:"卢云,左道谓邪道。地道尊右,右为贵,故《汉书》云右贤左愚,右贵左贱。故正道为右,不正道为左,若巫蛊及俗禁者……夏贺良之伪造谶文,此真所谓左道者,《唐律》之祆书祆言,正指此类,其诛也宜。"[4]

甘忠可病死于狱中之后,他的学生得以保全。例如同样下狱被判"不敬"的夏贺良不久之后就出狱,继续传播甘忠可的思想,直到

---

① 参陈苏镇《〈春秋〉与"汉道"——两汉政治与政治文化研究》,第 307 页。另参张小锋《西汉中后期政局演变探微》,天津:天津古籍出版社,2007 年;王健《西汉后期的文化危机与"再受命"事件新论》,《中国史研究》2015 年第 1 期;代国玺《"赤九"谶与两汉政治》,《文史哲》2018 年第 5 期。

② 顾颉刚:《五德终始说下的政治和历史》,《清华学报》第 6 卷第 1 期,1930 年。

③ 顾颉刚认为在汉末改制的大潮流中,甘忠可等人和刘向其实是同一条道路上的同志,参《五德终始说下的政治和历史》,《清华学报》第 6 卷第 1 期,1930 年。也有学者依据刘向刘歆反对甘忠可夏贺良,认为刘向不言谶纬,见谢志平《西汉儒家学者丛考》,广州:中山大学出版社,2019 年,第 284 页。

④ 沈家本撰,邓经元、骈宇骞点校:《历代刑法考》,第 1431 页。

汉哀帝时这一学术团体终于能够在政治上有所作为。

总的来说,甘忠可为齐人,他和他的学生活动的主要范围是燕、齐滨海地域,然而远在长安为中垒校尉的刘向居然能够知晓他们的活动,显然是因为以甘忠可为首已经形成了一个比较具有影响力的学术团体。从后来汉哀帝时长安令郭昌、司隶校尉解光、骑都尉李寻等朝中要员都支持夏贺良的情况,也可见这个集团在朝廷中枢有了一定的影响力。后来这股势力继续在朝廷上层活动,逐渐开始对政治局势造成影响,最终酿成了比较严重的政治风波。

2.《天官历》与《包元太平经》

前文提到,"齐人甘忠可诈造《天官历》《包元太平经》十二卷",这两本书并没有随着甘忠可病死而消失,而是在当时继续流传,根据《汉书·李寻传》的记载:

> 哀帝初立,司隶校尉解光亦以明经通灾异得幸,白贺良等所挟忠可书。事下奉车都尉刘歆,歆以为不合五经,不可施行。而李寻亦好之。光曰:"前歆父向奏忠可下狱,歆安肯通此道?"时郭昌为长安令,劝寻宜助贺良等。①

前贤大多认为《包元太平经》与《太平清领书》以及《太平经》等有渊源,包含有后世《太平经》的主要内容。② 而且这部书以"太平"为名,反映的是当时人们的一种普遍追求。③ 姜守诚认为,从《包元

---

① 《汉书》卷七五《眭两夏侯京翼李传》,第3192页。
② 汤用彤:《读〈太平经〉书所见》,汤用彤著:《汤用彤学术论文集》,北京:中华书局,1983年。后来汤一介详细论述了《包元太平经》和《太平经》的五个相同点,认为两者有着相当密切之关系,参氏著《早期道教史》,北京:昆仑出版社,2006年,第24页。另参(日)福光永司《道教思想史研究》,东京:岩波书店,1987年,第92页。
③ 刘屹:《敦煌道经与中古道教》,兰州:甘肃教育出版社,2013年,第39页。

太平经》到《太平清领书》以及后来的《太平经》之间,还有大约编撰于王莽时期的《洞极之经》。① 张勋燎和白彬指出这两部书是"谶纬神学类文献"。② 由《天官历》以及《包元太平经》这两部著作的名称可以推断,这两本书都与天文历法有关,属于天文历谱类文献。

《天官历》应当是依据天文现象编制而成的历谱类文献,其中"天官"可以理解为星象。在汉代人的理解中,天文现象的分布有着特殊的秩序,星辰排列有序,各有所司,就如同人间的官员一样,所以名星辰排列为"天官"。司马迁著《史记》有《天官书》,《史记索隐》说:"天文有五官。官者,星官也。星座有尊卑,若人之官曹列位,故曰天官。"《史记正义》引张衡曰:"文曜丽乎天,其动者有七,日月五星是也。日者,阳精之宗。月者,阴精之宗。五星,五行之精。众星列布,体生于地,精成于天,列居错峙,各有所属,在野象物,在朝象官,在人象事。其以神著有五列焉,是有三十五名:一居中央,谓之北斗。四布于方各七,为二十八舍。日月运行,历示吉凶也。"③《汉书·艺文志》"数术略"收录的历谱文献有"《黄帝五家历》三十三卷""《颛顼五星历》十四卷""《日月宿历》十三卷""《天历大历》十八卷"等等,这些文献的名称与《天官历》类似,班固认为历谱类的学问是"圣人知命之术也"。④ 所以《天官历》应该是根据天文现象编制的历法类文献,而根据甘忠可等人活动的滨海地域背景,这部著作应当会包含有五德终始说方面的内容,陈寅恪认为:"若王吉、贡禹、甘忠可等者,可谓上承齐学有渊源,下启天师之道术。"甘忠可所承接的"齐学渊源",显然指的是自邹衍以来的五德终始方面

---

① 姜守诚:《〈太平经〉成书的中间环节——"洞极之经"年代考论》,谢路军主编:《太平道研究论丛(二)·平乡论道》,济南:齐鲁书社,2016年。
② 张勋燎、白彬:《中国道教考古》,北京:线装书局,2006年,第268页。
③《史记》卷二七《天官书》,第1289页。
④《汉书》卷三〇《艺文志》,第1767页。

的思想。①

甘忠可另外一部著作是《包元太平经》,这里的"包元"可能与纬书《春秋元命包》的名称有关。《元命包》也写作"元命苞",《七纬·春秋纬叙目》云:"三节共本,同出元苞,恢命著纪,俲文演爻。"②《子曰全集》卷一二《两汉谶纬》引孙毅《古微书》曰:"元,大也。命者,理之隐探也。苞,言乎其罗络也。万象千名,靡不括也。然主以《春秋》立名之意为之履端,故其名则然。"③《春秋元命包》大约在魏晋南北朝时期遗失,从现存的残篇来看,其主要内容与历谱之学有关。根据学者们的研究,"元命包(苞)"和"包元"意思相同,指的都是上天制定天命,统一于一元,是无所不包的。④ 所以后来汉哀帝在诏书中也写道:"汉兴二百载,历数开元。皇天降非材之佑,汉国再获受命之符,朕之不德,曷敢不通。夫基事之元命,必与天下自新,其大赦天下。"所谓"基事之元命",师古曰:"基,始也。元,大也。始为大事之命,谓改制度也。又曰更受天之大命。"⑤可见"元命包(苞)"和"包元"都含有天命一统的意思,而且这里的"元"都含有时间起点的意思,就是汉哀帝所谓的"历数开元",要改元"太初元将"的主要原因。⑥ 在当时人们的思想观念中,这个时间的起点意味着全新的开始,即新时代和新社会秩序的到来,这或许是汉哀帝改元的初衷。

从现存的文字来看,《春秋元命包》的主旨是五行更王,帝王迭

---

① 陈寅恪:《天师道与滨海地域之关系》,氏著:《金明馆丛稿初编》。

② 赵在翰辑,钟肇鹏、萧文郁点校:《七纬(附论语谶)》,北京:中华书局,2012 年,第754 页。

③ 郭沂编撰:《子曰全集》,北京:中华书局,2017 年,第 965 页。

④ 钟肇鹏:《谶纬论略》,第 54 页。相关的研究参汤一介《早期道教史》,第 24 页,另参李养正《道教简史》,北京:中国道教学院出版社,1988 年,第 13 页。

⑤《汉书》卷一一《哀帝纪》,第 340 页。

⑥(日)三浦国雄:《不死不老的欲求:三浦国雄道教论集》,王标译,成都:四川人民出版社,2017 年。

兴,另外还包括天人感应方面的内容,其中关于五行更王的内容应受邹衍五德终始说的影响。《春秋元命包》注重天文历法与现实政治之间的神秘联系,由《春秋元命包》现存的内容,可以发现其中多有与夏贺良改制可以相对应的内容,例如《元命包》引孔子曰:"丘作《春秋》,始于元,终于麟,王道成也。"①所谓《春秋》"始于元"而"王道成",其基本含义是试图了解天道运行的秩序,透过对天文现象的观察,探知天命的秩序。其中主要的方式是通过编订和制作历法或历谱,希望能够对王者的政治活动有所帮助,是以夏贺良改制的核心内容就是"改元易号"以及更改漏刻制度等等,详见下文的讨论。

《包元太平经》成书于汉成帝时期,而《春秋元命包》的成书时间也大约在西汉中后期,这两本书在学术思想上具有承接或者互相影响关系的可能性很大,是以经由对《春秋元命包》的认识,也可以了解《包元太平经》的大致内容。也就是说,《包元太平经》与《春秋元命包》这两种文献在性质和内容上都有很大的相似性,也都是汉代"历谱之学"的重要文献。而且《包元太平经》与《春秋元命包》都是试图以历数之学探知天命,然后用于指导政治实践,而这也正是历谱之学的基本思路。

根据《汉书·李寻传》的记载,刘向、刘歆父子激烈反对甘忠可和夏贺良的学说,或者因此《七略》中没有收录《天官历》和《包元太平经》。后来班固根据《七略》梳理西汉一朝关于历谱之学的相关文献时,也有意无意忽略掉了这两部著作,班固本人对其中的思想应当也不认可。前文提到司马迁对于公孙卿在历法方面的作用和贡献不以为意,刘向、刘歆也反对甘忠可及夏贺良等人的历谱之学,以及对天文和人事的认知,班固和司马迁及刘向、刘歆是一致的,例如

①赵在翰辑,钟肇鹏、萧文郁点校:《七纬(附论语谶)》,第392页。

《汉书·艺文志》云：

> 历谱者，序四时之位，正分至之节，会日月五星之辰，以考
> 寒暑杀生之实。故圣王必正历数，以定三统服色之制，又以探
> 知五星日月之会。凶厄之患，吉隆之喜，其术皆出焉。此圣人
> 知命之术也，非天下之至材，其孰与焉！道之乱也，患出于小人
> 而强欲知天道者，坏大以为小，削远以为近，是以道术破碎而难
> 知也。①

可见班固认可"历谱之学"的神秘特征，甚至认为这种学术是
"圣人知命之术"，他反对的是"小人而强欲知天道"。因为这种学术
过于恢宏，那些"小人"并不能真正理解"历谱之学"的真实含义，反
而会造成"道术破碎而难知"的结果。显然班固之言是有所指的，详
见下文的相关讨论。

后来甘忠可下狱而死，他的著作仍然被妥善收藏。《汉书·王
莽传》提道："及前孝哀皇帝建平二年六月甲子下诏书，更为太初元
将元年，案其本事，甘忠可、夏贺良谶书臧兰台。"②王莽所谓甘忠可
和夏贺良的"谶书"也就是《天官历》和《包元太平经》，这两本书之
所以被再次提起，是因为甘忠可和夏贺良"更受命"的学说契合了王
莽的需要。正如王夫之《读通鉴论》说："甘忠可虽死而言传，天下翕
然信天命而废人事，乃至走传王母之筹而禁不能止。"③

总的来看，《天官历》与《包元太平经》都属于历谱类文献，是根
据天文现象编制而成的，用于指导政治实践。由此也可知甘忠可属
于方术士中明天文历法的一派，这一派注重历法的作用，尝试建立

---

① 《汉书》卷三〇《艺文志》，第 1767 页。
② 《汉书》卷九九上《王莽传上》，第 4094 页。
③ 王夫之撰，舒士彦点校：《读通鉴论》，北京：中华书局，1975 年，第 116 页。

历史上重要事件和现实政治之间的神秘联系,并进而指导现实政治实践。基于此可以对哀帝改制以及"再受命"预言的实现方式有更清楚的认识。

3. 再受命预言与汉哀帝改制

前文提到齐人甘忠可的活动,以及《天官历》和《包元太平经》的主要内容。甘忠可死后,这两部书仍旧流传,他的弟子也四处活动,至汉哀帝时终于根据夏贺良的设计进行改制,此事详见于《汉书·李寻传》:

> 贺良等坐挟学忠可书以不敬论,后贺良等复私以相教。哀帝初立,司隶校尉解光亦以明经通灾异得幸,白贺良等所挟忠可书。事下奉车都尉刘歆,歆以为不合五经,不可施行。而李寻亦好之。光曰:"前歆父向奏忠可下狱,歆安肯通此道?"时郭昌为长安令,劝寻宜助贺良等。寻遂白贺良等皆待诏黄门,数召见,陈说:"汉历中衰,当更受命。成帝不应天命,故绝嗣。今陛下久疾,变异屡数,天所以谴告人也。宜急改元易号,乃得延年益寿,皇子生,灾异息矣。得道不得行,咎殃且亡,不有洪水将出,灾火且起,涤荡(人民)〔民人〕。"①

《汉书·天文志》载汉哀帝建平二年二月的时候曾经有彗星出现,其中也记载了汉哀帝改制的过程:

> 二年二月,彗星出牵牛七十余日。传曰:"彗所以除旧布新也。牵牛,日、月、五星所从起,历数之元,三正之始。彗而出之,改更之象也。其出久者,为其事大也。"其六月甲子,夏贺良等建言当改元易号,增漏刻。诏书改建平二年为太初(元将)元

---

① 《汉书》卷七五《眭两夏侯京翼李传》,第3192页。

年,号曰陈圣刘太平皇帝,刻漏以百二十为度。八月丁巳,悉复
蠲除之,贺良及党与皆伏诛流放。其后卒有王莽篡国之祸。①

汉哀帝青年继位,和成帝一样身体久病,而且同样没有继嗣。
《汉书·哀帝纪》班固"赞"中说"即位痿痹,末年寝剧",颜师古注引
苏林曰:"痿音萎枯之萎。"如淳曰:"痿音蹒跚弩。病两足不能相过
曰痿。"师古曰:"痿亦痹病也,音人佳反。痹音必寐反。蹒跚者,弩
名,事见《晋令》。蹒音烦。跚音蕤。"②《春秋考异邮》曰:"痹在喉,
寿命凶。"③由于身体健康方面的问题,汉哀帝对于鬼神方术极为信
赖,《汉书·郊祀志》说他"博征方术士,京师诸县皆有侍祠使者,尽
复前世所常兴诸神祠官,凡七百余所,一岁三万七千祠云"。④ 有论
者注意到,汉哀帝"复"的神祠有七百多所,其实比汉成帝建始二年
改革前的六百八十三所还要多。⑤

《汉书·哀帝纪》说:"待诏夏贺良等言赤精子之谶,汉家历运中
衰,当再受命,宜改元易号。"颜师古注引应劭曰:"高祖感赤龙而生,
自谓赤帝之精,良等因是作此谶文。"⑥夏贺良告诉皇帝"赤精子之
谶"说汉家历运中衰,当再受命;如果"更受命"皇帝就会延年益寿,
而且会有皇子出生;而如果"不应天命"就会像汉成帝那样没有继
嗣,还会有洪水灾火等灾异。学者们大都认为所谓的"赤精子之谶"
是谶纬预言的一种,安居香山称这种类型的谶语为"史事谶"。⑦

夏贺良关于疾病治愈和皇子出生的承诺切合了汉哀帝的心意,

---

① 《汉书》卷二六《天文志》,第1312页。
② 《汉书》卷一一《哀帝纪》,第345页。
③ 赵在翰辑,钟肇鹏、萧文郁点校:《七纬(附论语谶)》,第569页。
④ 《汉书》卷二五下《郊祀志下》,第1264页。
⑤ 田天:《秦汉国家祭祀史稿》,第241页。
⑥ 《汉书》卷一一《哀帝纪》,第340页。
⑦ (日)安居香山:《纬书与中国神秘思想》,田人隆译,第118页。

于是汉哀帝同意进行改制,《汉书·哀帝纪》载改制诏书曰:

> 汉兴二百载,历数开元。皇天降非材之佑,汉国再获受命之符,朕之不德,曷敢不通。夫基事之元命,必与天下自新,其大赦天下。以建平二年为太初元将元年。号曰陈圣刘太平皇帝。漏刻以百二十为度。①

可以发现,汉哀帝的改制涉及了改年号以及皇帝称号,另外还有漏刻制度,以及大赦天下等内容。关于"太初元将"年号,《汉书补注》引齐召南云:"太初是武帝年号,此时何至重纪?盖惑于术士之说,创立四字年号,以示更新。其后虽不施行,然后世四字年号,遂起于此。"②所谓"陈圣刘太平皇帝",颜师古注引李斐曰:"陈,道也。言得神道圣者刘也。"如淳曰:"陈,舜后。王莽,陈之后。谬语以明莽当篡立而不知。"韦昭曰:"敷陈圣刘之德也。"③钱穆认为:"今自号'陈圣刘',所以为厌胜。此后王莽乃袭其说,自托舜后耳。"④也有研究者指出,汉哀帝的改制企图借助名号、年号、漏刻的改制,开辟出一种全新的局面。⑤

甘忠可和夏贺良等人改制方案的核心内容是改元易号和改革漏刻制度,这些都和历法有关;根据他们的言论也可以推测甘忠可等人和前文提到的公孙卿类似,也属于历谱之学中的数家一派。⑥这一派的核心观点是以历法为纽带,构建历史事件和现实以及未来

---

① 《汉书》卷一一《哀帝纪》,第 340 页。
② 班固撰,颜师古注,王先谦补注:《汉书补注》,第 342 页。
③ 《汉书》卷一一《哀帝纪》,第 340 页。
④ 钱穆:《刘向歆父子年谱》,《燕京学报》1930 年第 7 期。
⑤ 王健:《西汉后期的文化危机与"再受命"事件新论》,《中国史研究》2015 年第 1 期。
⑥ 李零:《中国方术续考》,第 110 页。

之间的神秘联系,基于此预测未来,进而要求对现实问题进行改革。
也有论者指出,甘忠可等人宣扬的再受命思想的核心内容是通过某
种仪式性的手段让汉朝重新接受天命,而不是改朝换代让位给异
姓。① 可以发现,这种改制更多是理念或者形式上的,并未触及政治
经济体制等问题。

　　只是汉哀帝虽然听从夏贺良等人的建议改元再受命,但身体状
况并没有好转,而且夏贺良等人承诺的祥瑞现象也没有出现,反而
灾异继续发生,所以皇帝"以其言亡验,遂下贺良等吏"。② 汉哀帝下
诏深刻检讨,强调自己为国民福祉听信了夏贺良等人的意见,但"卒
无嘉应,久旱为灾",所以决定改过,并且认为"贺良等反道惑众,奸
态当穷竟"。最后有司判"贺良等执左道,乱朝政,倾覆国家,诬罔主
上,不道。贺良等皆伏诛"。③ 这场形式上的改制最终归于失败。

　　可以发现,夏贺良被杀的主要原因是试图干预朝政引起大臣不
满,"更受命"虽然不改变刘姓皇权,却要夺取执政大臣的权力,这是引
发矛盾的关键点。《汉书·李寻传》曰:"贺良等复欲妄变政事,大臣争
以为不可许。贺良等奏言大臣皆不知天命,宜退丞相御史,以解光、
李寻辅政。上以其言亡验,遂下贺良等吏。"④正如顾颉刚所说:"哀
帝受命改制,夏贺良等达到了心愿,这是何等可喜的事。不幸他们
所许给哀帝的利益丝毫没有着落,而他们一经得势就忘形起来。"⑤

① 陈泳超:《〈世经〉帝德谱的形成过程及相关问题——再析"五德终始说下的政治
　　和历史"》,文史哲编辑部:《"疑古"与"走出疑古"》。
② 也有学者指出,在汉哀帝的时代,谶纬之学还未形成风气,在理论和舆论上的建设
　　还有不足,参姜守诚《〈太平经〉成书的中间环节——"洞极之经"年代考论》,谢路
　　军主编:《太平道研究论丛(二)·平乡论道》。
③《汉书》卷七五《眭两夏侯京翼李传》,第3193页。
④《汉书》卷七五《眭两夏侯京翼李传》,第3193页。
⑤ 顾颉刚:《五德终始说下的政治和历史》,《清华学报》第6卷第1期,1930年。

也就是说,夏贺良等人失去哀帝信任的根本原因是他们关于改制之后疾病治愈、皇子出生和灾异减少的承诺没有得到验证,所以给了反对派攻击他们的机会。

前贤注意到,汉哀帝虽然对甘忠可等人提出的"再受命"思想失望,但在某种异常特殊的情感支配下,反而是转向了眭孟提出的"禅让"说。①《汉书·董贤传》载:"上有酒所,从容视贤笑,曰:'吾欲法尧禅舜,何如?'"②元寿元年(前2)十二月,汉哀帝策命董贤为大司马,时人猜测:"董公为大司马,册文言'允执其中',此乃尧禅舜之文,非三公故事,长老见者,莫不心惧。此岂家人子所能堪邪!"③据此可见,汉哀帝可能确实曾经考虑过禅让。但也有学者认为,汉哀帝考虑禅让于董贤这样一个不为舆论所接受的人,是对当时盛行的禅让以及"再受命"等说法的嘲讽,④可备一说。

钱穆曾言:"自昭宣以下,言禅国让贤伏诛者屡有其人,而恬不知戒。汉廷亦习闻生信,至于改号陈圣刘太平皇帝,自谓可以禳灾降福,太平无祸,其事俨如儿戏。"⑤钱穆所言的"禅国让贤"思潮确实在西汉中后期有较为广泛的影响力,汉代学者以及官员中持此意见者不乏其人,从汉宣帝以来,成帝、哀帝都受此思潮影响。这是再受命预言的背景。汉哀帝接受夏贺良等人的建议改制,尔后迅速放弃,内心或者曾期待改制能有效验,但本质上就如同禅让的酒后戏言一般,也可以理解为对"禅国让贤"思潮的回应。

4. 再受命预言的应验

再受命预言在汉成帝时代就已经出现,代国玺注意到,根据赤

① 张荫麟:《中国史纲》,长春:吉林人民出版社,2017年,第227页。
②《汉书》卷九三《佞幸传》,第3738页。
③《汉书》卷九三《佞幸传》,第3738页。
④ 王葆玹:《今古文经学新论》,北京:中国社会科学出版社,1997年,第454页。
⑤ 钱穆:《秦汉史》,第316页。

精子之谶,应当"更受命"的其实是汉成帝。① 夏贺良对汉哀帝说:
"汉历中衰,当更受命。成帝不应天命,故绝嗣。"然正如前文所述,
再受命的预言其实也没有应验在汉哀帝身上,而是被王莽以及光武
帝刘秀利用。

可以注意到,王莽在夺取政权的过程之中有计划、大规模地利
用谶语,②其中就包括"再受命"的预言。《汉书·王莽传》载王莽奏
太后要求做"假皇帝"的上书中说:

> 及前孝哀皇帝建平二年六月甲子下诏书,更为太初元将元
> 年,案其本事,甘忠可、夏贺良谶书臧兰台。臣莽以为元将元年
> 者,大将居摄改元之文也,于今信矣。《尚书·康诰》"王若曰:
> '孟侯,朕其弟,小子封。'"此周公居摄称王之文也。《春秋》隐
> 公不言即位,摄也。此二经周公、孔子所定,盖为后法。③

王莽认为改元再受命不应在汉哀帝,而应在自己身上,所谓"元
将元年者,大将居摄改元之文也",其实为自己居摄以及即真天子位
制造舆论。④ 不仅如此,王莽还改年号和改革了漏刻制度,所谓"以
居摄三年为初始元年,漏刻以百二十为度,用应天命"。"初始"的年
号可以对应"太初元将",都具有"更始"的含义,详下文的讨论。至
于改革漏刻制度,论者已经注意到,漏刻制度的改变与改元、皇帝称
号的改变同样重要。⑤ 其实王莽改革漏刻制度,应当是出于两方面

---

① 代国玺:《"赤九"谶与两汉政治》,《文史哲》2018 年第 5 期。
② 林聪舜:《儒学与汉帝国意识形态》,上海:上海人民出版社,2017 年,第 246 页。
③《汉书》卷九九上《王莽传上》,第 4094 页。
④ 有学者注意到,王莽对甘忠可和夏贺良进行翻案,显示他本人与《包元太平经》有
  某种联系,参姜守诚《〈太平经〉成书的中间环节——"洞极之经"年代考论》,谢路
  军主编:《太平道研究论丛(二)·平乡论道》。
⑤ 王子今:《秦汉史——帝国的成立》,台北:三民书局,2009 年,第 170 页。

的考虑,一是统合中央与地方制度,二是王莽喜爱"时日小数"的性格使然。①

另外,前引《汉书·哀帝纪》颜师古注"陈圣刘太平皇帝"引如淳曰:"陈,舜后。王莽,陈之后。谬语以明莽当篡立而不知。"②陈槃指出:"由如淳说,似陈圣刘太平皇帝之号亦为莽篡立之谶,则不知莽符命中果有此说耶,抑淳皮傅之言耶?"③前引钱穆认为:"今自号'陈圣刘',所以为厌胜。此后王莽乃袭其说,自托舜后耳。如说陈圣之义极是,惟谓谬语以明莽当篡立,则非。"④应当可以认为,如淳的意见确实为"皮傅"。⑤ 王莽似乎并未深究"陈圣刘太平皇帝"的名号,其侧重点在甘忠可和夏贺良谶言中的改年号和漏刻制度方面,正如钱穆所云,其自托舜后乃据五德转移之说,认为尧后之汉德既衰,自己为舜后自当取而代之。⑥

后王莽政乱,光武帝刘秀也被认为是"再受命"。《容斋随笔》云:"哀帝时,夏贺良以为汉历中衰,当更受命,遂有陈圣刘太平皇帝之事,贺良坐不道诛。及王莽篡窃,自谓陈后,而光武实应之。"⑦前引皮锡瑞《经学历史》也说:"夏贺良以为汉有再受命之祥,而应在光武"。⑧《后汉书·光武帝纪》范晔"论曰":"是岁县界有嘉禾生,

---

① 董涛:《漏刻与汉代时间观念》,《史学月刊》2021 年第 1 期。
②《汉书》卷一一《哀帝纪》,第 340 页。
③ 陈槃:《秦汉间之所谓"符应"论略》,《中央研究院历史语言研究所集刊》第 16 本,1947 年。
④ 钱穆:《刘向歆父子年谱》,《燕京学报》1930 年第 7 期。
⑤ 陈泳超也指出,韦昭的意见是正确的,如淳的看法有事后诸葛亮之嫌,见《〈世经〉帝德谱的形成过程及相关问题——再析"五德终始说下的政治和历史"》,文史哲编辑部:《"疑古"与"走出疑古"》。
⑥ 钱穆:《刘向歆父子年谱》,《燕京学报》1930 年第 7 期。
⑦ 洪迈撰,孔凡礼点校:《容斋随笔》,第 441 页。
⑧ 皮锡瑞撰,吴仰湘编:《经学历史》,第 108 页。

一茎九穗,因名光武曰秀。明年,方士有夏贺良者,上言哀帝,云汉家历运中衰,当再受命。于是改号为太初元年,称'陈圣刘太平皇帝',以厌胜之。"①光武帝刘秀出生于汉哀帝建平元年,建平二年夏贺良改制,范晔刻意将这两件事联系在一起,论证光武帝的即位应验了"再受命"的预言。另外,范晔在《后汉书·卢芳传》的"论曰"中也说:"观更始之际,刘氏之遗恩余烈,英雄岂能抗之哉! 然则知高祖、孝文之宽仁,结于人心深矣。周人之思邵公,爱其甘棠,又况其子孙哉! 刘氏之再受命,盖以此乎!"②其中"刘氏再受命"的说法应当引起注意。有学者认为,宣扬受命与符瑞反映了范晔在思想和政治上的局限性。③ 也有论者指出,神化东汉政权,反映了范晔的正统思想。④

事实上,西汉末年刘氏"再受命"的思潮具有深远的影响,甚至一度决定了政治走向。例如窦融和豪杰诸太守商议归属时,其中有"智者"说:"自前世博物道术之士谷子云、夏贺良等,建明汉有再受命之符,言之久矣。"⑤窦融等信服此说,遂决意归属刘秀。另外《后汉书·刘玄传》载安陵人弓林等人的言论也说:"今皆云刘氏真人,当更受命,欲共定大功,何如?"⑥《后汉书·郅恽传》记载郅恽的预测说:"方今镇、岁、荧惑并在汉分翼、轸之域,去而复来,汉必再受命,福归有德。如有顺天发策者,必成大功。"另外郅恽也曾上书王莽劝其退位,其中提到"刘氏享天永命,陛下顺节盛衰,取之以天,还

---

①《后汉书》卷一下《光武帝纪下》,第 86 页。

②《后汉书》卷一二《王刘张李彭卢传》,第 509 页。

③ 瞿林东:《中国史学史》,上海:上海人民出版社,2006 年,第 90 页。

④ 庞天佑:《中国史学思想通史·南北朝魏晋卷》,合肥:黄山书社,2003 年,第241 页。

⑤《后汉书》卷二三《窦融传》,第 798 页。

⑥《后汉书》卷一一《刘玄刘盆子列传》,第 473 页。

之以天，可谓知命矣。若不早图，是不免于窃位也"。①《后汉书·曹
褒传》载曹褒父曹充的上书说："汉再受命，仍有封禅之事，而礼乐崩
阙，不可为后嗣法。"②

　　另外，西汉末年还流行"刘氏复兴""汉当复兴"的说法。例如
《后汉书·李通传》云："莽末，百姓愁怨，通素闻守说谶云'刘氏复
兴，李氏为辅'，私常怀之。③袁宏《后汉纪》曰："（李）守身长八尺，
容貌绝异，治家与子孙如官府。少事刘歆，好星历谶记之言，云'汉
当复兴，李氏为辅'。私窃议之，非一朝也。"④后来李守之子李通与
刘秀深结，《后汉书·光武帝纪》载其言曰："刘氏复起，李氏为
辅"。⑤ 当时的刘秀虽然"不敢当"，但这则谶言确实让刘秀振奋，于
是会同率领宗族宾客起兵。⑥ 另外《后汉书·王常传》载王常之言
曰："王莽篡弑，残虐天下，百姓思汉，故豪杰并起。今刘氏复兴，即
真主也。"⑦《东观汉记》载耿弇曰："百姓患苦王莽苛刻日久，闻刘氏
复兴，莫不欣喜，望风从化，而去虎口就慈母，倒戟横矢不足以喻
明。"⑧赵翼注意到"王莽时起兵者皆称汉后"。⑨ "民心思汉"显然
是"刘氏复兴"预言的社会思想背景。

①《后汉书》卷二九《申屠刚鲍永郅恽列传》，第 1024 页。《资治通鉴》节略而言曰：
　"汝南郅恽明天文历数，以为汉必再受命，上书说莽曰：'上天垂戒，欲悟陛下，令就
　臣位。取之以天，还之以天，可谓知命矣！'莽大怒，系恽诏狱，逾冬，会赦得出。"
　《资治通鉴》卷三八《汉纪三十》，第 1224 页。
②《后汉书》卷三五《张曹郑列传》，第 1201 页。
③《后汉书》卷一五《李王邓来列传》，第 573 页。
④袁宏著，张烈点校：《后汉纪》，北京：中华书局，2002 年，第 2 页。
⑤《后汉书》卷一上《光武帝纪上》，第 2 页。
⑥杨联陞：《东汉的豪族》，北京：商务印书馆，2017 年，第 6 页。
⑦《后汉书》卷一五《李王邓来列传》，第 579 页。
⑧刘珍等撰，吴树平校注：《东观汉记校注》，北京：中华书局，2008 年，第 353 页。
⑨赵翼著，王树民校证：《廿二史札记校证》，北京：中华书局，2013 年，第 72 页。

　　事实上，"刘氏复兴，李氏为辅"的谶言在王莽时代就已经出现，《汉书·王莽传》载卜者王况与李焉之言曰："汉家当复兴。君姓李，李音徵，徵火也，当为汉辅。"显然这种说法源自汉家尧后为火德的观念，是从五德终始的角度论证李氏为汉辅。另外王况还为李焉作谶书，其中有"四年当发军""十一年当相攻"等语，另外还有王莽大臣吉凶日期预言。后来王况被告发下狱死，《汉书》载王莽特意针对王况的预言进行厌胜："莽以王况谶言荆楚当兴，李氏为辅，欲厌之，乃拜侍中掌牧大夫李棽为大将军、扬州牧，赐名圣，使将兵奋击。"①王莽如此大张旗鼓，必然会使这则谶言更加广为流布，或者正因此这则谶言为当时在长安事刘歆的李守所知，后来影响及李通和刘秀。

　　"光武中兴"也可以理解为"再受命"，《廿二史札记》"光武信谶书"条说："哀帝建平中，有方士夏贺良上言赤精子之谶，汉家历运中衰，当再授命，故改号曰太初元将元年，称陈圣刘太平皇帝。其后果篡于王莽，而光武中兴。"②赵翼认为从篡于王莽到光武中兴的这段历史可以理解为"再受命"。事实上，"受命中兴"是东汉重要的政治口号，例如汉明帝在诏书中说："先帝受命中兴，德侔帝王，协和万邦，假于上下，怀柔百神，惠于鳏寡。"③明帝时东平王刘苍上《光武受命中兴赋》，汉明帝"甚善之，以其文典雅，特令校书郎贾逵为之训诂"。④后来汉安帝的诏书也说："昔我光武受命中兴，恢弘圣绪，横被四表，昭假上下，光耀万世，祉祚流衍，垂于罔极。"⑤"中兴"与"受命"紧密相连，其中确实也含有"再受命"的含义。

　　其实光武帝庙号"世祖"也含有"再受命"的意思，《续汉书·祭

①《汉书》卷九九下《王莽传下》，第4166、4168页。

② 赵翼著，王树民校证：《廿二史札记校证》，第87页。

③《后汉书》卷二《显宗孝明帝纪》，第95页。

④《后汉书》卷四二《光武十王列传》，第1436页。

⑤《后汉书》卷一七《冯岑贾列传》，第652页。

祀》引蔡邕曰:"孝明立世祖庙,以明再受命祖有功之义,后嗣遵俭,不复改立,皆藏主其中。"①蔡邕《光武济阳宫碑》说:"惟汉再受命曰世祖光武皇帝。"班固《南巡颂》也说:"惟汉再受命,系叶十一。"②在东汉人的历史叙述中,高祖刘邦为"受命创业"之祖,而光武帝刘秀则为"受命中兴"之祖,《续汉书·舆服》注引《东观书》曰:"高皇帝始受命创业,制长冠以入宗庙。光武受命中兴,建明堂,立辟雍。"③"中兴"之祖相对于"创业"之祖,自然就是"再受命"了,在东汉的正统观中这显然是非常重要的内容。

　　需要注意的是,在西汉末年也曾流行"一姓不得再受命"的说法,对于理解再受命预言也有重要意义。《后汉书·公孙述传》曰:"以为孔子作《春秋》,为赤制而断十二公,明汉至平帝十二代,历数尽也,一姓不得再受命。"④钱大昕《三史拾遗》引陈氏景云曰:"姓不再命,《尚书帝命验》之文。见《诗文王篇》正义。"⑤《毛诗正义》云:"《尚书帝命验》曰:自三皇以下,天命未去飨善,使一姓不再命,然则文王已受赤雀武王又得白鱼者一姓不再命,谓子孙既衰之后,天不复重命使兴耳,非谓创业之君也。"⑥显然公孙述"一姓不再受命"是对《尚书帝命验》的曲解。然而这种说法确实也受到一部分人支持,例如班彪也曾断定天下不会再归刘氏。前引陈苏镇的意见提到,自西汉中后期开始,知识阶层就对武帝及霍光等人的政策不满,并进而产生了要求汉家禅让的想法,至王莽改制政局混乱,"民心思

①《后汉书》,第3196页。
②蔡邕:《光武济阳宫碑》,严可均编:《全上古三代秦汉三国六朝文》,第1757页。
③《后汉书》,第3663页。
④《后汉书》卷一三《隗嚣公孙述列传》,第538页。
⑤钱大昕:《三史拾遗》,陈文和主编:《嘉定钱大昕全集(增订本)》第四册,南京:凤凰出版社,2016年。
⑥《毛诗正义》,阮元校刻《十三经注疏》,第1083页。

汉"成为主流社会思潮,但也有相当一部分人仍对刘氏不满,再加上如公孙述等别有用心者的宣传蛊惑,"一姓不得再受命"的说法也有一定的影响力。只是后来光武帝刘秀"中兴""再受命",这种说法就逐渐消泯不见了。

总的来说,甘忠可以及西汉中后期开始出现的"再受命"思想,宣扬汉王朝所受的旧的天命已经结束,需要重新接受天命,甘忠可以及后来的夏贺良等人认为汉朝的皇帝可以通过改革年号等方式,来重新接受天命。最早被认为应当"更受命"的是汉成帝,但汉成帝被认为"不应天命";后来夏贺良改制失败,"再受命"也没有应在汉哀帝。王莽对"再受命"进行了重新的解读,认为自己才是真正应该接受"天命"的人;然而王莽政败,"再受命"最终被认为应验在光武帝刘秀身上。可以发现,"再受命"预言在先,而王莽、光武帝等寻求验证在后,谶纬预言的结果导向特征在这里体现得十分明显。

四、刘秀当为天子预言

前引皮锡瑞《经学历史》云:"王莽时谶云'刘秀当为天子',尤为显证。"刘秀青睐经术的另外一个原因是谶言"刘秀当为天子"被验证。这则谶言原本所指并非刘秀,但和"再受命"预言一样,最终被认为应验在刘秀身上。"刘秀当为天子"预言的应验过程值得深思。

1. 符命中的"刘秀"

"刘秀当为天子"的预言出自《赤伏符》,也就是光武帝的受命之符。《后汉书·光武帝纪上》说:

> 行至鄗,光武先在长安时同舍生彊华自关中奉《赤伏符》,曰"刘秀发兵捕不道,四夷云集龙斗野,四七之际火为主"。[1]

---

[1]《后汉书》卷一上《光武帝纪上》,第22页。

李贤注云："四七，二十八也。自高祖至光武初起，合二百二十八年，即四七之际也。汉火德，故火为主也。"《东观汉记》云："时传闻不见《赤伏符》文军中所，上未信，到鄗，上所与在长安同舍诸生彊华自长安奉赤伏符诣鄗，与上会。"①《宋书·符瑞》作："光武平定河北，还至中山，将军万脩得《赤伏符》，言光武当受命。群臣上尊号，光武辞。前至鄗县，诸生彊华又自长安诣鄗，上《赤伏符》，文与脩合。"②这则谶言在刘秀登基祭天的祝文中被写作"刘秀发兵捕不道，卯金修德为天子"，李贤注云："卯金，刘字也。《春秋演孔图》曰：'卯金刀，名为〔刘〕，赤帝后，次代周。'"③《赤伏符》明确提到刘秀的名讳，是为光武受命之符，所以《资治通鉴》说："帝以《赤伏符》即位。由是信用谶文。多以决定嫌疑。"④《廿二史札记》也说："是谶记所说寔于光武有征，故光武尤笃信其术，甚至用人行政亦以谶书从事。"⑤后来刘秀对《河图》进行审定，"宣布图谶于天下"，并上升到法典的地位。⑥

对于这则谶纬何时出现、为谁所作，学者们有不同的意见。吕思勉曾言，刘秀当为天子之言，乃光武辈所造，而传之子骏。⑦顾颉刚也认为这则谶言是支持光武帝刘秀的势力所作，后来影响了刘歆集团。后来也有学者支持这样的意见，陈槃认为《赤伏符》制作于昆阳之战之后，⑧也有学者认为《赤伏符》是为刘秀称帝而制作

---

① 校勘记曰："此句姚本作'时传闻赤伏符不见文章军中所'，《类聚》卷一二引同。"但文意仍然不通。刘珍等撰，吴树平校注：《东观汉记校注》，第2页。
② 《宋书》卷二七《符瑞》，第770页。
③ 《后汉书》卷一《光武帝纪上》，第21页。
④ 《资治通鉴》卷四四《汉纪三六》，第1427页。
⑤ 赵翼著，王树民校证：《廿二史札记校证》，第87页。
⑥ 参黄开国《儒学与经学探微》，成都：巴蜀书社，2010年，第10页。
⑦ 吕思勉：《秦汉史》，第579页。
⑧ 陈槃：《古谶纬书录解题》，《"中研院"历史语言研究所集刊》第44本第2分册，1950年。

的。① 但是也有学者指出，《赤伏符》是"道士"西门君惠为刘歆所作，是为刘歆谋叛所作的准备。② 陈苏镇指出，一方面，当时人们认为"刘秀"指的是刘歆而非光武，所以《赤伏符》不是为光武帝而作；另一方面，《赤伏符》显然也不是为刘歆所作，他没有事迹可以对应符文中的"四七之际"。陈苏镇认为《赤伏符》哀平之际就已经在流传了，但"刘秀"原本写作"刘季"，指的是汉高祖刘邦，后来才改作"刘秀"。③ 这个说法应当是符合历史实情的。

另外，《河图》之中也出现了"刘秀"名讳，《续汉书·祭祀志》引《河图合古篇》说："帝刘之秀，九名之世，帝行德，封刻政。"④"帝刘之秀"明确说刘秀的名讳，陈苏镇怀疑这条谶语可能是晚出的，也可能是由"刘季"改成的刘秀。⑤《合古篇》仅留有此一句。⑥ 再者，虽然没有明确出现刘秀名讳，根据内容也可以判断所指为刘秀的谶语还有《河图会昌符》曰："赤帝九世，巡省得中，治平则封，诚合帝道孔矩，则天文灵出，地祇瑞兴。帝刘之九，会命岱宗，诚善用之，奸伪不萌。赤汉德兴，九世会昌，巡岱皆当。天地扶九，崇经之常。汉大兴之，道在九世之王。封于泰山，刻石著纪，禅于梁父，退省考五。"《河图提刘予》曰："九世之帝，方明圣，持衡拒，九州平，天下予。"《雒书甄曜度》曰："赤三德，昌九世，会修符，合帝际，勉刻封。"《孝经钩命决》曰："予谁行，赤刘用帝，三建孝，九会修，专

---

① 黄复山：《东汉图谶〈赤伏符〉本事考》，氏著：《东汉谶纬学新探》，台北：台湾学生书局，2000 年。
② 吴从祥：《〈赤伏符〉考辨》，《中华文化论坛》2016 年第 1 期。另参刘力耘《汉〈赤伏符〉释义》，《中华文史论丛》2017 年第 1 辑。
③ 陈苏镇：《〈春秋〉与"汉道"——两汉政治与政治文化研究》，第 429 页。陈苏镇还列举了谶语中与"刘季"相关的内容，可参看。
④《后汉书》，第 3165 页。
⑤ 陈苏镇：《〈春秋〉与"汉道"——两汉政治与政治文化研究》，第 431 页。
⑥（日）安居香山、中村璋八辑：《纬书集成》，第 1158 页。

兹竭行封岱青。"①这些谶语都是为刘秀封禅所作的舆论准备,出现时间显然较晚。

也就是说,根据陈苏镇的判断,《赤伏符》早已开始流传,原文当作"刘季发兵捕不道"。后来其中的"刘季"讹误为"刘秀",差不多同时刘歆改名刘秀,这两者之间是否有关联仍需进一步讨论。另外需要注意的是,在王莽政败、民心思汉的思想背景之下,有一部分人转而支持刘歆为天子,"道士"西门君惠等人支持刘歆谋叛就是其中代表。而支持刘歆为天子的势力,显然和"刘秀当为天子"的预言造作有关。

2. 刘歆改名疑案

读史者多有认为刘歆因图谶而改名刘秀。史料记载中刘歆确实有谋叛的举动,刘歆自己又擅长星历谶纬,身边也有诸如西门君惠之流的"道士",这一切都让刘歆改名变成一桩疑案。

根据史料记载,刘歆确实曾改名"刘秀",《汉书·楚元王传》云:"初,歆以建平元年改名秀,字颖叔云。及王莽篡位,歆为国师,后事皆在莽传。"颜师古注引应劭曰:"《河图赤伏符》云'刘秀发兵捕不道,四夷云集龙斗野,四七之际火为主',故改名,几以趣也。"②陈苏镇引敦煌悬泉汉简所见平帝元始五年五月太皇太后诏中有"羲和臣秀"一句,认为刘歆改名确实属实。③ 前引窦融时"智者"说:"今皇帝姓号见于图书……故刘子骏改易名字,冀应其占。"④窦融时期的"智者"以及应劭的判断应代表了东汉时期相当一部分人对刘歆改名的意见,但这种意见可能并不属实。

---

①《后汉书》,第3165、3166页。
②《汉书》卷三六《楚元王传》,第1972页。
③ 陈苏镇:《〈春秋〉与"汉道"——两汉政治与政治文化研究》,第432页。
④《后汉书》卷二二《窦融列传》,第798页。

　　后世读书者也批评刘歆改名应图谶,例如《汉书补注》引何焯曰:"载其改名为哀帝之时,以见歆乐祸非望,素不能乃心王室。"①另外《容斋随笔》有"刘歆不孝"条对比刘向刘歆云:"向拳拳于国家,欲抑王氏以崇刘氏,而歆乃力赞王莽,唱其凶逆,至为之国师公,又改名秀以应图谶,竟亦不免为莽所诛,子棻、女愔皆以戮死。使天道每如是,不善者其知惧乎。"②这是相当严厉的指责。另外司马光《原道》也认为刘歆改名刘秀以应谶纬,并认为这种举动"无益于事"。③

　　也有学者注意到,刘歆改名是为了避讳,例如钱穆就指出:"哀帝名欣,讳欣曰喜,刘歆之改名,殆以讳嫌名耳。"④郭世谦也认为:"据《哀帝纪》'孝哀皇帝'注:'荀悦曰:讳欣之,字曰喜。'《诸侯王表》定陶恭王骥,'阳朔三年,王欣嗣。十四年,绥和元年为皇太子'。是哀帝名欣。欣、歆古通。然则刘歆改名的原因当是避哀帝之讳。"⑤关于刘歆改名应合谶语之说,栾保群认为这是光武帝时期文人编造的诬陷之辞。⑥但冯友兰认为刘歆改名是为了应和这个谶言。⑦也就是说,刘歆改名的动因是避汉哀帝刘欣讳,但他可能出于多种考量选择"秀"。虽然并不排除他见到过"刘秀发兵捕不道"的谶文,然亦无法证实这一点。

　　刘歆改名"刘秀"的本心虽然未必是为了应合图谶,但也不能排除别有用心者根据"刘秀"这个名字篡改了"刘季发兵捕不道"的谶

① 班固撰,颜师古注,王先谦补注:《汉书补注》,第3426页。
② 洪迈撰,孔凡礼点校:《容斋随笔》,第120页。
③ 司马光著,李之亮笺注:《司马温公集编年笺注》,成都:巴蜀书社,2009年,第242页。
④ 钱穆:《刘向歆父子年谱》,《燕京学报》1930年第7期。
⑤ 郭世谦:《山海经考释》,天津:天津古籍出版社,2011年,第7—8页。
⑥ 栾保群:《中国古代的谣言与谶语》,第50页。
⑦ 冯友兰:《中国哲学史新编(1980年修订本)》,第192页。

文,并且特意宣扬"刘秀当为天子",其目的应当是为怂恿刘歆谋叛制造舆论。刘歆谋叛事见于《汉书·王莽传》:

> 先是,卫将军王涉素养道士西门君惠。君惠好天文谶记,为涉言:"星孛扫宫室,刘氏当复兴,国师公姓名是也。"涉信其言,以语大司马董忠,数俱至国师殿中庐道语星宿,国师不应。①

也就是说,王涉怂恿刘歆一同谋反,但刘歆狐疑犹豫,后因消息走漏,王涉和刘歆均自杀身死,主导这次叛乱的大司马董忠也被杀。刘歆和王涉被王莽认为是"骨肉旧臣",②另外还有大司马董忠,是在王莽政权内部滋生的反对势力,所以王莽"恶其内溃"。《王莽传》载王涉的意图是:"同心合谋,共劫持帝,东降南阳天子,可以全宗族;不者,俱夷灭矣。""保全宗族"是王涉和刘歆的共同目标,所以有劫持王莽投降"南阳天子"的策略。刘歆所谓的"东方必成"以及"当待太白星出",其实也是心向南阳的更始政权。《汉书·天文志》说"太白经天,天下革,民更王",太白是"兵象""主兵",③太白星出意味着军事活动的发生。刘歆根据星占术结合当时天下形势判断不久之后有针对王莽的重要军事行动,到时候在内部发动叛乱与之配合,可以大大提升成功率。刘歆的星占预言和判断在当时具有权威性,④后来班固在进行历史书写的时候还特意加上了这一年"秋,太白星流入太微,烛地如月光",⑤以证明刘歆星占预言之准确。

事实上,宣扬"刘秀当为天子"预言的是"道士"西门君惠。《后汉书·窦融传》"智者"之言也补充了部分细节:"及莽末,道士西门

① 《汉书》卷九九下《王莽传下》,第4185页。
② 王涉是王根之子。颜师古注云:"王涉,骨肉也。刘歆,旧臣。"
③ 《汉书》卷二六《天文志》,第1283页。
④ 江晓原:《天学真原》,南京:译林出版社,2011年,第132页。
⑤ 《汉书》卷九九下《王莽传下》,第4185页。

君惠言刘秀当为天子,遂谋立子骏。事觉被杀,出谓百姓观者曰:
'刘秀真汝主也。'"①陈槃曾怀疑,既然西门君惠原本宣扬"刘秀当
为天子",后来又为何改口欲"东降南阳天子",这着实令人费解。②
事实上,想要"东降南阳天子"的是王涉与刘歆,他们二人自始至终
的诉求都是"安宗族""全宗族",诛杀王莽取而代之并不符合他们的
核心诉求。然而"道士"西门君惠则没有太多宗族方面的顾虑,所以
他会怂恿王涉支持刘歆诛杀王莽称帝。正因此"刘秀当为天子"的
说法一度让刘歆非常紧张,所以初时不应、不信王涉。另外,与刘歆
关于太白星的预言不同,西门君惠"星孛扫宫室"也更侧重于王莽的
覆灭。也就是说,虽然表面上看"道士"西门君惠和刘歆、王涉属于
同一集团,但他们内部诉求的差异也是十分明显的。

西门君惠好"天文谶记",可以认为他和之前提到的公孙卿、甘
忠可及夏贺良等人类似,也属于历谱之学中的数家一派。③ 刘向和
刘歆对这一派方术士的活动原本就存有戒心,前文曾提到刘向、刘
歆父子激烈反对甘忠可、夏贺良的学说,甘忠可也正因刘向的举报
而下狱。另外从西门君惠宣扬"刘秀当为天子"预言来看,他也是
《赤伏符》传播过程的重要环节。前引陈苏镇认为《赤伏符》"刘秀"
原本当作"刘季",其中"四七"对应的是汉高祖刘邦的事迹,而这则
谶语到了王莽时代被改成"刘秀"并广为传播,西门君惠显然发挥
了重要作用。可以推测,刘歆因避汉哀帝讳改名刘秀在前,西门君
惠等改《赤伏符》中"刘季"为"刘秀"在后,其意在为支持刘歆取

---

① 《后汉书》卷二三《窦融列传》,第 798 页。
② 所以陈槃认为《赤伏符》是光武帝昆阳大捷之后制作,后来流传至长安,影响了西
  门君惠的判断。然这样的解释过于迂曲了。见陈槃《秦汉间之所谓"符应"论略》,
  《中央研究院历史语言研究所集刊》第 16 本,1947 年。
③ 陈槃认为西门君惠为方士,其例与卢生奏《录图书》者同,见陈槃《战国秦汉间方士
  考论》,《中央研究院历史语言研究所集刊》第 17 本,1948 年。

代王莽制造舆论。刘歆对这一情况是否知情不得而知,但从他对待王涉的态度来看,刘歆应当并不支持西门君惠的这一行为。当然这样的判断是建立在《汉书》叙述的基础上,班固是否回护刘歆不得而知。

总的来说,刘歆改名为刘秀确实属实,但其本意在避讳汉哀帝刘欣之名。王莽政治发展至后期民众失望情绪弥甚,"民心思汉"成为主流社会思想,"刘氏复兴""再受命"成为广受欢迎的政治口号。在此情形之下,有一部分人将复兴汉室的希望寄托在国师公刘歆身上,故而将《赤伏符》中"刘季发兵捕不道"改为"刘秀"。至于刘歆本人,在新莽政权走向崩溃之际为了保全宗族曾考虑武力劫持王莽,投奔南阳政权,但所谓改名以应谶并不存在。

3. 刘秀为天子预言的应验

前文提到,光武帝刘秀出生时,《赤伏符》已经流行。至王莽时别有用心者将《赤伏符》中的"刘季发兵捕不道"改为"刘秀",此时光武帝刘秀尚不知名,谶语所指为刘歆,这是当时多数人能够认识到的情况。而后来刘秀的事业逐渐成功,"刘秀当为天子"的预言也就逐渐应验在刘秀身上,对于这一点光武帝刘秀是乐于接受的。

前文提到,"刘秀当为天子"的预言是在《赤伏符》"刘秀发兵捕不道"的基础上出现的。《后汉书·光武帝纪》载范晔论曰:"初,道士西门君惠、李守等亦云刘秀当为天子。其王者受命,信有符乎?不然,何以能乘时龙而御天哉!"[1]前引窦融时"智者"说:"道士西门君惠言刘秀当为天子,遂谋立子骏。事觉被杀,出谓百姓观者曰:'刘秀真汝主也。'"[2]可见在当时人们看来,"刘秀当为天子"谶语所

---

①《后汉书》卷一下《光武帝纪下》,第86页。
②《后汉书》卷二三《窦融列传》,第798页。

指确实是刘歆。《后汉书·邓晨传》载：

> 王莽末，光武尝与兄伯升及晨俱之宛，与穰人蔡少公等谶
> 语。少公颇学图谶，言刘秀当为天子。或曰："是国师公刘秀
> 乎？"光武戏曰："何用知非仆邪？"坐者皆大笑，晨心独喜。[1]

《东观汉记》云："光武微时与邓晨观谶，云'刘秀当为天子'。
或言'国师公刘秀当之'。光武曰：'安知非仆乎？'建武三年，上征
邓晨还京师，数谶见，说故旧平生为忻乐。晨从容谓帝曰：'仆竟
辨之。'帝大笑。"[2]有学者认为，光武当时有应谶之心理，[3]此说甚
确。虽然"刘秀当为天子"的谶语所指确实为刘歆，但对刘秀及支
持者也有一定程度的影响。后来随着刘秀事业逐渐走向成功，这
种影响也逐渐加深，刘秀也采用各种方式将这则谶语和自己联系
在一起。

后来"赤伏符"被编入《河图》之中，这应该是经过光武帝刘秀审
定的结果，之后"宣布图谶于天下"，《河图》等谶纬文献被上升到国
家法典的地位，刘秀经常以之作为国家大政方针制定的依据。例如
《赤伏符》中还有"王梁主卫作玄武"一句，《后汉书·王梁传》说：
"帝以野王卫之所徙，玄武水神之名，司空水土之官也，于是擢拜梁
为大司空，封武强侯。"[4]另外，刘秀封禅泰山刻石文中，引用谶纬以
论证封禅，其中《河图赤伏符》被置于首位。[5] 也可见《赤伏符》在东
汉王朝的重要作用。

另外，也有学者认为，光武帝刘秀出生和刘歆改名都在汉哀帝建

---

[1]《后汉书》卷一五《李王邓来列传》，第 582 页。

[2] 刘珍等撰，吴树平校注：《东观汉记校注》，第 285 页。

[3] 任蜜林：《汉代内学——纬书思想通论》，第 95 页。

[4]《后汉书》卷二二《朱景王杜马刘傅坚马列传》，第 774 页。

[5]《后汉书》，第 3165 页。

平元年,刘秀的命名可能也是为了应《赤伏符》之谶。① 然此说恐怕不实,《后汉书·光武帝纪》范晔论说刘秀出生当年"县界有嘉禾生,一茎九穗,因名光武曰秀",②这是刘秀命名的原因,与"刘秀发兵捕不道"谶语无关。

总的来说,"刘秀当为天子"谶言的应验,让刘秀以及当时人们更加坚信谶纬的真实可靠性,这也让谶纬之学在东汉受到格外青睐,并对东汉政治文化产生重要影响。前引皮锡瑞认为刘秀本人并非"愚闇妄信"之人,实在是因为他确实亲身验证经术之有效。诚哉斯言!

五、代汉者当涂高谶言

从西汉中后期"代汉者当涂高"谶言就开始流行,对于这则谶言的真实含义,有不同的人进行解读,通过这些不同的解读方式,可以发现谶纬传播的基本规律,也可以帮助我们了解谶言究竟是如何验证的。

1. 代汉谶言的产生

"代汉者当涂高"谶言见于光武帝刘秀给公孙述的书信中,《后汉书·公孙述传》载:

> 述亦好为符命鬼神瑞应之事,妄引谶记。以为孔子作《春秋》,为赤制而断十二公,明汉至平帝十二代,历数尽也,一姓不得再受命。又引《录运法》曰:"废昌帝,立公孙。"《括地象》曰:"帝轩辕受命,公孙氏握。"《援神契》曰:"西太守,乙卯金。"谓

① 钟肇鹏:《谶纬论略》,第26—27页。另参宋佩韦《东汉宗教史》,上海:商务印书馆,1931年,第13页;丁鼎、杨洪权《神秘的预言:中国古代谶言研究》,太原:山西人民出版社,1993年,第61页;张广保《纬书与汉代政治》,《原道》第5辑,贵阳:贵州人民出版社,1999年。
② 《后汉书》卷一下《光武帝纪下》,第86页。

西方太守而乙绝卯金也。五德之运,黄承赤而白继黄,金据西方为白德,而代王氏,得其正序。又自言手文有奇,及得龙兴之瑞。数移书中国,冀以感动众心。帝患之,乃与述书曰:"图谶言'公孙',即宣帝也。代汉者当涂高,君岂高之身邪? 乃复以掌文为瑞,王莽何足效乎! 君非吾贼臣乱子,仓卒时人皆欲为君事耳,何足数也。君日月已逝,妻子弱小,当早为定计,可以无忧。天下神器,不可力争,宜留三思。"①

李贤注引《东观汉记》曰:"光武与述书曰:'承赤者,黄也;姓当涂,其名高也。'"所谓"代汉者当涂高,君岂高之身邪"以及"姓当涂,其名高也",意思都在否认公孙述和"当涂高"之间的关系。② 至于"代汉者当涂高"究竟是什么意思,刘秀没有进行进一步的阐释,顾颉刚认为,刘秀以中兴之主的身份,说汉家将亡于蒙孙之手,得国的是丞相当涂高,这种预言自己灭亡的度量,不是前世和后世的君主所能拥有的。③ 需要注意的是,当时刘秀给公孙述写这封信,主要目的是解构他一直强调的"公孙"谶言,也就是"公孙病已立"以及公孙述引用的《录运法》所谓的"废昌帝,立公孙",所以对"代汉者当涂高"的预言没有深入解读。另外,在当时"代汉"并非思想之主流,所以"代汉"的谶言尽管存在,但并未广泛流行,也不是刘秀需要解决的主要问题。

关于"代汉者当涂高"的谶言,《春秋保乾图》说:"汉以魏徵,黄精接期,天下归高。""当涂在世,名行四方。"④有论者以为,《后汉书·公孙述传》引用的图谶篇名是孤证,很可能是范晔在写作《后汉

①《后汉书》卷一三《隗嚣公孙述列传》,第538页。
② 任蜜林:《汉代内学——纬书思想通论》,第369页。
③ 顾颉刚:《五德终始说下的政治和历史》,《清华学报》第6卷第1期,1930年。
④ 赵在翰辑,钟肇鹏、萧文郁点校:《七纬(附论语谶)》,第587页。

书》的时候将当时流传的纬书篇名直接引入。①

东汉建立以后,"代汉者当涂高"的谶言就不见流行了,主要原因是刘秀曾经"宣布图谶于天下",严厉打击涉及"造作图谶"的行为。一直到东汉中后期,人们再一次开始思考汉朝命运的时候,"代汉"的思想开始高涨,不同集团利用这则谶言为自己的政治目的服务。

2. 三国时期的代汉谶言

袁术称帝试图证明"代汉者当涂高"预言应验在自己身上。《后汉书·袁术传》记载袁术僭号称帝:"建安二年,因河内张炯符命,遂果僭号,自称'仲家'。""又少见谶书,言'代汉者当涂高',自云名字应之。"李贤注释认为:"当涂高者,魏也。然术自以'术'及'路'皆是'涂',故云应之。"②《三国志·魏书·袁术传》说:"用河内张炯之符命,遂僭号。"裴松之注引《典略》曰:"术以袁姓出陈,陈,舜之后,以土承火,得应运之次。又见《谶》文云:'代汉者,当涂高也。'自以名字当之,乃建号称仲氏。"③河内张炯的身份不详,有学者认为他可能是"术士",并指出河内张氏有"信道"的传统,④如果此说可信,东汉中后期活跃在社会中下层的术士阶层也开始使用谶纬和符命,在社会动乱之际试图寻找政治上的可能性。但袁术借用谶纬的效果不佳,这可能是东汉中后期以来谶纬式微的表现。⑤

① 黄复山:《汉代尚书谶纬学述》,台北:辅仁大学中文研究所博士论文,1996年,第42页。另参王小明《〈春秋〉纬与汉代思想世界》,成都:巴蜀书社,2020年,第81页。
②《后汉书》卷七五《刘焉袁术吕布列传》,第2440页。
③《三国志》卷六《魏书·董二袁刘传》,第210页。
④ 龙显昭:《论曹魏道教与西晋政局》,《世界宗教研究》1985年第1期。另外东汉时期的儒家士大夫之中有一部分擅长谶纬的人在基层社会活动,其中比较重要的是巴蜀的杨厚家族,在当地社会有比较重要的影响力。从相关的记载来看,河内的张氏家族和巴蜀的杨氏家族有相似之处。
⑤ 沈刚:《东汉皇权与谶纬关系述略》,雷依群、徐卫民主编:《秦汉研究》,西安:三秦出版社,2007年。

　　而在当时也出现了对"代汉者当涂高"这则谶言新的解释,即认为这则谶言会应验在曹魏。有学者认为这则谶言原本就是曹魏集团为实现其政治目的而制造的。①《三国志·蜀书·周群传》有周群的父亲周舒的故事,"时人有问:'《春秋谶》曰代汉者当涂高,此何谓也?'舒曰:'当涂高者,魏也。'"②周舒是广汉杨厚的学生,与董扶、任安等人同时。

　　后来任安的学生杜琼也曾经对"当涂高"预言进行过解释,同样认为"当涂高"指的是"魏"。《三国志·蜀书·谯周传》谯周问杜琼:"昔周徵君以为当涂高者魏也,其义何也?"琼答曰:"魏,阙名也,当涂而高,圣人取类而言耳。"此外,《三国志》中还留有两个人之间一段意味深长的对话,杜琼问谯周说,你是不是有所奇怪,谯周说自己没有明白,然后杜琼解释说:"古者名官职不言曹;始自汉已来,名官尽言曹,吏言属曹,卒言侍曹,此殆天意也。"③"曹"也就是"曹魏",杜琼的这番言论显然有将谶言庸俗化的倾向,后来历史上的许多谶言也都是这样产生的。④ 任安是杨厚的学生,杨氏家族及其子弟在蜀中活跃,对于蜀地士大夫的思想影响较大,谯周显然也受这种思想的影响。后来蜀汉政权的灭亡,也与以谯周为代表的蜀汉士大夫有密切关系。⑤

　　《三国志·魏书·文帝纪》裴松之注释提到,曹魏的时候,太史许

① 钟肇鹏:《谶纬论略》,第 29 页。也有学者提出了不同的意见,认为曹魏政权只是利用了这则谶言,而非制造者,参丁鼎《试论"当涂高"之谶的作者与造作时代》,《烟台大学学报(哲学社会科学版)》2004 年第 1 期。另参杨富强《论"当涂高"之谶》,《珞珈史苑》2020 年卷。
② 《三国志》卷四二《蜀书·杜周杜许孟来尹李谯郤传》,第 1020 页。
③ 《三国志》卷四二《蜀书·杜周杜许孟来尹李谯郤传》,第 1022 页。
④ 栾保群:《中国古代的谣言与谶语》,第 75 页。
⑤ 参杨富强《论"当涂高"之谶》,《珞珈史苑》2020 年卷。

芝曾经"条魏代汉见谶纬于魏王",其中提到与当涂高有关的内容：

> 《春秋佐助期》曰："汉以许昌失天下。"故白马令李云上事曰："许昌气见于当涂高，当涂高者，当昌于许。"当涂高者，魏也；象魏者，两观阙是也；当道而高大者魏。魏当代汉。今魏基昌于许，汉征绝于许，乃今效见，如李云之言，许昌相应也。[①]

这里解释了"当涂高者，魏也"，并使用"观阙"解释"象魏"。《资治通鉴·魏纪》胡三省注"魏"的含义说："操破袁尚，得冀州，遂居于邺。邺，汉之魏郡治所。魏，大名也；遂封为魏公。又谶云：'代汉者当涂高。'当涂高者，魏也。文帝受汉禅，国遂号魏。"[②]胡三省认为"魏"的起源有两个，一个是魏郡，一个是"代汉者当涂高"的谶言，这两个因素对于曹魏集团来说都比较重要。可以发现，不同政治集团会基于自己的利益对之前流行的谶言进行合理化的解释，这也是谶言应验的基础。

裴松之注释里提到的太史许芝整理的谶言，是为曹丕篡汉提供合法性的依据，但相比王莽时代以及汉光武帝刘秀时代对谶纬的态度，已经有非常明显的不同。前文提到，刘秀在政治活动中对谶纬极为信赖，各种事项都采信谶纬的记载，但曹丕时代人们利用谶纬的方式，更像是"禅让"的必要程序。许芝上书之后，就有群臣"劝进"的上奏说："伏见太史丞许芝上魏国受命之符；令书恳切，允执谦让，虽舜、禹、汤、文，义无以过……"[③]符瑞与天命被放在这则劝进表的最前端，是为了表示上天的意见仍然是最重要的因素，但其实只是个必要的程序，真正起决定性作用的仍然是现实的政治因素。也

---

① 《三国志》卷二《魏书·文帝纪》，第63页。
② 《资治通鉴》卷六九《魏纪一》，第2175页。
③ 《二国志》卷二《魏书·文帝纪》，第63页。

就是说,谶纬所体现的天命已经不再是决定性的因素,甚至都已经不再是必要的因素,经过两汉之际及东汉末年的历史发展,对待谶纬的社会意识也已经发生了重要的转变。

许芝提到的"白马令李云"是汉灵帝时代的人物,《后汉书》本传说他"性好学,善阴阳",受阴阳之术影响,但也擅长谶纬,曾经"露布"上书汉灵帝,指出当时存在的皇后德不配位等问题,并且依据谶纬对汉朝的国运进行了预测,他说:"高祖受命,至今三百六十四岁,君期一周,当有黄精代见,姓陈、项、虞、田、许氏,不可令此人居太尉、太傅典兵之官。"李贤注释说:"黄精谓魏氏将兴也。陈、项、虞、田并舜之后。舜土德,亦尚黄,故忌也。"应当说,在汉灵帝的时代这位白马令李云断不会意识到"黄精谓魏氏将兴也",他依据的其实是王莽时代就已经出现的谶纬,这一套关于"陈、项、虞、田并舜之后"的说法,其实是王莽为自己篡汉提供的依据。这套理论后来被曹魏集团巧妙套用,李云的言论也就成了后来曹丕君臣取代汉朝的证据。当然李云说出那句"帝欲不谛"的言论,在当时产生了重要影响,而且他也确实因为这件事情被汉灵帝杀死。

也就是说,"代汉者当涂高"谶言在西汉中后期就已经出现了,但在当时并没有引起人们特别的注意,如果不是后来袁绍以及曹魏政权刻意宣扬,这则谶言很难产生如此巨大的影响力。正如本书一直认为的那样,谶纬的传播具有非常明确的结果导向,通常都是在结果出现之后对之前谶言再进行逆推,并根据自身的需要进行合理化的解读。不同政治集团对这则谶言应验的论证过程,也正好印证了这一说法。

六、余论：谶纬的验与不验

根据前文的讨论,验与不验是秦汉时期考察各类技术最关键的问题,从巫术到方术,再到谶纬,能否得到有效验证至关重要。事实上,人们很快发现巫术和方术均难以提供持续有效的验证,而谶纬则往往有验,例如"久阴不雨臣下有谋上者"应在霍光废刘贺,眭孟的预言应在宣帝兴起,甘忠可的"再受命"预言应在光武帝刘秀,同时刘秀的即位也正验证了"刘秀当为天子"的预言,正是预言的应验使得谶纬获得广泛的接受和信赖。然而到了东汉以后,人们对谶纬的验证方式也逐渐了解,谶纬的不验问题逐渐突出,张衡已经说谶纬是"不占之书"。① 谶纬的验与不验是应当认真思考的问题。

1. 谶纬的验证方式

根据前文的讨论,谶纬能够"有验"是两汉之际相当一部分人的基本认识,两汉政治文化发展过程中一系列的事实让人们相信谶纬确实"有验"。《廿二史札记》"光武信谶书"篇中,赵翼指出光武帝信谶是因为"有征":

> 哀帝建平中,有方士夏贺良上言赤精子之谶,汉家历运中衰,当再授命,故改号曰太初元将元年,称陈圣刘太平皇帝。其后果篡于王莽,而光武中兴。又光武微时,与邓晨在宛,有蔡少公者学谶,云刘秀当为天子。或曰:"是国师公刘秀耶?"光武戏曰:"安知非仆。"西门君惠曰:"刘氏当复兴,国师姓名是也。"李通素闻其父说谶云,刘氏复兴,李氏为辅,故通与光武深相结。其后破王朗,降铜马,群臣方劝进,适有旧同学彊华者,自长安奉《赤伏符》来,曰:"刘秀发兵捕不道,四夷云集龙斗野,四七之际火为主。"群臣以为受命之符,乃即位于鄗南。是谶记所说寔与光武有征,故光武尤笃信其术,甚至用人行政亦以谶书从事。②

① 《后汉书》卷五九《张衡列传》,第 1911—1912 页。
② 赵翼著,王树民校证·《廿二史札记校证》,第 87 页。

所谓"谶记所说寔与光武有征"确实是实情,而东汉建立以后的刻意宣传也让这种观念深入人心。前文也提到,皮锡瑞认为汉代有不少儒生说灾异现象应验的例证,他认为汉光武帝深信谶纬符命之说,是因为其中的许多内容被验证,这与赵翼的观点基本相同。

可以发现,谶纬的验证方式与之前的巫术和方术有较大的不同。巫术和方术通常都会提供一个可以预期的结果,例如巫术会承诺通过求神获得福佑或者加害别人,这其实很容易被证伪;方术许诺长生不死,也很容易被证伪,如果不死之药或者药方无法获得,那么方术就会很容易被拆穿,做出承诺的方术士就会面临巨大的危险。然而谶纬的验证方式则是先做出预测,然后静待事情的发展,最后对结果进行"合理化"的解读。其实大部分原本就模棱两可的谶言都可以有相对合理的解读,所以在人们的心目之中谶言也就比较容易应验了。当然这里还有一个重要的问题,即许诺鬼神福佑以及承诺提供不死之药的巫师和方术士当时就会受益;而利用谶言进行未来预测的人,通常很难在当时就得到实际的好处,甚至会因为预测不符合当时统治者的需要,而遭受严酷的对待。例如前文提到夏侯胜被刘贺下狱,眭孟因为"公孙病已立"的谶言要求汉昭帝禅让帝位,而被霍光以"妖言惑众,大逆不道"的罪名诛杀。

也不应当忽略,无法得到验证的谶纬占绝对多数,《廿二史札记》"光武信谶书"条指出,光武帝其实知晓许多谶纬文献是伪造的,而且自夏贺良谶言以来,谶言多不应验:

> 独是王莽、公孙述亦矫用符命。光武与述书曰:"图谶言公孙,即宣帝也。代汉者当涂高,君岂高之身耶?王莽何足效乎。"则光武亦明知谶书之不足信矣。何以明知之,而又深好之?岂以莽、述之谶书多伪,而光武所得者独真耶。同时有新

城蛮贼张满反,祭天地,自云当王,而为祭遵所擒,乃叹曰:"谶文误我!"遂斩之。又真定王刘扬造作谶记云:"赤九之后,瘿扬为主。"扬病瘿,欲以惑众,为耿纯所诛。是当时所谓图谶者,自夏贺良等实有占验外,其余类多穿凿附会,以惑世而长乱。①

赵翼指出了一个非常重要的问题,就是从刘秀给公孙述的书信来看,他也知道谶纬是伪造的,而且从夏贺良以来,真正能够验证的谶纬其实并不很多,所以赵翼说这些内容都是"穿凿附会"以"惑世"。事实也是如此,西汉中后期以来制造了大量的谶纬,最终被认为有验的其实也就是"刘秀当为天子"等几条而已。之所以人们认为谶言有验,与历史书写有关,详见下文的讨论。

另外,赵翼指出的"穿凿附会"也是谶纬面临的主要问题,司马光《原道》云:

昔眭孟知有王者兴于微贱,而不知孝宣,乃欲求公孙氏擅以天下。翼奉知汉有中衰厄会之象,而不知王莽,乃云洪水为灾。西门君惠知刘秀当为天子,而不知光武,乃谋立国师刘秀,秀亦更名以应之。刘灵助知三月当入定州,四月尔朱氏灭,而不知灭尔朱者为齐神武,入定州者,乃其首也。此五子者,其于术可谓精矣,皆无益于事,而身为戮没,又况下此者哉?②

根据司马光的说法,眭孟、翼奉、西门君惠原本的预测都是错误的,眭孟原本并不知虫食树叶文字"公孙病已立"的真正含义,这则预言之所以应验,是汉宣帝的刻意彰显;西门君惠显然也没有意识到光武帝刘秀的存在,因此他支持刘歆取王莽而代之,是刘秀特别

① 赵翼著,王树民校证:《廿二史札记校证》,第87页。
② 司马光著,李之亮笺注:《司马温公集编年笺注》,第242页。

重视《赤伏符》的效验,谶纬符命成为刘秀合法性的重要来源。另外甘忠可和夏贺良支持汉成帝和汉哀帝"再受命",成帝"不应天命",哀帝改制失败,按照司马光的说法甘忠可和夏贺良也属于"无益于事"反而"身为戮没"。后来王莽公开表示"再受命"应在自己"大将居摄改元",刘秀政权极力强调"光武中兴"与"再受命",目的皆在证明预言应验在自身。可以注意到,各类预言的流行属社会现象,带有不同目的的政治集团针对预言进行符合自身利益的解读,用以证明本集团得到"天意"的认可,这是谶纬能够应验的根本逻辑。

洪迈《容斋随笔》中有"谶纬之学"篇,其中也讨论了谶纬验证的问题,与司马光的意见大致相同:

> 图谶星纬之学,岂不或中,然要为误人,圣贤所不道也。睦孟睹"公孙病已"之文,劝汉昭帝求索贤人,禅以帝位,而不知宣帝实应之,孟以此诛。孔熙先知宋文帝祸起骨肉,江州当出天子,故谋立江州刺史彭城王,而不知孝武实应之,熙先以此诛。当涂高之谶,汉光武以诘公孙述,袁术、王浚皆自以姓名或父字应之,以取灭亡,而其兆为曹操之魏。[1]

洪迈认为谶纬确实是会应验的,问题是以什么样的方式应验。睦孟被杀,孔熙先也被杀,以及公孙述后来败亡,这并不能说明谶纬是无验的,他们只是没有能够预测到谶言真正"应"的所在。这其实涉及谶纬的解释方式问题,正如前文所述,谶纬采取的是结果导向的解释方式,也就是说谶纬是基于结果对以往的预测性言论进行解释,多数情况下如果进行妥善的解读,谶纬就会被认为是应验的。其实关注结果,同时反推谶言就是最为常用的手段,成功者会搜集

---

[1] 洪迈撰,孔凡礼点校:《容斋随笔》,第216页。

以往的谶言,然后基于自身的需要进行解释。而从结果导向来看,失败者自然就是没有得到"天命",没有理解谶言真正的"应"之所在。这种"先射箭后画靶"的解释方式当然容易成功,然而久而久之人们对谶纬的信赖也会逐渐降低,谶纬取得的宣传性效果就会越来越差。

总的来说,谶纬的"应验"和巫术以及方术的应验有较大的差异,谶纬的应验方式以结果为导向,当权者可以根据结果,针对之前出现的谶纬进行有利于自身的解读,只是由于这种解读有泛化的倾向,谶纬的可信性也就会逐渐降低。而当政治平稳运行之后,谶纬带来的危害也日益凸显,所以禁绝图谶的意见逐渐受到重视。

2. 禁绝图谶的意见

东汉建立以后,禁绝图谶的意见开始出现,其中主要理由是谶纬"非经",即与经典文献的记载不合。然而正如前文所论,根本原因还是对谶纬预言的泛化性解读降低了谶纬的可信性,谶纬所能够起到的作用衰减,反而会带来较为严重的社会问题。

光武帝刘秀以谶纬作为合法性宣传的重要手段,国家政治生活之中也有许多谶纬相关的内容。对此当时就有人提出质疑,例如尹敏和张衡等人都对谶纬符命提出了不同的意见,《后汉书·尹敏传》记载:

> 帝以敏博通经记,令校图谶,使蠲去崔发所为王莽著录次比。敏对曰:"谶书非圣人所作,其中多近鄙别字,颇类世俗之辞,恐疑误后生。"帝不纳。敏因其阙文增之曰:"君无口,为汉辅。"帝见而怪之,召敏问其故。敏对曰:"臣见前人增损图书,敢不自量,窃幸万一。"帝深非之,虽竟不罪,而亦以此沉滞。①

---

① 《后汉书》卷七九上《尹敏传》,第 2558 页。

光武帝虽然表面上没有怪罪尹敏，但对尹敏的这种行为也是非常不满，毕竟对于刘秀和新生的东汉政权来说，"图谶"有着太过重要的意义。如果颠覆这样的认识基础，有可能会引起较大的思想混乱，甚至可能会造成剧烈的社会动荡。只是尹敏用这样的"小聪明"质疑谶纬文献的真实性，刘秀自然也知其用意，所以并没有严厉处理尹敏。根据前引皮锡瑞的看法，刘秀并不是一位暗弱愚昧的君主，他并不是被谶纬迷惑，而是积极地利用谶纬，发挥谶纬在维系人心和维持社会稳定方面的作用。

与尹敏不同的是，上书反对谶纬的桓谭却受到严苛的对待，《后汉书·桓谭传》记载了他给刘秀的上书，其中说道：

> 盖天道性命，圣人所难言也。自子贡以下，不得而闻，况后世浅儒，能通之乎！今诸巧慧小才伎数之人，增益图书，矫称谶记，以欺惑贪邪，诖误人主，焉可不抑远之哉！臣谭伏闻陛下穷折方士黄白之术，甚焉明矣；而乃欲听纳谶记，又何误也！其事虽有时合，譬犹卜数只偶之类。陛下宜垂明听，发圣意，屏群小之曲说，述《五经》之正义，略雷同之俗语，详通人之雅谋。①

桓谭的这封上书措辞严厉而且不留颜面，直接指出谶纬文献是"巧慧小才伎数之人"所为，这些人不仅歪曲圣人的意思，而且"欺惑贪邪，诖误人主"，所以希望皇帝能够抑制谶纬。光武帝看到之后自然非常不高兴，随后《桓谭传》中也记载了两人之间更为激烈的当面冲突：

> 其后有诏会议灵台所处，帝谓谭曰："吾欲〔以〕谶决之，何如？"谭默然良久，曰："臣不读谶。"帝问其故，谭复极言谶之非

---

① 《后汉书》卷二八上《桓谭传》，第960—961页。

经。帝大怒曰："桓谭非圣无法,将下斩之。"谭扣头流血,良久乃得解。出为六安郡丞,意忽忽不乐,道病卒,时年七十余。①

与当时许多反对谶纬的士大夫态度类似,桓谭也认为谶纬"非经"。只是桓谭又是上书又是在"会议"上公开反对皇帝的意见,彻底激怒了光武帝。刘秀盛怒之下要诛杀桓谭,这也让桓谭非常紧张害怕,不久之后就郁郁而终了。桓谭历经成帝、哀帝、平帝以及王莽,一直到汉光武帝即位,去世的时候已经七十多岁了,在当时士大夫之中有较高的影响力,他关于禁绝图谶的意见在当时显然也会产生较大的影响。后来汉明帝路过桓谭故乡的时候还特别对桓谭的陵墓表示了敬意,也代表了汉朝官方对桓谭表达谅解和歉意。

郑兴也曾经对谶纬发表不同意见。东汉建立初年,刘秀在规划祭祀制度的时候,也想要在郊祀的礼仪中加入谶纬相关的内容,据《后汉书·郑兴传》记载:

> 帝尝问兴郊祀事,曰:"吾欲以谶断之,何如?"兴对曰:"臣不为谶。"帝怒曰:"卿之不为谶,非之邪?"兴惶恐曰:"臣于书有所未学,而无所非也。"帝意乃解。兴数言政事,依经守义,文章温雅,然以不善谶故不能任。②

与桓谭相比,郑兴的态度总体上还是比较温和的,他承认自己"于书有所未学",是自己才疏学浅没有理解谶纬,而没有否定谶纬的意思。郑兴态度恭敬,而且以一种看待未知的态度对待谶纬,所以能够获得皇帝的谅解。但即便如此,他也因为不善谶在光武帝朝没有得到任用。

---

①《后汉书》卷二八上《桓谭传》,第 961 页。
②《后汉书》卷三六《郑兴传》,第 1223 页。

在尹敏和桓谭看来,谶纬文献的主要问题是"非经",而郑兴认为自己"于书有所未学",其实隐含的意思也是谶纬与儒家传统经典不合。郑兴也好"古学",对于《左传》尤为擅长,所谓"世言《左氏》者多祖于兴,而贾逵自传其父业,故有郑、贾之学"。可见郑兴的学术和思想对于东汉时期的士大夫有非常重要的影响。反对谶纬的学者多有"古学"方面的背景,郑兴就是其中的代表。古文经学方面的学者,对经典原本的内容较为重视,也更重视圣人之言的真正内容,所以他们提出谶纬文献"鄙俗"的意见,或者谶纬文献之中的记载与圣人之意不合,当然如果从这个思路出发,确实很容易发现谶纬文献的问题。

3. 张衡的意见

张衡对谶纬文献进行了更为深入的研究,他认为谶纬中的许多内容存在虚妄不实之处,并提出了禁绝图谶的意见。《后汉书·张衡列传》提道:"光武善谶,及显宗、肃宗因祖述焉。自中兴之后,儒者争学图纬,兼复附以讹言。衡以图纬虚妄,非圣人之法。"为此,张衡写了一封很长的上疏,详细论述了谶纬存在的问题,其中提到:

> 臣闻圣人明审,律历以定吉凶,重之以卜筮,杂之以九宫,经天验道,本尽于此。或观星辰逆顺,寒燠所由,或察龟策之占,巫觋之言,其所因者,非一术也。立言于前,有征于后,故智者贵焉,谓之谶书。谶书始出,盖知之者寡。自汉取秦,用兵力战,功成业遂,可谓大事,当此之时,莫或称谶。若夏侯胜、眭孟之徒,以道术立名,其所述著,无谶一言。刘向父子领校秘书,阅定九流,亦无谶录。成、哀之后,乃始闻之。《尚书》尧使鲧理洪水,九载绩用不成,鲧则殛死,禹乃嗣兴。而《春秋谶》云:"共

工理水。"凡谶皆云黄帝伐蚩尤,而《诗谶》独以为"蚩尤败,然后尧受命"。《春秋元命包》中有公输班与墨翟,事见战国,非春秋时也。又言"别有益州"。益州之置,在于汉世。其名三辅诸陵,世数可知。至于图中讫于成帝。一卷之书,互异数事,圣人之言,执无若是,殆必虚伪之徒,以要世取资。往者侍中贾逵摘谶互异三十余事,诸言谶者皆不能说。至于王莽篡位,汉世大祸,八十篇何为不戒?则知图谶成于哀平之际也。且《河洛》《六艺》,篇录已定,后人皮传,无所容篡。永元中,清河宋景遂以历纪推言水灾,而伪称洞视玉版。或者至于弃家业,入山林。后皆无效,而复采前世成事,以为证验。至于永建复统,则不能知。此皆欺世罔俗,以昧执位,情伪较然,莫之纠禁。且律历、卦候、九宫、风角,数有征效,世莫肯学,而竞称不占之书。譬犹画工,恶图犬马而好作鬼魅,诚以实事难形,而虚伪不穷也。宜收藏图谶,一禁绝之,则朱紫无所眩,典籍无瑕玷矣。[1]

张衡在这篇上疏中提出了"图谶成于哀平之际"的基本结论,这一结论也为多数学者所认可。陈苏镇认为:"张衡是东汉顺帝时人,所见八十一篇,不仅完整无缺,而且尚未掺入后人继续编造的内容,他对待谶纬的态度也比较公允客观。考虑到这些因素,对他的看法,整体上应给予充分信任。"[2]

张衡对待谶纬的态度公允客观是比较正确的评价。张衡所处的时代已经是东汉中期,高层决策者对于使用谶纬来论证合法性,已经没有光武帝和明帝、章帝时代那样迫切的需求,张衡讨论谶纬问题也不会再遭遇尹敏、桓谭那样的麻烦了,所以张衡能够平静而

---

[1]《后汉书》卷五九《张衡列传》,第 1911—1912 页。
[2] 陈苏镇:《〈春秋〉与"汉道"——两汉政治与政治文化研究》,第 421 页。

客观地在基于学术讨论的基础上指出图谶存在的问题,并请求朝廷
"收藏图谶,一禁绝之"。当时朝廷虽然没有听从,但也没有因此而
责罚他,张衡的仕途也没有因此受到影响,后来张衡"迁侍中,帝引
在帷幄,讽议左右"。

　　值得注意的是,张衡肯定了在汉代社会较为流行的数术内容,
包括律历、卜筮、九宫,以及星象(天文)、龟策,甚至是巫术等等,承
认这些数术具有一定的价值。张衡自己对数术有深入的研究,《后
汉书》本传说他"善机巧,尤致思于天文、阴阳、历算"。汉安帝就因
为常听人说张衡在数术方面的造诣,就命他去做太史令,"遂乃研核
阴阳,妙尽璇机之正,作浑天仪,著《灵宪》、《算罔论》,言甚详明"。
至于张衡承认律历、卦候、九宫、风角有价值的原因,是这些内容"数
有征效",图谶则属于"不占之书",这显然是张衡自己经过数术方面
的实践所得出的认知。根据前文的讨论,无法得到有效的验证是制
约各种方术发展最为重要的因素,张衡提到的"律历、卦候、九宫、风
角"其实在许多情况下也很难得到验证,这些数术后来也陆续地退
出了历史舞台。但在东汉时期,这些数术刚出现不久,在某些情况
下也是可以得到验证的。也就是说,张衡反对谶纬的首要原因是
"不占",也就是无法验证,这与当时桓谭郑兴等人对于谶纬"非经"
的看法有明显不同。

　　总的来说,因为预言往往有验,从西汉中后期开始人们格外重
视谶纬。梳理预言的验证方式可以发现,这些预言具有明显的结果
导向,即在已有事实的基础上,向前追溯寻找有利的预言,这样的预
言当然就能够验证了。只是这种"先射箭后画靶"的验证方式在多
次使用之后,也就逐渐失去说服力,其所能够起到的效用也就会逐
渐衰减,而暴露出来的缺点也就逐渐明显。所以到了东汉中期张衡
反对谶纬的主要原因就是谶纬无法持续有效验证。然而在对谶纬

的应验方式进行讨论的过程中,也可以发现其中包含有机械循环的历史观,对于相关问题仍可以进行进一步的讨论。

第三节　谶纬中机械循环的历史观

谶纬的历史观是机械循环的,这种循环史观的本质是尝试建立和历史事件之间的神秘联系,并以之作为推断当下王朝发展趋势的依据。历谱之学的发展对于这种循环史观的生成与传播起了关键性作用,其中"隆于神运"的一部分人宣扬五德终始学说,论述王朝德运,也促进了更始思想在当时社会的传播。循环史观为王朝的兴亡提供了依据,方便新兴王朝进行合法性论证,所以在新莽取代汉朝以及光武再受命中兴的过程之中都发挥了重要作用。同样,循环史观也为预测王朝更迭提供了依据,这其实也是基于谶纬的预测术能够应验的根本原因。

一、历谱学与循环史观

作为编订历法和谱牒方面的学问,历谱之学具有较为悠久的传统,也是古代史官必备的技能。历谱学后来发展出历人、数家和谱牒等派别,他们各有所长,然而基本内容都是古史与历法,而历法的主要依据是天文现象本身具有循环演变的特征,所以他们据此认为古史也是在循环之中发展和演变的。历谱学与循环史观的关系应当重视。

1. 历谱学与历谱家

简而言之,历谱之学是编订历法和谱牒的学问,这两种文献有很大的相似性,《史记·三代世表》说:"余读谍记,黄帝以来皆有年数。稽其历谱谍终始五德之传,古文咸不同,乖异。夫子之弗论次其年月,岂虚哉。于是以《五帝系谍》《尚书》,集世纪黄帝以来讫共和为《世表》。"《史记索隐》云:"谍者,纪系谥之书也。下云'稽诸历谍',谓历代之谱。"①另外,《十二诸侯年表》也说:"太史公读《春秋历谱谍》,至周厉王,未尝不废书而叹也。"②这说明在司马迁的时代历谱之学相关的文献留存并不少,虽然内容庞杂,而且各家说法不一,但也给司马迁编订"表"提供了基础文献。这从一个方面也可以说明,历谱之学本是史官所职掌。

历谱之学后来经过分化和融合,其原本形态已经难以考证,后来经过学者们的研究,大致有了一些眉目。③ 现在能够基本确定的是,"历"方面的学问主要是观测天文,制定历法和年历等等;而"谱"方面的学问主要是世系和谱牒等。有学者指出,这两种文献虽然有区别,但他们之间关系极为密切。例如李零就认为"谱"的特点就在于和年历、月历等相配合。④ 陶磊认为历谱本身并不是单纯地讲帝王世系的内容,他以《世经》为例,指出历纪的历谱化,不过是帝王世系与另外一种性质的历相结合,这种性质的历具有纲纪天下和推定灾异的功能。⑤ 日本学者高木智见则认为,"天象的记录和人间的记录是天历行使的足迹,在这个意义上二者是同一的",所以在这个意义上历谱之学涵盖了"历法的星历"和"人间的世系"。⑥ 陈鹏指出,

---

①《史记》卷一三《三代世表》,第488页。
②《史记》卷一四《十二诸侯年表》,第509页。
③ 相关的研究参见邓文宽《出土秦汉简牍"历日"正名》,《文物》2003年第4期,后收入氏著《邓文宽敦煌天文历法考索》,上海:上海古籍出版社,2010年。
④ 李零:《简帛古书与学术源流》,第261—266页。
⑤ 陶磊:《巫统、血统与古帝传说》,杭州:浙江古籍出版社,2010年,第105页。
⑥(日)高木智见:《先秦社会与思想——试论中国文化的核心》,何晓毅译,上海:上海古籍出版社,2011年,第260页。

"历谱牒"一旦受到数术家的影响,其内容很可能被有意地筛选和重新编连,从而被赋予了新的含义,而这种新的含义应当就是以天道预测人事,排列圣王和王朝的德运谱系。[①]

《汉书·艺文志》"数术略"总共收录有历谱十八家,分别是《黄帝五家历》三十三卷,《颛顼历》二十一卷,《颛顼五星历》十四卷,《日月宿历》十三卷,《夏殷周鲁历》十四卷,《天历大历》十八卷,《汉元殷周谍历》十七卷,《耿昌月行帛图》二百三十二卷,《耿昌月行度》二卷,《传周五星行度》三十九卷,《律历数法》三卷,《自古五星宿纪》三十卷,《太岁谋日晷》二十九卷,《帝王诸侯世谱》二十卷,《古来帝王年谱》五卷,《日晷书》三十四卷,《许商算术》二十六卷,《杜忠算术》十六卷。邓文宽把这十八种文献分为"历术"和帝王世系家谱两类。[②]邓文宽"历"和"谱"两分的方法为学者们所肯定,刘乐贤则在邓文宽的基础上又划分出关于计数方法的书籍,例如最后两种算术书。[③]李零把历谱十八种分为五组,分别是历书七种、历术五种、谱牒三种、计时书一种、汉代数术书两种。[④]另外李零也提出,在《史记》的《三代世表》和《十二诸侯年表》中也可以见到"历谱"合一的情况。[⑤]也有学者把历谱类文献分为历法推步总术、历法推步分术、行事、谱牒、算数等五种。[⑥]

在《汉书·艺文志》之中,历谱家与天文、五行、蓍龟、杂占、形法

---

① 陈鹏:《终始传和历谱谍》,《中国典籍与文化》2013年第1期。
② 邓文宽:《出土秦汉简牍"历日"正名》,《文物》2003年第4期。
③ 刘乐贤:《简帛数术文献探论(增订版)》,第16页。
④ 李零:《兰台万卷(修订版)·读〈汉书·艺文志〉》,北京:生活·读书·新知三联书店,2013年。
⑤ 李零:《与邓文宽先生讨论"历谱"概念书》,氏著:《简帛古书与学术源流》,第279页。
⑥ 薄树人:《中国古代天文文献的分类》,氏著:《薄树人文集》,合肥:中国科学技术大学出版社,2003年。

同属于数术略,班固认为:"数术者,皆明堂羲和史卜之职也。史官之废久矣,其书既不能具,虽有其书而无其人。"①在班固看来,数术家的职掌与史官有着密切的关系,他们所擅长的技术也来源于史官的体系。②

《汉书·艺文志》提到擅长数术的史官:"春秋时鲁有梓慎,郑有裨灶,晋有卜偃,宋有子韦。六国时楚有甘公,魏有石申夫。"③其说法来源于《史记·天官书》:"昔之传天数者:高辛之前,重、黎。于唐、虞,羲、和。有夏,昆吾。殷商,巫咸。周室,史佚、苌弘。于宋,子韦。郑则裨灶。在齐,甘公。楚,唐眛。赵,尹皋。魏,石申。"④进入汉代以后有唐都,"庶得粗觕"。唐都是汉武帝时代的人,《史记·历书》说汉武帝"招致方士唐都,分其天部",《史记集解》引《汉书音义》认为"分其天部"的意思就是"分部二十八宿为距度"。⑤《天官书》也说"自汉之为天数者,星则唐都,气则王朔,占岁则魏鲜",是说唐都等人擅长的"星""气""占岁"等都是"天数"。司马迁的父亲司马谈也是唐都的学生,《太史公自序》说"太史公学天官于唐都",《史记索隐》说他就是《天官书》提到的唐都。⑥ 这说明唐都被招致京师以后,曾教授天文学方面的知识。也就是说,从战国时代的梓慎、裨灶一直到汉代的唐都,都可以归入言"天数"者系统,司马迁父子显然受此学术体系直接影响。至于后来刘向、刘歆及班固,以及

① 《汉书》卷三〇《艺文志》,第1776页。
② 《汉书补注》引宋祁曰:"史官之下,旧本有术字。沈钦韩曰:史是史巫之史,官则太卜詹尹之官。《律历志》太史令张寿王,太史丞邓平。本志,太史令尹咸,皆是。非载笔执简之史也,故于数术家举之。"班固撰,颜师古注,王先谦补注:《汉书补注》,第3221页。
③ 《汉书》卷三〇《艺文志》,第1775页。
④ 《史记》卷二七《天官书》,第1343页。
⑤ 《史记》卷二六《历书》,第1260页。
⑥ 《史记》卷一三〇《太史公自序》,第3288页。

沈钦韩提到的太史令张寿王、太史丞邓平、太史令尹咸,应当也都可归入这一"天数"系统。

在"数术略"中,历谱和天文及五行关系极为密切。《汉书·艺文志》有历谱十八家,六百六十卷,班固认为:

> 历谱者,序四时之位,正分至之节,会日月五星之辰,以考寒暑杀生之实。故圣王必正历数,以定三统服色之制,又以探知五星日月之会。凶阨之患,吉隆之喜,其术皆出焉。此圣人知命之术也,非天下之至材,其孰与焉。道之乱也,患出于小人而强欲知天道者,坏大以为小,削远以为近,是以道术破碎而难知也。①

根据班固的说法,历谱之学的主要内容在"历数"方面,也就是制定历法。历法显然又并不完全是为了满足日常社会生活的使用,同样还具有神圣的含义,即指导政治实践,论述历史王朝的演变规律,为王朝的合法性建构提供理论支持等等,这也就是所谓"圣王必正历数"的含义。所以数家在历谱之学中也占有重要地位,详见下文的讨论。

另外班固还提到,历谱之学之中也包含有测定时日吉凶方面的内容,也就是所谓的"凶阨之患,吉隆之喜",趋吉避凶也就是择日术的核心内容。择日术相关的内容更接近于民众的日常生活,具体的内容就是婚丧嫁娶过程中选择时日,到了汉代已经成为指导日常生活实践性质的文献。班固评价这种行为是"小人而强欲知天道",而且相关的内容十分庞杂,不易掌握,所以说"道术破碎而难知"。或者正是出于这样的原因,《艺文志》没有收录相关的文献,例如现在

①《汉书》卷三〇《艺文志》,第1767页。

出土文献中常见的"日书"文献就全然没有收录。李零认为,日书文献和"历""谱"的关系都较为疏远,是数家的书,更看重吉凶宜忌等"神运"。① 也可以认为,到了西汉晚期以及东汉时期,类似"日书"这样的文献在民间已经非常普遍,而且流派纷繁,每一家都有不同的说法,所以刘向、刘歆和班固在进行学术以及文献的分类和总结的时候,对"日书"文献无从下手,所以干脆不予收录。

　　总的来说,历谱之学是对"时间"的理解和掌握,在这个基础上包含了历法和谱牒方面的内容,而这两种学问本身有着非常密切的关系,背后是人们对于时间的整体认知。后来谱牒之学逐渐发展,对后世的史学产生了重要的影响;而基于天文观测的历法之学也逐渐发展,尤其是随着天文学的进步以及各类天文仪器的设计和制作,历法之学逐渐朝着"科学化"的方向前进。然而其中"隆于神运"数家一派,基于对天文现象循环往复的认识,宣扬五德终始说,论述王朝德运发展,在西汉中后期以后也引起了较多的重视。

2. 历人与数家

　　根据前文的讨论,历谱之学主要是由历法方面的学问和谱牒方面的学问两部分构成,《史记·十二诸侯年表》序言中司马迁说:

> 儒者断其义,驰说者骋其辞,不务综其终始;历人取其年月,数家隆于神运,谱谍独记世谥,其辞略,欲一观诸要难。于是谱十二诸侯,自共和讫孔子,表见《春秋》《国语》学者所讥盛衰大指著于篇,为成学治古文者要删焉。②

　　司马迁说明了西汉以后历谱之学的大致情形,郭嵩焘说"历人"即《春秋历谱牒》,其中有帝王嬗代终始,但其辞较略;而数家、谱牒

---

① 李零:《待兔轩文存·说文卷》,桂林:广西师范大学出版社,2015年,第411页。
② 《史记》卷一四《十二诸侯年表》,第511页。

即张苍历谱五德。① 吕思勉认为,治"终始"者必言帝王嬗代,因亦考究其年数。② 也有学者认为,"神运"指帝王或朝代的德运、期运,与五德终始或三统循环有关。③ 从司马迁的叙述来看,"历人"是测算历法的人,"谱牒"是记述家谱世系的人;前文也已经讨论过,历法和谱牒在《汉书·艺文志》中同属于数术略历谱类,并和数家相互影响。程苏东推测司马迁这则序言的核心内容在阐述《春秋》的历数价值,他认为在司马迁看来,"儒者断其义"指的是胡毋生和董仲舒为代表的《春秋》公羊学主流,而"驰说者骋其辞"指的是根据《春秋》而骋言时政的一部分人,所以司马迁说他们"不务综其终始"。④ 所谓"历人取其日月",说的是有一部分人专门从事历法的编订工作,例如汉武帝时代的唐都和落下闳等人,以及吕思勉所谓以历法考古史之年月,这些人也就是前面提到的"传天数者"。⑤ 这部分人的工作和当时政治、社会的实际需要有关,例如汉武帝时代确实需要重新编订历法,后来刘歆等人也以历法考古史,但他们中也有很多人受到五德终始说的影响。

后来文帝时代有张苍、尹咸等人,他们都精通历算之学,例如《史记》说张苍"好书律历",并说:"张苍为计相时,绪正律历,以高祖十月始至霸上,因故秦时本以十月为岁首,弗革。推五德之运,以为汉当水德之时,尚黑如故。吹律调乐,入之音声,及以比定律令。若百工,天下作程品。至于为丞相,卒就之,故汉家言律历者,本之

① 郭嵩焘:《史记札记》,郭嵩焘撰,梁小进主编:《郭嵩焘全集》。
② 吕思勉:《古史纪年考》,吕思勉、童书业编著:《古史辨》第7册。
③ 陈鹏:《终始传和历谱牒》,《中国典籍与文化》2013年第1期。
④ 程苏东:《史学、历学与〈易〉学——刘歆〈春秋〉学的知识体系与方法》,《中国文化研究》2017年冬之卷。
⑤ 吕思勉:《古史纪年考》,吕思勉、童书业编著:《古史辨》第7册。

张苍。苍本好书,无所不观,无所不通,而尤善律历。"①由这段记载可知,张苍的历术之学与司马迁所谓的"历人"一派接近,即推算历法与天文现象结合,使人们日常使用的历法合乎天象。这种学问其实接近现代意义上"科学"的天文学,而且相对比较容易验证,能够满足国家和社会民众生活的需要,所以一直为官方所掌握。张苍以后司马谈和司马迁父子为太史公,"星历"是他们职掌中最重要的内容之一。

其实张苍也受五德终始说影响,《史记·十二诸侯年表》说"汉相张苍历谱五德",《史记索隐》认为"张苍著《终始五德传》也"。②另外《史记》本传说张苍"推五德之运,以为汉当水德之时,尚黑如故",他的理由是"高祖十月始至霸上,因故秦时本以十月为岁首"。《史记索隐》引姚察云:"苍是秦人,犹用推五胜之法,以周赤乌为火,汉胜火以水也。"③张苍是阳武人,后来为荀子门人,他学问的核心内容是"历数之学",也就是《史记》所谓的"好书律历"。从他与鲁人公孙臣的争论来看,张苍和数家传五德终始有所不同。

至于"数家",司马迁说他们"隆于神运",这是因为他们的学术中夹杂许多神秘主义内容,《史记索隐》说他们是"阴阳术数之家"。④ 但"阴阳术数之家"并不等于"阴阳家",而是历谱家中的一部分人在他们的学术中加入阴阳术数等相关的内容,并试图指导政治实践。蒙文通已指出司马迁所谓的"隆于神运"者是"阴阳家邹子之俦",⑤葛志毅认为"隆于神运"主要应指邹衍的五德终始

①《史记》卷九六《张丞相列传》,第 2681 页。
②《史记》卷一四《十二诸侯年表》,第 510 页。
③《史记》卷九六《张丞相列传》,第 281 页。
④《史记》卷一四《十二诸侯年表》,第 511 页。
⑤ 蒙文通:《中国史学史》,成都:巴蜀书社,2019 年,第 51 页。

之运,即邹衍的五德终始说与谱牒及历法方面的学问相结合,形成历史化的谱牒学。① 李零认为,历人和数家也可以互相融合,例如历人的工作可以结合"神运"成为选择书,也可以结合"谱牒"成为历谱和年谱。②

数家在秦和汉初开始对现实政治产生影响,《史记·秦始皇本纪》载:

> 始皇推终始五德之传,以为周得火德,秦代周德,从所不胜。方今水德之始,改年始,朝贺皆自十月朔。衣服旄旌节旗皆上黑。数以六为纪,符、法冠皆六寸,而舆六尺,六尺为步,乘六马。更名河曰德水,以为水德之始。刚毅戾深,事皆决于法,刻削毋仁恩和义,然后合五德之数。于是急法,久者不赦。③

《史记·封禅书》也说:"于是秦更命河曰'德水',以冬十月为年首,色上黑,度以六为名,音上大吕,事统上法。"④顾颉刚注意到,"这是中国历史上第一次用了五德终始说而制定的制度。"⑤秦始皇"推终始五德之传"显然受到了邹衍学说的影响。《史记索隐》引《汉书·郊祀志》说:"齐人邹子之徒论著终始五德之运,始皇采用。"邹衍学说原本在齐国滨海地域流传,秦灭齐,这些人来到秦始皇身边,秦始皇"推终始五德之传"就是来自他们的建议。

《史记·封禅书》还说:

---

① 葛志毅:《邹衍的社会历史观及其影响》,氏著:《谭史斋论稿六编》,哈尔滨:黑龙江人民出版社,2016年。
② 李零:《与邓文宽先生讨论"历谱"概念书》,氏著:《简帛古书与学术源流》,第279页。
③《史记》卷六《秦始皇本纪》,第237页。
④《史记》卷二八《封禅书》,第1366页。
⑤ 顾颉刚:《五德终始说下的政治和历史》,《清华学报》第6卷第1期,1930年。

> 或曰:"黄帝得土德,黄龙地螾见。夏得木德,青龙止于郊,草木畅茂。殷得金德,银自山溢。周得火德,有赤乌之符。今秦变周,水德之时。昔秦文公出猎,获黑龙,此其水德之瑞。"①

司马迁并未提到"或曰"是谁说的,顾颉刚推断他是受邹衍影响的齐人,而正是这位齐人将秦文公以来的若干符瑞作为凭据报告给秦始皇,秦始皇因而接受秦为水德。② 同时也当注意,数家特别重视"符瑞",通常以符瑞作为证据论断王朝的德运,显然这也影响了后来谶纬之学。然而司马迁关于秦为水德的叙述也引起了学者们的怀疑,有学者质疑秦是否尚水德。③

进入汉代以后,张苍确立的汉为水德制度,受到来自民间的公孙臣的挑战,《史记·张丞相列传》记载:

> 苍为丞相十余年,鲁人公孙臣上书言汉土德时,其符有黄龙当见。诏下其议张苍,张苍以为非是,罢之。其后黄龙见成纪,于是文帝召公孙臣以为博士,草土德之历制度,更元年。④

另外《文帝纪》也记载:"鲁人公孙臣上书陈终始传五德事,言方今土德时,土德应黄龙见,当改正朔服色制度。天子下其事与丞相议,丞相推以为今水德,始明正十月上黑事,以为其言非是,请罢之。"⑤后来黄龙出现于成纪,汉文帝召公孙臣以为博士,并下诏书说:"异物之神见于成纪,无害于民,岁以有年。朕亲郊祀上帝诸神。礼官

---

①《史记》卷二八《封禅书》,第1366页。
② 顾颉刚:《五德终始说下的政治和历史》,《清华学报》第6卷第1期,1930年。
③ 学者们对秦是否尚水德一直有争议,王子今和史党社对相关的学术研究进行梳理,认为秦尚水德的事实不能够轻易否定,参王子今、史党社《秦祭祀研究》,第113—115页。
④《史记》卷九六《张丞相列传》,第2681页。
⑤《史记》卷一〇《孝文本纪》,第429页。

议,毋讳以劳朕。"①由于预言"黄龙"会出现而当真应验,所以公孙臣的学说得到了汉文帝的支持。公孙臣是鲁人,从其提到土德以及黄龙来看,他显然应属于邹衍一派,是典型的数家。

但汉文帝改正朔易服色的事情并没有真正推行,主要原因与后来新垣平事发有关,史料记载,新垣平案发以后汉文帝"怠于改正朔服色神明之事,而渭阳、长门五帝使祠官领,以时致礼,不往焉"。②所以顾颉刚说公孙臣是受了新垣平的累。③ 同时也应当注意到,与张苍等历人派相比,公孙臣对专业的历法技术并不擅长,这或者是他们无法推动改正朔易服色的内在原因。

新垣平确实也提到了"正历"的问题,但新垣平本人显然并不属于历人。《史记·历书》说:"新垣平以望气见,颇言正历服色事,贵幸,后作乱,故孝文帝废不复问。"④另外新垣平曾向汉文帝言"臣候日再中",结果"居顷之,日却复中",《史记索隐》引晋灼云:"《淮南子》云'鲁阳公与韩构,战酣日暮,援戈麾之,日为却三舍'。岂其然乎?"⑤陈槃引《易辨终端》云:"日再中,乌连嬉。仁圣出,持知时。"认为谶纬中有相关的内容,所以新垣平诈演之。⑥ 新垣平让汉文帝看到"日却复中"的神奇现象,但这并不是历法之术,而应当归之于巫术表演。这种表演具体情形已不可知,但能让汉文帝信服,其中必然有炫惑人心的手段。

从相关的记载来看,新垣平的主要学术背景是望气和鬼神祭

---

① 《史记》卷一〇《孝文本纪》,第 430 页。
② 《史记》卷二八《封禅书》,第 1383 页。
③ 顾颉刚:《五德终始说下的政治和历史》,《清华学报》第 6 卷第 1 期,1930 年。
④ 《史记》卷二六《历书》,第 1260 页。
⑤ 《史记》卷二八《封禅书》,第 1383 页。
⑥ 陈槃:《秦汉间之所谓"符应"论略》,《中央研究院历史语言研究所集刊》第 16 本,1947 年。

祀,前者是当时新兴的方术,后者则属于巫术范畴了。《史记·孝
文本纪》说:"赵人新垣平以望气见,因说上设立渭阳五庙。欲出
周鼎,当有玉英见。"①《汉书·郊祀志》载其言论曰:"长安东北有
神气,成五采,若人冠冕焉。或曰东北神明之舍,西方神明之墓也。
天瑞下,宜立祠上帝,以合符应。"②可见新垣平方术的核心内容是
望气术。望气的方术具有悠久的历史,③史料常见的用途主要在
军事领域。另外,新垣平也擅长一些迷惑人心智的"小术",可能
也正因此受到汉文帝信赖。《史记》提到他曾经"献玉杯",《封禅
书》说:"新垣平使人持玉杯,上书阙下献之。平言上曰:'阙下有
宝玉气来者。'已视之,果有献玉杯者,刻曰'人主延寿'。"④有学者
注意到新垣平所长多为预言类方术。⑤ 也就是说,新垣平或者受五
德终始说影响,也曾经向汉文帝提议"改历",但他并不属于历人,
也并不擅长历法,所谓"颇言正历服色事"更多是为了迎合汉文帝
的需要。

　　总的来说,历人和数家同属于历谱学范畴,其中历人主要擅长
历法制作,而数家则侧重于在历法中加入阴阳术数等相关的内容,
并试图指导政治实践。历人和数家虽然较为相似,但各有所长,历
人掌握的技术容易验证且较为实用,数家的技术则有较多神秘主义
相关的内容。数家在天体循环认知的基础上,参考历法推步之术,
强调终始思想,对秦汉王朝的政治文化造成较大影响。

―――――――――――

① 《史记》卷一〇《孝文本纪》,第 430 页。

② 《汉书》卷二五上《郊祀志上》,第 1213 页。

③ 相关的研究参陈槃《战国秦汉间方士考论》,《中央研究院历史语言研究所集刊》第
　　17 本,1948 年。另参李零《战国秦汉方士流派考》,《传统文化与现代化》1995 年第
　　2 期。

④ 《史记》卷二八《封禅书》,第 1383 页。

⑤ 田天:《秦汉国家祭祀史稿》,第 117 页。

二、从终始到大终——循环史观的特征

前文提到,司马迁说历谱学中的数家"隆于神运",他们擅长的技术包含较多神秘方术,而其中基本内容就是邹衍的终始五德之说。所谓"终始"其实也可以理解为循环,人们很早就认识到天体运行具有终而复始的特征,而依据天体运行制作的历法运行到一定程度走向终结,然后重新开始新的循环,这是循环史观的核心内容。

1. 邹衍与终始思想

邹衍被称为"谈天衍",可见其学术的本质来源于天学。邹衍学说的核心内容是五德终始说,这种学说以历法方面的学问结合对古史的认知,尝试探索历史发展和演变的规律,而其中最为关键的是终始循环的历史观念。

由于邹衍著作均已亡佚,《史记·孟子荀卿列传》所载司马迁的评论和叙述是研究邹衍学术的主要参考依据:[1]

> 驺衍睹有国者益淫侈,不能尚德,若《大雅》整之于身,施及黎庶矣。乃深观阴阳消息而作怪迂之变,《终始》《大圣》之篇十余万言。其语闳大不经,必先验小物,推而大之,至于无垠。先序今以上至黄帝,学者所共术,大并世盛衰,因载其禨祥度制,推而远之,至天地未生,窈冥不可考而原也。先列中国名山大川,通谷禽兽,水土所殖,物类所珍,因而推之,及海外人之所不能。称引天地剖判以来,五德转移,治各有宜,而符应若兹。[2]

---

① 有关邹衍生平参孙开泰《邹衍事迹考辨》,《管子学刊》1989 年第 3 期;《邹衍年谱》,《管子学刊》1990 年第 2 期。另参孙开泰《邹衍与阴阳五行》,济南:山东文艺出版社,2004 年。
②《史记》卷十四《孟子荀卿列传》,第 2344 页。

　　"终始""大圣"是《邹子》书中的两个篇名。① "终始"也名"邹子终始""终始五德"，《汉书·艺文志》有"《邹子》四十九篇""《邹子终始》五十六篇"，本注云："名衍，齐人，为燕昭王师，居稷下，号谈天衍。"②《史记》列举的是邹衍著作的篇名，《汉书》列举的是书名。另外，邹衍的著作中还有《主运》篇，《史记·封禅书》说"驺衍以阴阳主运显于诸侯，而燕齐海上之方士传其术不能通，然则怪迁阿谀苟合之徒自此兴，不可胜数也"，《史记集解》引如淳曰："今其书有《主运》。五行相次转用事，随方面为服。"《史记索隐》认为"《主运》是《邹子书》篇名也"。③《史记·孟子荀卿列传》说邹衍"如燕，昭王拥彗先驱，请列弟子之座而受业，筑碣石宫，身亲往师之。作《主运》"。《史记索隐》云："刘向《别录》云邹子书有《主运篇》。"④《史记·平原君虞卿列传》云："公孙龙善为坚白之辩、及邹衍过赵言至道，乃绌公孙龙。"⑤陈直怀疑这里的"至道"是"主运"之误。⑥ 蒋伯潜认为"作《主运》"应移于《终始》《大圣》之前，三者皆为篇名。⑦ 清代学者马国翰曾辑有《邹子》一卷。⑧ 另外有学者也指出，《邹衍重道延命方》和《邹生延命经》应属后人伪托，⑨而《春秋邹氏传》则出自邹衍一派，应属后学所为。⑩

　　邹衍学说的核心内容是五德终始，《史记·封禅书》说："自齐

① 金德建：《司马迁所见书考》，上海：上海人民出版社，1963 年，第 265 页。

②《汉书》卷三○《艺文志》，第 1733 页。

③《史记》卷二八《封禅书》，第 1369 页。

④《史记》卷七四《孟子荀卿列传》，第 2345—2346 页。

⑤《史记》卷七六《平原君虞卿列传》，第 2370 页。

⑥ 陈直：《史记新证》，北京：中华书局，2006 年，第 132 页。

⑦ 蒋伯潜：《诸子通考》，杭州：浙江古籍出版社，1985 年，第 252 页。

⑧ 马国翰：《玉函山房辑佚书》卷一七，上海：上海古籍出版社，1990 年。

⑨ 孙开泰：《邹衍与道家的关系》，《道家文化研究》第 8 辑，上海：上海古籍出版社，1995 年，第 225 页。

⑩（日）武内义雄：《中国思想简史》，汪馥泉译，北京：北京联合出版公司，2018 年，第 62 页。

威、宣之时,驺子之徒论著终始五德之运,及秦帝而齐人奏之,故始皇采用之。"《史记集解》引如淳曰:"今其书有《五德终始》。五德各以所胜为行。秦谓周为火德,灭火者水,故自谓水德。"①《史记·秦始皇本纪》也说"始皇推终始五德之传",《史记索隐》云:"传,次也。谓五行之德始终相次也。《汉书·郊祀志》曰:'齐人邹子之徒论著终始五德之运,始皇采用。'"②《史记·三代世表》说:"余读《谍记》,黄帝以来皆有年数。稽其《历谱谍》《终始五德之传》,古文咸不同,乖异。"《史记索隐》曰:"谓帝王更王,以金木水火土之五德传次相承,终而复始,故云终始五德之传也。"③王国维指出"终始五德传"为书名。④《汉书补注》引《文选魏都赋注》引《七略》云:"邹子有《终始五德》,从所不胜,土德后,木德继之,金德次之,火德次之,水德次之。"⑤有学者认为这是《邹子终始》解题。⑥ 也有学者认为,"终始传"是阴阳家记述五德终始的一种文类,如《终始五德传》《黄帝终始传》等,其起源就在邹衍所著的"终始大圣"等篇。⑦

邹衍之后,其学术继续传承,《邹子终始》之外,《汉书·艺文志》还收录有"《邹奭子》十二篇""《公梼生终始》十四篇",本注云:"传邹奭《始终》书。"⑧《史记·孟子荀卿列传》说邹奭"颇采邹衍之术以

①《史记》卷二八《封禅书》,第 1369 页。
②《史记》卷六《秦始皇本纪》,第 237 页。
③《史记》卷一三《三代世表》,第 488 页。
④ 王国维:《〈史记〉所谓古文说》,《观堂集林(外二种)》。
⑤ 班固撰,颜师古注,王先谦补注:《汉书补注》,第 3149 页。
⑥ 章宗源撰,王颂蔚批校:《隋经籍志考证》,北京:中华书局,2021 年,第 287 页。
⑦ 参见张书豪《西汉"尧后火德"说的成立》,《汉学研究》第 29 期第 3 期,2011 年。另参氏著《秦汉时期的终始论及其意义》,《汉学研究集刊》2007 年第 4 期。
⑧《汉书》卷三〇《艺文志》,第 1733 页。清人姚振宗认为班固原注当作"传黄帝《终始》书",已有学者进行辨析,参刘贝嘉《〈公梼生终始〉"传黄帝〈终始〉书"说献疑》,《中国典籍与文化论丛》2021 年第 1 期。

纪文",显然邹奭与公梼生皆邹衍学说的继承者。另外《汉书·艺文志》中还有《张苍》十六篇,本注云"丞相北平侯",《史记·十二诸侯年表》说"汉相张苍历谱五德",《史记索隐》云:"张苍著终始五德传也。"①可见张苍受邹衍一派学术影响,然根据前述张苍学术的核心内容是律历,应属历人。另外汉文帝时鲁人公孙臣也提及"终始传",其学与张苍不同,《史记·孝文本纪》称:"是时北平侯张苍为丞相,方明律历。鲁人公孙臣上书陈终始传五德事,言方今土德时,土德应黄龙见,当改正朔服色制度。天子下其事与丞相议。丞相推以为今水德,始明正十月上黑事,以为其言非是,请罢之。"②后来"黄龙见成纪",汉文帝接受公孙臣关于土德的主张。是知战国时邹奭、公梼生,入汉以后公孙臣均为邹衍学术一脉。③另外,《汉书·律历志》提到"丞相属宝、长安单安国、安陵杯育治终始",④沈钦韩认为这些人都与终始有关。⑤至于前文提到的公孙卿以及甘忠可、夏贺良等人,也可以视为这一学派的分支。

褚少孙曾引《黄帝终始传》,云:"汉兴百有余年,有人不短不长,出(自)〔白〕燕之乡,持天下之政,时有婴儿主,却行车。"⑥有学者指出,根据"黄帝终始传"这一名称可知褚少孙所引之书与邹衍有某种关系,然其内容则与谶纬有关。⑦也有学者认为《黄帝终始传》将五德终始说与谣言结合起来,把霍光纳入终始序列,是霍光集团为造

①《史记》卷一四《十二诸侯年表》,第510页。
②《史记》卷一○《孝文本纪》,第429页。
③ 陈鹏:《终始传和历谱牒》,《中国典籍与文化》2013年第1期。
④《汉书》卷二一上《律历志上》,第978页。
⑤ 沈钦韩著,尹承整理:《汉书艺文志疏证》,北京:清华大学出版社,2011年,第91页。
⑥《史记》卷一三《三代世表》,第506—507页。
⑦ 葛志毅:《邹衍的社会历史观及其影响》,氏著:《谭史斋论稿六编》。

势而制作的。①《法言·重黎》也提到"黄帝终始":

> 或问"黄帝终始"。曰:"讬也。昔者姒氏治水土,而巫步多禹;扁鹊,卢人也,而医多卢。夫欲雠伪者必假真。禹乎? 卢乎? 终始乎?"

李轨注云:"世有黄帝之书,论终始之运,当孝文之时三千五百岁,天地一周也。"②顾颉刚认为李轨注中所云应当就是《黄帝终始传》中之语。③ 有学者认为,"终始"的含义为"终而复始",如果一个王朝为另外一个王朝所取代,前一个王朝为"终",后一个王朝为"始",如此循环往复,生生不已。④ 王朝的更迭就像是四季的代换一样,朝代的改易成为五德的自然承袭。⑤ 也有学者指出,五德终始说的本质可以说是把历学的知识和古史的知识结合起来,用神秘主义视角看待帝王世系的传承和朝代的更迭。⑥

从"终始"这样的名称来看,邹衍学派主要的理论是分析目前出现的现象,并与历史上的现象作比较,然后发现规律,即所谓"先验小物,推而大之,至于无垠",然后采用这样的规律指导人间政治。⑦ 邹衍所谓的规律来源于对历史经验的总结,然后把历史经验运用于实践的指导之中,即"先序今以上至黄帝,学者所共术,大并世盛衰,因载其禨祥度制,推而远之",另外以"符应"作为主要证据,判断王

---

① 陈鹏:《终始传和历谱牒》,《中国典籍与文化》2013 年第 1 期。辛德勇也有相近的看法,参氏著《海昏侯刘贺》,第 117 页。
② 扬雄撰,汪荣宝注疏:《法言义疏》,北京:中华书局,1987 年,第 317 页。
③ 顾颉刚:《顾颉刚读书笔记》第六卷《缓斋杂记》,《顾颉刚全集》。
④ (日)安居香山:《纬书与中国神秘思想》,田人隆译,第 90 页。
⑤ 许倬云:《先秦诸子对天的看法》,氏著:《求古编》,北京:商务印书馆,2014 年。
⑥ 陈鹏:《终始传和历谱牒》,《中国典籍与文化》2013 年第 1 期。
⑦ 这种"先验小物"的方式与前文方术士"验小方"也非常相似,详见前文的讨论。

朝德运的信息。①　而所谓"主运"其实也是根据五星运动描述朝代的
更迭，②认为人间朝代的更换与天文之间存在某种神秘的对应关系。
可以发现邹衍学派的学术基础仍然是史学，是对"黄帝"以来历史经
验的总结，只不过这种总结融合进了阴阳五行方面的学说，认为人
间事物与天文现象是一致的，即都处于无限的往复和循环之中，这
也就是所谓的"终始"的真实含义。邹衍学派由观测天文而用以指
导人间事物，申发出"终始"循环的理论，也就使得其理论体系具有
机械循环的特点。这也就是《史记索隐》所谓的"五行之德始终相
次"，"谓帝王更王，以金木水火土之五德传次相承，终而复始，故云
终始五德之传也"。③

　　总体而言，所谓"终始"其实就是一种循环的历史观，这种观念
的基本特征是认为历史是循环演进的，而且这种循环是"无限"的。
那么基于这样的观念，就可以根据历史事件，分析现在局势，并对未
来做出判断。这种观念同五行学说结合起来，用于解释朝代的更
替，形成了五德终始的学说，其机械循环的历史观显然会对人们的
思想造成重要的影响。

2. 大终思想

　　大终思想是在终始观念的基础上产生的。前文讨论再受命思
想，提到齐人甘忠可曾言："汉家逢天地之大终，当更受命于天，天帝
使真人赤精子，下教我此道。"④前文也提到，甘忠可属于方术中的天
文历法一派，其实也可以归属于司马迁所谓的数家。后来甘忠可在

① 刘泽华：《先秦政治思想史》，天津：南开大学出版社，1984年，第631页。
② 张舜徽：《周秦道论发微　史学三书平议》，武汉：华中师范大学出版社，2005年，
　 第14页。
③《史记》卷一三《三代世表》，第488页。
④《汉书》卷七五《眭两夏侯京翼李传》，第3192页。

被汉哀帝召见时说"汉历中衰,当更受命",可见"天地大终"和"中衰"含义基本相同,指的是历法发展到一定阶段,需要"改历"重新开始,这也就是所谓"再受命"的思想基础。大终思想确实与数家有着密切的关系。

《汉书·律历志》也提到"小终""大终"和"元终":

> 九章岁为百七十一岁,而九道小终。九终千五百三十九岁而大终。三终而与元终。进退于牵牛之前四度五分。九会。阳以九终,故日有九道。阴兼而成之,故月有十九道。阳名成功,故九会而终。四营而成易,故四岁中余一,四章而朔余一,为篇首,八十一章而终一统。①

另外,易经中也有相关的内容,例如《周易》坤卦《象辞》说:"用六永贞,以大终也。"②《易纬乾凿度》说:"孔子曰,至德之数,先立木、金、水、火、土德,合三百四岁,五德备,凡一千五百二十岁,大终复初。"③《易纬》这段话的核心内容是五德终始,④所谓"大终复初",其实就是进入新的历法循环,任蜜林解释这段话的意思说:"五行依次用事,终则反始,期至则变。"⑤简单来说,"大终"是历算之学计算历史时代的一种工具,认为历法会有一个结束的点,而结束之后也会迎来一个新的开始。

可以发现,"大终"的思想与人们对月亮运行的观测有关,月亮阴晴圆缺的周期性变化,会让人们对"终始"这种现象有非常直观的印象。《新唐书·历志》将筮占术与历法推步结合,其中提到月亮运

---

① 《汉书》卷二一下《律历志下》,第 1007 页。

② 《周易正义》,阮元校刻《十三经注疏》,第 33 页。

③ 赵在翰辑,钟肇鹏、萧文郁点校:《七纬(附论语谶)》,第 58 页。

④ 萧洪恩:《易纬文化揭秘》,北京:中国书店,2008 年,第 363 页。

⑤ 任蜜林:《汉代内学——纬书思想通论》,第 316 页。

行与历数计算之间的关系:"一策之分十九,而章法生。一撲之分七十六,而蔀法生。一蔀之日二万七千七百五十七,以通数约之,凡二十九日余四百九十九,而日月相及于朔,此六爻之纪也。以卦当岁,以爻当月,以策当日,凡三十二岁而小终,二百八十五小终而与卦运大终,二百八十五,则参伍二终之合也。数象既合,而遁行之变在乎其间矣。"①钱大昭《广雅疏义》"月行九道"条也说:"月与日交,而有交食,即昭二十一年《正义》所言是也。九道与宿度交,则为八节,即《汉志》所说是也。古节气有常度,月行有常率。大抵十九岁而九道小终,千五百二十岁而大终,与交食无预也。"②也就是说,"大终"的周期性变化呈现出的数字组合,和人们对月亮运行周期的测算有关。

总的来说,甘忠可等人所谓的"天地之大终"指的是历法到了一定阶段,需要重新进入循环,这其实也就是终始思想。而历法推步之术中有小终、大终、元终的说法,显示人们对大终的认识主要依据的是月亮的周期性运行。事实上,月亮的运行不仅是测算历法的主要依据,其圆缺更替变化也是终始思想最有说服力的证据。

3. "三五"与"三七"——数字循环与天命

以数字言说国运与天命具有悠久的传统,这种观念认为每隔一段时间就会有重要的历史事件发生,其实是基于对天体循环往复运行的认知推断人间政治的演变规律。可以发现,这种观念也受到历谱之学的影响,其核心内容仍然是古史与历法。

司马迁非常重视数字"三五",其中"三"指的是三十年,是一世;而"五"是五百年,是说每五百年要发生一次重大的历史变化。《史记·周本纪》载周太史儋见秦献公之言曰:"始周与秦国合而别,别

---

① 《新唐书》卷二七上《历志上》,第589页。
② 钱大昭撰,黄建中、李发舜点校:《广雅疏义》,北京:中华书局,2016年,第685页。

五百载复合,合十七岁而霸王者出焉。"①司马迁在《史记》中前后四次提到太史儋的这个预言,显见得他对"五百"这个数字之重视。另外《太史公自序》"先人有言":"自周公卒五百岁而有孔子。孔子卒后至于今五百岁,有能绍明世,正《易传》,继《春秋》,本《诗》《书》《礼》《乐》之际?"②也就是说从周公到孔子经历五百年时间,到了一个重要的时间节点,那么从孔子到司马迁生活的时代又过了五百年,也已经到了一个重要的时间节点,司马迁父子认为在这个重要的时间节点必然会有重大变化。另外,古人认为从上一代到下一代要经过三十年,即一世,所以《史记》这句话中还包含着从司马谈到司马迁的"一世"。

司马迁关于"五百年"历史循环的认识与孟子相似,《孟子》也反复提到"五百"这个数字,例如《孟子·公孙丑》说:

> 五百年必有王者兴,其间必有名世者。③

朱熹集注云:

> 自尧舜至汤,自汤至文武,皆五百余年而圣人出。名世,谓其人德业闻望,可名于一世者,为之辅佐。若皋陶、稷、契、伊尹、莱朱、太公望、散宜生之属。④

《孟子·尽心》说:

> 由尧舜至于汤,五百有余岁,若禹、皋陶,则见而知之;若

---

① 《史记》卷四《周本纪》,第 159—160 页。
② 《史记》卷一三〇《太史公自序》,第 3296 页。
③ 《孟子注疏》,阮元校刻《十三经注疏》,第 5871 页。
④ 朱熹:《四书章句集注》,北京:中华书局,1983 年,第 250 页。

汤，则闻而知之。由汤至于文王，五百有余岁，若伊尹、莱朱则见而知之；若文王，则闻而知之。由文王至于孔子，五百有余岁，若太公望、散宜生，则见而知之；若孔子，则闻而知之。①

《史记索隐》指出："太史公略取于孟子，而杨雄、孙盛深所不然，所谓多见不知量也。以为淳气育才，岂有常数，五百之期，何异瞬息。是以上皇相次，或有万龄并间，而唐尧、舜、禹比肩并列。降及周室，圣贤盈朝；孔子之没，千载莫嗣，安在于千年五百乎？具述作者，盖记注之志耳，岂圣人之伦哉。"②

另外，司马迁认为在历史演化的过程中，每五百年都会发生一次较为巨大的变化，每三十年会发生一次小的变化，所以为国者必须重视"三五"，《史记·天官书》说：

> 夫天运，三十岁一小变，百年中变，五百载大变。三大变一纪，三纪而大备：此其大数也。为国者必贵三五。上下各千岁，然后天人之际续备。③

《史记索隐》说："三五谓三十岁一小变，五百岁一大变。"另外《天官书》还说："为天数者，必通三五。终始古今，深观时变，察其精粗，则天官备矣。"《史记索隐》认为这里的"三五"指的是三辰和五星，④是说未必准确，"三五"还是应该理解为三十岁一小变和五百岁一大变。

另外，文献中还有"三五"指的是三皇和武帝。例如《史记·孔子世家》说："今孔丘述三五之法，明周召之业，王若用之，则楚安得

---

① 朱熹：《四书章句集注》，第 376 页。
②《史记》卷一三〇《太史公自序》，第 3296 页。
③《史记》卷二七《天官书》，第 1344 页。
④《史记》卷二七《天官书》，第 1351 页。

世世堂堂方数千里乎?"①其中"三五"指的就是三皇五帝。另外《尚书大传》说:"遂人为遂皇,伏羲为戏皇,神农为农皇也。遂人以火纪。火,太阳也,阳尊,故托遂皇于天。伏羲以人事纪,故托戏皇于人。盖天非人不因,人非天不成也。神农悉地力,种谷疏,故托农皇于地。天、地、人之道备,而三五之运兴矣。"②其中"三五之运"也指三皇五帝。有论者以为,"三五"在天指天命循环的周期,在地则指三皇五帝以来的天命循环更替,③可备一说。

陶磊注意到,还有一种"三五"指的是三统和五行,例如《汉书·律历志》说:"三代各据一统,明三统常合,而迭为首,登降三统之首,周还五行之道。故三五相包而生。"又说:"太极运三辰五星于上,而元气转三统五行于下。"④是说可参。

李约瑟认为司马迁所谓的"三五"与五星公转及会合的周期有关,当然这也与人们对历法的认识和使用有关,即木星、土星和火星每隔 516.33 年会合一次,也就是历周之初(上元)五星毕聚和历周之末(下元)五星毕聚相隔的时间。⑤ 朱维铮进一步指出,所谓五百载大变,指的是约举一会即 513 年的成数;三大变一纪是约举 1539 年为一统的成数;三纪而大备是约举各种周期在其中会和而时间最短的大周期三统或一元或一首即 4617 年的成数;而所谓为国者必贵三五,也就是必须重视三个五百年的大周期。⑥ 另外前文也提到,所谓

①《史记》卷四七《孔子世家》,第 1932 页。
②皮锡瑞:《尚书大传疏证》,第 303 页。
③赵继宁:《〈史记·天官书〉研究》,兰州:甘肃人民出版社,2015 年,第 337 页。
④《汉书》卷二一上《律历志上》,第 985 页。参陶磊《巫统、血统与古帝传说》,第 80 页。
⑤(英)李约瑟:《中国科学技术史》第四卷《天学》第二分册,北京:科学出版社,1975 年,第 562—563 页。
⑥朱维铮:《中国史学史讲义稿》,廖梅、姜鹏整理,上海:复旦大学出版社,2015 年,第 100 页。

三十年一小变,指的是父子更代周期即"一世"的时间,《史记·孝文本纪》太史公曰:"孔子言'必世然后仁。善人之治国百年,亦可以胜残去杀'。诚哉是言!汉兴,至孝文四十有余载,德至盛也。廪廪乡改正服封禅矣,谦让未成于今。呜呼,岂不仁哉!"《史记集解》引孔安国曰:"三十年曰世。如有受命王者,必三十年仁政乃成。"①正如学者所言,司马迁借用循环论的成说来说"变",②而"三"和"五"是循环论中非常重要的数字。

另外,汉代政治文化中又有所谓"三七之厄",应当也与历法推步有关。例如《汉书·路温舒传》说:"温舒从祖父受历数天文,以为汉厄三七之间,上封事以豫戒。"颜师古注引张晏曰:"三七二百一十岁也。自汉初至哀帝元年二百一年也,至平帝崩二百十一年。"③路温舒活跃于宣帝年间,其祖父大概是汉武帝时代的人,也就是说,关于汉代会遭遇"三七之厄"的说法可能从武帝时代就已经开始出现了。路温舒之后,到了汉成帝年间谷永再次提出了"三七之厄",他在给成帝的奏疏中写道:"陛下承八世之功业,当阳数之标季,涉三七之节纪,遭《无妄》之卦运,直百六之灾厄。"颜师古注引孟康曰:"至平帝乃三七二百一十岁之厄,今已涉向其节纪。"④

根据颜师古注引张晏和孟康的看法,从高祖到平帝崩恰好是二百一十年,也就是说三七之厄是应验了的,然而这一结果显然与王莽的刻意宣传有关。⑤ 事实上,三七之厄的说法虽然出现时间较早,但将其广为宣扬的其实就是王莽君臣。《汉书·王莽传》载王莽上奏太后曰:

---

①《史记》卷一○《孝文本纪》,第437页。

② 张大可:《史记研究》,北京:华文出版社,2002年,第329页。

③《汉书》卷五一《路温舒传》,第2372页。

④《汉书》卷八五《谷永传》,第3468页。

⑤ 栾保群:《中国古代的谣言与谶语》,第38页。

陛下至圣,遭家不造,遇汉十二世三七之阸,承天威命,诏臣莽居摄,受孺子之托,任天下之寄。①

后来王莽又下诏说:"予前在大麓,至于摄假,深惟汉氏三七之阸,赤德气尽,思索广求,所以辅刘延期之(述)〔术〕,靡所不用。"②王莽认为自己曾经尽力辅佐汉朝,试图延长汉家王朝的寿命,但由于汉家遭遇"三七之厄",他的这些努力最终归于无效。显而易见,王莽认为"三七之厄"是历史发展演变的必然规律,是人力所不能抗拒的。与此同时,王莽宣扬汉朝的"三七之厄"也正对应着新朝的兴旺,所谓:"故新室之兴也,德祥发于汉三七九世之后。"颜师古注引苏林曰:"二百一十岁,九天子也。"《汉书补注》引何焯曰:"孝惠孝文为一世,哀平为一世。苏注谓九天子,非也。"③

谶纬文献中也有"三七之厄"相关的内容,《礼记·王制》孔颖达疏引《春秋元命包》曰:"阳成于三,列于七,三七二十一,故二百一十国也。"④赵在瀚辑《春秋元命包》说:"阳气数成于三,故时别三月。阳数极于九,故三月一时,九十日。""阳数起于一,成于三,故日中有三足鸟。""阳立于三,故人脊三寸而结。阴极于八,故人旁八干,长八寸。"《春秋考异邮》说:"阳立于五,极于九,五九四十五日,一变风以阴合阳。""三九二十七,七者阳气成,故虎七月而生。阳立于七,故虎首尾长七尺。""七九六十三,阳气通,故斗运。"《易纬乾凿度》说:"易变而为一,一变而为七,七变而为九,九者气变之究也。"⑤

可见在谶纬文献中,数字一、三、五、七、九皆具有神秘特征,任

①《汉书》卷九九上《王莽传上》,第4094页。
②《汉书》卷九九中《王莽传中》,第4108—4109页。
③班固撰,颜师古注,王先谦补注:《汉书补注》,第5728页。
④《礼记正义》,阮元校刻《十三经注疏》,第2865页。
⑤赵在瀚辑,钟肇鹏、萧文郁点校:《七纬(附论语谶)》,第401页。

蜜林引用《易传》中的说法,认为一、三、五、七、九是天数,即阳数,这些数字规定着自然和社会中各种现象的数量、长短和尺寸。[1] 王小明指出,正是因为阳气数成于三,所以一年按三个月划分,成为四时;因为阳数极于九,所以每一季度为九十日。[2] 孙少华认为,历数、天文上的三七之厄,大致可以与时节、星宿运行有关系;节令与星宿之失次,会导致国家灾难和政权的更迭。[3] 另外,谶纬文献中"四七之际火为主"的说法显然也是在三七之厄基础上出现的,数字三、七在谶纬中的神秘性特征应当引起注意。

后来东汉也被认为有三七之厄,干宝《搜神记》"赤厄三七"条云:

> 三七者,经二百一十载,当有外戚之篡,丹眉之妖。篡盗短祚,极于三六,当有龙飞之秀,兴复祖宗。又历三七,当复有黄首之妖,天下大乱矣……自光武中兴至黄巾之起,未盈二百一十年,而天下大乱,汉祚废绝,实应三七之运。[4]

干宝认为从光武中兴到黄巾之起差不多二百一十年,也应了三七之运。另外,文献记载中还提到"六七之厄":"汉有六七之厄,法应再受命。宗室子孙谁当应此者?六七四十二,代汉者,当涂高。"[5]有学者认为,六七之厄其实就是两个三七之厄,两者之间有着较深的渊源。[6]

---

[1] 任蜜林:《汉代内学——纬书思想通论》,第169页。

[2] 王小明:《〈春秋〉纬与汉代思想世界》,第359页。

[3] 孙少华:《"三七之厄"与两汉之际经学思想之关系——以路温舒、谷永、王莽为中心》,《岭南学报》2018年第1期。

[4] 干宝著,李剑国辑校:《搜神记辑校》,第190页。

[5] 李昉等编:《太平御览》,北京:中华书局,1960年,第421页。

[6] 栾保群:《中国古代的谣言与谶语》,第38页。另参王守亮《谶纬与汉魏六朝小说》,济南:齐鲁书社,2017年,第146页。

　　需要注意的是，东汉之后曹魏虽然也宣扬代汉者当涂高的谶言，但并未再提起三七之厄或者是六七之厄。阎步克认为，东汉末通行的说法是以七百二十年为准，在八百至四百年之间浮动，①例如《三国志·魏书·文帝纪》注引《献帝传》载太史丞许芝的言论曰："臣闻帝王者，五行之精；易姓之符，代兴之会，以七百二十年为一轨。有德者过之，至于八百，无德者不及，至四百载。是以周家八百六十七年，夏家四百数十年，汉行夏正，迄今四百二十六岁。又高祖受命，数虽起乙未，然其兆征始于获麟。获麟以来七百余年，天之历数将以尽终。"②是说东汉统治两百多年，两汉统治已达四百年，已经到达了五行更代的关口。而所谓"以七百二十年为一轨"，其实是在历法推步之术基础上出现的。《三国志旁证》引潘眉曰："轨者，世轨也。世轨有二：一为唐尧世轨，以七百六十岁为一轨；一为文王世轨，以七百二十岁为一轨。其推算之法同。《乾凿度》云：以七百六十为世轨者，尧以甲子受天元为推术。《洛书灵准听》云八九七十二录图起。郑康成注：八九相乘七十二岁。而七百二十岁复于冬至甲子生象，其数以为轨焉，故曰录图起之。"③

　　总的来看，"三五"与"三七"都是以神秘的数字言说天命，认为每隔一段特定的时间就会有重要事件发生，其本质仍然是基于对天体循环往复运行的认知推断人间政治的演变规律。与此同时应当注意的是，三、五、七被认为是阳数、天数，和数字一、九一样，这些具有神秘特征的数字与历法推步之术相结合，被历谱之学中的数家一派用于解释王朝更迭的命运，对当时的社会观念也产生了重要的影响。

---

① 阎步克：《乐师与史官：传统政治文化与政治制度论集》，第262页。
②《三国志》卷二《魏书·文帝纪》，第64页。
③ 梁章钜撰，杨耀坤校订，《三国志旁证》，福州·福建人民出版社，2000年，第62页。

三、"更始"思想

前文提到,汉武帝以后知识阶层对朝政的运行不满,出现了反对汉王朝继续统治的思想。武帝以后的社会矛盾也愈演愈烈,知识阶层寻求解决社会问题的可行方案,其中一种方案认为汉王朝已经走向末路,应当开始新的统治。就在这样的情况下,"更始""更新"的思想在当时社会逐渐获得更多支持。所谓"更始"和"更新"的思想,就是期待一切重新开始,回复到事物最开始的状态,人们相信,如果王朝政治也能够实现"更新"和"更始",那么一切社会积弊就会荡然无存,社会面临的矛盾也会得到解决。

1. 更始溯源

"更始"在历史早期文献记载之中较为常见,其最初的含义指的是历法上天文现象的周期性回归。《礼记·三年问》说:"曰天地则已易矣,四时则已变矣,其在天地之中者莫不更始焉,以是象之也。"郑玄注认为:"法此变易可以期也。"《正义》曰:"言天地之中,动植之物无不于前事之终,更为今事之始,圣人以人事法象天地,故期年也。"①所谓"前事之终,更为今事之始",是说"更始"思想来自人们对"天地"和"四时"变化的认识。另外,《礼记·月令》"季冬之月"提道:"是月也,日穷于次,月穷于纪,星回于天,数将几终,岁且更始,专而农民,毋有所使。"②季冬之月也就是冬季的最后一个月,古人认为到了这个月新的一年也就是新的一个时间轮回就要开始了,所以说"岁且更始"。这与现在人们对"除夕"和"新年"的认识并没有太大的差别。

另外,《礼记集解》引郑氏曰:"言日月星辰运行,于此月皆周匝

---

①《礼记正义》,阮元校刻《十三经注疏》,第3610页。
②《礼记正义》,阮元校刻《十三经注疏》,第2997页。

于故处也。"另引孔氏曰:"去年季冬,日次于玄枵,至此月复次玄枵,故曰'日穷于次'。去年季冬,日月会于玄枵,至此复会于玄枵,故曰'月穷于纪'。二十八宿随天而行,每日虽周天一匝,早晚不同,至此月复其故处,故曰'星回于天'。几,近也。以去年季冬至今年季冬三百五十四日,未满三百六十五日,未得正终,唯近于终,故云'数将几终'。"①另外,《礼记训纂》引高诱注《吕氏春秋》曰:"次,宿也。是月,日周于牵牛,故'日穷于次'。月遇日相合为纪。月终纪,光尽而复生曰朔,故曰'月穷于纪'。日有常行,行于中道,五星随之,故曰'星回于天'也。一说:十二次穷于牵牛,故曰'穷于次'也。纪,道也。月穷于故宿,故曰'穷于纪'。星回于天,谓二十八宿更见于南方,是月回于牵牛,故曰'星回于天'也。夏以十三月为正。夏数得天,言天时者皆从夏,正也,故于是月十二月之数近终,岁将更始于正月也。"②其中反复提到的"穷",也就是"尽"的意思,其实是说历法到了终点,即将重新开始计算,这就是"更始"最初的含义。

"更始"原本就包含有"重新开始"的含义,通常用在新王朝开始的时期。例如《庄子·盗跖》说:"尊将军为诸侯,与天下更始,罢兵休卒,收养昆弟,共祭先祖。"③所谓"与天下更始",是要建立一种新的秩序,所以有"罢兵休卒"等一系列举动。《史记·齐太公世家》记载武王伐纣以后"迁九鼎,修周政,与天下更始",④其中"更始"的含义显然也是建立一种新的秩序,即周取代了殷,新的秩序也就开始了,所以叫"与天下更始"。

汉朝建立以后,人们形容新时代也常使用"更始"这个词。例如

① 孙希旦撰,沈啸寰、王星贤点校:《礼记集解》,第503页。
② 朱彬撰,饶钦农点校:《礼记训纂》,北京:中华书局,1996年,第285页。
③ 王先谦撰,沈啸寰点校:《庄子集解》,第261页。
④《史记》卷二二《齐太公世家》,第1480页。

《史记·萧相国世家》太史公曰说:"及汉兴,依日月之末光,何谨守管篇,因民之疾〔秦〕法,顺流与之更始。"①《汉书·萧何曹参传》中班固赞也说:"天下既定,因民之疾秦法,顺流与之更始,二人同心,遂安海内。"②汉文帝在给匈奴的诏书中说:"圣人者日新,改作更始,使老者得息,幼者得长,各保其首领而终其天年。"③汉文帝说的"日新",与汉代史料中常见的"自新"意思相同。《史记日本古注疏证》认为:"圣人者日新,言不思旧恶也。"④

后来,班固记载东汉建立以后的情况也使用了"更始",《汉书·食货志》说:"后二年,世祖受命,荡涤烦苛,复五铢钱,与天下更始。"⑤《汉书·礼乐志》也说:"今海内更始,民人归本,户口岁息,平其刑辟,牧以贤良,至于家给,既庶且富。"颜师古注云:"今谓班氏撰书时也。"⑥可见在文献之中"更始"都是用在新王朝开始之后,有表示新的时代开始的意思。

而具体到实际的政治活动中,"更始"通常还具有"既往不咎"的意思。其中蕴含的基本逻辑是,既然新的时代开始了,对于之前的种种不法和犯罪行为就不再予以追究,所以在"更始"之后通常会有"赦天下"之类的命令。例如《汉书·武帝纪》载武帝立卫子夫为皇后时下诏说:"朕嘉唐虞而乐殷周,据旧以鉴新。其赦天下,与民更始。诸逋贷及辞讼在孝景后三年以前,皆勿听治。"⑦这里"与民更始"与"赦天下"连用,让犯了罪的民众可以开始新的生

---

① 《史记》卷五三《萧相国世家》,第 2020 页。
② 《汉书》卷三九《萧何曹参传》,第 2021—2022 页。
③ 《史记》卷一一〇《匈奴列传》,第 2902 页。
④ 张玉春著:《〈史记〉日本古注疏证》,济南:齐鲁书社,2012 年,第 702 页。
⑤ 《汉书》卷二四下《食货志下》,第 1185 页。
⑥ 《汉书》卷二二《礼乐志》,第 1075 页。
⑦ 《汉书》卷六《武帝纪》,第 169 页。

活。后来,皇太子出生时,汉武帝再次下诏说:"已赦天下,涤除与之更始。"①汉武帝在给石庆的回复中也说:"往年觐明堂,赦殊死,无禁锢,咸自新,与更始。"②

在汉代史料中,除了"与民更始"之外,还有"与士大夫更始"的说法。例如汉武帝封禅泰山之后说:"自新,嘉与士大夫更始,赐民百户牛一酒十石,加年八十孤寡布帛二匹。"③汉宣帝的诏书中也说:"其赦天下,与士大夫厉精更始。"颜师古注引李斐曰:"今吏已修身奉法矣,但不能称上意耳,故赦之。"颜师古不同意李斐的说法,认为:"言文王作罚,有犯之者,皆刑无赦,今我意有所闵,闵吏修身奉法矣,而未称其任,故特赦之,与更始耳。"④其实,所谓"与士大夫更始"和"与民更始"的含义大致相同,都有"既往不咎"的意思。《汉书·平帝纪》载王莽当政时期的诏书也说:"夫赦令者,将与天下更始,诚欲令百姓改行洁己,全其性命也。"⑤由此可以理解当时"赦令"与"更始"之间的联系。另外,《史记·吴王濞列传》记载有人劝汉文帝赦免吴王的罪过,说道:"今王始诈病,及觉,见责急,愈益闭,恐上诛之,计乃无聊。唯上弃之而与更始。"⑥颜师古注《汉书·吴王濞传》认为"与更始"的含义是"赦其已往之事",即不再追究吴王的罪过,给吴王一个改过自新的机会。后来汉文帝听从了这个建议,汉朝与吴国的关系果然有所改善。

经由以上讨论可以对"更始"有更深刻的理解。"更始"是在对过往经验总结的基础上得出新的认识,在主观上结束过往坏的,或者说是不符合当前利益的内容——当然这种"结束"是一种相对和

---

①《汉书》卷六《武帝纪》,第174页。

②《汉书》卷四六《万石卫直周张传》,第2198页。

③《汉书》卷二八《封禅书》,第1398页。

④《汉书》卷八《宣帝纪》,第255页。

⑤《汉书》卷一二《平帝纪》,第348页。

⑥《史记》卷四六《吴王濞列传》,第3823页。

平的结束,有"既往不咎"的意思——然后在这个基础上开启新的篇章。其实这种"除旧布新"的理念在民俗之中并不鲜见,而自汉武帝以来,年号的更改被认为会带来"更始"的效果,这也就使得"更始"的理念广泛出现于政治文化各领域之内。

2. "更始"与"改元"

西汉中后期以后,儒生阶层对于"更新政治"有着强烈的追求。他们期待改变日益严重的政治局面和社会经济凋敝、民生困苦等各方面的问题,而在"更新政治"之中,"改元"或"改元易号"被寄予了较高的期待。人们相信,年号的更改会带来全新的政治局面。"改元"与"更始"之间的关系应当引起特别的重视。

"改元"通常被赋予特殊的含义,古人认为每隔一段时间改换纪年称号,也能够起到"重新开始"的效果。① 事实上,在汉代以来关于"更始"思想的论述之中,"元"具有重要的意义,《春秋公羊传》开篇就说:"元年者何?君之始年也。春者何?岁之始也。王者孰谓?谓文王也。"何休注云"变一为元,元者,气也,无形以起,有形以分,造起天地,天地之始也,故上无所系,而使春系之也",另外何休也说:"文王,周始受命之王,天之所命,故上系天端。方陈受命制正月,故假以为王。"②《春秋繁露·玉英》曰"谓一元者,大始也……故元者为万物之本,而人之元在焉",苏舆注引《文选·东都赋》注引

---

① 相关的研究参杨联陞《汉武帝始建年号时期之我见》,《清华学报》第12卷第1期,1937年;严耕望《武帝创制年号辨》,《责善》第2卷第17期,1947年;陶栋《历代建元考》,上海:中华书局,1941年;刘乃和《中国历史上的纪年(中)》,《文献》1983年第4期。另参辛德勇《建元与改元:西汉新莽年号研究》,北京:中华书局,2013年;来新夏《汉唐改元释例》,焦静宜等编:《来新夏文集》,天津:南开大学出版社,2019年。新近的研究参郭永秉《更始与一尊——西汉前期改元及年号使用起始问题的检讨》,复旦大学历史学系、《中国中古史研究》编委会:《中国中古史研究》第8卷,上海:中西书局,2021年。
② 《春秋公羊传注疏》,阮元校刻《十三经注疏》,第4766页。

《元命包》云："元年者何？元宜为一。谓之元何？曰：君之始年也。"苏舆另外还引用王应麟的说法，对历史上的改元事件进行了梳理，其中提道："《舜典》纪元日，商训称元祀，《春秋》书元年，人君之元，即乾坤之元也。元，即仁也。仁，人心也。众非元后何戴？后体元则仁覆天下也。即位之一年，必称元年，累数虽久而不易。战国而下，此义不明。秦惠文王十四年，更为元年，《汲冢竹书》，魏惠王有后元，始变谓一为元之制。汉文十有六年，惑方士说，改后元年，景帝因之，壬辰改中元，戊戌改后元，犹未以号纪年也。武帝则因事建号，历代袭沿，《春秋》之义不明久矣。"①刘歆也曾经论释《春秋》"元年"之义："《传》曰：'元，善之长也。'共养三德为善。又曰：'元，体之长也。'合三体而为之原。"另外刘歆也释"于春三月每月书王"为"元之三统也。三统合于一元"。②

汉武帝时"因事建号"，或者说"以诸瑞名年"，初始几个年号多与天文现象有关，《史记·封禅书》说："其后三年，有司言元宜以天瑞命，不宜以一二数。一元曰'建'，二元以长星曰'光'，三元以郊得一角兽曰'狩'云。"③《史记·孝武帝纪》集解引苏林曰："得黄龙凤皇诸瑞，以名年。"正义曰："孝景以前即位，以一二数年至其终。武帝即位，初有年号，改元以建元为始。"④《汉书·郊祀志》载："有司言元宜以天瑞，不宜以一二数。一元曰'建'，二元以长星曰'光'，今郊得一角兽曰'狩'云。"⑤

① 董仲舒著，苏舆撰：《春秋繁露义证》，第67—68页。
② 《汉书》卷二七《律历志下》，第1012页。
③ 《史记》卷二八《封禅书》，第1389页。
④ 《史记》卷一二《孝武本纪》，第460—461页。
⑤ 《汉书》卷二五上《郊祀志上》，第1221页。《资治通鉴》胡三省注引刘攽曰："然元鼎四年方得宝鼎，又无缘先三年称之。以此而言，自元鼎以前之年，皆有司所追命；其实年号之起在元鼎，故元封改元则始有诏书也。"《资治通鉴》卷一七《汉纪九》，第169页。

钱大昕就注意到："言建元、元光而不言元朔者，'建'以斗建为名，'光'以长星为名，皆取天象。"①

此外，汉武帝还有年号曰"元朔"，颜师古注引应劭曰："朔，苏也。孟轲曰'后来其苏'。苏，息也，言万民品物大繁息也。"师古曰："朔犹始也，言更为初始也。"②钱大昕虽然说应劭的解释"不主天瑞"，即和天文现象无关，但"朔"仍然具有"初始"的含义，而且与月亮的运行也有密切关系。③汉武帝在诏书中也说："夫本仁祖义，褒德禄贤，劝善刑暴，五帝三王所繇昌也。"颜师古解释"本仁祖义"为"以仁义为本始"。可见，"元朔"这个年号本身就有"更始"的含义。④后来汉武帝有"太始"的年号，颜师古注引应劭云："言荡涤天下，与民更始，故以冠元。"⑤这是目前能够见到的改元和"与民更始"连用的最早记载。而这也与当时的政治局势有密切关系，太始元年即公元前96年，此前一年，贰师将军李广利出师不利，再加上当时国内政治局势不稳，汉朝统治面临较大困难，故应劭谓之"荡涤天下"。所以汉武帝决定改元"太始"，显然包含"重新开始"之意，期待通过改变纪年来开启新的时代。这也可以说是汉武帝调整统治政策的先声，此后至征和四年(前89)汉武帝颁布《轮台诏》。

后来昭帝即位，改元"始元"；宣帝即位，改元"本始"；元帝即位，改元"初元"；成帝即位，改元"建始"，后又改"阳朔"；平帝即位，改元"元始"。仔细分析，可以发现这些年号其实都有"更始"的含义。

---

① 钱大昕：《廿二史考异》，陈文和主编：《嘉定钱大昕全集(增订本)》第2册。

② 《汉书》卷六《武帝纪》，第167页。

③ 例如李寻给汉哀帝的上书中也说："朔晦正终始，弦为绳墨，望成君德。"可见月亮的朔晦变化被认为是人间政治调整的重要依据。见《汉书》卷七五《眭两夏侯京翼李传》，第3185页。

④ 《汉书》卷六《武帝纪》，第166、167页。

⑤ 《汉书》卷六《武帝纪》，第205页。

有学者注意到，汉武帝开创了一个传统，即以"改元"来"顺天应人"，而这种思路也为后世的统治者所继承。[①] 另外也有学者指出，从汉武帝时代开始，改元也可以说是一种新的新民耳目、与民更始的手段，也是论证政权合法性的重要依据。[②]

到了汉哀帝时期，通过改年号以实现"更始"的活动达到高潮。前文曾经讨论"再受命"预言，已经提到哀帝受夏贺良等人的影响，一度下诏宣布"改元易号"，《汉书·李寻传》载夏贺良之言曰："汉历中衰，当更受命。成帝不应天命，故绝嗣。今陛下久疾，变异屡数，天所以谴告人也。宜急改元易号，乃得延年益寿，皇子生，灾异息矣。得道不得行，咎殃且亡，不有洪水将出，灾火且起，涤荡民人。"[③]这番话里提到汉成帝不应天命导致没有后嗣，而汉哀帝身体状况不好，也与没有"改元易号"有关。前文提到，夏贺良的思想来自甘忠可，《汉书》记载甘忠可的主要著作是《天官历》和《包元太平经》。由这两部著作的名称可以推断，甘忠可擅长天文和历法，属于方士中明天文历法的一派。[④] 他与前述邹衍"终始"思想应当也有渊源，有学者认为甘忠可学说之中汉家"逢天地之大终"和"赤精子"的说法都来自邹衍之说。[⑤]

[①] 范学辉：《结构与道路：秦至清社会形态研究》，北京：商务印书馆，2019 年，第 420 页。

[②] 汪文学：《正统论：中国古代政治权力合法性理论研究》，贵阳：贵州人民出版社，2019 年，第 204 页。

[③]《汉书》卷七五《眭两夏侯京翼李传》，第 3192 页。

[④] 陈槃：《战国秦汉间方士考论》，《中央研究院历史语言研究所集刊》第 17 本，1948 年。另参姜守诚《〈太平经〉成书的中间环节——"洞极之经"年代考论》，谢路军主编：《太平道研究论丛（二）·平乡论道》。

[⑤] 李养正：《〈太平经〉与阴阳五行说、道家及谶纬之关系》，《中国道教》1984 年第 15 期。相关的研究参汪高鑫著《汉代的历史变易思想》，开封：河南人民出版社，2019 年。

汉哀帝很快接受了夏贺良的思想,宣布改元。《汉书·哀帝纪》记载,建平二年(前5)六月甲子,"待诏夏贺良等言赤精子之谶,汉家历运中衰,当再受命,宜改元易号"。于是汉哀帝下诏:

> 汉兴二百载,历数开元。皇天降非材之佑,汉国再获受命之符,朕之不德,曷敢不通。夫基事之元命,必与天下自新,其大赦天下。以建平二年为太初元将元年。号曰陈圣刘太平皇帝。漏刻以百二十为度。①

哀帝宣布以建平二年为"太初元将元年",而且明确说这次改元要"与天下自新"。颜师古解释"基事之元命",说:"基,始也。元,大也。始为大事之命,谓改制度也。又曰更受天之大命。"②这里的"元"含有时间起点的意思,与"太初元将"这个年号一样具有"更始"的含义。也就是说在当时人们的政治观念中,"太初元将"这个代表时间起点的年号意味着全新的开始,即新时代和新世界的到来。另外"太初元将"这个年号显然和汉武帝时期的"太初"年号有关。对于所谓"陈圣刘太平皇帝"的名号,陈直认为"陈圣似指陈胡公为舜后之意,盖王莽引以自况,显示有代汉之企图",③也有学者指出,其意是刘为尧后(火),而陈为舜后(土),其实就是有自禅之意。④如果此说无误,也可以解释后来王莽称假皇帝时引夏贺良谶书的原因。另外也有人认为汉哀帝此举意在厌胜。⑤

然而汉哀帝的改制措施发布后不久,就有人提出了明确的反对意见。汉哀帝或者是在冷静思考之后,也意识到通过更改年号实现

---

① 《汉书》卷一一《哀帝纪》,第340页。
② 《汉书》卷一一《哀帝纪》,第340页。
③ 陈直:《汉书新证》,天津:天津人民出版社,1959年,第389页。
④ 徐兴无:《刘向评传》,第353页。
⑤ 吴成国:《六朝巫术与社会研究》,第149页。

"更始"的诉求是无稽之谈。同年八月,汉哀帝下诏说:"待诏夏贺良等建言改元易号,增益漏刻,可以永安国家。朕过听贺良等言,冀为海内获福,卒亡嘉应。皆违经背古,不合时宜。六月甲子制书,非赦令也,皆蠲除之。贺良等反道惑众,下有司,皆伏辜。"《汉书》颜师古注引如淳曰:"悔前赦令不蒙其福,故收令还之。"臣瓒曰:"改元易号,大赦天下,以求延祚,而不蒙福,哀帝悔之,故更下制书,诸非赦罪事皆除之。谓改制易号,令皆复故也。"师古曰:"如释非也,瓒说是矣。非赦令也,犹言自非赦令耳。也,语终辞也。而读者不晓,辄改也为他字,失本文也。"①

可以发现,人们对于天体周期性回归的认识也影响了对政治发展规律的认识,期待通过对天象变化的观测发现人间政治变化的端倪。是以在西汉中后期期待政治更新的整体思想背景之下,人们对于通过"改元"实现"更始"有较为强烈的热情。

3. 新朝与"更始"

王莽政权的名字为"新",其实也是"更新"和"更始"思想的一种表现。当时的人们对王莽充满期待,王莽也在着力迎合人们的这种期待,甚至将"新"作为王朝的名号。

前文提到,哀帝改制的努力虽然以失败告终,但王莽还是对"改元易号"寄予了极大的期待。居摄三年(8)十一月,王莽收到齐郡新井、巴郡石牛等祥瑞,在给太后的上奏中说:"及前孝哀皇帝建平二年六月甲子下诏书,更为太初元将元年,案其本事,甘忠可、夏贺良谶书藏兰台。臣莽以为元将元年者,大将居摄改元之文也,于今信矣。"②可见,王莽仍然信服甘忠可和夏贺良的谶书所言,故而宣布改元:"以居摄三年为初始元年,漏刻以百二十为度,

---

①《汉书》卷一一《哀帝纪》,第341页。
②《汉书》卷九九上《王莽传上》,第4094页。

用应天命。"①"初始"这个年号与汉哀帝的"太初元将"异曲同工。后来王莽解释改元"初始"的原因说:"皇帝深惟上天之威不可不畏,故去摄号,犹尚称假,改元为初始,欲以承塞天命,克厌上帝之心。"②

然而"初始"这个年号使用的时间很短,③不久王莽获得哀章的金匮,随即宣布"即真天子位",《汉书·王莽传》载王莽诏书云:

> 予以不德,托于皇初祖考黄帝之后,皇始祖考虞帝之苗裔,而太皇太后之末属。皇天上帝隆显大佑,成命统序,符契图文,金匮策书,神明诏告,属予以天下兆民。赤帝汉氏高皇帝之灵,承天命,传国金策之书,予甚祗畏,敢不钦受!以戊辰直定,御王冠,即真天子位,定有天下之号曰新。其改正朔,易服色,变牺牲,殊徽帜,异器制。以十二月朔癸酉为建国元年正月之朔,以鸡鸣为时。服色配德上黄,牺牲应正用白,使节之旄幡皆纯黄,其署曰"新使五威节",以承皇天上帝威命也。④

王莽不仅改年号,也改"天下之号"为"新",也称为"新室"。例如《汉书·王莽传》载策命孺子曰:"封尔为定安公,永为新室宾。"⑤《汉书·元后传》载王莽诏书曰:"更命太皇太后为'新室文母太皇太后'。"⑥

---

① 《资治通鉴》作"始初",《考异》曰:"《莽传》作'初始'。荀《纪》及韦庄《美嘉号录》、宋庠《纪年通谱》皆作'始初'。今从之。"《资治通鉴》卷三六《汉纪二八》,第1166 页。后来居延汉简中有"初始元年"字样,确定《汉书》所载是正确的,相关的研究参饶宗颐、李均明《新莽简辑证》,台北:新文丰出版公司,1995 年,第 2 页。

② 《汉书》卷九九中《王莽传中》,第 4113 页。

③ 张小锋认为,"初始"年号开始使用于王莽居摄三年(8)十一月廿一日,九天后,就被新莽"始建国"年号取代,参张小锋《"初始"年号始用时间辨析》,《河南科技大学学报(社会科学版)》第 24 卷第 2 期,2006 年。

④ 《汉书》卷九九上《王莽传上》,第 4095—4096 页。

⑤ 《汉书》卷九九中《王莽传中》,第 4099 页。

⑥ 《汉书》卷九八《元后传》,第 4033 页。

《汉书·律历志》说:"盗袭帝位,窃号曰新室"。① 有学者指出,王朝之名被定义为"领有天下之号"始于王莽,并成为此后历代王朝国号观念的基础。②

有人认为"新"来源于王莽的封地"新都",例如王充就说:"王莽从新都侯起,故曰亡'新'。"③《资治通鉴》胡三省注也说"因新都国以定号也",④赵翼也认为:"王莽建号曰新,亦以初封新都侯故也。"⑤然而也有学者注意到,王莽刻意求新,想要以新德代替旧德,⑥所以"新"的本意其实也就是新旧之新。可以认为,王莽定国号为"新",确实呼应了当时社会要求"更新"政治的诉求。而王莽对这次更改天下之号和年号非常满意,在始建国元年秋下诏说:"于是乃改元定号,海内更始。新室既定,神祇欢喜,申以福应,吉瑞累仍。"⑦这是把改元定号当成与天下"更始"的标志性事件。

到了王莽统治后期,政治局势逐渐恶化,王莽曾经命令太史推历,尝试对新朝的未来进行论证。《汉书·王莽传》载:

> 六年春,莽见盗贼多,乃令太史推三万六千岁历纪,六岁一改元,布天下。下书曰:"《紫阁图》曰:'太一、黄帝皆仙上天,张乐昆仑虔山之上。后世圣主得瑞者,当张乐秦终南山之上。'予之不敏,奉行未明,乃今谕矣。复以宁始将军为更始将军,以顺

---

① 《汉书》卷二一下《律历志下》,第 1024 页。
② (日)渡边信一郎著:《中国古代的王权与天下秩序》,徐冲译,上海:上海人民出版社,2021 年,第 5 页。
③ 王充著,黄晖撰:《论衡校释(附刘盼遂集解)》,第 1141 页。注释引王鸣盛《十七史商榷》曰:"新野是南阳郡属县,而都乡则新野之乡也,故名新都侯。"
④ 《资治通鉴》卷三六《汉纪二八》,第 1168 页。
⑤ 赵翼著,王树民校证:《廿二史札记校证》,第 670 页。
⑥ 胡阿祥:《王莽新国号述论》,《江苏社会科学》2000 年第 2 期。
⑦ 《汉书》卷九九中《王莽传中》,第 4113 页。

符命。《易》不云乎：'日新之谓盛德，生生之谓易。'予其绲
哉！"欲以诳耀百姓，销解盗贼。众皆笑之。①

　　王莽的意图十分明显，即通过修改和公布历法以及更改将军名
号，以期再一次达到"更新"或者"更始"的目的。为此，他在诏书中
特意引用了《周易》中"日新之谓盛德，生生之谓易"的说法，其中求
新之意图非常明显。此前王莽多次使用类似的办法，实际上效果甚
微，人们对他也就逐渐失去了信心。班固说"众皆笑之"，或许出自
推测，但这种推测应当基本符合当时人们对王莽这种所谓"改制"求
新的态度。

　　关于其中所引《周易》"日新"之句，颜师古注引李奇曰："《易》
道生诸当生者也。"颜师古说："《下系》之辞。体化合变，故曰日新"，
王莽以变法者的姿态登上历史舞台，依靠改革西汉中后期以来顽疾
的承诺获取广泛的支持，所以强调"更新"是新莽王朝的主要政治主
张，也是王莽获得儒家士大夫阶层支持的重要原因。然而王莽当政
以后许多政策变化令普通百姓更加难以措手足，所以当时人们对于
改制与"更新"也逐渐失去了耐心。

　　不仅如此，新朝的法律制度和税收制度也比汉朝更为严苛，而
这种"更新"显然是普通百姓所难以承受的。根据《汉书·王莽传》，
王莽曾经"增法五十条，犯者徙之西海。徙者以千万数，民始怨矣"。②
后来王莽以强力推行王田私属政策，规定违反政策的要流放，最后
导致"坐卖买田宅奴婢、铸钱，自诸侯卿大夫至于庶民，抵罪者不可
胜数"的局面。③ 而王莽对百姓的反对行为采取政治威慑的办法，地

---

① 《汉书》卷九九下《王莽传下》，第4154页。
② 《汉书》卷九九上《王莽传上》，第4077页。
③ 《汉书》卷九九中《王莽传中》，第4112页。

皇元年王莽下令"方出军行师,敢有趋欢犯法者,辄论斩,毋须时,尽岁止",颜师古解释"趋欢"为"趋走而欢哗",并且解释"趋欢并和"为"众群行欢而自相和也"。① 是说在当时发生了聚众集会或者是冲击军事目标的行为,所以王莽下令以严厉的方式处罚这种行为。也就是说,王莽改制在长安以及附近地区造成了一定程度的社会秩序混乱,王莽以高压政策制止这种混乱,所以不久之后又延长了所谓"壹切之法"的时间,据《汉书·王莽传》:

> 惟设此壹切之法以来,常安六乡巨邑之都,枹鼓稀鸣,盗贼衰少,百姓安土,岁以有年,此乃立权之力也。今胡虏未灭诛,蛮僰未绝焚,江湖海泽麻沸,盗贼未尽破殄,又兴奉宗庙社稷之大作,民众动摇。今复壹切行此令,尽二年止之,以全元元,救愚奸。②

《汉书·平帝纪》颜师古解释"一切"为:"一切者,权时之事,非经常也。犹如以刀切物,苟取整齐,不顾长短纵横,故言一切。"③王莽把解决秩序混乱而施行的特殊法律解释为"立权",并且说明目前长安及附近地区的安宁就在于之前"立权"产生的效果。所以为了全天下的安宁,之前施行的"壹切之法"要再推行一年,而且可能要推行到全国其他地区。这种高压政策虽然有暂时的效果,但会给社会带来更为恶劣的影响,最终会伤害到原本对新莽政权存有期待的支持者。所以人们纷纷起义反对王莽的统治,所谓"国张六筦,税山泽,妨夺民之利,连年久旱,百姓饥穷,故为盗贼"。王莽的新朝终于走上了秦朝的老路,激起了大规模的农民暴动。

---

① 《汉书》卷九九下《王莽传下》,第4185页。
② 《汉书》卷九九下《王莽传下》,第4163页。
③ 《汉书》卷一二《平帝纪》,第349页。

也就是说,人们原本对于王莽的改制充满期待,因此而支持王莽代汉立新,但新莽政权经过一系列的改制行为,人们的生活更加痛苦,这显然有悖于初衷。而这也就会让人们从期待"更始""更新"到彻底失望,"更始"思想失去其号召力,王莽政权的合法性也就会被逐渐解构了。

从另一个方面来看,汉儒自西汉中后期以来就热心于改革制度,并且设想了许多改革方案,为此他们支持王莽篡夺皇位,并且认真施行这些改革措施,这是当时社会"更新"或者"更始"产生的思想背景。然而这些改制方案在王莽统治时期施行以后,效果均不理想,反而给民众带来更为深重的苦难,民众的生活更加困难,国家的统治面临更多问题。在这样的情况下,一些儒生开始反思,原先追求的所谓"更新"和"更始"究竟有什么样的意义,而与此同时越来越多的人开始怀念汉家制度。前文已经讨论过,这种对汉朝的怀念成为后来刘秀"中兴"的民意基础。

桓谭对新莽改制有一段评价,他说:"王翁嘉慕前圣之治,而简薄汉家法令,故多所变更,欲事事效古,美先圣制度,而不知己之不能行其事,释近趋远,所尚非务,故以高义,退至废乱。此不知大体者也。"①陈苏镇认为,在当时"不知大体"的并非王莽一人,而是西汉后期的整个儒学士大夫阶层,以及他们所处的那个社会和时代。②正如本书所讨论的那样,"更新"和"更始"的思想在当时社会普遍存在,在这种思想的影响之下,人们对于古代典籍中记载的先圣的学说充满崇拜的情绪,对汉朝施行的政策心存不满,所以热心改革和改制。

总的来说,自汉武帝以后,"更始""更新"的思想逐渐获得更多

① 桓谭撰,朱谦之校辑:《新辑本桓谭新论》,北京:中华书局,2009 年,第 13 页。
② 陈苏镇:《〈春秋〉与"汉道"——两汉政治与政治文化研究》,第 377 页。

的支持。所谓"更始"和"更新"的思想,就是期待一切重新开始,回复到事物最开始的状态。人们相信,如果王朝政治也能够实现"更新"和"更始",那么一切的社会积弊就会荡然无存,社会面临的矛盾也会得到解决。由此也可以理解,为什么西汉中后期人们会热衷讨论"天地之大终",因为人们期待的是"大终"之后新的开始,即所谓的"更新"和"更始",所以劝说汉朝统治者要意识到终结的来临,同时做好重新迎接天命的准备。

4. 迁都与更始

王莽一度要迁都洛阳,明面上的说法是迁都以对应"天下之中"的理念,但对洛阳新都进行重新规划,以满足儒家礼制的要求,才是他内心最为迫切的期待。但同时也应当注意到,王莽的迁都也受到"更始"思想的影响,期待以更换都城的形式实现"更新"。

汉高祖定都长安,娄敬的意见起了较为关键的作用,所以刘邦封娄敬为"奉春君",而这个名号被认为与"更始"思想有关。《汉书·高帝纪》曰:"是日,车驾西都长安。拜娄敬为奉春君,赐姓刘氏。六月壬辰,大赦天下。"颜师古注引张晏说:"春,岁之始也,今娄敬发事之始,故号曰奉春君。"①与定都长安相配合的举动是"大赦天下",西汉建立之时新都的确立与"更始"的关系值得重视。

然而汉儒对汉朝定都长安有不同的看法,迁都洛阳的意见自西汉中后期就已经开始出现。例如翼奉就期待汉元帝能够迁都以"更始",他在上书中对迁都洛阳进行了细致的论证:

> 臣闻昔者盘庚改邑以兴殷道,圣人美之……故臣愿陛下因天变而徙都,所谓与天下更始者也。天道终而复始,穷则反本,故能延长而亡穷也。今汉道未终,陛下本而始之,于以永

---

① 《汉书》卷一下《高帝纪下》,第58页。

世延祚,不亦优乎! 如因丙子之孟夏,顺太阴以东行,到后七年之明岁,必有五年之余蓄,然后大行考室之礼,虽周之隆盛,亡以加此。①

汉元帝认真思考了翼奉的方案,他关心如果迁都,应该如何处理汉朝陵墓和宗庙的问题:"今园庙有七,云东徙,状何如?"翼奉回答说:"祭天地于云阳汾阴,及诸寝庙不以亲疏迭毁,皆烦费,违古制","不改其本,难以末正。"故而建议元帝通过迁都来解决以上种种问题。② 也就是说,翼奉认为汉朝定都长安以来,在宗庙、陵寝以及郊祀等礼制建筑的设计上存在根本问题,这些问题无法通过小范围的修补解决,只能通过迁都以实现"更始"。但迁都毕竟牵涉太广,汉元帝虽然认真思考了翼奉的方案,但并未施行。

到了王莽时期,汉朝定都长安已近两百年,京畿地区人口密度大大增加,③再加上豪强的侵夺,人地矛盾日益紧张。沈刚认为,基于这样的形势,王莽打算把都城迁往洛阳,有对都城重新进行规划的想法。④ 王莽和翼奉的意见相同,西汉建立之初并未对礼仪性建筑进行妥善的规划,后来汉元帝和汉成帝的礼制改革又连带产生诸多问题。所以王莽认为最佳的选择是迁都洛阳,然后基于儒家礼仪制度对宗庙和郊祀进行重新规划。

新朝建立之初,王莽就声称要模拟周制,设立两都。根据他自己在始建国四年(12)二月的说法:"昔周二后受命,故有东都、西都之居。

① 《汉书》卷七五《翼奉传》,第3177—3178页。
② 有学者认为翼奉建议迁都来源于谶纬,然从相关记载来看,翼奉关注的是宗庙和郊祀等礼仪制度的改革等问题,相关的研究参吴从祥《谶纬与汉代迁都思潮之关系》,《长安大学学报(社会科学版)》2011年第2期;罗建新《谶纬与两汉政治及文学之关系研究》,上海:上海古籍出版社,2015年,第125—126页。
③ 葛剑雄著:《西汉人口地理》,北京:人民出版社,1986年,第103页。
④ 沈刚:《王莽营建东都问题探讨》,《中国历史地理论丛》2005年第3期。

予之受命,盖亦如之。其以洛阳为新室东都,常安为新室西都。"①也就是说,王莽试图推行两都制,将长安和洛阳分别作为新朝的西都和东都。但正如前引沈刚的观点,王莽真正的意图是以洛阳作为帝国唯一的首都。之所以先搬出两都之说,应是为了试探民意。这年年底,王莽志气方盛,开始打算巡狩,下诏说:

> 予之受命即真,到于建国五年,已五载矣。阳九之院既度,百六之会已过。岁在寿星,填在明堂,仓龙癸酉,德在中宫。观晋掌岁,龟策告从,其以此年二月建寅之节东巡狩,具礼仪调度。②

虽然诏书只说要模仿舜巡狩四方,但从后文可以看出,巡狩的真正目的是迁都。随后,王莽下诏明确表示迁都洛阳,并将时间定在始建国八年(16):

> 玄龙石文曰"定帝德,国雒阳"。符命著明,敢不钦奉! 以始建国八年,岁缠星纪,在雒阳之都。其谨缮修常安之都,勿令坏败。敢有犯者,辄以名闻,请其罪。③

玄龙石是王莽即真的十二"符应"之一。在诏书中,王莽根据符命说明迁都的合理性,既然玄龙石上明确说了新朝的首都应该是洛阳,迁都就是再无疑义的事了。应该留意,此说是为了说服民众迁都,稳定民心,不一定是王莽自己决定迁都的原因。

始建国其实只有五年,后来王莽改元天凤。天凤元年(14)正月,王莽有意无意忽略了推迟到始建国八年(也就是改元后的天凤

---

① 《汉书》卷九九中《王莽传中》,第4128页。
② 《汉书》卷九九中《王莽传中》,第4131页。
③ 《汉书》卷九九中《王莽传中》,第4132页。

三年)再迁都的打算,突然下诏,宣布一个月后就要开始巡狩迁都的计划:

> 予以二月建寅之节行巡狩之礼,太官赍糒干肉,内者行张坐卧,所过毋得有所给。予之东巡,必躬载耒,每县则耕,以劝东作。予之南巡,必躬载耨,每县则薅,以劝南伪。予之西巡,必躬载铚,每县则获,以劝西成。予之北巡,必躬载拂,每县则粟,以劝盖藏。毕北巡狩之礼,即于土中居雒阳之都焉。敢有趋欢犯法,辄以军法从事。①

从诏书中可见王莽下了相当大的决心,明确说巡狩之后就要定都洛阳。但如此仓促的举动受到了大臣们的普遍反对,王莽无奈只好再次把迁都的日期推迟到天凤七年(20):

> 更以天凤七年,岁在大梁,仓龙庚辰,行巡狩之礼。厥明年,岁在实沈,仓龙辛巳,即土之中雒阳之都。②

此时王莽迁都的决心依然十分强烈,发布诏书之后立即派遣太傅平晏和大司空王邑到洛阳为迁都做准备,要他们"营相宅兆,图起宗庙、社稷、郊兆云"。由此可见,重新设计宗庙、社稷以及郊祀系统,改变汉朝以来礼仪建筑不合礼法的局面,也是王莽决定更换都城的重要原因。然而,天凤元年恰是新朝统治的分水岭。自此以后,新朝的外患内忧接踵而至,史料中已无迁都的记载。天凤六年(19),王莽决定改元地皇以厌胜天下盗贼,所以天凤七年也是不存在的。

地皇元年(20),王莽在长安营建九庙,似乎已下定决心不再考

①《汉书》卷九九中《王莽传中》,第4133页。
②《汉书》卷九九中《王莽传中》,第4134页。

虑迁都的问题。《汉书·王莽传》载:

> 望气为数者多言有土功象,莽又见四方盗贼多,欲视为自
> 安能建万世之基者……于是遂营长安城南,提封百顷……九
> 庙:一曰黄帝太初祖庙,二曰帝虞始祖昭庙,三曰陈胡王统祖穆
> 庙,四曰齐敬王世祖昭庙,五曰济北愍王王祖穆庙,凡五庙不堕
> 云;六曰济南伯王尊祢昭庙,七曰元城孺王尊祢穆庙,八曰阳平
> 顷王戚祢昭庙,九曰新都显王戚祢穆庙。①

王莽在长安城南营造九庙,并将祖先按照严格的昭穆制度排
列,还规定除了前五庙永世不堕之外,其他宗庙要有迭毁的制度。
这些都是西汉中后期以来儒生想要做但没有完成的工作。汉朝建
立后不久,叔孙通为汉朝设计礼仪。高祖去世之后,汉朝的祖先宗
庙礼仪也大都出自叔孙通之手。② 然而,到了西汉中后期,叔孙通制
定的礼仪被认为不合礼制。汉朝不仅有城内的宗庙,诸陵还有陵
庙。③ 而郊祀方面早在先秦时期就形成了复杂的祭祀系统,汉代儒
生士大夫曾经试图整合,但仍然呈现纷繁错乱的局面。长安城附
近,各类与礼制不合的祭祀场所混杂分布。翼奉已经认识到细枝末
节的改革无法解决长安城及附近宗庙和郊祀混乱的局面,所以建议
元帝迁都洛阳,按照儒家礼制重新对都城进行规划。王莽显然也受
这种思想影响,打算迁都洛阳,重新规划都城。但天凤元年以后迁
都其实已经不可能实现,王莽只好妥协在长安修建九庙,而通过迁

---

① 《汉书》卷九九下《王莽传下》,第 4161 页。
② 华友根:《叔孙通为汉定礼乐制度及其意义》,《学术月刊》1995 年第 2 期。另参巫
  鸿《中国古代艺术与建筑中的"纪念碑性"》,李清泉、郑岩译,第 208 页。
③ 杨宽:《中国古代陵寝制度史研究》,上海:上海古籍出版社,1985 年,第 24 页。焦
  南峰、马永赢:《西汉宗庙刍议》,《考古与文物》1999 年第 6 期;刘庆柱、李毓芳:
  《关于西汉帝陵形制诸问题探讨》,《考古与文物》1985 年第 5 期。

都以实现"更始"的愿望也就无从谈起了。

可以发现,"除旧布新"的"更始"思想,其实也来源于人们对天体周期性回归的认识。自汉武帝开始以诸瑞名年,而且赋予了"改元"特殊的含义,"更始"的思想在政治文化领域内也具有了重要意义。从西汉中后期开始,儒家化的士大夫阶层对"更始"和"更新"一直有着强烈的愿望,他们意识到汉朝要实现"更始",不能小修小补,应当从根本上做出改变,这尤其体现在儒生对不合礼制的宗庙和郊祀建筑混乱状态的不满。王莽也深受此思想的影响,王莽政权以"新"为名,进行一系列的政策举措,正是为了迎合当时的"更始"思潮。王莽即位之后一度想要迁都洛阳,按照儒家礼制对都城进行重新规划。然而迁都在实际上缺乏可行性,王莽最终在长安修建九庙,西汉中后期以来迁都以"更始"的思想逐渐消泯。

四、小结

本节讨论历谱学与机械循环的史观,可以注意到,人们对包括月球在内的天体周期性回归的认识是机械循环史观出现的基础。历史早期人们根据天体的运行测量时间和制定历法,这可以说是理性的一面;但天体的周期性回归也影响了人们对人事和历史发展的认识,即历史的发展和演变并不是线性的,而是在进行周期性循环,这其实是较为感性的一面。然而正是这感性的一面,对秦汉王朝的政治文化产生重要影响,尤其是西汉中后期开始,认为汉家王朝发展已经走向"大终",要求"更新"的思想成为影响巨大的社会思潮。人们尝试在对天体循环往复运行认知的基础上推断人间政治的演变规律,认为年号更改甚或是国号更改能起到"更新"并解决社会问题的效果。汉哀帝"再受命"改制以及王莽新朝的建立都曾受到这种思想的影响。

第三章 历史书写中巫术与方术的验证

    司马迁和班固对于巫术和方术等神秘现象有着大体相同的态度。司马迁在《史记》中几乎不正面呈现巫者和鬼神数术,没有为巫者和方术士专门列传;《史记》有医者、日者、卜筮等传,司马迁对医术、择日和占卜之术的选择和判断标准是能够验证且有益于国计民生。《汉书》中也没有为巫者等列传,班固总体上对过于神秘的内容持审慎和批判的态度;而对于阴阳灾异和谶纬问题,强调应有更为谨慎的态度。囿于他们生活的时代,司马迁和班固无法将鬼神祠祀之术与国家祭祀活动区分剥离,但巫术、各类方术和谶纬的无法持续有效验证又是他们亲见的现象,是以总体上持谨慎存疑的态度,认为应尽可能限制神秘因素对政治活动的影响。

    然而相比之下,《三国志》与《后汉书》虽然分别作《方技传》和《方术列传》,但对于巫术和方术无法持续有效验证的特征认识得并不清晰和明确,其中收录的医者以及其他从事巫术和方术活动的人员大多具有神秘特征。分析历史书写的具体模式,对于认识巫术和方术的验证方式具有重要意义。

第一节　《史记》的"灵验"书写

　　《史记》记载了星占术、择日术、占卜术和相人术等,另外还提到了望气之术。在司马迁的书写中,这些方术是可以验证的,而且他总体上认可这些方术对社会生活的有益之处。经由对《史记》"灵验"书写的梳理,可以对巫术和方术的验证方式有新的认识。另外,司马迁对于巫者的态度较为矛盾,一方面汉代社会巫风浓郁,司马迁本人不能不受这种风气的影响,另一方面司马迁对巫者之术并不认可,对其中玄怪的内容多有怀疑,但囿于崇信巫术的整体社会风气,司马迁对巫者和巫术持"存疑"态度。

一、《史记》中的星占及应验

　　《史记》中多有星占及应验的记载,尤其《天官书》的基本内容都与星占有关。依据天文进行占测原本属于史官的职事,司马迁在继承春秋战国以来星占术的基础上,摈弃《左传》《国语》中岁星纪年占测等内容,更多强调"过度乃占"的原则。而司马迁以历史事实证明星占是有效验的,这对于后世天文灾异思想的发展也产生了重要影响。

1. 星占的传统

　　先秦文献中有较多星占相关的内容,例如利簋铭文显示武王伐纣曾经依据岁星所在的方位进行占卜,而《左传》和《国语》中有史墨、卜偃、苌弘以及董因等人依据岁星进行预测的记载。《史记》虽然记载有史墨、卜偃和苌弘等人的活动,但不载岁星纪年占星术相关的内容,司马迁对于岁星纪年占星的态度值得进一步思考。

利簋铭文中提到"右史利"为武王伐纣军事活动占卜是否顺利，因预测得到验证而获得武王的奖励，这是史官进行时日占测的较早记载。利簋铭文总共32个字，学者们多倾向于按照下面的方式读断：

> 珷征商，佳（唯）甲子朝。岁鼎，克闻，夙又（有）商。辛未，
> 王才（在）阑师，赐有（右）事（史）利金，用作檀公宝尊彝。①

其中"珷"指的是周武王，此时周武王健在，是对武王的生称。"商"指的是殷商或者商纣王，"甲子"指的是武王伐纣牧野之战的那一天。与星占有关的是"岁鼎，克闻，夙又（有）商"一句。

学者们注意到利簋铭文提到"利"的身份是"右史"。唐兰考证右史利就是《左传》记载的檀伯达。② 关于利簋"岁鼎克闻（昏）"的铭文，张政烺读为"岁鼎，克闻（昏）夙又（有）商"，并且认为"岁鼎"的意思是岁星正当其位，③也就是说岁星所在对于武王克商是吉利的。武王对岁星的认识显然来自右史利，徐中舒也认为"岁"是岁星，"岁则克"是占星家的预言，武王伐纣以甲子朝至于商郊牧野，有可能是采纳了占星师的建议。是以徐中舒认为"利"是占星师，其职属于右史。④ 黄盛璋认为"利"掌管祭祀和占卜，正是因为占卜灵验了，才得到了武王的赏赐。⑤ 赵诚认为利簋的铭文可以理解为："岁祭时贞问上帝，由右史利负责进行，得到了吉卜，从而使克商成了现实……是一个伟大的功绩。所以，甲子（五日）那天克商，只

---

① 释文参考了赵诚《二十世纪金文研究述要》，上海：书海出版社，2003年，第216页。

② 唐兰：《西周时代最早的一件铜器利簋铭文解释》，《文物》1977年第8期。

③ 张政烺：《利簋释文》，《考古》1978年第1期。

④ 徐中舒等：《关于利簋铭文考释的讨论》，《文物》1978年第6期。另参徐中舒《西周利簋铭文笺释》，《四川大学学报（哲学社会科学版）》1980年第2期。

⑤ 黄盛璋：《关于利簋铭文考释的讨论》，《文物》1978年第6期。

过七日,到辛未(十二日)这一天,武王就赐给右史利以金(黄铜),作为奖赏。"①

然而关于右史利预测之事,也有学者持不同的意见,唐兰认为"岁鼎克,闻夙有商"一句,"岁"应当释读为"钺",也就是"越","越鼎"也就是"夺鼎"的意思,指的是夺取政权。② 陆勇飞以为右史职位较低,恐没有资格承担为伐纣战争占卜的任务。③ 刘钊认为"利簋"记载的是对武王伐纣不利的天象,武王能够不顾"兵忌",反天道而行却取得成功,很可能是因为作为史官的"利"的谋划。④

通过学者们的讨论,基本可以确认利簋铭文所载的内容是:右史利根据岁星所在预测战争胜利,而后得到验证,并因此受到武王的奖赏。由此可见,史官根据岁星所在进行占测具有悠久的传承。

后来《左传》《国语》等文献中也记载史官占测时日吉凶的故事,只是司马迁在把这些故事收录进《史记》的时候进行了裁剪。例如《左传》记载史墨关于战争胜负的预言,《左传》昭公三十二年载:

> 夏,吴伐越,始用师于越也。史墨曰:不及四十年,越其有吴乎? 越得岁而吴伐之,必受其凶。⑤

---

① 赵诚:《关于利簋铭文考释的讨论》,《文物》1978 年第 6 期。
② 唐兰:《西周时代最早的一件铜器利簋铭文解释》,《文物》1977 年第 8 期。
③ 陆勇飞:《西周金文历法断代与研究》,西安:三秦出版社,2017 年。
④ 刘钊:《利簋铭文新解》,刘钊等主编《厦大史学》第 2 辑,厦门:厦门大学出版社,2005 年。事实上,史料中确实有武王伐纣"逆太岁"的记载,这是认为武王伐纣反天道却能成功的缘由,例如《荀子·儒效》说"武王之诛纣也,行之日以兵忌,东面而迎太岁,至氾而泛,至怀而坏,至共头而山隧。"杨倞注说:"武王发兵,以兵家所忌之日。迎,谓逆太岁",另外引《尸子》曰:"武王伐纣,鱼辛谏曰:'岁在北方,不北征。'武王不从。"王先谦撰,沈啸寰、王星贤点校:《荀子集解》,第 134—135 页。
⑤《春秋左传正义》,阮元校刻《十三经注疏》,第 4619—4720 页。

其中所谓"越得岁"指的是木星位于十二分野中对应越国所在的位置,传统的星占术认为岁星所在国不可以讨伐。史墨就是以此为依据,认为吴国讨伐越国会"受其凶"。同时史墨还根据岁星的运行规律,预测吴国为越国所灭的具体时间。① 史料记载"史墨"也作"蔡墨",是晋国的史官,曾经为赵简子等人占卜。冯友兰认为史墨等人其实是以"天道"影响人事,后来的五行家就是由此推衍而来。② 劳榦也认为太史职掌占星术,和祭祀、卜官属于同类的职务。③ 也有论者以为史墨讨论的"天道"来源于天文方面的学问,这显然也是史官之职。④ 另外徐复观认为,史官和卜官其实属于不同的职官系统。⑤ 李炳海认为史墨与墨子在史巫系统的理念、知识结构方面存在共通之处,都关注祭祀、保留龟卜的历史记忆以及以干支配五行进行推演。⑥

另外《左传》还记载史墨为赵简子占梦,昭公三十一年载:

> 十二月辛亥朔,日有食之。是夜也,赵简子梦童子裸而转以歌。旦,占诸史墨,曰:"吾梦如是,今而日食,何也?"对曰:"六年及此月也,吴其入郢乎?终亦弗克。入郢必以庚辰,日月

---

① 相关的研究参王胜利《星岁纪年管见》,氏著:《楚国天文学探索》,武汉:湖北人民出版社,2020 年;(日)浅野裕一《古代中国的宇宙论》,吴昊阳译,南京:江苏人民出版社,2020 年,第 31 页。然而吴越其实属于同一分野,史墨星占的方式给后人认识基于分野的星占术带来不小的麻烦,相关的研究参张培瑜、陈美东、薄树人、胡铁珠《中国古代历法》,北京:中国科学技术出版社,2013 年,第 184 页。

② 冯友兰:《中国哲学史》,北京:生活·读书·新知三联书店,2009 年,第 45 页。

③ 劳榦:《史字的结构及史官的原始职务》,《大陆杂志》第 14 卷第 3 期,1956 年。

④ 参孙功进、陈绍燕《新论老庄》,济南:山东人民出版社,2020 年,第 39 页。

⑤ 徐复观认为筮占属于史官职责,可备一说,参氏著《两汉思想史》第三册,第 205 页。许地山认为史官仰占俯视以佐时政,凡祸福之源、成败之势,都能预知,参氏著《道教史》,刘仲宇导读,第 131 页。

⑥ 李炳海:《墨子与史墨的亲缘关系及墨姓的由来》,《诸子学刊》2022 年第 2 期。

在辰尾,庚午之日,日始有谪,火胜金,故弗克。"①

史墨的这两次占卜后来都应验,但在《史记》中只有史墨与赵简子讨论"为君慎器与名",《史记·鲁周公世家》载:

> 定公立,赵简子问史墨曰:"季氏亡乎?"史墨对曰:"不亡。季友有大功于鲁,受鄪为上卿,至于文子、武子,世增其业。鲁文公卒,东门遂杀適立庶,鲁君于是失国政。政在季氏,于今四君矣。民不知君,何以得国!是以为君慎器与名,不可以假人。"②

《左传》中史墨与赵简子的对话很长,除了《史记》中引用的内容之外,史墨还论证"天生季氏,以贰鲁侯",并且引用"《易》卦,雷乘《乾》曰《大壮》"。③ 可以发现,司马迁对《左传》中史墨的话进行了删减,仅截取了其中关于国君与民众关系等与现实政治有关的内容,尽可能保留史墨预言中符合理性的部分,而对其中星占等神秘内容进行删减。

卜偃也名"郭偃",是晋国的史官,被认为和法家学派有关,④出土银雀山汉简《君臣问答》中有"晋文公与郭偃"的"问对"。⑤ 卜偃曾根据星象预测战争胜负,《左传》僖公五年提到:

---

① 《春秋左传正义》,阮元校刻《十三经注疏》,第 4618 页。其中涉及的五行克生引起了学者们的注意,有论者以为这显示人们开始由信赖鬼神之说转而理智地运用阴阳五行,更多考虑"德"的因素,倾向于依靠人自己的力量,参宗超《先秦儒家知识论研究:以性道之学为中心》,济南:山东大学出版社,2020 年,第 45 页。

② 《史记》卷三三《鲁周公世家》,第 1543 页。

③ 《春秋左传正义》,阮元校刻《十三经注疏》,第 4621 页。有研究者注意到司马迁对于《易》占的态度基本上是积极的,参陈桐生《〈史记〉与〈周易〉六论》,《周易研究》2003 年第 2 期。

④ 相关的研究参马平安《先秦法家与中国政治》,北京:团结出版社,2021 年,第 92 页。

⑤ 相关研究参阎盛国《出土简牍与社会治理研究——以〈银雀山汉墓竹简[贰]〉为中心》,郑州:河南人民出版社,2018 年。

八月甲午,晋侯围上阳,问于卜偃曰:"吾其济乎?"对曰:"克之。"公曰:"何时?"对曰:"童谣云:丙之晨,龙尾伏辰,均服振振,取虢之旗。鹑之贲贲,天策焞焞,火中成军,虢公其奔。其九月十月之交乎。丙子旦,日在尾,月在策,鹑火中,必是时也。"①

《左传》僖公五年记载说:"冬十二月丙子朔,晋灭虢,虢公丑奔京师。"②这证明卜偃的预测是准确的。卜偃预测提到晋国在军事上取得胜利的时间是"丙子旦,日在尾,月在策,鹑火中",孔颖达疏云:"以《三统历》推之,此夜是月小余尽,夜半合朔在尾十四度。从乙夜半至平旦,日行四分度之一,月行三度有余,故丙子旦日在尾星,月在天策,鹑火之次正中也。《月令》孟冬之月,日在尾,昏危中,旦七星中,七星则鹑火次之星也。"③葛兆光认为这是观察星辰来占测吉凶,本质上是"天事恒象",也就是天道以象征的方式把人间的吉凶告诉人们。④郝振楠指出,卜偃预测的时间十月丙子日,日月合朔于尾宿,但是月行较快,所以丙子旦日仍在尾,而月在天策,鹑火出现于南方。⑤

　　但是《史记》中没有收录卜偃利用星占进行预言等内容,只记载

① 《春秋左传正义》,阮元校刻《十三经注疏》,第3897页。
② 《春秋左传正义》,阮元校刻《十三经注疏》,第3898页。
③ 研究天文史的学者认为这是根据旦中星所在的位置确定太阳所在的位置,参武家璧《陶寺观象台与文明起源》,郑州:河南人民出版社,2019年,第197页。《礼记·月令》中有关于"日躔"的记载,相关的研究参冯时《中国古代物质文化史·天文历法》,北京:开明出版社,2013年,第216页。也有论者以为这是在用周历解释经典,参张培瑜、陈美东、薄树人、胡铁珠《中国古代历法》,第282页。
④ 葛兆光:《中国思想史》第一卷《七世纪前中国的知识、思想与信仰世界》,上海:复旦大学出版社,1998年,第72页。
⑤ 郝振楠:《〈日书〉所见秦人鬼神观念述论》,葛志毅主编:《中国古代社会与思想文化研究论集》第3辑,哈尔滨:黑龙江人民出版社,2008年。也有学者根据卜偃的预言推测出了晋文公借道伐虢的具体时间是公元前655年夏历七月二十九日丙子,参蒋南华《晋国借道伐虢的具体时间考释》,氏著:《中华古帝与文明研究》,贵阳:贵州人民出版社,2009年。

了卜偃预测"毕万之后必大",《史记·魏世家》说：

> 毕万之后必大矣。万,满数也;魏,大名也。以是始赏,天开之
> 矣。天子曰兆民,诸侯曰万民。今命之大,以从满数,其必有众。①

卜偃用毕万名字的字意进行占卜,这与后世的测字术有相似之处。② 顾颉刚注意到《左传》的这则预言明显在褒扬魏国先祖,他甚至认为《左传》是魏人所作。③ 金景芳指出古人以"十""万"为盈数,认为盈数是吉利的,是良数。④ 李衡眉认为,卜偃等人是具有丰富的"实际知识"的人,他们了解历史和现状,他们往往以占卜的方式讲自己的预言。⑤ 陈久金认为,这个预言也与星占有关,原因是"毕"也就是星宿毕。⑥

另外,《左传》中多次出现苌弘占星,而且苌弘在《左传》中是较为正面的形象,但《史记》中苌弘的形象则明显偏负面。《左传》昭公十一年有苌弘与周景王关于诸侯吉凶的对话,苌弘根据星象变化对楚国和蔡国的政治发展进行了预测：

> 蔡凶。此蔡侯般弑其君之岁也,岁在豕韦,弗过此矣。楚
> 将有之,然壅也。岁及大梁,蔡复楚凶,天之道也。⑦

苌弘的预测逻辑比较简单,即以"岁在豕韦"的时间作为判断依

---

① 《史记》卷四四《魏世家》,第1835页。
② 参沈毅骅《〈左传〉预言及其文学价值》,陶新民主编:《古籍研究》,合肥:安徽大学出版社,2007年。相关的研究另参黄开国、唐赤蓉《诸子百家兴起的前奏——春秋时期的思想文化》,成都:巴蜀书社,2004年,第86页。
③ 顾颉刚:《春秋三传及国语之综合研究》,第32页
④ 金景芳:《甲子钩沉》,氏著:《知止老人论学》,长春:东北师范大学出版社,1998年。
⑤ 李衡眉:《〈周易〉占卜灵验辨说》,氏著:《先秦史论集》,济南:齐鲁书社,1999年。
⑥ 陈久金:《天上人间:中国古代星座体系》,第52页。
⑦ 《春秋左传正义》,阮元校刻《十三经注疏》,第4473页。

据,因为"岁在豕韦"的时候蔡国曾经发生不吉利的事件,所以岁星再次运行到豕韦的时候,蔡国就会再次遭遇凶恶之事。可以发现,苌弘与史墨、卜偃的占测方式几乎一致。

《史记·天官书》说苌弘是"传天数者",①肯定他在天文星占方面的地位,但没有记载星占相关的内容。《封禅书》载苌弘"明鬼神事":

> 是时苌弘以方事周灵王,诸侯莫朝周,周力少,苌弘乃明鬼神事,设射狸首。狸首者,诸侯之不来者。依物怪欲以致诸侯。诸侯不从,而晋人执杀苌弘。周人之言方怪者自苌弘。②

司马迁说苌弘"依物怪欲以致诸侯",结果诸侯不从,苌弘因而被杀,《史记正义》认为,苌弘所行的巫术就是秦始皇所谓的"假威鬼神"。司马迁对苌弘行为的嘲讽意味是非常明显的。后来谷永上书说"昔周史苌弘欲以鬼神之术辅尊灵王会朝诸侯,而周室愈微,诸侯愈叛",③这种说法很明显是受到了《史记》的影响。袁珂认为"依物怪欲以致诸侯"是衰微时期的周王朝企图用装神弄鬼的方法挽回颓势所造成的悲剧,而苌弘则是这场悲剧的牺牲者。④ 孙致中认为在苌弘的时代,巫术已经让位于政治权术,苌弘在这种情况下行使巫术属于不识时务。⑤ 这些观点与《史记》基本一致,也是受司马迁影响。

---

① 《史记》卷二七《天官书》,第 1343 页。
② 《史记》卷二八《封禅书》,第 1364 页。由于司马迁"方怪"的说法,学者们大多认为苌弘属于"方士"体系。例如熊铁基就认为,依据《封禅书》可知"方怪"已经开始代替"巫风",而且与后来秦汉时期的"方士"有较深渊源,可备一说,参氏著《黄老道及起源于齐地初考》,《熊铁基论著选》,武汉:华中师范大学出版社,2023 年。
③ 《汉书》卷二五下《郊祀志下》,第 1260 页。
④ 袁珂:《中国神话通论》,第 3 页。美国学者普鸣的看法则正相反,他认为周是因为过分信赖鬼神而衰落的,参氏著《成神:早期中国的宇宙论、祭祀与自我神化》,张常煊、李健芸译,第 304 页。
⑤ 孙致中:《巫术文化的南兴北衰与〈山海经〉的修订》,《天津社会科学》1987 年第 4 期。

　　与《左传》类似，《国语》中也有较多利用岁星进行占卜的记载，其中最为著名的是董因为重耳占卜前途是否顺利。《国语·晋语四》记载，公元前 637 年九月，晋惠公卒，晋怀公继位。同年十一月，公子重耳在秦襄公的帮助下返回晋国，在黄河边遇到了前来迎接的史官董因，二人之间有了这样的一番对话：

　　　董因逆公于河，公问焉，曰："吾其济乎？"对曰："岁在大梁，将集天行。元年始授，实沈之星也。实沈之虚，晋人是居，所以兴也。今君当之，无不济矣。君之行也，岁在大火。大火，阏伯之星也，是谓大辰。辰以成善，后稷是相，唐叔以封。《瞽史记》曰：'嗣续其祖，如谷之滋。'必有晋国。臣筮之，得《泰》之八。曰：'是谓天地配享，小往大来。'今及之矣，何不济之有？且以辰出，而以参入，皆晋祥也，而天之大纪也。济且秉成，必伯诸侯。子孙赖之，君无惧矣。"①

　　后来班固作《汉书·律历志》采刘歆《世经》说法对董因的预言如何应验进行了总结，其中提道："是岁，岁在大火……重耳奔狄。董因曰：'君之行，岁在大火。'后十二年，釐之十六岁，岁在寿星。故《传》曰重耳处狄十二年而行，过卫五鹿，乞食于野人，野人举块而与之。子犯曰：'天赐也，后十二年，必获此土。岁复于寿星，必获诸侯。'后八岁，釐之二十四年也，岁在实沈，秦伯纳之。故《传》曰董因云'君以辰出，而以参入，必获诸侯'。"②从《国语》和《世经》的记载可见，董因回答了重耳"吾其济乎"的提问，根据星占术预言重耳前途一切顺利，并且将来会有极好的前景。董因的预言后来应验，重

①　左丘明撰，徐元诰集解，王树民、沈长云点校：《国语集解》，北京：中华书局，2002 年，第 343—345 页。
②　《汉书》卷二一下《律历志下》，第 1019 页。

耳平安返回晋国,顺利继位成为晋国国君,是为晋文公。后来晋文公重耳勤王周室、平王子带之乱,伐曹、伐卫,并在城濮之战中败楚,主持践土之盟,董因"必伯诸侯"的预言也最终应验。①

《史记》没有晋国史官董因活动的相关记载,对于晋文公时期其他有关星占的内容也进行了删减,例如《国语·晋语》"文公在狄十二年"曰:

> 子犯曰:"天赐也!民以土服,又何求焉。天事必象,十有二年,必获此土。二三子志之,岁在寿星及鹑尾,其有此土乎!天以命矣,复于寿星,必获诸侯。天之道也,由是始之。有此,其以戊申乎!所以申土也。"②

子犯的预测方法与前文提到的史墨和卜偃一致,都是利用岁星的运动对未来吉凶进行预测。然而《史记》删去了岁星纪年占卜的内容,《晋世家》只作:"赵衰曰:'土者,有土也,君其拜受之。'"③

另外,《国语》还提到重耳到齐国之后"齐侯妻之",后来齐姜劝告重耳离开齐国,《国语》载齐姜之言曰:

> 吾闻晋之始封也,岁在大火,阏伯之星也,实纪商人。商之飨国三十一王,《瞽史之纪》曰:"唐叔之世,将如商数。"今未半也。乱不长世,公子唯子,子必有晋。若何怀安?④

《国语》中齐姜这段话很长,限于篇幅本书没有完全引用,其中

① 清华简中有《晋文公入于晋》篇,其中提到晋文公修政,说晋文公"一战而霸":"元年克原,五年启东道,克曹、五鹿,败楚师于城濮,建卫,成宋,围许,反郑之陴,九年大得河东之诸侯。"参马楠《〈晋文公入于晋〉述略》,《文物》2017年第3期。
② 左丘明撰,徐元诰集解,王树民、沈长云点校:《国语集解》,第322—323页。
③《史记》卷三九《晋世家》,第1658页。
④ 左丘明撰,徐元诰集解,王树民、沈长云点校:《国语集解》,第325页。

关于岁星纪年占测的内容与前述相同。

《史记》对齐姜之言也进行了删减，《晋世家》云："齐女曰：'子一国公子，穷而来此，数士者以子为命。子不疾反国，报劳臣，而怀女德，窃为子羞之。且不求，何时得功？'"①很显然司马迁写重耳故事有《国语》文本的支持，但其中关于"岁在大火"以及《瞽史之纪》等内容都被删除，由此可知司马迁对于星象与人事之间的神秘联系曾进行过认真思考，在选用《左传》和《国语》故事的时候更倾向于强调人的行为对政治形势发展的影响。

从前文的讨论来看，《左传》和《国语》等文献记载中常见的岁星纪年占星术在《史记》中基本上都没有被保留，原因可能与司马迁对星占的认识有关。其实不难发现，依靠岁星运行的预测术在技术层面相对较为原始和简单，其验证方式依靠的是后来的历史书写，即能够验证的内容被记载下来，大量预测因为无验而没有被记载。而且岁星的周期运行属于天文星象中的"适度"问题，人们很快发现星象的"过度"运行对于占测才有意义。

当然也不能否认星占相关的内容有后世增添的可能性，如果《左传》和《国语》中有关星占的内容为西汉中后期窜入，那司马迁当然不及见相关内容，《史记》自然也不会采用。现在能够看到的《左传》《国语》等文献，在西汉晚期经过整理，而其中岁星纪年的真伪问题也早就引起了学者们的注意。例如陈瑑在《国语翼解》卷四中提道："以四分以后诸术上溯推鲁僖公五年丙寅岁在娵訾，十六年丁丑岁在元（玄）枵，而此经下文董因曰：君之行岁在大火，后十二年岁复在寿星，必获诸侯。经有明文，据以为解者，三统超辰之法也。"②陈瑑实际推算的结果是《国语》中提到的重耳离开晋国的星次符合

①《史记》卷三九《晋世家》，第 1658 页。
②陈瑑撰：《国语翼解》卷四，清光绪广雅书局刻本。

刘歆《三统历》。《汉书补注》引钱大昕使用《三统历》进行推算的过程,可参看。梁履绳《左通补释》引盛百二《左传岁星超辰辨》说:"岁星自有超辰,而《春秋传》所言岁星,未尝超辰也。"[1]刘坦也提出了超辰的问题,他认为《左传》《国语》中的岁星纪年与刘歆《三统历》"一息相通",刘歆篡改经典的嫌疑很大。[2] 崔适《史记探源》"十二分野"也对分野说之中刘歆窜入提出了质疑。[3] 顾颉刚讨论《左传》中的预言问题,指出其中可能存在不少伪作。[4] 另外,江晓原对《左传》《国语》中出现的岁星纪年进行系统检索,使用"目前国际天文学界最权威的星历表软件 DE404 进行回推计算,结果发现竟无一吻合"。[5] 对于这一问题,也有学者提出了不同意见,例如赵光贤就认为刘歆的纪年法与《左传》不同,这是刘歆不伪造《左传》的铁证。[6]本书不拟讨论刘歆是否造伪的问题,但司马迁所见《左传》《国语》等文献也确实存在与今本差异较大的可能性,这或许也是《史记》不采岁星纪年占星术相关内容的原因。

2.《天官书》与星占的应验

　　《史记·天官书》的主要内容都与星占有关,然而相对《左传》和《国语》,《天官书》的星占术有着较大的不同。司马迁基本没有采用

---

① 梁履绳撰:《左通补释》,清道光九年刻光绪补修本。
② 刘坦著,历史研究编辑委员会编辑:《论星岁纪年》,北京,科学出版社,1955 年,第7 页。
③ 崔适著:《史记探源》,长春:吉林出版集团股份有限公司,2017 年,第 7—8 页。
④ 顾颉刚:《春秋三传及国语之综合研究》,第 32 页。
⑤ 江晓原、钮卫星著:《回天——武王伐纣与天文历史年代学》,上海:上海人民出版社,2000 年,第 98 页。另外也有学者指出,《国语》和《左传》中有关岁星纪年的资料是当时天象观测的结果,见王长丰《河南新出阤夫人嬭鼎铭文纪年考》,《文物研究》2009 年第 3 期。
⑥ 赵光贤:《春秋与左传》,仓修良主编:《中国史学名著评介》第 1 卷,济南:山东教育出版社,1990 年。

《左传》和《国语》中利用岁星纪年进行占卜的内容,而是将星象变化分成"适度"与"过度"两种不同的情况,并且选择天文星象的"过度"现象作为占测的依据,这样星占术就更具有实用性。

对于《天官书》的星占特征,前贤的研究也有一定的积累。宋纹缤《〈史记·天官书〉论略》,[1]刘朝阳《〈史记·天官书〉之研究》[2]涉及《天官书》科学与非科学两个方面,认为其中非科学的方面主要是星占等内容。江晓原《历史上的星占学》曾讨论《天官书》中的星占问题,[3]陈久金认为《天官书》"长久以来一直是被人们看作中国星占书中有确切年代可考最早的文献之一"。[4] 徐日辉认为《天官书》是借天象人事探求变革,[5]赵继宁《〈史记·天官书〉研究》对《天官书》的星占原则进行总结,[6]其中的一些观点较为新颖。

前文提到,《左传》和《国语》等文献中都有使用岁星纪年进行吉凶预测的记载,其基本预测逻辑是岁星运行至某一星宿发生的吉凶,会在十二年或十二倍数年份之后重复出现。对于天文运行来说,这属于"适度",显然司马迁并不认可这样的预测方式,《史记》中也基本没有出现类似的预测术。但岁星在星占术中具有重要地位,《天官书》中与岁星运行有关的预测术也是非常重要的内容。

《史记·天官书》介绍岁星运行的方式:

① 宋纹缤:《〈史记·天官书〉论略》,《人文杂志》1985年第5期。
② 刘朝阳:《〈史记·天官书〉之研究》,刘朝阳著、李鉴澄、陈久金编:《刘朝阳中国天文学史论文选》,郑州:大象出版社,2000年。同书中还有"《史记·天官书》大部分为司马迁原作之考证"一文,可作参考。
③ 江晓原:《历史上的星占学》,上海:上海科学教育出版社,1995年。
④ 陈久金:《中国星占术的特点》,氏著:《陈久金天文学史自选集》,济南:山东科学技术出版社,2017年。另外同书中还收录有《〈史记·天官书〉注译》一文,对于理解《天官书》中的天文史问题以及星占研究都有重要意义。
⑤ 徐日辉:《史记八书与中国文化研究》,西安:陕西人民教育出版社,2000年,第38页。
⑥ 赵继宁:《〈史记·天官书〉研究》。

岁星出,东行十二度,百日而止,反逆行;逆行八度,百日,
复东行。岁行三十度十六分度之七,率日行十二分度之一,十
二岁而周天。出常东方,以晨;入于西方,用昏。①

正如司马迁自己所说,"余观史记,考行事,百年之中,五星无出
而不反逆行",可见司马迁对岁星运行的认识是建立在战国秦汉以
来天文学的发展以及自身实际观测的基础上。② 而现代天文学者对
《史记》中关于岁星运行公转周期的测算给出了较高的评价,现代天
文学家测算出岁星 11.86 年环轨道运行一次,《天官书》中的说法略
有差异,但已经是比较准确的了。③

实际上,《史记·天官书》是根据岁星赢缩进行吉凶预测,而
"赢"和"缩"都属于"过度",《天官书》云:

察日、月之行以揆岁星顺逆。曰东方木,主春,日甲乙。义
失者,罚出岁星。岁星赢缩,以其舍命国。所在国不可伐,可以
罚人。其趋舍而前曰赢,退舍曰缩。赢,其国有兵不复;缩,其
国有忧,将亡,国倾败。其所在,五星皆从而聚于一舍,其下之
国可以义致天下。④

关于"赢缩"的含义,索隐引《天文志》曰:"凡五星早出为赢,
赢为客;晚出为缩,缩为主人。五星赢缩,必有天应见杓也。"席泽

①《史记》卷二七《天官书》,第 1313 页。
② 杜升云指出,司马迁曾经注意到行星"反逆行,尝盛大而变色",并认为这是一个很
　细心的观测结果,反映了司马迁能比较熟练地用行星与周围恒星比较亮度,参杜升
　云《司马迁的天文学成就及思想》,刘乃和主编:《司马迁和史记》,北京:北京出版
　社,1987 年。
③ 吴守贤:《司马迁与中国天学》,西安:陕西人民教育出版社,2000 年,第 133—
　134 页。
④《史记》卷二七《天官书》,第 1312 页。

宗指出,观测位置早于计算位置曰"赢",晚于计算位置曰"缩",
"赢缩"其实也是后来计算历法的重要内容。① 由于人们观测技术
的限制,天体"赢缩"出现频率较高,便于进行吉凶占测。而且很明
显《史记·天官书》区分"岁阴"和"岁星",其中"岁星"指的是实际
的天体,存在"赢缩"以及"失次"的问题,可以用于吉凶占测;而"岁
阴"则是用于纪年而创造出来的想象的行星,并不存在"赢缩"以及
"失次"问题。②

　　《史记·天官书》说岁星所在之国"有福",所谓"岁星所在,五
谷逢昌。其对为冲,岁乃有殃"。③《史记正义》解释说:"言晷影岁
星行不失次,则无灾异,五谷逢其昌盛;若晷影岁星行而失舍有所
冲,则岁乃有殃祸灾变也。"④《开元占经》有"岁星行度"篇,其中引
"甘氏说":"岁星所在,不可伐。假令岁星在寅,则其岁不可东北征。
利西南,西南无年,有乱民,是为岁星之冲,常受其凶也。十二岁皆
放此。"⑤饶宗颐据此认为:"是凡对冲即不吉,避岁即在避冲,相反则
可取胜。"并认为这就是《汉志》所谓"推刑德,随斗击,因五胜,假鬼
神而为助者也"。⑥ 总体来看,岁星所在的方位不可伐,但是可以朝
着"相对"或者说是"相冲"的方向进攻,这是自先秦已经出现的观

---

① 席泽宗:《"五星错行"与夏商分界》,《古新星新表与科学史探索:席泽宗院士自选
　　集》,西安:陕西师范大学出版社,2002 年。
② 饶尚宽:《春秋战国秦汉朔闰表(公元前 722 年—公元前 220 年)》,北京:商务印
　　书馆,2006 年,第 264 页。
③ 有学者指出,古人依据岁星和太岁占卜农业是否丰收,可能和对太阳黑子的观测有
　　关,见席泽宗《〈淮南子·天文训〉述略》,《科学通报》1962 年第 6 期。相关的研究
　　参陈久金《帝王的星占:中国星占揭秘》,北京:群言出版社,2007 年,第 56 页。
④《史记》卷二七《天官书》,第 1342 页。
⑤ 瞿昙悉达:《开元占经》,北京,九州出版社,2012 年,第 225 页。
⑥ 饶宗颐:《再谈荆门太岁戈》,四川大学历史系编:《冰茧彩丝集:纪念缪钺教授九
　　十寿辰暨从教七十年论文集》,成都:成都出版社,1994 年。

念,到了秦汉时期仍有较大的影响。

另外《正义》补充了《天官占》中的相关说法,所谓:

> 岁星者,东方木之精,苍帝之象也。其色明而内黄,天下安
> 宁。夫岁星欲春不动,动则农废。岁星盈缩,所在之国不可伐,
> 可以罚人;失次,则民多病;见,则喜。其所居国,人主有福,不
> 可以摇动。人主怒,无光,仁道失。岁星顺行,仁德加也。岁星
> 农官,主五谷。①

《汉书·天文志》也有大致相同的内容:

> 岁星曰东方春木,于人五常仁也,五事貌也。仁亏貌失,逆
> 春令,伤木气,罚见岁星。岁星所在,国不可伐,可以伐人。超
> 舍而前为赢,退舍为缩。赢,其国有兵不复;缩,其国有忧,其将
> 死,国倾败。所去,失地;所之,得地。一曰,当居不居,国亡;所
> 之,国昌;已居之,又东西去之,国凶,不可举事用兵。安静中
> 度,吉。出入不当其次,必有天祆见其舍也。②

马王堆帛书中也有以岁星赢缩占测吉凶的内容。刘乐贤注意
到,关于岁星赢缩失行及其后果,《史记》《汉书》以及《开元占经》等
诸书所载的内容与马王堆帛书中的记载一致。③ 这样的看法是应当
重视的。

很明显,在《史记·天官书》中"赢缩"是判断吉凶的重要方式,
《汉书·天文志》对于"赢缩"的解释是:"趋舍而前曰赢,退舍曰
缩。"而根据《正义》的说法,"舍"指的是"所止宿",即岁星运行所抵

---

① 《史记》卷二七《天官书》,第1312页。
② 《汉书》卷二六《天文志》,第1280页。
③ 刘乐贤:《马王堆天文书考释》,广州:中山大学出版社,2004年,第36页。

达的星宿。也就是说,古天文学家们注意到天象有"适度"和"过度"两种情况,前者指的是天文星象的正常运行,后者则指的是"赢缩""失次""逆行"等星象的非常规运动。有学者认为,在《天官书》的书写中,"适度"的天象只是上天正常意志的体现,这种正常意志已见于人事的各种正常规则之中,用不着去占卜;而异常的天象是上天异常意志的体现,人们要对突发的现象进行理解,就需要进行占卜。① 所以说《天官书》中反常的星象是用来占测吉凶的依据,具有重要的意义。② 另外赵继宁也指出所谓"过度"指的是天体运行超出常规,或者出现异常天象。③ 其实也可以说,《左传》和《国语》中的星占并没有体现"过度乃占"的原则,并不是以天体超常规运行或者天象异变作为占测的依据,《史记·天官书》中的占星术比《左传》和《国语》显然要更向前一步。

另外需要注意的是,《天官书》中的"太史公曰"是对本篇基本思想的总结,其核心内容是梳理"初生民以来"一直到"汉之兴"的天文占测相关内容,而贯穿其中的思想是天文星象的变化与人间政治形势的发展是存在必然联系的,也就是所谓的"有验"。《史记·天官书》云:

> 太史公推古天变,未有可考于今者。盖略以春秋二百四十二年之间,日蚀三十六,彗星三见,宋襄公时星陨如雨。天子微,诸侯力政,五伯代兴,更为主命。自是之后,众暴寡,大并小。秦、楚、吴、越,夷狄也,为强伯。田氏篡齐,三家分晋,并为战国。争于攻取,兵革更起,城邑数屠,因以饥馑疾疫焦

---

① 李申:《中国儒教史》,第85页。
② 谢松龄:《天人象:阴阳五行学说史导论》,济南:山东文艺出版社,1989年,第177页。
③ 赵继宁:《〈史记·天官书〉研究》,第198页。

苦,臣主共忧患,其察禨祥候星气尤急。近世十二诸侯七国相王,言从衡者继踵,而皋、唐、甘、石因时务论其书传,故其占验凌杂米盐。①

显然司马迁认为《春秋》中日蚀、彗星以及"星陨如雨"等天象与"天子微,诸侯力政,五伯代兴"等人间政治形势之间有神秘的联系,这也可以说是天象变化应验于政治形势的变化。当然根据前文的讨论,司马迁讨论的《春秋》以来的天象都属于"过度",在人世间的表现就是引发了较为剧烈的政治变革,给百姓带来深重的灾难,所以对天象的观测和预警就有现实的必要。

另外,《天官书》还将汉代以来政治的发展与天文星象之间的联系进行了梳理,其中提到:

> 汉之兴,五星聚于东井。平城之围,月晕参、毕七重。诸吕作乱,日蚀,昼晦。吴楚七国叛逆,彗星数丈,天狗过梁野;及兵起,遂伏尸流血其下。元光、元狩,蚩尤之旗再见,长则半天。其后京师师四出,诛夷狄者数十年,而伐胡尤甚。越之亡,荧惑守斗;朝鲜之拔,星茀于河戌;兵征大宛,星茀招摇:此其荦荦大者。若至委曲小变,不可胜道。由是观之,未有不先形见而应随之者也。②

其中所载汉代历史更为时人所熟知,司马迁所要讨论的天象变化与人世政治之间的神秘联系也更容易为人们所认可。可以发现"五星聚于东井"以及"月晕参、毕七重"等天象的变化属于前文讨论的"过度",而这些天象都与当时发生的重大历史事件有所关联。然

---

①《史记》卷二七《天官书》,第 1344 页。
②《史记》卷二七《天官书》,第 1348—1349 页。

而需要注意的是,其中所谓"未有不先形见而应随之者"的说法,实质上刻意建构了天象变化和人间政治形势之间并不真实存在的联系,只是这样的逻辑因为有实践的验证而深入人心。正如《天官书》所言,汉兴以来包括平城之围、诸吕之乱、吴楚七国之乱以及汉武帝时代的重要军事活动,星象都曾预警,其间的联系也就更容易为人们所接受。而汉兴以来的史官也非常注意记录天象变化,并与现实政治进行联系。

《史记·天官书》最后强调:

> 日变修德,月变省刑,星变结和。凡天变,过度乃占。国君强大,有德者昌;弱小,饰诈者亡。太上修德,其次修政,其次修救,其次修禳,正下无之。夫常星之变希见,而三光之占亟用。日月晕适,云风,此天之客气,其发见亦有大运。然其与政事俯仰,最近(大)〔天〕人之符。此五者,天之感动。为天数者,必通三五。终始古今,深观时变,察其精粗,则天官备矣。①

也就是说,司马迁承认天象与人事的神秘联系,认为应该根据天象的变化及时调整政策,这可以说是星占术在现实政治中的实践意义。诚如徐日辉所言,《天官书》是借助天象变化讨论政治变革吉凶,其核心内容是要符合民众的意愿,根据天象的变化不断调整政策,否则就会引起真正的灾难。② 而司马迁也针对政策调整提出不同档次的修正方案,包括"修德""修政""修救"以及"禳灾"和"无之"——所谓"无之"就是不闻不问,不采取任何措施。这种借助天象来言说政治观点是《史记》"究天人之际"的重要内容,也就是通过对天象的认知和探索,以对现实政治产生影响。

---

① 《史记》卷二七《天官书》,第 1351 页。
② 徐日辉:《史记八书与中国文化研究》,第 38 页。

总的来说,在春秋战国以来天文学发展的基础上,《史记·天官书》选择天文星象的"过度",即"嬴缩""失次"等现象作为吉凶占测的依据,这与《左传》《国语》中的星占明显不同。司马迁认为天文星象与史实之间有着密切的联系,并尝试依据天象观测,对人事吉凶作出预测和预警,这是《史记》"究天人之际"思想的重要内容。事实上,天象变化与历史发展之间的联系是从春秋战国以来就已经建构起来的,而司马迁对于汉兴以来政治与天文关系的书写,确认天象与人间政治之间的神秘联系,进一步论证占星术是能够"有验"的。

3. 占星术的应验模式:以五星聚于东井为例

前文提到,《史记》采用"过度"作为占测吉凶的依据,即选择非常规的天文现象,然后用以预测政治发展趋势。汉高祖刘邦进入关中地区前后,史料记载中有"五星聚于东井"的独特天象,司马迁将这种天文现象与"汉兴"联系起来。然而在《汉书》的书写中,"五星聚于东井"的具体时间被改写,并且被赋予了新的政治文化内涵。探讨五星聚于东井星占预言的应验对于认识占星术的应验模式具有重要的意义。

正如前引《史记·天官书》所言,"汉之兴,五星聚于东井",司马迁认为这是"未有不先形见而应随之者",也就是"汉兴"与五星聚于东井这种星象之间存在神秘的联系。所谓"五星聚于东井"也被称为"五星同舍",就是五星运行到同一个星宿附近,相似的星象还有"五星连珠",这是由于五大行星在绕太阳公转的过程中,在地球上总会有一段时间能够看到五星排成一长串。

《史记·张耳陈馀列传》记载甘公的言论也提到"五星聚东井":

> 张耳败走,念诸侯无可归者,曰:"汉王与我有旧故,而项羽

又强，立我，我欲之楚。"甘公曰："汉王之入关，五星聚东井。东井者，秦分也。先至必霸。楚虽强，后必属汉。"故耳走汉。①

所谓"秦分"是根据分野说，东井是秦的分野。甘公的意思是汉王入关之时五星恰好汇聚于秦之分野东井，前文讨论了利簋铭文中有"珷征商，佳（唯）甲子朝。岁鼎，克闻"，是说武王伐纣的时候岁星正当其位，这是吉利的征兆。甘公关于"楚虽强，后必属汉"的说法影响了张耳的判断。《史记》特别强调"故耳走汉"，而甘公的预言后来也确实应验。司马迁关于五星聚东井的认识可能正来自甘公。关于甘公的身份，《集解》引文颖曰："善说星者甘氏也。"《索隐》引《天官书》云齐甘公，《艺文志》云楚有甘公，齐楚不同。刘歆《七略》云"字逢，甘德"。《志林》云"甘公一名德"。

《汉书》对《史记》的说法进行了改动，《高帝纪》云：

> 元年冬十月，五星聚于东井。沛公至霸上。②

其中明确五星聚东井的时间是"元年冬十月"，这一时间不见于《史记》，班固这一认识的来源不详。颜师古注引如淳曰："张（仓）〔苍〕传云以高祖十月至霸上，故因秦以十月为岁首。"

《汉书·天文志》的说法更为具体：

> 汉元年十月，五星聚于东井，以历推之，从岁星也。此高皇帝受命之符也。故客谓张耳曰："东（并）〔井〕秦地，汉王入秦，五星从岁星聚，当以义取天下。"秦王子婴降于轵道，汉王以属吏，宝器妇女亡所取，闭宫封门，还军次于霸上，以候诸

---

① 《史记》卷八九《张耳陈馀列传》，第2581页。
② 《汉书》卷一上《高帝纪上》，第22页。崔适注意到，五星聚东井的说法不见于《高祖本纪》，应当不是司马迁原文，参氏著《史记探源》，第89页。

侯。与秦民约法三章,民亡不归心者,可谓能行义矣,天之所予
也。五年遂定天下,即帝位。此明岁星之崇义,东井为秦之地
明效也。①

《汉书》的《天文志》为马续补充,他说五星聚东井的时间是"以
历推之",也就是根据历法推出汉元年四星随岁星在东井。然而后
文会提到,使用历法并不能推算出五星聚东井的时间是"汉元年
十月"。

荀悦《汉纪》与《汉书》的说法相似:

> 汉元年冬十月,五星聚于东井,从岁星也。东井,秦之分
> 野。五星所聚,是谓易行,有德者昌,无德者殃。沛公至霸上。②

其中"五星所聚,是谓易行,有德者昌,无德者殃"的说法是荀悦
的理解。荀悦也明确说五星聚东井的时间是汉元年冬十月,这与
《汉书》中的说法一致。

然而古人也很早就认识到"汉元年冬十月"五星聚合的说法存
在问题,张衡《西京赋》云:"自我高祖之始入也,五纬相汁,以旅于东
井。"③并未提到五星聚东井的具体时间。《宋书·符瑞志》说:

> 高帝为沛公,入秦,五星聚于东井,岁星先至,而四星从之。
> 占曰:"以义取天下。"④

同样没有提到五星聚东井的具体时间。北朝时期高允也提出
质疑意见,《魏书·高允传》载:

---

① 《汉书》卷二六《天文志》,第1301—1302页。
② 荀悦著,张烈点校:《汉纪》,第15页。
③ 张衡:《西京赋》,严可均编:《全上古三代秦汉三国六朝文》,第761页。
④ 《宋书》卷二七《符瑞上》,第767页。

时浩集诸术士,考校汉元以来,日月薄蚀、五星行度,并识前史之失,别为魏历,以示允。允曰:"天文历数不可空论。夫善言远者必先验于近。且汉元年冬十月,五星聚于东井,此乃历术之浅。今讥汉史,而不觉此谬,恐后人讥今犹今之讥古。"浩曰:"所谬云何?"允曰:"案《星传》,金水二星常附日而行。冬十月,日在尾箕,昏没于申南,而东井方出于寅北。二星何因背日而行? 是史官欲神其事,不复推之于理。"①

后来崔浩认可了高允的意见,岁余之后崔浩对高允说:"先所论者,本不注心,及更考究,果如君语,以前三月聚于东井,非十月也。"高允以及崔浩都认为将五星聚东井的时间确定在汉元年冬十月"是史官欲神其事",判断依据是金星和水星与太阳之间的位置关系。

刘攽的意见与高允相似,《汉书补注》引刘攽曰:"案五星之行,水常不能远日,此十月,若用夏正,则日已在大火矣,水安得与四星俱在东井? 盖五星本以秦十月聚东井,高帝乃以夏十月入秦也。时人欲见汉德应天命,故合而言之,史承人言不改尔。检史记,是年甲午,岁在鹑首,七月,日在鹑火,则水从岁星无疑也。"②苏轼有《辨五星聚东井》一文,他认为:"汉十月,五星聚东井,金、水尝附日不远;而十月,日在箕、尾,此浩所以疑其妄。以余度之,十月为正,盖十月乃今之八月尔。八月而得七月节,则日犹在翼、轸间,则金、水聚于井亦不甚远。方是时,沛公未得天下,甘、石何意谄之?"③苏轼根据行星所在的位置进行推算,认为汉元年十月的时候五星并未相聚,与高允的推算方式相似。

---

①《魏书》卷四八《高允传》,北京:中华书局,1974年,第1068页。相关的研究参孙险峰《北魏时空观研究》,武汉:武汉大学出版社,2020年。
②班固撰,颜师古注,王先谦补注:《汉书补注》,第27页。
③苏轼撰,王松龄点校:《东坡志林》,北京:中华书局,1981年,第65页。

　　清代王念孙也赞同高允的意见，他认为："十月，五星聚东井，乃事之必无者，高允以为史官欲神其事，不复推之于理，是也。必欲强为之说，以迁就之，则谬矣。"①梁玉绳《史记志疑》指出《史记》的《天官书》以及《张耳陈馀列传》都没有提到具体的年月，班固以及荀悦都将此事系于汉元年冬十月，他根据文献记载考订："其实在汉前三年七月，即秦胡亥三年七月。纪事者欲明汉瑞，移书于元年十月耳。"②清代周寿昌也认为高允等人的意见是正确的，他说："《本纪》秦二世三年八月，沛公攻武关入秦，所称引兵西秦民喜者，正在七月，五星聚于东井之时；故甘公亦止言其入关，未说到至霸上，降子婴也。高氏言史官欲神其事，班修汉史，自不得不尔也。"③

　　现代学者考证认为，汉高祖元年十月确实没有发生五星聚合的天象。较早关注这一问题的是英国学者德效骞（Homer H. Dubs），④以及日本学者能田忠亮。⑤陈遵妫认为五星聚东井发生在"汉元年前年的七月节"，由于当时认为这是得天下的象征，所以班固把它写在汉元年十月。⑥张培瑜考证认为："汉元年十月太阳在尾箕斗，金星在牛女，火星在氐，木星在毕，虽然土星在井宿，但是与木星相距大约30度，与火星、水星、金星皆相距一二百度。"⑦也有学者用现代工具推算五星聚合发生的时间，例如冯时根据计算表明，汉高祖二

① 王念孙撰，窦秀艳、周明亮点校：《读书杂志》，南京：凤凰出版社，2021年，第519页。
② 梁玉绳撰，贺次君点校：《史记志疑》，第789—790页。
③ 高步瀛著，曹道衡、沈玉成点校：《文选李注义疏》，北京：中华书局，1985年，第39页。
④ Homer H. Dubs. The Conjunction of May‑205, JAOS, 55, 1935.
⑤ （日）能田忠良：《东洋天文学史论丛》，东京：恒星社，1943年。
⑥ 陈遵妫：《中国天文学史》，上海：上海人民出版社，1982年，第814—815页。
⑦ 张培瑜：《五星合聚与历史记载》，《人文杂志》1991年第5期。相关的研究另参孙险峰《北魏时空观研究》，第298页。

年(前 205)的五月至七月,确实有五星连珠的星象发生,当时五大行星都在黎明时出现在东方天空,而且会聚在井宿。① 黄一农也认为五星聚东井发生的时间是高祖入关次年的五月,在公元前 205 年 5 月 15 日左右,五星全在井宿,相距约 31°;5 月 29 日的时候五星中除金星在参宿之外,其余均在井宿内不超过 7° 的范围内。② 刘次沅则认为 5 月 29 日最集中,范围 21 度,夕见西方。③ 江晓原也持相同的意见。④ 陈久金用现代的方法回推当时的星象,认为在汉高祖元年(前 206)的四月和五月间确实曾发生五星聚于东井的天象,五星相距不到 31 度。⑤ 徐振韬使用 Dance 软件编绘汉高祖元年和二年的天象,认为汉高祖二年的时候五星连成一串分布在太阳东面,相距 2 小时多一点,除水星之外,其他四星相聚甚密,构成一副神奇的星象。⑥

由学者们的讨论可以确认,五星聚于东井特殊星象出现于刘邦入关的次年,也就是公元前 205 年的五月。《史记》采信甘公的说法,将五星聚东井星象与高祖入关以及“汉兴”的历史事实联系在一起,但并没有提到五星聚东井的具体时间。而在班固《汉书》和荀悦《汉纪》的记载中,五星聚东井的时间被系于汉元年冬十月,五星聚东井与“汉兴”之间的联系由此而愈加紧密。前引周寿昌说“高氏言史官欲神其事,班修汉史,自不得不尔也”,由此也可见

---

① 冯时:《中国天文考古学》,北京:社会科学文献出版社,2001 年,第 73—74 页。另参氏著《中国古代物质文化史·天文历法》,第 31 页。

② 黄一农:《制天命而用:星占、术数与中国古代社会》,第 44 页。

③ 刘次沅、马莉萍:《中国古代天象记录——文献、统计与校勘》,第 137 页。

④ 江晓原:《星占学与传统文化》,上海:上海古籍出版社,1992 年,第 112 页。

⑤ 陈久金:《斗转星移映神州:中国二十八宿》,深圳:海天出版社,2012 年,第 113 页。

⑥ 徐振韬、蒋窈窕:《五星聚合与夏商周年代研究》,北京:世界图书出版公司,2006 年,第 48 页。

史家调整天文现象发生的时间,以更好印证天文与人间政治之间的联系。

　　总的来说,前文讨论《史记》中星占及应验方式,可以发现史官参与星占有着悠久的传统。司马迁继承和发展了这一传统,对于天变更多强调"过度乃占"的原则。更为重要的是,司马迁将天变与政治活动的发展结合起来进行讨论,进一步证明天变能够验证于人间政治。也就是说,《史记》其实是以历史事实证明星占术是可以验证的,这是所谓"究天人之际"的重要内容。司马迁这样的认识来源于星占的传统以及汉代整体社会思想,显然也会对后世关于天变的认知产生重要影响。

二、珍怪故事与智者预言

　　《史记》多载刘邦珍怪故事,其中包括出生神话、相貌特征、斩白蛇起兵以及天子气等等,这些可以说是汉朝初年开国君主形象建构的重要内容。刘邦的珍怪故事在《史记》写作的时代已经广泛传播,司马迁想要全面呈现刘邦形象自然无法忽略这些珍怪故事。另外《史记》中还有较多智者的预言,这些预言因为建立在理性思维的基础上,所以后来大多能够得到验证,通过珍怪故事和理性预言的对比,很容易明白司马迁的真实用意。

1. 刘邦珍怪故事

　　《史记》提到汉高祖刘邦多"珍怪",其中包括出生神话、相貌方面的突出特征以及斩白蛇起兵、天子气等等,这些神异故事随着后来刘邦称帝全部应验。"珍怪"是汉朝高祖故事的重要内容,"珍怪"故事的神秘验证对于增强《史记》文本的文学性有较强的助益,司马迁显然也考虑了这一因素。

　　《史记·高祖本纪》提到,沛县父老想要以刘邦为沛令,说:"平生所闻刘季诸珍怪,当贵,且卜筮之,莫如刘季最吉。"①所谓的"珍怪",大约就是刘邦的出生神话以及非凡相貌之类。鲁迅《中国小说史略》云:"传说之所道,或为神性之人,或为古英雄,其奇才异能神勇为凡人所不及,而由于天授,或有天相者,简狄吞燕卵而生商,刘媪得交龙而孕季,皆其例也。"②袁珂认为类似的感生神话是由统治者出于某种政治目的而自己创造的。③ 萨孟武认为:"国家将乱,利用神权,以取得人民拥护,在民智幼稚之时,常有极大的效用。"④美国学者杜敬轲(Jack L. Dull)也指出,围绕在刘邦身上的几个神话都是出于政治目的"制造"出来的。⑤ 林舜聪将刘邦称为"卡里斯玛式领袖",认为龙种、赤帝子等宣传,可以增强刘邦的神圣性与超凡品质,也确实发挥了"诸从者日益畏之""沛中子弟或闻之,多欲附者"的功能。⑥

和中外历史上许多英雄人物一样,汉高祖刘邦也有"出生神话"。《史记·高祖本纪》云:

> 高祖,沛丰邑中阳里人,姓刘氏,字季。父曰太公,母曰刘媪。其先刘媪尝息大泽之陂,梦与神遇。是时雷电晦冥,太公往视,则见蛟龙于其上。已而有身,遂产高祖。⑦

《索隐》引《广雅》云"有鳞曰蛟龙",然《汉书·高帝纪》作"交

---

① 《史记》卷八《高祖本纪》,第 350 页。
② 鲁迅:《中国小说史略》,《鲁迅全集》第九卷。
③ 袁珂:《中国神话史》,北京:北京联合出版公司,2015 年,第 92 页。
④ 萨孟武:《中国社会政治史·先秦秦汉卷》,北京:生活·读书·新知三联书店,2021 年,第 126 页。
⑤ Jack L. Dull, "Kao-Tsu's Founding and Wang Mang's Failure: Studies in Han Time Legitimation", paper presented to the Conference on Legitimation of Chinese Regimes, Asilomar, California, 1975, pp.9 - 10.
⑥ 林聪舜:《儒学与汉帝国意识形态》,第 49 页。
⑦ 《史记》卷八《高祖本纪》,第 341 页。

龙",①班固的这一改动使得文意发生较大变化。② 但无论如何,汉高祖刘邦与"龙"之间的神秘关系就此建立。有研究者认为,在这一神话中刘邦作为雷神的后裔,自然与龙有着密切的关系,并引用了"帝出于震"的说法进行阐释,可备一说。③ 也有研究者认为,汉高祖和他的继任者们最初是想模仿上古帝王的感生神话,以此来确立刘姓皇权的神圣性。④

谶纬文献中的高祖出生神话则更为神异,《正义》引《帝王世纪》云:"'汉昭灵后含始游洛池,有宝鸡衔赤珠出炫日,后吞之,生高祖。'《诗含神雾》亦云。含始即昭灵后也。《陈留风俗传》云:'沛公起兵野战,丧皇妣于黄乡,天下平定,使使者以梓宫招幽魂,于是丹蛇在水自洒,跃入梓宫,其浴处有遗发,谥曰昭灵夫人。'"⑤

另外,《宋书·符瑞》中的说法应当也来自谶纬文献,其中提到:

> 汉高帝父曰刘执嘉。执嘉之母,梦赤鸟若龙戏己,而生执嘉,是为太上皇帝。母名含始,是为昭灵后。昭灵后游于洛池,有玉鸡衔赤珠,刻曰玉英,吞此者王。昭灵后取而吞之。又寝于大泽,梦与神遇。是时雷电晦冥,太上皇视之,见蛟龙在其上,遂有身而生季,是为高帝。⑥

---

① 《汉书》卷一上《高帝纪上》,第 1 页。
② 有关"交龙"的讨论参闻一多《伏羲考》,氏著:《神话与诗》。
③ 李立:《文化嬗变与汉代自然神话演变》,汕头:汕头大学出版社,2011 年,第 117 页。
④ 孙国江:《六朝志怪小说的故事类型及其文化意蕴研究》,天津:百花文艺出版社,2021 年,第 175 页。
⑤ 《史记》卷八《高祖本纪》,第 341 页。
⑥ 《宋书》卷二七《符瑞》,第 766—767 页。《汉书·高帝纪》颜师古讨论刘邦母亲姓名时有一段评论应当注意,他认为:"史家不详著高祖母之姓氏,无得记之,故取当时相呼称号而言也。其下王媪之属,意义皆同。至如皇甫谧等妄引谶记,好奇骋博,强为高祖父母名字,皆非正史所说,盖无取焉。宁有刘媪木姓实存,史迁肯不详载? 即理而言,断可知矣。他皆类此。"《汉书》卷一《高帝纪》,第 1—2 页。

　　与《史记》相比，谶纬文献增加了"吞赤珠"的环节，显然这与汉家尧后为火德的观念有关，由此也可以推知这种说法出现的时间应当在西汉中后期，①是在《史记》基础上进行的再创作。有论者认为，类似的说法在汉代社会久已泛滥，《史记》只是取了其中一种说法。②但是谶纬中的相关说法对《史记》的增饰现象非常明显，应当是在司马迁之后才出现的，学者们对于谶纬的研究也可以证明这一点。③

　　关于刘邦与龙的关系，《史记·高祖本纪》还提道："常从王媪、武负贳酒，醉卧，武负、王媪见其上常有龙，怪之。高祖每酤留饮，酒雠数倍。及见怪，岁竟，此两家常折券弃责。"④有学者结合新见日本宫内厅藏《高祖本纪》，认为这句应当作"武负、王媪见其上常有龙怪之属"，⑤此说可从。另外荀悦《汉纪》云："尝从王媪、武负贳酒，每饮醉，留寝，其家上尝见光怪。负等异之，辄折契弃券而不责。"⑥《论衡·吉验》作："尝从王媪、武负贳酒，饮醉止卧，媪、负见其身常有神怪。"⑦"龙怪""神怪""光怪"意思相差不大，都属于刘邦早年的"珍怪"，其产生时间可能早至刘邦早年，在汉朝建立以后广泛传播。

　　与之类似，刘邦"斩白蛇"也可以理解为后来应验了的神秘预

① 王小明：《〈春秋〉纬与汉代思想世界》，第253页。相关的研究另参王倩《感生、异相与异象——关联宇宙理论建构王权叙事的路径》，贾晋华、曹峰编：《早期中国宇宙论研究新视野》，上海：上海人民出版社，2021年。
② 熊红梅：《先秦两汉叙事思想》第一卷，长沙：湖南师范大学出版社，2011年，第73页。
③ 陈苏镇：《两汉之际的谶纬与〈公羊〉学》，《文史》2006年第3辑。另参氏著《〈春秋〉与"汉道"——两汉政治与政治文化研究》。
④《史记》卷八《高祖本纪》，第342—343页。
⑤ 苏芃：《〈史记·高祖本纪〉"见其上常有龙怪之属"辨证》，《中华文史论丛》2017年第4期。
⑥ 荀悦著，张烈点校：《汉纪》，第3页。
⑦ 王充著，黄晖撰：《论衡校释（附刘盼遂集解）》，第93页。

言,《史记·高祖本纪》载:

> 高祖被酒,夜径泽中,令一人行前。行前者还报曰:"前有
> 大蛇当径,愿还。"高祖醉,曰:"壮士行,何畏!"乃前,拔剑击斩
> 蛇。蛇遂分为两,径开。行数里,醉,因卧。后人来至蛇所,有
> 一老妪夜哭。人问何哭,妪曰:"人杀吾子,故哭之。"人曰:
> "妪子何为见杀?"妪曰:"吾子,白帝子也,化为蛇,当道,今为
> 赤帝子斩之,故哭。"人乃以妪为不诚,欲告之,妪因忽不见。
> 后人至,高祖觉。后人告高祖,高祖乃心独喜,自负。诸从者日
> 益畏之。①

《汉书·高帝纪》的记载基本相同。"赤帝"与"白帝"的说法很
容易让人联想起五德终始说,后来的研究者也注意到其中五德转移
的意味。例如林聪舜就认为这则故事借着五德转移的理论,表明刘
邦是代秦的真命天子,能够引发下属的狂热献身,增强他的"卡里斯
玛魅力"。② 或以为"赤帝子"的说法出自"汉家尧后"的观念,例如
班固《汉书·高帝纪》赞曰:"汉承尧运,德祚已盛,断蛇着符,旗帜上
赤,协于火德,自然之应,得天统矣。"③只是"汉承尧运"的说法在
《史记》写作的时代并未出现,《史记集解》引应劭的意见也说汉为火
德是到光武帝才改定的:"秦襄公自以居西戎,主少昊之神,作西畤,
祠白帝。至献公时栎阳雨金,以为瑞,又作畦畤,祠白帝。少昊,金
德也。赤帝尧后,谓汉也。杀之者,明汉当灭秦也。秦自谓水,汉初
自谓土,皆失之。至光武乃改定。"④有论者指出这一传说利用的不

①《史记》卷八《高祖本纪》,第 347 页。
② 林聪舜:《儒学与汉帝国意识形态》,第 49 页。
③《汉书》卷一下《高帝纪下》,第 82 页。
④《史记》卷八《高祖本纪》,第 348 页。

是五德终始说，而是五行方位说，赤帝子代表南方火，白帝子代表西方金，斩白蛇意味着汉代秦，或可备一说。① 无论是否与五德终始说有关，这个故事显然是刘邦本人或者亲近之人所制造，与陈胜吴广时期的"篝火狐鸣"类似。②

汉高祖刘邦被认为有非凡的相貌，这也是刘邦"珍怪"的重要内容。《史记·高祖本纪》说："高祖为人，隆准而龙颜，美须髯，左股有七十二黑子。"这种相貌被认为有神秘性特征，《索隐》引文颖曰："高祖感龙而生，故其颜貌似龙，长颈而高鼻。"③"隆准"是说鼻梁高挺，"龙颜"则是说额头宽大或者突出，④这是后世形法相人的典型描述。⑤《史记》说高祖左股有"七十二黑子"，有学者注意到，在谶纬文献中身体上有"黑子"也是帝王之相，例如在《〈春秋〉纬》中帝尧也有"黑子"。⑥ 而"七十二"这个神秘数字也引起了学者们的注意，闻一多就认为"七十二"是一年三百六十五日的五等分数，这个数字是从五行思想中演化而来的。⑦

在谶纬文献中，刘邦相貌方面的神异特征被进一步强化。《史

---

① 汪高鑫、马新月：《中国经史关系通史·先秦两汉卷》，福州：福建人民出版社，2022 年，第 190 页。

② 栾保群认为司马迁书写"篝火狐鸣"故事是为了"含沙射影"，让读者知晓斩白蛇故事的真相，可备一说。参栾保群《中国古代的谣言与谶语》，第 29 页。相关的研究另参阎爱民《汉晋家族研究》，上海：上海人民出版社，2005 年，第 226 页。

③《史记》卷八《高祖本纪》，第 342 页。

④ 有学者注意到，司马迁描述刘邦的"龙颜"是为了承接上下文中的"交龙"，显示其为帝王，生而有高贵的相貌，参孙沛林《汉高祖"龙颜"解》，《形象史学》2021 年第 4 期。辛德勇认为："按照世人审美的常理，终归不会是很难看的样子，若把'龙颜'解作额头宽阔，应该大致不误。"辛德勇：《海昏侯刘贺》，第 3 页。

⑤ 参金身佳《敦煌写本宅经葬书研究》，兰州：甘肃文化出版社，2021 年，第 222 页。

⑥ 王小明：《〈春秋〉纬与汉代思想世界》，第 253 页。

⑦ 闻一多：《"七十二"》，氏著：《神话与诗》。王子今也对秦汉神秘数字进行梳理，参《〈史记〉时间寓言试解读：神秘的"四十六日"》，《人文杂志》2008 年第 2 期。

记正义》引《河图》云:"帝刘季口角戴胜,斗胸,龟背,龙股,长七尺八寸。"《合诚图》云:"赤帝体为朱鸟,其表龙颜,多黑子。"《正义》认为:"左,阳也。七十二黑子者,赤帝七十二日之数也。木火土金水各居一方,一岁三百六十日,四方分之,各得九十日,土居中央,并索四季,各十八日,俱成七十二日,故高祖七十二黑子者,应火德七十二日之征也。"①有学者注意到,汉高祖刘邦的"龙颜"在《〈春秋〉纬》中是了不得的天子之象,包括伏羲、神农、黄帝等传说中的帝王都具有"龙颜"的相貌特征。② 也有论者注意到,刘邦"龙颜"与龙图腾崇拜也有关联。③ 另外东汉熹平四年的《帝尧碑》中,帝尧也被附会有"龙颜"的特征。④ 可以发现,从《史记》到谶纬文献,高祖神秘相貌被逐渐强化的过程是十分明显的。

另外《史记》记载说善于相人术的吕公注意到刘邦非凡的相貌:"吕公者,好相人,见高祖状貌,因重敬之,引入坐。"⑤吕公因汉高祖刘邦的"状貌"而敬重他,这至少说明刘邦的样貌不同于普通人。另外《史记》还提到当时人认为刘邦的相貌"贵不可言":

> 高祖为亭长时,常告归之田。吕后与两子居田中耨,有一老父过请饮,吕后因餔之。老父相吕后曰:"夫人天下贵人。"令相两子,见孝惠,曰:"夫人所以贵者,乃此男也。"相鲁元,亦皆贵。老父已去,高祖适从旁舍来,吕后具言客有过,相我子母皆

---

① 《史记》卷八《高祖本纪》,第342页。
② 王小明:《〈春秋〉纬与汉代思想世界》,第253页。
③ 吴光正认为:"文化英雄身上的多种奇异面貌是多种图腾崇拜相融合的产物,而大部分文化英雄具有龙的异貌说明龙这种图腾在所有图腾中具有举足轻重的地位。"吴光正:《中国古代小说的原型与母题》,北京:社会科学文献出版社,2002年,第319页。
④ 《帝尧碑》,严可均编:《全上古三代秦汉三国六朝文》,第1027页。
⑤ 《史记》卷八《高祖本纪》,第344页。

大贵。高祖问，曰："未远。"乃追及，问老父。老父曰："乡者夫人婴儿皆似君，君相贵不可言。"高祖乃谢曰："诚如父言，不敢忘德。"及高祖贵，遂不知老父处。①

需要注意的是，吕公因躲避仇家而侨居沛县，与在当地有话语权的刘邦、樊哙等人结成婚姻关系，显然是为了维护家族平安，相人术或许只是托词；而田间求饮的老父大约对无数人说过"君相贵不可言"，其中真正应验的只有刘邦一家而已。

王充《论衡·骨相》有关于刘邦相貌的说法："后高祖得天下，如老公言。推此以况一室之人，皆有富贵之相矣。"王充还说："类同气钧，性体法相固自相似。异气殊类，亦两相遇。富贵之男娶得富贵之妻，女亦得富贵之男。"可见王充认可刘邦家族皆有"富贵之相"，而且王充显然相信"人命禀于天，则有表候〔见〕于体"，并且认为"察表候以知命，犹察斗斛以知容矣"。但王充同时也认为不能够完全依靠外形对人进行判断，《骨相》中还说："唐举惑于蔡泽，犹郑人相孔子，不能具见形状之实也。"②司马迁也认同孔子"以貌取人失之子羽"的说法，《留侯世家》"太史公曰"："余以为其人计魁梧奇伟，至见其图，状貌如妇人好女。盖孔子曰：'以貌取人，失之子羽。'留侯亦云。"③这也是说不能简单依靠外貌对人进行判断。司马迁与王充看似矛盾的说法背后，其实是认识到相术存在的问题，但他们也不能够解释为什么汉高祖刘邦及其家族具有富贵的相貌而且后来应验。

《史记》还提到与汉高祖刘邦有关的望气故事：

---

① 《史记》卷八《高祖本纪》，第 346 页。
② 王充著，黄晖撰：《论衡校释（附刘盼遂集解）》，第 114、123 页。
③ 《史记》卷五五《留侯世家》，第 2049 页。

> 秦始皇帝常曰"东南有天子气",于是因东游以厌之。高祖
> 即自疑,亡匿,隐于芒、砀山泽岩石之间。吕后与人俱求,常得
> 之。高祖怪问之。吕后曰:"季所居上常有云气,故从往常得
> 季。"高祖心喜。沛中子弟或闻之,多欲附者矣。[1]

秦始皇帝东游以厌胜"东南天子气"与刘邦"自疑亡匿"之间显然并不存在因果关系,《资治通鉴》将刘邦亡匿于芒砀山的时间系于二世元年秋,[2]此时秦始皇的"东游"已经结束了。然在司马迁的叙事之中,刻意强调了刘邦"自疑亡匿"与秦始皇东游之间的联系,这也引起了后人的误解,荀悦《汉纪》云:"高祖亡,避吏于山泽中。吕后常知其处,云高祖所在,上有赤色云气。占气者〔云〕'山东有天子气',秦始皇帝乃东游,欲以厌之。"[3]宋人王益之《西汉年纪》也说:"亡避吏,与樊哙俱隐于芒、砀山泽间。(此语见《哙传》。)吕后常知其处,云:'季所在,上常有赤色云气。'占气者曰:'东南有天子气。'秦始皇乃东游以厌之。"[4]可以推测,秦始皇东游的时代,生活在楚地的人编造了类似"东南有天子气"的谶语;汉高祖登基以后,这种说法就与刘邦产生联系,人们认为秦始皇东游是为了厌胜刘邦的天子气。

后来班彪以及王充都对汉高祖的"珍怪"进行了总结,但两人的出发点并不完全一致。班彪《王命论》认为:

> 盖在高祖,其兴也有五:一曰帝尧之苗裔,二曰体貌多奇
> 异,三曰神武有征应,四曰宽明而仁恕,五曰知人善任使……若

---

① 《史记》卷八《高祖本纪》,第348页。
② 《资治通鉴》卷七《秦纪二》,第260—261页。
③ 荀悦著,张烈点校:《汉纪》,第4页。
④ 王益之撰,王根林点校:《西汉年纪》,北京:中华书局,2018年,第1页。

乃灵瑞符应，又可略闻矣。初刘媪任高祖而梦与神遇，震电晦冥，有龙蛇之怪。及其长而多灵，有异于众，是以王、武感物而折券，吕公睹形而进女；秦皇东游以厌其气，吕后望云而知所处；始受命则白蛇分，西入关则五星聚。故淮阴、留侯谓之天授，非人力也。①

　　班彪总结汉高祖刘邦的成功主要体现在五个方面，其中"帝尧之苗裔"受汉家尧后思想的影响，而"体貌多奇异""神武有征应"指的是本书讨论的"珍怪"，然后才是"宽明而仁恕""知人善任使"等性格方面的因素。有论证指出，班彪认为，汉高祖刘邦做天子确实是因为得到了天命，西汉初年儒者所创造的、汉高祖刘邦膺受天命的神应灵验，在班彪看来全是确凿无疑的事实。②

　　王充《论衡·吉验》中也总结汉高祖刘邦的祥瑞神迹：

　　　　初妊身，有蛟龙之神；既生，酒舍见云气之怪；夜行斩蛇，蛇妪悲哭；始皇、吕后望见光气；项羽谋杀，项伯为蔽，谋遂不成，遭得良、哙，盖富贵之验，气见而物应，人助辅援也。

　　另外王充还补充了和光武帝刘秀相关的神异现象，他认为："继体守文，因据前基，禀天光气，验不足言。创业龙兴，由微贱起于颠沛，若高祖、光武者，曷尝无天人神怪光显之验乎？"③在王充看来，汉高祖刘邦和光武帝刘秀一样，他们最终成就帝业，所有的"珍怪"最终得以验证。但是在《怪奇》篇王充又说：

　　　　《高祖本纪》言："刘媪尝息大泽之陂，梦与神遇。是时雷电

①《汉书》卷一〇〇上《叙传上》，第4211—4212页。
② 李申：《中国儒教史》，第394页。
③ 王充著，黄晖撰：《论衡校释（附刘盼遂集解）》，第93、97—98页。

晦冥,太公往视,见蛟龙于上。已而有身,遂生高祖。"其言神验,文又明著,世儒学者,莫谓不然。如实论之,虚妄言也。[1]

很明显,王充在《吉验》中"天人神怪光显之验"的说法,与《怪奇》中"如实论之,虚妄言也"的说法前后矛盾。有学者指出王充的思想中存在对瑞应说时而赞同时而反对的矛盾,[2]也有学者认为这说明王充思想有前后变化的过程。[3]

可以发现,司马迁和王充对于"珍怪"现象的态度都存在矛盾,例如《史记》中揭露陈胜吴广"篝火狐鸣"的"制造"过程,但对于斩白蛇却深信不疑。应当可以认为,神奇现象和结果之间原本并不存在的联系,往往因逻辑简单而为人们所深信。然而关涉帝王兴起,从司马迁到王充都不能够对这种基本的逻辑提出质疑,但他们也并没有完全顺应这种逻辑,他们或者尝试从中寻找合理性的因素,或者以不同的方式呈现疑点,所以《史记》和《论衡》中都会出现对于这种现象看似前后矛盾的态度。

总的来说,作为汉帝国的开国君主,刘邦的"珍怪"故事在楚汉相争以及西汉建立以后都得到广泛传播,而汉高祖事业的成功也表明所有的"珍怪"最后都得到验证,这让人们不得不信服这些神秘的预言。司马迁撰述《高祖本纪》,不能不受当时社会氛围影响,记载了高祖出生神话、神圣相貌、斩白蛇以及"天子气"等"珍怪"故事。当然《史记》也成为这些神秘预言传播的一环,而且这种"预言在前—验证在后"的书写模式也为后来历史书写者继承。

---

① 王充著,黄晖撰:《论衡校释(附刘盼遂集解)》,第158—159页。
② 白寿彝总主编,白寿彝、廖德清、施丁主编:《中国通史》第四卷《中古时代 秦汉时期》,第1240页。
③ 周桂钿:《秦汉思想研究(壹)·王充哲学思想新探》,福州:福建教育出版社,2015年,第55页。

2. 灵验故事的书写目的

　　灵验故事的创造大多有着较为明确的政治目的,陈桐生研究史官文化,注意到《史记》具有"神学"目的,他认为:"《史记》的历史记述表明,在历代帝王改朝换代兴衰存亡的背后,神学目的是最终决定因素,天命神意是人类社会历史发展变化的第一推动力。"①司马迁书写与汉高祖刘邦有关的灵验故事,其主要意图应当包含为汉朝合法性提供依据。但同时需要注意的是,灵验故事的书写和记载也是《史记》"究天人之际"的重要方面,天命与神意是灵验故事的核心内容,而司马迁对于探索天命与人的努力之间的边界显然也有着较为浓厚的兴趣。

　　灵验故事也是一种特殊的文学书写方法,司马迁充分利用这样的书写方法,丰富了《史记》文学表现方式。文学研究者对《左传》中预言所起到的作用给出较高的评价,例如傅道彬认为:"预言如同一个戏剧的序幕,而应验则像戏剧的结尾。《左传》借助于这种形式叙事写人,增强了文章的生动性、趣味性和故事性。"②另外也有学者研究《左传》的叙事文学,同样注意到预言作为一种文学写法,可以增加故事情节的波澜起伏,加强文章的表达效果。③ 可以认为,《史记》关于预言及应验的写作风格,与《左传》有较大的相似性,司马迁在历史叙事中加入预言,也同样可以起到增强故事情节吸引力的作用。把灵验故事的书写理解成《史记》文学书写的特性,同样也是能够成立的。

----

① 陈桐生:《中国史官文化与〈史记〉》,第 146 页。
② 傅道彬:《〈左传〉应验描写初论》,氏著:《中国文学的文化批评》,哈尔滨:黑龙江人民出版社,2000 年。傅道彬还注意到,《左传》的作者"驰骋丰富的想象,使草木有情,顽石能语,鬼怪显灵,一切都随作者的主观意志转动,极大增强了作品的感染力量"。
③ 沈毅骅:《〈左传〉预言及其文学价值》,陶新民主编:《古籍研究》。

　　事实上,在司马迁之前的文献中,类似灵验故事较为丰富。传统史籍中"预言—应验"的书写模式较为常见,这是司马迁书写灵验故事的基础。顾颉刚指出,"古史可以断定一半是神话"。① 可以发现,司马迁写灵验故事,其实是有《左传》《国语》等先秦以来的史籍作为基础。正如有学者所认为的那样:"纵观先秦典籍,还没有一部史学作品能像《左传》那样在记史中融入如此之多的'神异'预言,然而就在此之后,中国历代史书却把这种描述方式当成了常例。"②星象的观测与吉凶预测是先秦以来史官工作的重要内容,而先秦史书中也常见关于鬼神、梦占等神秘事件,《史记》中出现这些内容与先秦以来史书传承有密切关系。

　　需要注意的是,司马迁是灵验故事的书写记录者,但并不是这些故事的创造者。从刘邦起兵前后一直到司马迁的时代,制造类似的高祖灵验故事应当是一个重要的思潮,人们大多自觉或不自觉地参与到这场思潮之中,成为灵验故事的传播环节。正如刘泽华所言:"汉代绝大部分士人都卷到这个造神思潮中去,或自己参与编造,或接受传播。"③《史记》诸多灵验故事应当都有叙述者,例如斩

① 顾颉刚:《古史辨自序》,第122页。
② 陈鸿超:《〈春秋〉经传真精神》第四编第二节《沙鹿与梁山的崩塌——论〈左传〉中的预言与中国史学传统》,广州:广东高等教育出版社,2019年,第239页。
③ 孙立群、马亮宽:《士人与社会:秦汉魏晋南北朝卷》,天津:天津人民出版社,1992年,第74页。相关的研究另参刘中建《专制王权的依附型合作者——儒士与两汉政治形态研究》,保定:河北大学出版社,2009年,第147页。另外刘毓庆指出战国诸子的理性化思潮使得神话退出了人们的视野,而秦汉的神秘性思潮又使得神话再现异光,司马迁也不得不受这种神秘性思潮的制约。刘毓庆:《神话与历史论稿》,北京:商务印书馆,2017年,第11页。韩兆琦认为司马迁参考了汉朝以来关于神话附会刘邦的档案,但是在书写的时候将这些神话故事与刘邦的庸俗卑劣行径并列,产生了漫画化的效果。这样的观点可备一说,然《史记》中相关的神话故事未必然依靠政府档案。参韩兆琦《史记通论》,桂林:广西师范大学出版社,1996年,第57—58页。

白蛇神话的叙述者有可能是刘邦本人或者当时亲近的追随者,而出生神话的叙述者明显是刘太公,刘邦所在有云气神话的叙述者是吕后,至于"高祖醉卧其上常有龙"神话的叙述者应当就是酒店主人王媪与武负。① 以刘邦出生神话为例,作为这个故事的叙述者,刘太公制造这样的神话,并且在汉朝建立以后大加宣扬和传播的可能性很大。而且这个故事还有特定的传播环境,汉朝建立以后刘太公生活于丽邑,后改名为新丰,《史记索隐》引《括地志》云:"新丰故城在雍州新丰县西南四里,汉新丰宫也。太上皇时凄怆不乐,高祖窃因左右问故,答以平生所好皆屠贩少年,酤酒卖饼,斗鸡蹴踘,以此为欢,今皆无此,故不乐。高祖乃作新丰,徙诸故人实之。太上皇乃悦。"②如果《括地志》记载可从,那么在新丰附近就会形成传播类似刘邦灵验故事的"舆论场"。除了出生神话以外,刘邦早年的"珍怪"也会在新丰广为传播,并且影响逐渐扩展,后来为司马迁所知。

与此同时我们也应当注意到,司马迁自己也是这些灵验故事的接受者,在司马迁的视角中,这些故事有预言在先,又有结果在后,构成完整的故事链条,身处其中人们其实很容易接受这些故事的真实性。司马迁也并不能完全超越自己的时代,所以他并没有怀疑或者彻底否认与刘邦有关灵验故事的真实性。但司马迁对某些过于神异的内容一直较为警觉,例如他刻意揭露陈胜吴广"篝火狐鸣"的真相,前文也提到他支持汉文帝废除秘祝之官,也曾揭露诸如新垣平以及汉武帝时代方术士们制造的灵验把戏,司马迁对于鬼神巫术等神秘现象的态度在《史记》中都是一以贯之的。不否认并不代表完全认同,司马迁以书写理性预言的方式表达自己的态度。

---

① 相关的研究参熊红梅《先秦两汉叙事思想》第一卷,第73页。
②《史记》卷八《高祖本纪》,第387页。

3. 智者的预言及应验

《史记》中也载有一些智者的预言,这些预言基本上都是基于现实对未来发展的判断,通常具有一定的合理性。司马迁在记载这些预言的时候,刻意强调这些预言后来应验,着意表现智者的"先见之明"或者是"知人之明"。黄侃有言:"《老子》所谓前识,《中庸》所谓前知,皆持玄理以推测后事,非能明照方来,若数毛发于盘水也。"①谶纬中的预言就是"明照方来",当然这是很不可靠的。但《史记》中提到的一些智者的预言,则属于"前识""前知",是对后事的可靠推测,推测性预言和事情发展结果之间的逻辑关系是成立的。

《史记》所载智者的预言中最应当注意的是田氏代齐和三家分晋。司马迁在《齐太公世家》《田敬仲完世家》《晋世家》《赵世家》等多处记载田氏代齐和三家分晋的预言,也可见他对于这两则预言的重视。

晏婴是《史记》刻意表彰的"智者"之一,《管晏列传》篇幅并不太长,其中所载晏子言论和事迹也并不太多,但其中包含司马迁对于晏子推崇的态度是十分明显的。晏子曾经预测田氏代齐,《史记·齐太公世家》载:

> 九年,景公使晏婴之晋,与叔向私语曰:"齐政卒归田氏。田氏虽无大德,以公权私,有德于民,民爱之。"②

晏子判断田氏代齐的依据是"有德于民,民爱之",这是根据齐国国内的实际情况对未来发展做出的理性判断。《史记·田敬仲完世家》说:

---

① 黄侃:《黄侃文学史讲义》,北京:当代世界出版社,2017年,第17页。
②《史记》卷三二《齐太公世家》,第1504页。

田釐子乞事齐景公为大夫,其收赋税于民以小斗受之,其(粟)〔禀〕予民以大斗,行阴德于民,而景公弗禁。由此田氏得齐众心,宗族益强,民思田氏。①

"行阴德于民"是田氏获得民众支持的重要原因,而齐国公族对于这样的现象并没有禁止,这导致田氏逐渐壮大。对于这样的现象,作为齐国政治活动重要参与者的晏婴显然是非常熟悉的,所以晏婴能够预言齐国政治的发展趋势。

叔向也是《史记》中着重表彰的"智者"。叔向也就是羊舌肸,《左传》和《史记》中记载有好几例他的预言,其中叔向关于三家归晋的预测见于《晋世家》:

十九年,齐使晏婴如晋,与叔向语。叔向曰:"晋,季世也。公厚赋为台池而不恤政,政在私门,其可久乎!"晏子然之。②

叔向的判断也见于《赵世家》:

景叔之时,齐景公使晏婴于晋,晏婴与晋叔向语。婴曰:"齐之政后卒归田氏。'叔向亦曰:'晋国之政将归六卿。六卿侈矣,而吾君不能恤也。"③

叔向的预测依据是"政在私门",也就是"六卿"的强大。这也是基于晋国实际国情进行的理性判断,可见叔向的预测方式和晏子是一致的。

另外《楚世家》还记载叔向对子比的未来进行预测。子比是楚共王之子,楚国内乱出奔晋国,后潜回楚国联合诸公子策划起事,起

①《史记》卷四六《田敬仲完世家》,第1881页。
②《史记》卷三九《晋世家》,第1684页。
③《史记》卷四三《赵世家》,第1786页。

事成功之后被公子弃疾也就是楚平王胁迫自杀。《史记》根据《左传》中的相关记载，详述叔向回答韩宣子"子比其济乎"的相关言论，列举"取国有五难"，并认为："子比无施于民，无援于外，去晋，晋不送；归楚，楚不迎。何以有国！"①子比在晋国十三年，叔向对子比应有一定的了解，所以他关于子比难以成为楚国国君的预言也是建立在事实基础上的。

司马迁着意表彰的另外一位有先见之明的智者是季札。《史记·吴太伯世家》用了相当大的篇幅记载他对诸国政治人物和政治形势的评价，其中大多数预言后来得到验证。在《史记》的记载中，季札也注意到田氏可能会代齐，因此他建议晏子"纳邑与政"：

> 去鲁，遂使齐。说晏平仲曰："子速纳邑与政。无邑无政，乃免于难。齐国之政将有所归；未得所归，难未息也。"故晏子因陈桓子以纳政与邑，是以免于栾高之难。②

另外《史记》还提到季札对郑国和卫国政治的评价：

> 去齐，使于郑。见子产，如旧交。谓子产曰："郑之执政侈，难将至矣，政必及子。子为政，慎以礼。不然，郑国将败。"去郑，适卫。说蘧瑗、史狗、史鰌、公子荆、公叔发、公子朝曰："卫多君子，未有患也。"③

季札关于郑国和卫国政治发展的预言后来也都应验，另外《史记》还记载季札到晋国访问，不仅预言到三家分晋，还预言了叔向的命运：

①《史记》卷四〇《楚世家》，第1710页。
②《史记》卷三一《吴太伯世家》，第1457页。
③《史记》卷三一《吴太伯世家》，第1458页。

> 适晋，说赵文子、韩宣子、魏献子曰："晋国其萃于三家乎！"
> 将去，谓叔向曰："吾子勉之！君侈而多良，大夫皆富，政将在三
> 家。吾子直，必思自免于难。"①

"君侈"和"大夫皆富"是季札在晋国看到的实际情况，而"政将
在三家"则是对未来的预测，前者和后者之间的逻辑关系是成立的。
包括季札在内，晏婴、叔向也都看到了这一点。能够根据当前的实
际情况对政治局势的发展做出准确的预测，这是司马迁书写的智者
预言的主要特征。只是《左传》和《史记》都没有提到叔向后事，叔向
是否"自免于难"不得而知。

司马迁还提到刘邦具有准确的预判能力，《史记·高祖本纪》说：

> 高祖之东垣，过柏人，赵相贯高等谋弑高祖，高祖心动，因
> 不留。②

此事《张耳陈馀列传》所述更详：

> 汉八年，上从东垣还，过赵，贯高等乃壁人柏人，要之置厕。
> 上过欲宿，心动，问曰："县名为何？"曰："柏人。""柏人者，迫于
> 人也！"不宿而去。③

这里的记载显然是为了表现高祖的"神迹"，但司马迁对于这种
类型的神秘现象态度是积极的。人在关涉自身生命安全等重大事
件之前产生心理上的感应是有可能的，当然我们也不能排除有人泄
密或者汉朝情报部门对赵国国内情实进行了调查。其实大致相同的
故事也见于《刺客列传》："（豫让）乃变名姓为刑人，入宫涂厕，中挟匕

---

① 《史记》卷三一《吴太伯世家》，第 1459 页。
② 《史记》卷八《高祖本纪》，第 386 页。
③ 《史记》卷八九《张耳陈馀列传》，第 2583—2584 页。

首,欲以刺襄子。襄子如厕,心动,执问涂厕之刑人,则豫让。"①赵襄子的"心动"与刘邦如出一辙,司马迁对类似故事的书写是为了刻意营造紧张的故事情节,这对于提升读者的阅读体验有较大的助益。

汉高祖刘邦预测丞相人选,也属于智者的预言,《史记·高祖本纪》载:

> 已而吕后问:"陛下百岁后,萧相国即死,令谁代之?"上曰:"曹参可。"问其次,上曰:"王陵可。然陵少戆,陈平可以助之。陈平智有余,然难以独任。周勃重厚少文,然安刘氏者必勃也,可令为太尉。"吕后复问其次,上曰:"此后亦非而所知也。"②

刘邦对萧何与曹参相继为丞相的预测是准确的,而且他对王陵和陈平的判断基本上也是准确的。③ 刘邦预言"安刘氏者必勃也"的预言后来应验,另外更加神奇的是,刘邦关于"此后亦非而所知也"的预测也是准确的,这很容易让人相信高祖刘邦能够预知吕后去世时间。除了略显神秘的"此后亦非而所知也"的说法,刘邦对未来丞相人选的预测基本上都是有现实依据的。其实关于曹参以及王陵、陈平、周勃等丞相人选,实际的情形应当是汉高祖在去世之前做出的人事安排。《史记》记载,陈平和周勃在汉文帝时代先后任丞相,他们之后张苍和申屠嘉先后担任丞相。张苍和申屠嘉是高祖功臣集团中担任丞相的最后两人,刘邦即便知道这两人,对他们的才能也未必清楚,所以在高祖的人事安排中并没有这两人。

贾谊是司马迁书写的重要人物,《史记》提到贾谊预测自己寿命

---

① 《史记》卷八六《刺客列传》,第 2519 页。

② 《史记》卷八《高祖本纪》,第 391—392 页。

③ 熊铁基认为高祖的知人之明值得赞赏,但萧何曹参也主动配合汉高祖的既定方略,并准确把握当时政治情形以及基本趋势,参氏著《秦汉新道家》,《熊铁基文集》第一卷,武汉:华中师范大学出版社,2021 年。

不长,《屈原贾生列传》云:"贾生为长沙王太傅三年,有鸮飞入贾生舍,止于坐隅。楚人命鸮曰'服'。贾生既以適居长沙,长沙卑湿,自以为寿不得长,伤悼之,乃为赋以自广。"同传中还载有贾谊《鵩鸟赋》,其中有占测预言的相关内容:

> 单阏之岁兮,四月孟夏,庚子日施兮,服集予舍,止于坐隅,貌甚闲暇。异物来集兮,私怪其故,发书占之兮,策言其度。曰"野鸟入处兮,主人将去"。请问于服兮:"予去何之? 吉乎告我,凶言其灾。淹数之度兮,语予其期。"服乃叹息,举首奋翼,口不能言,请对以意。①

其中"策言其度",《汉书・贾谊传》作"讖言其度",颜师古说:"讖,验也,有征验之书。"②《赵世家》中的"秦讖"在《扁鹊仓公列传》中作"秦策"。钱大昕《廿二史考异》认为"讖""策"音相近。③陈槃怀疑:"抑本自作'策',史公于时习见讖书,以其同于讖,遂改'策'从'讖';其抑或作'策'如《扁鹊传》者,由改之有未尽耶?"④吕思勉认为"策""讖"以及籤(签)意思相同。⑤ 葛志毅认为,"讖"与"策"互证,是因为古讖语本书写于策上。⑥ 李人鉴认为,《史记》中原本作"策","讖"是后人改的,可备一说。⑦

---

①《史记》卷八四《屈原贾生列传》,第 2497 页。

②《汉书》卷四八《贾谊传》,第 2226 页。

③ 钱大昕:《廿二史考异》,陈文和主编《嘉定钱大昕全集(增订本)》第 2 册,第 89 页。

④ 陈槃:《论早期讖纬及其与邹衍书说之关系》,氏著:《古讖纬研讨及其书录解题》,上海:上海古籍出版社,2010 年。

⑤ 吕思勉:《吕思勉读史札记》,第 627 页。

⑥ 参葛志毅《河洛讖纬与刘歆》,氏著:《谭史斋论稿四编》。有关"讖""策"的讨论另参李莉《"讖""策"淆用辨析——兼论讖的占验之原与去占之变》,《华中学术》第 14 卷,武汉:华中师范大学出版社,2020 年。

⑦ 李人鉴:《太史公书校读记》,兰州:甘肃人民出版社,1998 年,第 703 页。

　　贾谊去世的时候是三十三岁,"寿不得长"的预言也应验了。后世多有读者认为司马迁如此书写《贾谊传》是为了宣泄情绪,例如梁启超就批评:"对于屈原方面,事迹模糊,空论太多。这种借酒杯浇块垒的文章,实在作的不好,这且勿论。对于贾生方面,专载他的《鵩鸟赋》《吊屈原赋》,完全当作一个文学家看待,没有注意他的政见,未免太粗心了。"①但是也应当注意到,司马迁也着力强调贾谊的智者身份,贾谊能够在苦闷的时候"为赋以自广",并结合自己的身体健康等各方面的因素对自己的寿命有清醒的认识,这也是司马迁为贾谊作传所要呈现的内容。

　　司马迁其实也没有完全忽视贾谊的政见。尽管《史记》中并没有登载后世影响深远的《治安策》,但是司马迁也提到贾谊上疏反对复封淮南王子四人为列侯,《屈原贾生列传》载:"贾生谏,以为患之兴自此起矣。贾生数上疏,言诸侯或连数郡,非古之制,可稍削之。文帝不听。"②贾谊的这封疏保存于《汉书·贾谊传》以及《新书》之中,贾谊认为:"其异姓负强而动者,汉已幸胜之矣,又不易其所以然。同姓袭是迹而动,既有征矣,其势尽又复然。殃祸之变,未知所移,明帝处之尚不能以安,后世将如之何!"③"后世将如之何"的预测果然应验,后来发生的吴楚七国之乱可以理解为贾谊所谓的"殃祸之变"。其实贾谊的《治安策》本身也具有前瞻性,可以认为是基于当时情形对未来政治形势走向的预言。

　　樗里子也是《史记》中的重要"智者",他预测自己的墓葬处以后会修建天子宫殿。《史记·樗里子甘茂列传》说:"昭王七年,樗里子卒,葬于渭南章台之东。曰:'后百岁,是当有天子之宫夹我墓。'樗

①　梁启超:《读史的方法》,南昌:江西教育出版社,2023年,第162页。
②　《史记》卷八四《屈原贾生列传》,第2503页。
③　《汉书》卷四八《贾谊传》,第2234页。

里子疾室在于昭王庙西渭南阴乡樗里,故俗谓之樗里子。至汉兴,长乐宫在其东,未央宫在其西,武库正直其墓。"①樗里子对于葬地的考量,涉及早期风水堪舆术方面的内容;如果樗里子的预言真实存在,可以说明樗里子选择墓地时考虑了葬地风水。同样,司马迁提到秦庄襄王母夏太后曾对自己葬地的未来情形作出预测。《史记·吕不韦列传》云:"始皇七年,庄襄王母夏太后薨。孝文王后曰华阳太后,与孝文王会葬寿陵。夏太后子庄襄王葬芷阳,故夏太后独别葬杜东,曰'东望吾子,西望吾夫。后百年,旁当有万家邑'。"夏太后的预言后来也应验,《索隐》云:"宣帝元康元年起杜陵。《汉旧仪》武、昭、宣三陵皆三万户,计去此一百六十余年也。"②再者,《史记·淮阴侯列传》还提到韩信为其母选择葬地,"其母死,贫无以葬,然乃行营高敞地,令其旁可置万家。余视其母冢,良然。"③

王充《论衡·实知》对樗里子以及韩信和夏太后等人对葬地的选择进行梳理,他认为:"故樗里子之见博平王有宫台之兆,犹韩信之睹高敞万家之台也。先知、[之]见方来之事,无达视洞听之聪明,皆案兆察迹,推原事类。"王充认为,古来贤人和智者之所以能够对未来有明慧的见识,和他们的"学"是有关系的。所以王充指出:"故夫可知之事者,思虑所能见也;不可知之事,不学不问不能知也。不学自知,不问自晓,古今行事,未之有也。夫可知之事,推精思之,虽大无难;不可知之事,厉心学问,虽小无易。故智能之士,不学不成,不问不知。"④王充的这一意见其实可以视为对《史记》中有关智者预言及应验的理念诠释。

鲁迅曾经评价《三国演义》对诸葛亮形象的塑造是"多智而近

①《史记》卷七一《樗里子甘茂列传》,第 2310 页。
②《史记》卷八五《吕不韦列传》,第 2511 页。
③《史记》卷九二《淮阴侯列传》,第 2630 页。
④ 王充著,黄晖撰:《论衡校释(附刘盼遂集解)》,第 1075 页。

妖",这是对文学作品过度书写精准预言的反思。其实由文学作品的受众角度来看,普通民众愿意相信智者具备精准预测未来的能力,诸葛亮"多智而近妖"的形象是被读者接受和认可的。可以发现,司马迁对于能够预测未来的"智者"形象的书写,与《三国演义》书写诸葛亮的基本意图相同,都是着意展示智者具有先知之明。同时需要注意,司马迁对于智者预言的记载建立在理性思维的基础上,着重表现"智者"所具有的审时度势的能力,并且刻意摈弃其中过于神秘的内容。

前文叙述了《史记》中的珍怪故事以及智者基于现实情况预测未来,可以发现司马迁显然有将两种不同预言进行对比的意图。司马迁倾向于认可基于事实进行理性思考是对未来进行预测的正确方式,而对各种基于珍怪揣测神秘"天意"则持存疑态度。

三、《史记》中的巫鬼

巫者是汉代社会中较为活跃的群体,然司马迁并没有为巫者列传,《史记》中也很少出现有关巫者的正面描写,这与司马迁对卜筮者和日者的态度形成了鲜明的对比。可以发现,司马迁本人对巫者的态度较为矛盾,他对巫者之术并不十分认可,然而汉代巫风浓郁,司马迁本人亦不能不受这种风气的影响;而且司马迁也难以超越自身所处的时代,对巫者和巫术提出直接的批评,所以对待许多神秘现象采取了疑则存疑的处理方式。

1.《史记》中的秘祝与巫蛊

司马迁本人很可能亲历巫蛊之祸,[1]对于巫蛊引发的政治与社

---

① 关于《史记》断限历来众说纷纭,梁玉绳《史记志疑》认为《史记》截止于太初年间,崔适《史记探源》认为截止于获麟。《廿二史札记》认为截止于征和二年,王国维《太史公行年考》认为截止于征和三年。有学者认为《史记》太初以后的记事存在诸多问题,见赵生群《太史公书研究》,第26页。相关的研究参逯耀东《抑郁与超越:司马迁与汉武帝时代》,北京:生活·读书·新知三联书店,2008年,第295页。

会问题有着切身的体验,而且《史记》也有多处可见司马迁对于秘祝和巫蛊所引发的政治和社会问题的思考。

司马迁曾提到荀子批评当时崇信巫祝的风气,《史记·孟子荀卿列传》说:"荀卿嫉浊世之政,亡国乱君相属,不遂大道而营于巫祝,信禨祥,鄙儒小拘,如庄周等又猾稽乱俗,于是推儒、墨、道德之行事兴坏,序列著数万言而卒。因葬兰陵。"①荀子对"营巫祝"和"信禨祥"的批评,司马迁也是认可的。对于政治领域中信仰巫术的风习司马迁从来是反对的,例如司马迁批评周厉王以巫者监视民众,《史记·周本纪》载:"王怒,得卫巫,使监谤者,以告则杀之。其谤鲜矣,诸侯不朝。三十四年,王益严,国人莫敢言,道路以目。"②而对于苌弘所行之巫术司马迁也是批评的态度,《史记·封禅书》云:"是时苌弘以方事周灵王,诸侯莫朝周,周力少,苌弘乃明鬼神事,设射狸首。狸首者,诸侯之不来者。依物怪欲以致诸侯。诸侯不从,而晋人执杀苌弘。周人之言方怪者自苌弘。"③

另外,《史记·秦始皇本纪》载有秦始皇刻石,其中提到秦始皇反对"假威鬼神"的问题,例如二十八年琅琊刻石说:

> 古之五帝三王,知教不同,法度不明,假威鬼神,以欺远方,实不称名,故不久长。其身未殁,诸侯倍叛,法令不行。④

所谓"假威鬼神",《史记正义》解释说:"五帝、三王假借鬼神之威,以欺服远方之民,若苌弘之比也。"司马迁未必欣赏秦的"法度",但对于秦始皇反对"假威鬼神"的政策明显是支持的。

---

① 《史记》卷七四《孟子荀卿列传》,第2348页。
② 《史记》卷四《周本纪》,第142页。
③ 《史记》卷二八《封禅书》,第1364页。
④ 《史记》卷六《秦始皇本纪》,第246—247页。

另外司马迁对秦汉政府中的"秘祝"也多有不满,认为将可能降临给国君的灾祸转移给他人的做法有损国君的"德行",所以司马迁特别赞赏汉文帝取消"秘祝"的行为,在《孝文本纪》和《封禅书》中两次提到汉文帝取消"秘祝"。另外,《史记》还提到汉文帝减弱民众"祝诅上"的惩罚,《孝文本纪》载汉文帝诏书曰:"民或祝诅上以相约结而后相谩,吏以为大逆,其有他言,而吏又以为诽谤。此细民之愚无知抵死,朕甚不取。自今以来,有犯此者勿听治。"《史记集解》引《汉书音义》曰:"民相结共祝诅上也。谩者,而后谩而止之,不毕祝诅也。"《史记索隐》也说:"谓初相约共行祝,后相欺诳,中道而止之也。"①也就是说,汉文帝取消的是祝诅"未遂",如果当真有祝诅的事实,那么行祝诅巫术的人还是会受到严厉的处罚。其实不难发现,司马迁对于当时社会普遍存在的巫鬼祠祀现象总体上持保留态度,但明确地反对政治活动中的巫术等神秘内容。如果认为这是司马迁亲历巫蛊之祸的反思,应当是可以成立的。

司马迁虽然没有直接记载巫蛊之祸,但《史记》载有汉景帝栗姬以及汉武帝陈皇后涉巫蛊案件,司马迁详细记述了这两桩案件,其中也可见他对巫蛊的基本态度。

关于汉景帝栗姬涉巫蛊案件,《史记·外戚世家》曰:

> 景帝长男荣,其母栗姬。栗姬,齐人也。立荣为太子。长公主嫖有女,欲予为妃。栗姬妒,而景帝诸美人皆因长公主见景帝,得贵幸,皆过栗姬,栗姬日怨怒,谢长公主,不许。长公主欲予王夫人,王夫人许之。长公主怒,而日谗栗姬短于景帝曰:"栗姬与诸贵夫人幸姬会,常使侍者祝唾其背,挟邪媚道。"景帝

①《史记》卷一〇《孝文本纪》,第 224 页。

以故望之。①

长公主刘嫖对栗姬"祝唾其背"以及"挟邪媚道"的指控应当都没有切实的证据，否则如果罪名坐实，栗姬会受到严厉的处罚。但即便是不实的指控，也足以引起汉景帝的不满，所以《史记》说"景帝以故望之"，这显然也是后来栗姬母子皆废的重要原因。

另外，汉武帝严厉处置陈皇后涉巫蛊案件，这是司马迁亲历的历史，《史记·外戚世家》记载也较为详细：

> 初，上为太子时，娶长公主女为妃。立为帝，妃立为皇后，姓陈氏，无子。上之得为嗣，大长公主有力焉，以故陈皇后骄贵。闻卫子夫大幸，恚，几死者数矣。上愈怒。陈皇后挟妇人媚道，其事颇觉，于是废陈皇后，而立卫子夫为皇后。②

《汉书·外戚传》载陈皇后事增补了一些内容：

> 初，武帝得立为太子，长主有力，取主女为妃。及帝即位，立为皇后，擅宠骄贵，十余年而无子，闻卫子夫得幸，几死者数焉。上愈怒。后又挟妇人媚道，颇觉。元光五年，上遂穷治之，女子楚服等坐为皇后巫蛊祠祭祝诅，大逆无道，相连及诛者三百余人。楚服枭首于市。使有司赐皇后策曰："皇后失序，惑于巫祝，不可以承天命。其上玺绶，罢退居长门宫。"③

司马迁只是说陈皇后"挟妇人媚道"，但班固看到的材料里则有"女子楚服等坐为皇后巫蛊祠祭祝诅"等事，后来楚服被枭首于市，武帝赐皇后策里面直接说她"惑于巫祝"。武帝废陈皇后的策书司

①《史记》卷四九《外戚世家》，第 1976 页。
②《史记》卷四九《外戚世家》，第 1979 页。
③《汉书》卷九七上《外戚传上》，第 3948 页。

马迁没有见不到的道理,他显然刻意不载巫者楚服的活动。

《史记》中关于巫蛊的记载还有以下几条:

《史记·惠景间侯者年表》有逎侯隆疆:"后元年四月甲辰,侯则坐使巫齐少君祠祝诅,大逆无道,国除。"①这是汉景帝时期的事情,当时有巫者进行祠祭祝诅,汉朝政府对这样的行为进行了严厉的打击。需要注意的是,这位逎侯乃是"以匈奴王降侯",巫者齐少君的祠祭祝诅可能与匈奴地区的巫术传统有关。

《史记·高祖功臣侯者年表》有阳河侯卞仁:"征和三年十月,仁与母坐祝诅,大逆无道,国除。"②这是巫蛊之祸后一年的事情,戾太子刘据已死,卞仁和他的母亲可能被牵涉进之前的巫蛊案件,此时被追责。这条记载存疑,并不能排除是后来增补进《史记》的。

《史记》中又有江都王刘建:"信巫祝,使人祷祠妄言。"③另外还提到曲周侯郦商的后人在巫蛊之祸中被杀,《高祖功臣侯者年表》曰:"后元二年,侯终根坐咒诅诛,国除。"④这年二月汉武帝去世,这条内容也有可能是后来增补的。

《史记·三王世家》提到广陵厉王刘胥祝诅事件,说:"其后胥复祝诅谋反,自杀,国除。"⑤《史记》的这部分内容是褚少孙补充的。《汉书·武五子传》记载尤为详尽:

> 始,昭帝时,胥见上年少无子,有觊欲心。而楚地巫鬼,胥迎女巫李女须,使下神祝诅。女须泣曰:"孝武帝下我。"左右皆(服)〔伏〕。言"吾必令胥为天子。"胥多赐女须钱,使祷巫山。

① 《史记》卷一九《惠景间侯者年表》,第 1019 页。
② 《史记》卷一八《高祖功臣侯者年表》,第 931 页。
③ 《史记》卷五九《五宗世家》,第 2096 页。
④ 《史记》卷一八《高祖功臣侯者年表》,第 893—894 页。
⑤ 《史记》卷六〇《三王世家》,第 2117 页。

会昭帝崩,胥曰:"女须良巫也!"杀牛塞祷。及昌邑王征,复使
巫祝诅之。后王废,胥寖信女须等,数赐予钱物。宣帝即位,胥
曰:"太子孙何以反得立?"复令女须祝诅如前。又胥女为楚王
延寿后弟妇,数相馈遗,通私书。后延寿坐谋反诛,辞连及胥。
有诏勿治,赐胥黄金前后五千斤,它器物甚众。胥又闻汉立太
子,谓姬南等曰:"我终不得立矣。"乃止不诅。后胥子南利侯宝
坐杀人夺爵,还归广陵,与胥姬左修奸。事发觉,系狱,弃市。
相胜之奏夺王射陂草田以赋贫民,奏可。胥复使巫祝诅如前。①

　　广陵厉王刘胥事发已经是汉宣帝时代,对于这些内容司马迁自
然无由得知。从形式上看,刘胥所行的是非常典型的针对帝王的
巫蛊,其伤害对象除了汉昭帝、昌邑王刘贺之外,还包括处理这次
案件的汉宣帝本人。这也说明基于祠祭祝诅的案件在巫蛊之祸后
并未停止。

　　总体来看,《史记》不仅不为当时社会活动频繁的巫者列传,而
且也几乎不正面表现巫者;但很明显司马迁反对政治活动中的巫鬼
之术,对于秦始皇批评"假威鬼神"以及汉文帝取消秘祝的行为态度
都较为积极。司马迁生活的时代巫风浓郁,对于巫者之术司马迁虽
然不认可,但亦无超越时代的理性能够证明鬼神是虚无的。而且司
马迁对于巫蛊之事较为谨慎,对于涉巫蛊案件的叙述尽可能简略,
这可能和他本人亲历巫蛊之祸有关。

2.《史记》中的"鬼"

　　人死为鬼的说法在历史早期有深远的影响,《左传》《国语》等早
期历史文献中大多载有类似事件。《史记》也载有与鬼神有关的神
秘事件,其中也可见司马迁对于鬼神之事的态度。

① 《汉书》卷六三《武五子传》,第 2760—2761 页。

《史记·齐太公世家》根据《左传》书写彭生故事：

> 冬十二月，襄公游姑棼，遂猎沛丘。见彘，从者曰"彭生"。公怒，射之，彘人立而啼。公惧，坠车伤足，失屦。①

《左传》的记载则要详细得多，庄公八年作：

> 冬十二月，齐侯游于姑棼，遂田于贝丘。见大豕，从者曰："公子彭生也。"公怒曰："彭生敢见，射之。"豕人立而啼，公惧，队于车，伤足丧屦。反诛屦于徒人费。②

《史记》和《左传》后文都提到齐襄公为贼所杀，王充认为："夫杀襄公者，贼也。先见大豕于路，则襄公且死之妖也。人谓之彭生者，有似彭生之状也。世人皆知杀襄公者非豕，而独谓鬼能杀人，一惑也。"③后来范缜也说："问曰：'伯有被甲，彭生豕见，坟素著其事，宁是设教而已邪？'答曰：'妖怪茫茫，或存或亡，强死者众，不皆为鬼，彭生、伯有，何独能然，乍为人豕，未必齐、郑之公子也。'"④"伯有披甲"的故事见于《左传》，《史记》未载。如果司马迁曾见到相关的记载而未采用，则可知司马迁的基本态度。

司马迁也讲述了吕太后被苍犬伤腋事，与彭生故事有相似之处。《史记·吕太后本纪》云："三月中，吕后祓，还过轵道，见物如苍犬，据高后掖，忽弗复见。卜之，云赵王如意为祟。高后遂病掖伤。"⑤其中的"物"可以理解为"鬼物"，彘与苍犬都被认为是死者所化，恶鬼能伤人的理念在当时影响深远，出土的"日书"类文献中也常见相

---

① 《史记》卷三二《齐太公世家》，第 1484 页。
② 《春秋左传正义》，阮元校刻《十三经注疏》，第 3833 页。
③ 王充著，黄晖撰：《论衡校释（附刘盼遂集解）》，第 941 页。
④ 《梁书》卷四八《范缜传》，北京：中华书局，1973 年，第 669—670 页。
⑤ 《史记》卷九《吕太后本纪》，第 405 页。

关的记载。

　　同样,司马迁写武安侯田蚡事,也提到恶鬼害人。《史记·魏其武安侯列传》云:"其春,武安侯病,专呼服谢罪。使巫视鬼者视之,见魏其、灌夫共守,欲杀之。竟死。子恬嗣。"①其中"巫视鬼者"也就是巫者。田蚡与窦婴之间的恩怨是《史记》记载的比较精彩的内容,《魏其武安侯列传》有丰富的细节,呈现了二人争执的前因后果。司马迁当时虽然尚为少年,但也可以说是事件的亲历者,《史记》中的相关记载应当是真实可靠的。然而司马迁采信"巫视鬼者"的说法,将田蚡的死归因于窦婴和灌夫鬼魂的报复,其实是以未可知的态度对田蚡之死进行书写,为读者呈现田蚡之死的一种可能原因。当然普通读者大多信服鬼神报应的说法,司马迁如此书写也有增强文学表现张力的意图。

　　《史记·留侯世家》载有黄石公故事,其中也有较为神异的内容。王充评论:"太史公纪黄石事,疑而不能实也。"②其实《留侯世家》"太史公曰"对于鬼神问题有一段议论:"学者多言无鬼神,然言有物。至如留侯所见老父予书,亦可怪矣。高祖离困者数矣,而留侯常有功力焉,岂可谓非天乎?"《索隐》认为"物"就是精怪和药物。③ 章太炎认为司马迁的这一说法"豁然塙斯",认为"物"指的是"不恒见"的"山精物魅",④也就是说,"物"指的是人们并不常见的事物。对于有疑问而不能确定的事情进行记载,这种"疑则存疑"的做法在史学上显然是可取的。苏轼《留侯论》认为黄石公并非鬼神,而是"秦之世有隐君子者"。⑤ 人们并不知道黄石公的真实身份,所

---

① 《史记》卷一〇七《魏其武安侯列传》,第 2854 页。
② 王充著,黄晖撰:《论衡校释(附刘盼遂集解)》,第 779 页。
③ 《史记》卷五五《留侯世家》,第 2049 页。
④ 章太炎:《儒术真论》,梁启超主编《清议报》第 23—34 册,1899—1900 年。
⑤ 苏轼:《留侯论》,吴楚材、吴调侯编:《古文观止》,北京:中华书局,2011 年。

以称之为"物",也就是暂时不可知的事物,这应当是司马迁这段"太史公曰"想要表达的真实含义。后来的研究者多认为司马迁主张无神论,认为世界上并不存在鬼神。① 出土文献中也常见关于"物"的说法,由"太史公书"的说法也可见"物"的概念与"鬼神"并不完全相同。徐复观认为:"鬼神乃另一世界,怪物乃同在此一世界中,不为人所常见之物。"②此说可参。

也就是说,和之前的"学者"一样,司马迁其实也不相信鬼神的存在,尤其不相信人死为鬼然后作祟人间,尽管这种理念在汉代社会广泛存在。至于《史记》记载的"恶鬼"伤人事件,司马迁归之于"物",也就是未被认识的事物,以"疑则存疑"的态度对待不可知的事件,这也是《史记》的重要特点。

3. 西门豹故事

《史记》中有西门豹治巫的故事,这段内容来自褚少孙补记。据《滑稽列传》:

> 西门豹往会之河上。三老、官属、豪长者、里父老皆会,以人民往观之者三二千人。其巫,老女子也,已年七十。从弟子女十人所,皆衣缯单衣,立大巫后。西门豹曰:"呼河伯妇来,视其好丑。"即将女出帷中,来至前。豹视之,顾谓三老、巫祝、父老曰:"是女子不好,烦大巫妪为入报河伯,得更求好女,后日送之。"即使吏卒共抱大巫妪投之河中。有顷,曰:"巫妪何久也?弟子趣之。"复以弟子一人投河中。有顷,曰:"弟子何久也?复

---

① 周一平:《司马迁史学批评及其理论》,上海:华东师范大学出版社,1989年,第139页。李申也认为司马迁所谓的"无鬼神"指的是不相信人死为鬼,参氏著《中国儒教史》,第168页。

② 徐复观:《两汉思想史》第三册,第590页。钱钟书则认为:"'鬼'非特与'神'通用,亦与'物'通用耳。"钱钟书.《管锥编》,第471页。

使一人趣之。"复投一弟子河中。凡投三弟子。西门豹曰:"巫
姬弟子是女子也,不能白事,烦三老为入白之。"复投三老河中。
西门豹簪笔磬折,向河立待良久。长老、吏傍观者皆惊恐。西
门豹顾曰:"巫姬、三老不来还,奈之何?"欲复使廷掾与豪长者
一人入趣之。皆叩头,叩头且破,额血流地,色如死灰。西门豹
曰:"诺,且留待之须臾。"须臾,豹曰:"廷掾起矣。状河伯留客
之久,若皆罢去归矣。"邺吏民大惊恐,从是以后,不敢复言为河
伯娶妇。①

　　应当注意的是,西门豹治邺在历史上确有其事,但褚少孙根据
自己的认识补充和增添了惩罚巫者的细节,虽然使整个故事更加完
整和丰满,但也失去了真实性。而且褚少孙增添的细节显然是以汉
代社会为背景的,其中的许多细节,诸如女性巫者的活动,巫者和地
方三老、长老、吏之间的关系,明明白白是汉代才会有的情形,②用以
说明汉代历史状况是合适的,但恐怕和春秋时代的史实无法契合。
也有学者注意到,秦灵公八年的时候就有"以君主妻河"的说法,说
明"为河伯取妇"这一风俗有着悠久的传统。③ 但春秋战国时期的地
方官员应当并没有将从事祭祀的巫者投入河中的勇气。

　　西门豹移风易俗的举动与汉代人理解的"循吏"类似,但他被列
入《滑稽列传》之中,古今多有学者认为褚少孙此举不妥。例如董份
认为:"西门豹,贤令也,徒以一时权诡而遂列之《滑稽》,未当。"阮芝
生也认可这样的观点,他认为西门豹不是滑稽之人,他把巫者等人
投入河中不能说是滑稽之事,褚先生把西门豹列入《滑稽列传》的

①《史记》卷一二六《滑稽列传》,第 3212 页。
② 相关的研究参董涛《汉代方术活动中的女性角色》,《华南师范大学学报(社会科学
　　版)》2012 年第 4 期。
③ 王向辉:《战国变法运动研究》,哈尔滨:黑龙江人民出版社,2021 年,第 61 页。

《续传》，是不相宜的。① 但也有论者以为西门豹的做法有"良吏"之风，清代学者周召说："西门豹投巫一事，挽习俗之昏回，破老奸之心胆，千古快人，千古快事！当为良吏称首无疑！"②

可以发现，对于巫者和巫者之术，司马迁的谨慎存疑和褚少孙的刻薄嘲讽形成了鲜明的对比。这主要是因为西汉建立之初巫风尚浓郁，司马迁不能不受这种风气的影响。然而随着时代的发展，汉代"巫风"也在发生变化，有识之士已经逐渐认识到巫者和巫术无法持续有效验证，是以巫者渐渐从政治活动中消失，更多在民间活动。至于其中原因，一方面是汉武帝时代前后，儒家化的知识阶层在文化和知识领域获得了较多的话语权，具有儒家背景的知识阶层秉持着理性主义的原则，开始对神秘巫术现象进行"解构"；另一方面正如前文论述的那样，不断出现的事实证明，巫者所擅长的巫术在更多的情况下无法达到它宣称的效果，这就使得社会整体对巫术的信赖逐渐降低；最后也是最重要的一点，经历巫蛊之祸的"创伤"以后，汉代社会整体对巫者的活动比较警惕，在政治层面巫术的影响逐渐消泯。

总的来说，生活在汉成帝时代的褚少孙敢于对巫术和巫者大胆质疑，甚至是以嘲讽的语气描述他们的活动，其社会思想背景是统治阶层和知识阶层已经充分认识到巫术无法切实有效地验证，其社会背景是巫术在政治领域影响持续降低。

四、小结

前文讨论《史记》"灵验"故事的书写问题，其中星占术是重点内

---

① 阮芝生：《史记的读法》，石家庄：花山文艺出版社，2022 年，第 604 页。
② 周召：《双桥随笔》，楼含松主编：《中国历代家训集成（八）》清代编三，杭州．浙江古籍出版社，2017 年。

容。史官参与星占原本就有较为悠久的传承,而星占的本质是将天文星象的变化与政治形势的发展相结合,以历史事实证明星占术是可以验证的。在《史记·天官书》的书写中,五星聚东井和"汉兴"之间存在着神秘的联系,重要的政治活动都伴随着星象的变化,天文星象与人间的政治行为之间存在着神秘的联系,这是占星术能够得到验证的基础。司马迁的这一认识有先秦以来占星术的基础,也有"汉兴"以来天文星象变化与政治形势发展的实际依据,司马迁对"天人之际"的认识显然也对汉代灾异论产生重要影响。

《史记》中还记载有刘邦的"珍怪"故事以及智者的预言故事,其中"珍怪"故事的应验和开国君主的形象建构有关。在《史记》写作的时代,各种"珍怪"是刘邦故事的重要内容,司马迁想要完整呈现刘邦形象,就不能无视出生神话、斩白蛇、天子气等各种"珍怪"情节。而《史记》本身也是"珍怪"故事传播的重要环节,这种预言在前、验证在后的书写模式也给人们认知神秘预言的真相带来一定的影响。《史记》中也载有能够预测未来的"智者",司马迁想要展示智者在理性思维基础上形成的先知之明,着重表现"智者"所具有的审时度势的能力,并且刻意摒弃其中过于神秘的内容。可以发现,司马迁想要通过对智者预言及应验的书写,呈现理性思维预测未来的可能性,而探索理性认知与鬼神意识的边界正是《史记》"究天人之际"的重要层面。

另外应当注意到,司马迁对于巫者之术一直持谨慎存疑的态度。巫术毕竟牵涉到鬼神等极为隐秘之事,在相当长的历史时期内人们宁愿相信鬼神的存在,而更为重要的是,鬼神之事又必然会涉及对亡故祖先的态度问题,这使得即便是敢于质疑鬼神之人都会无所措手足。但人们对鬼神的态度也并不是一成不变的,随着时代的发展,鬼神之术中过于神秘和玄幻的内容逐渐被"解构",社会思想中理性成分逐渐增多,巫术的影响逐渐减少。例如前文讨论褚少孙所补西门豹治邺惩治巫者的故事,真实的社会背景是汉代中期以后巫术无法提供持续有效的验证,知识阶层不再信赖巫者和巫者之术,巫者的整体社会地位降低。

第二节 《汉书》中的灾异应验

《汉书》与《史记》一样,也很少正面呈现巫者等具有神秘主义特征的人物或者事件,而且《汉书》中也没有类似《日者》和《龟策》这样的列传,以及后世史书中常见的方术传、方技传之类的类传。然而这并不意味着班固忽略了这类人的活动,班固给董仲舒单独列传,并且作《眭两夏侯京翼李传》,另外在《楚元王传》中详细记载刘向的活动及言论,在《王莽传》中记载刘歆的活动,其中多涉及阴阳灾异方面的内容。班固肯定阴阳灾异理论在政治讽谏等实践活动层面的作用,但对其中过分神秘的内容则持保留态度。班固也注意到王莽时期的巫鬼之术以及求仙等方术活动,《王莽传》对王莽求仙总体持嘲讽的态度,批评王莽信任"时日小数",并以之作为否定新莽政治的重要根据。

一、灾异的应验方式

前文提到,谶纬的预测方式是先有谶言在前,然后根据形势发展对谶言进行解读;事实上,灾异预测未来的基本方式也是根据各种灾异现象对未来进行预测,然后根据政治形势的发展进行解读,这种预言显然是能够应验的。班固整体上对这样的预言及应验的方式持否定态度,他认为这种预言属于所言既多,偶有所中,是以

《汉书》在书写董仲舒、刘向刘歆父子以及眭孟、夏侯胜、李寻等人传记的时候强调灾异可能带来的危害,提醒应当以更为谨慎的态度言说灾异。

1. 董仲舒与灾异的应验

阴阳灾异之术肇始于董仲舒,后来经刘向和刘歆等人发展,对于汉代政治文化有着深远的影响。阴阳灾异本身颇具神秘主义特征,班固虽然尊重董仲舒"为儒者宗"的地位,但对阴阳灾异之术其实并不认可,认为对借助阴阳灾异理论言说应当有更为审慎的态度。

班固为董仲舒单独作传,主要推崇董仲舒的学术。他引用刘向之言认为董仲舒有"王佐之才",《汉书·董仲舒传》班固赞曰:

> 董仲舒有王佐之材,虽伊吕亡以加,管晏之属,伯者之佐,殆不及也。

刘歆也肯定董仲舒的成就,但他认为刘向的评价过高了:

> 伊吕乃圣人之耦,王者不得则不兴。故颜渊死,孔子曰"噫!天丧余。"唯此一人为能当之,自宰我、子赣、子游、子夏不与焉。仲舒遭汉承秦灭学之后,六经离析,下帷发愤,潜心大业,令后学者有所统壹,为群儒首。然考其师友渊源所渐,犹未及乎游夏,而曰管晏弗及,伊吕不加,过矣。①

另外,《汉书·五行志》说:"汉兴,承秦灭学之后,景、武之世,董仲舒治公羊春秋,始推阴阳,为儒者宗。"②班固整体上肯定董仲舒作为"儒者宗"的地位。另外班固在《叙传》中还说:"抑抑仲舒,

---

① 《汉书》卷五六《董仲舒传》,第 2526 页。
② 《汉书》卷二七上《五行志上》,第 1317 页。

再相诸侯,身修国治,致仕县车,下帷覃思,论道属书,谠言访对,为世纯儒。"①给予董仲舒较高的评价。

然而班固也认为董仲舒因言灾异而下吏,应为学者之大戒,此事见于董仲舒本传:

> 先是辽东高庙、长陵高园殿灾,仲舒居家推说其意,草稿未上,主父偃候仲舒,私见,嫉之,窃其书而奏焉。上召视诸儒,仲舒弟子吕步舒不知其师书,以为大愚。于是下仲舒吏,当死,诏赦之。仲舒遂不敢复言灾异。②

有论者指出,尽管董仲舒因此事不再谈灾异事,但以《春秋》说灾异的手段还是流行开来,在政治斗争中屡屡被运用。③ 此事也见于《史记·儒林列传》,但司马迁未及见后来之事。另外《汉书》记载夏侯胜、眭孟、李寻等人事例,班固显然深晓阴阳灾异弊端,是以认为对待阴阳灾异应当慎重。

董仲舒的上书载于《汉书·五行志》,董仲舒建议汉武帝:

> 当今之世,虽敝而重难,非以太平至公,不能治也。视亲戚贵属在诸侯远正最甚者,忍而诛之,如吾燔辽〔东〕高庙乃可;视近臣在国中处旁仄及贵而不正者,忍而诛之,如吾燔高园殿乃可。④

《汉书·五行志》载后来淮南衡山王谋反:"上思仲舒前言,使仲舒弟子吕步舒持斧钺治淮南狱,以《春秋》谊颛断于外,不请。既还

---

① 《汉书》卷一〇〇下《叙传下》,第 4255 页。
② 《汉书》卷五六《董仲舒传》,第 2524 页。
③ 赵伯雄:《春秋学史》,济南:山东教育出版社,2004 年,第 77 页。
④ 《汉书》卷二七上《五行志上》,第 1332 页。

奏事,上皆是之。"《五行志》将淮南王之狱与《灾异对》相接叙述,也可见班固之态度。

董仲舒的这封上书后世称为"灾异对",因其中有建议汉武帝诛杀诸侯王的内容,后世读书者多有因此不直董仲舒者。《容斋随笔》引《汉书》记载说:"凡与王谋反列侯二千石豪桀,皆以罪轻重受诛,二狱死者数万人。"洪迈感慨:"以武帝之嗜杀,时临御方数岁,可与为善,庙殿之灾,岂无它说? 而仲舒首劝其杀骨肉大臣,与平生学术大为乖剌,驯致数万人之祸,皆此书启之也。然则下吏几死,盖天所以激步舒云,使其就戮,非不幸也。"①何焯《义门读书记》也认为"此即吕步舒不知其师书。以为大愚者。董子亦几得祸。以故言不可不慎也"。②　马端临也认为:"夫谋反,不过数人,而坐死者若是其众,岂非仲舒前言有以发帝之忍心与?"③沈家本认为这可能和汉儒对待西汉初年诸侯王问题的基本态度有关:"按汉儒如贾谊、董仲舒最为醇正,然至其论诸侯王,则皆主于诛杀。"④徐复观也认为董仲舒此论源自强干弱枝思想。⑤

《汉书·董仲舒传》的主要内容除著名的"天人三策"之外还包括求雨等事,这其实是属于巫术或者方术的内容。《汉书·董仲舒传》说:

> 仲舒治国,以春秋灾异之变推阴阳所以错行,故求雨,闭诸阳,纵诸阴,其止雨反是;行之一国,未尝不得所欲。⑥

① 洪迈撰,孔凡礼点校:《容斋随笔》,第 305 页。
② 何焯著,崔高维点校:《义门读书记》,北京:中华书局,1987 年,第 265 页。
③ 马端临:《文献通考》,第 832 页。
④ 沈家本撰,邓经元、骈宇骞点校:《历代刑法考》,第 1774 页。
⑤ 徐复观:《两汉思想史》第二册,第 278 页。
⑥《汉书》卷五六《董仲舒传》,第 2524 页。

　　《汉书》中的这一部分内容来自《史记·儒林列传》。和司马迁一样，班固也认可董仲舒以阴阳灾异求雨和止雨的做法，所以说董仲舒的做法"行之一国，未尝不得所欲"。很显然，司马迁和班固都认为董仲舒的求雨和止雨的方法是能够验证的，或者是因为"求雨""止雨"对于国计民生都是有益之事，是以司马迁和班固对于类似的巫术格外宽容。

　　后来之学者也大多认可董仲舒求雨，李慈铭认为："《求雨》《止雨》两篇，盖三代相传古法，非同术数，后儒昧于阴阳，遂轻议之，岂知圣人之言天道，多以事之近者求之，如《周礼·月令》所称，皆有至义，固不可为少见多怪者道也。"①其实不难发现，董仲舒利用阴阳学说，对传统的求雨和止雨巫术进行了"非神化"的改造。金春峰就认为："对求雨、驱旱等类似方士迷信的活动，董仲舒给予了非神论的解释，这对造神活动是不利的。董仲舒据以作出这种解释的理论根据，正是以气为中介、以道德为基础的机械感应这种唯心主义的天人感应思想。"②徐芹庭认为据此可知董仲舒高明之处强于元帝时京房百倍，并推测后儒只能得董仲舒表面之学理，遗失儒家二帝三王之大道。③ 杨念群曾经论及"方士化"的儒生问题，认为董仲舒其实是尝试重新拾起"巫祝"的身份，以便更有利地介入和参与汉家"正统性"建构的过程。④

　　另外，文献记载提到董仲舒曾经以"经术"克制祝诅巫术，据《风俗通义》：

---

① 李慈铭著，由云龙辑：《越缦堂读书记》，沈阳：辽宁教育出版社，2001年，第102页。
② 金春峰：《汉代思想史》，第174—175页。
③ 徐芹庭：《周秦两汉五十三家易义》，北京：中国书店，2011年，第110页。
④ 杨念群：《天命如何转移：清朝"大一统"观念的形成与实践》，上海：上海人民出版社，2022年，第124页。

武帝时迷于鬼神,尤信越巫。董仲舒数以为言,武帝欲验其道,令巫诅仲舒,仲舒朝服南面,诵咏经论,不能伤害,而巫者忽死。[1]

这是以经术克制巫术的神秘主义事件,属于传统的祝诅巫术,其实也是对"南面诵经"的神化。[2] 这则故事应当是在西汉中后期开始流行,反映的是儒者对于巫术整体不信赖的社会背景,但其真实性应当存疑。这则传说本身包含有神秘化"经论"的倾向,班固如果见到相关记载而没有采信,应当是因为他对于儒学的神秘化持反对态度。

2. 刘向、刘歆父子与灾异论

刘向事见《汉书·楚元王传》,刘歆事主要见《王莽传》。班固对于刘向、刘歆父子总体有较高的评价,尤其认可刘向具有预见汉代外戚问题的先见之明。但班固对于刘歆的态度则较为复杂,《王莽传》重点书写刘歆与王莽集团的"内溃"问题,强调刘歆为保全刘氏宗族而与王莽集团决裂的历程。

刘向早年的活动就与方术有关。据《楚元王传》,刘向年幼时曾读淮南《枕中鸿宝苑秘书》,对神仙使鬼物为黄金之术有特别的兴趣,并且献书宣帝,号称能够制作黄金,于是汉宣帝"令典尚方铸作事,费甚多,方不验。上乃下更生吏,吏劾更生铸伪黄金,系当死"。[3]刘向作为尚方管理机构的负责人,尝试铸造黄金不利;如果不是刘

---

[1] 应劭撰,王利器校注:《风俗通义校注》,第 386 页。

[2] 郑振铎曾留意收集经书效用方面的神话故事,参郑振铎《经书的效用》,《郑振铎文集》第六卷,北京:人民文学出版社,1985 年,第 344 页。也有学者解释董仲舒的"神"和巫觋杂神不一样,是高档次的神,可备一说,参方尔加《儒家思想讲演录》,北京:东方出版社,2007 年,第 164 页。

[3]《汉书》卷三六《楚元王传》,1929 页。

向之兄阳城侯安民入国户半为刘向赎罪,刘向留在历史中的形象怕是要和文成、五利之流一样了。后来刘向折节自省,"廉靖乐道,不交接世俗,专积思于经术,昼诵书传,夜观星宿,或不寐达旦"。班固评价说"子政博学,三世成名",①这一说法同时肯定了刘德、刘向和刘歆三代人的学术成就。

《楚元王传》记载刘向上书所言大多是"推灾异以救今事",并"集合上古以来历春秋六国至秦、汉符瑞灾异之记,推迹行事,连传祸福,著其占验,比类相从,各有条目,凡十一篇,号曰《洪范五行传论》"。② 陈侃理指出,刘向的《五行传论》"完成了历史上第一次灾异理论、记事、解说的集成,可以视作灾异论儒学传统形成的标志"。③其实刘向的所谓"救今事"有着明确的所指,即汉成帝时代的外戚问题。冯友兰指出,刘向的根本目的就是警戒汉成帝不要过分信任王凤以及王氏外戚。④ 陈其泰也认为刘向是有意识地利用阴阳五行学说作为政治斗争的工具,以削弱王氏外戚的权力。⑤ 徐建委也认为天变和灾异是刘向谈论政治问题的便捷途径,而非目的本身。⑥ 需要注意的是,刘向讨论灾异问题的基本方式是"著其占验",其实可以理解为根据已有的事实,对历史上发生的重要现象进行解释,这与前文讨论司马迁以人世政治变化联系天象进行解释的思路基本相同。

---

① 《汉书》卷一〇〇下《叙传下》,第 4247 页。
② 《汉书》卷三六《楚元王传》,第 1950 页。
③ 陈侃理:《灾异》,陈侃理编:《变动的传统:中国古代政治文化史新论》,上海:上海古籍出版社,2023 年。
④ 冯友兰还评价刘向的《五行传论》是一种灾异大全,是汉朝"天人感应"思想的百科全书,参冯友兰《中国哲学史新编(1980 年修订本)》,第 218 页。
⑤ 陈其泰:《史学与民族精神》,北京:华夏出版社,2018 年,第 198 页。
⑥ 徐建委:《两汉知识世界中数术的角色变化》,《文献考古》,北京:商务印书馆,2020 年,第 15 页。

　　班固说汉成帝经常召见刘向，也有意要用刘向为九卿，但刘向作为宗室反对外戚，"不为王氏居位者及丞相御史所持"。所以刘向"居列大夫官前后三十余年，年七十二卒"。① 张峰屹以为刘向命运不济与以阴阳灾异批评当朝政治有关。② 徐复观认为刘向"居列大夫官"以卒身乃汉成帝刻意保全。③ 班固最后说刘向"卒后十三年王氏代汉"，证明刘向有先见之明，认可了刘向所提出的外戚专权问题。《汉书·楚元王传》班固"赞曰"："刘氏《洪范论》发明《大传》，著天人之应；《七略》剖判艺文，总百家之绪；《三统历谱》考步日月五星之度。有意其推本之也。呜虖！向言山陵之戒，于今察之，哀哉！指明梓柱以推废兴，昭矣！岂非直谅多闻，古之益友与！"④可以发现，班固写刘向充满"理解之同情"，称赞其学术成就，肯定其提出的外戚等问题，对刘向"著天人之应""推灾异以救今事"总体上是肯定态度。

　　刘歆是新朝制度的主要设计者之一，班固说他在王莽新朝主要负责"典文章"，《汉书·王莽传》说："王舜、王邑为腹心，甄丰、甄邯主击断，平晏领机事，刘歆典文章，孙建为爪牙。丰子寻、歆子棻、涿郡崔发、南阳陈崇皆以材能幸于莽。"⑤可见刘歆是王莽的"笔杆子"，具体表现是创作《世经》等为王莽上台制造神学舆论。⑥ 另外

---

① 《汉书》卷三六《楚元王传》，1966 页。
② 张峰屹：《两汉经学与文学思想》，北京：生活·读书·新知三联书店，2014 年，第331 页。而刘向灾异论的首要内容就是反对外戚势力，相关的研究参汪高鑫《汉代神意史观研究》，郑州：河南人民出版社，2019 年，第48 页。
③ 徐复观：《两汉思想史》第三册，第59 页。另参沈焱《刘向的政治生涯与政治思想略述》，《上海大学学报(社会科学版)》1994 年第5 期。
④ 《汉书》卷三六《楚元王传》，第1972—1973 页。
⑤ 《汉书》卷九九上《王莽传上》，第4045—4046 页。
⑥ 参顾颉刚《五德终始说下的政治和历史》，《清华学报》第6 卷第1 期，1930 年。另参田兆元《神话叙事与社会发展研究》，西安：陕西师范大学出版总社，2019 年，第354 页。

刘歆还潜心研究《周礼》，和王莽共认《周礼》为周公致太平之迹。①始建国元年新朝建立，刘歆为国师、嘉新公，与太师王舜、太傅平晏、国将哀章为"四辅"，居上公之位。不仅如此，《汉书》还说刘歆和甄丰、王舜是王莽的"腹心"，刘歆之女嫁与王莽之子，两人关系之密切也可见一斑。

在刘向的基础上，刘歆对《洪范五行传》进行修订，"在理论层面将灾异论与各大儒学经典更加紧密地结合起来"。② 然班固认为刘歆关于五行传的说法与刘向已经有所不同，《汉书·五行志》说：

> 汉兴，承秦灭学之后，景、武之世，董仲舒治《公羊春秋》，始推阴阳，为儒者宗。宣、元之后，刘向治《穀梁春秋》，数其祸福，传以《洪范》，与仲舒错。至向子歆治《左氏传》，其《春秋》意亦已乖矣；言《五行传》，又颇不同。是以撢仲舒，别向、歆，传载眭孟、夏侯胜、京房、谷永、李寻之徒所陈行事，讫于王莽，举十二世，以傅《春秋》，著于篇。③

是说刘向、刘歆思想的核心内容与董仲舒一脉相承，但在解释方式上又有所不同。学者们据此认为汉儒的阴阳五行之学"开于仲舒而成于向歆父子"。④ 而《汉书》的《五行志》正是继承了刘向和刘

---

① 相关研究参章权才《两汉经学史》，广州：广东人民出版社，1990年，第193页；史应勇《郑玄通学及郑王之争研究》，成都：巴蜀书社，2006年，第161页。
② 陈侃理：《灾异》，陈侃理编：《变动的传统：中国古代政治文化史新论》。
③《汉书》卷二七上《五行志上》，第1317页。
④ 梁启超：《墨子学案》，《梁启超全集》第六册，北京：北京出版社，1999年。梁启超还指出："《五行志》所载，大抵即刘向洪范五行传之言也。吾侪试一籀读，当审其内容为何如；而后此所谓正史者，大率皆列此一篇，千余年莫之易。呜呼！禨祥灾祲之迷信，深中于士大夫，智日以昏而志日以偷，谁之咎也。"另外也有学者注意到，刘向是穀梁学方面的专家，他的学说与董仲舒的思想有相通之处，但基本路径判然有别。马勇：《汉代〈春秋〉学研究》，第99页。

歆《洪范五行传》,并且融合眭孟、夏侯胜等人的学说,确立了灾异在历史编纂和政治文化中的基本形态。

3. 班固的态度

《汉书·眭两夏侯京翼李传》结尾有一段很长的"赞曰",班固对西汉一代言说谶纬灾异者进行了综合性评价。这段评价对于了解班固的基本态度有重要的意义:

> 赞曰:幽赞神明,通合天人之道者,莫著乎《易》《春秋》。然子赣犹云"夫子之文章可得而闻,夫子之言性与天道不可得而闻"已矣。汉兴推阴阳言灾异者,孝武时有董仲舒、夏侯始昌;昭、宣则眭孟、夏侯胜;元、成则京房、翼奉、刘向、谷永;哀、平则李寻、田终术。此其纳说时君著明者也。察其所言,仿佛一端。假经设谊,依托象类,或不免乎"亿则屡中"。仲舒下吏,夏侯囚执,眭孟诛戮,李寻流放,此学者之大戒也。京房区区,不量浅深,危言刺讥,构怨强臣,罪辜不旋踵,亦不密以失身,悲夫![1]

眭孟、夏侯胜以及李寻等人的预言以及应验逻辑已见前文的讨论。班固所谓"仲舒下吏,夏侯囚执,眭孟诛戮,李寻流放",也揭示预测未来以及对预言进行解释的人本身要承担较大的政治风险。前文提到,这与巫者和方术士通过承诺未来福佑以获取现实利益有着明显的不同。除了班固在本传中提到的这些人之外,张峰屹指出,在汉武帝之前的伏生、韩婴等也是以谶解经的代表人物。[2] 其实对于所谓"推阴阳言灾异者",班固总体上肯定他们"纳说时君著明",即认为他们通过上书进谏的方式能够对时事政治有所补益,是

---

[1]《汉书》卷七五《眭两夏侯京翼李传》,第3195页。另外据《汉书·翟方进传》,田终术与刘歆同学于翟方进,以星历见长,王莽时代为长安令,是王莽的重要羽翼。
[2] 张峰屹:《谶纬思潮与汉代文学思想》,第104页。

以《汉书》特意保留眭孟、京房等人以阴阳灾异之术劝说时君的言论。然而班固对这些人总的评价是："察其所言,仿佛一端。假经设谊,依托象类,或不免乎'亿则屡中'。"颜师古认为班固的意思是"仲舒等亿度,所言既多,故时有中者耳,非必道术皆通明也"。所谓"亿则屡中"原本是《论语》中孔子批评子贡的言论,《论语·先进》说:"赐不受命,而货殖焉,亿则屡中。"①这里的"屡中"可以理解为偶有所中。可以发现,班固对于阴阳灾异之说的真实性是怀疑的,他认为这些内容都是"假经设谊,依托象类";而之所以有时候能够得到验证,是因为所言既多,偶尔会有应验者。"亿则屡中"可以说是具有理性思维能力的学者对于神秘预测术验证原因的基本认识。

《汉书·叙传》说本传的主旨是:"占往知来,幽赞神明,苟非其人,道不虚行。学微术昧,或见仿佛,疑殆匪阙,违众迕世,浅为尤悔,深作敦害。述《眭两夏侯京翼李传》第四十五。"颜师古注释"苟非其人,道不虚行":"言人能弘道,非其人则不能传。"所谓"疑殆匪阙"是说对于有疑问的内容应当存疑,而不能有所缺失,颜师古注云:"《论语》称孔子曰:'多闻阙疑,慎言其余则寡尤;多见阙殆,慎行其余则寡悔。'殆,危也。谓有疑则阙之也。此叙言术士不阙疑殆,故遭祸难也。"②显然,班固的这种疑则存疑的态度与司马迁是一致的,班、马对不可确知的事物存而不论的相似态度应当引起特别的注意。

此外,《汉书》有《谷永杜邺传》,其中载有谷永和杜邺的事迹,尤侧重二人的上书。《汉书·叙传》说:"统微政缺,灾眚屡发。永陈厥咎,戒在三七。邺指丁、傅,略窥占术。"③谷永和杜邺两人都曾因阴阳灾异现象上书劝诫,他们也都预测灾异现象可能会对最高统治者

①《论语注疏》,阮元校刻《十三经注疏》,第5428页。
②《汉书》卷一〇〇下《叙传下》,第4261页。
③《汉书》卷一〇〇下《叙传下》,第4265页。

不利,希望统治者改变治理天下的方式,与《楚元王传》中记载的刘向上书所言大体相同,也是所谓"纳说时君著明者"。班固赞曰:"孝成之世,委政外家,诸舅持权,重于丁、傅在孝哀时。故杜邺敢讥丁、傅,而钦、永不敢言王氏,其势然也。及钦欲挹损凤权,而邺附会音、商。永陈三七之戒,斯为忠焉,至其引申伯以阿凤,隙平阿于车骑,指金火以求合,可谓谅不足而谈有余者。"①可以看出,班固认可谷永杜邺等人的广见博识,但否定了他们的人品,班固曾经批评"小人而欲强知天道",谷永等人或者也可以归入此列。②

　　所以班固最后总结说:"仲舒下吏,夏侯囚执,眭孟诛戮,李寻流放,此学者之大戒也。京房区区,不量浅深,危言刺讥,构怨强臣,罪辜不旋踵,亦不密以失身,悲夫!"颜师古说"不密以失身"出自《易·上系辞》:"君不密则失臣,臣不密则失身。"③其本意在劝诫学者对于言灾异要慎之又慎,也可见班固对以阴阳灾异比附政事的基本态度。④

　　而在《汉书·艺文志》中,班固对于"杂占"类图书有一段评论,其中也可见班固对预测术的态度:

　　　　杂占者,纪百事之象,候善恶之征。《易》曰:"占事知来。"众占非一,而梦为大,故周有其官。而《诗》载熊罴虺蛇众鱼旐旟之梦,著明大人之占,以考吉凶,盖参卜筮。《春秋》之说妖也,曰:"人之所忌,其气炎以取之,妖由人兴也。人失常则妖兴,人无衅焉,妖不自作。"故曰:"德胜不祥,义厌不惠。"桑谷共生,大戊以兴;鸲雊登鼎,武丁为宗。然惑者不稽诸躬,而忌妖

---

① 《汉书》卷八五《谷永杜邺传》,第 3479 页。
② 相关的研究参李申《中国哲学史文献学》,郑州:河南人民出版社,2012 年,第 157 页。
③ 《汉书》卷七五《眭两夏侯京翼李传》,第 3195 页。
④ 相关的研究参梁宗华《汉代经学流变与儒学理论发展》,第 158 页。

之见,是以《诗》刺"召彼故老,讯之占梦",伤其舍本而忧末,不能胜凶咎也。①

由此可见,班固肯定杂占能够提供吉凶预兆的有效功能,尤其像是梦占之类,在《周易》《诗经》以及《春秋》等文献中都曾出现关于预兆的案例;正是因为有古典文献记载的支撑,所以梦占大体上是可以信赖的。而且和司马迁的意见相似,班固也认为禳除灾难最好的办法是"修德",而且进一步认为,如果不谨慎使用,会造成"舍本而忧末,不能胜凶咎"的后果。②

总的来说,《汉书》记载董仲舒、刘向、刘歆以及京房、翼奉、谷永、杜邺等人关于阴阳灾异的言论,认可他们在学术上的成就,但对于其中阴阳灾异方面的内容持保留意见。《汉书》记载从董仲舒到刘向等人,大都因为以阴阳灾异言说政治而命运不济,显示班固本人对阴阳灾异之学的态度。他其实并不反对刘向及京房、翼奉等人将灾异现象作为进谏的依据,但他也提醒应当慎之又慎,至少应避免危及自身。

二、符命与灾异的不验难题

王莽统治时期在符命和灾异方面接连出现问题,主要表现在符命泛滥逐渐失控,且王莽屡次强行对灾异现象进行解释,造成了人们思想的混乱。而这种思想的混乱也直接影响了新朝内部的统一,最终造成"内溃"的恶果。细思新莽时期符命和灾异问题的本质,可以归结为由于随意使用而造成了符命和灾异的可验证性被颠覆,人们因而不再相信符命和灾异的真实性。

①《汉书》卷三〇《艺文志》,第1773页。
② 相关的研究参白寿彝主编,许殿才著《中国史学史》第二卷《秦汉时期·中国古代史学的成长》,上海:上海人民出版社,2006年,第236页。

1. 符命失控

王莽在篡位过程中大规模使用符命,然而一旦新朝建立,管理和规范符命理应成为重要工作。始建国元年(9)王莽就颁布符命于天下,后来又使用法律手段严控乱造符命,然而收效甚微。符命的泛滥逐渐失去控制,民众纷纷进献符命以图富贵,而在新朝政权内部大臣也借符命图谋不轨。

始建国元年,王莽颁布符命于天下,这其实也可以理解为对新朝符命进行整合,《汉书·王莽传》载:

> 秋,遣五威将王奇等十二人班《符命》四十二篇于天下。德祥五事,符命二十五,福应十二,凡四十二篇。其德祥言文、宣之世黄龙见于成纪、新都,高祖考王伯墓门梓柱生枝叶之属。符命言井石、金匮之属。福应言雌鸡化为雄之属。其文尔雅依托,皆为作说,大归言莽当代汉有天下云。①

王莽认为符命代表着天命,所以特别重视。② 而王莽颁布的符命是构成后来谶纬文献最基本的材料,③所以学者们认为王莽这次整合符命也是谶纬类文献的第一次结集。④ 根据《汉书》所引王莽诏

---

① 《汉书》卷九九中《王莽传中》,第 4112 页。
② 相关的研究参冷德熙《超越神话——纬书政治神话研究》,第 158 页。
③ 陈槃认为:"谶纬之产生,与符应之说,故有不可分离之性。盖此类符应说之结集,实为谶纬之基本材料。"陈槃:《秦汉间之所谓"符应"论略》,《中央研究院历史语言研究所集刊》第 16 本,1947 年。
④ 任蜜林:《汉代内学——纬书思想通论》,第 26 页。也有研究者指出,四十二篇符命可能有相互交叉者,并不是严谨的定本,见张峰屹《两汉经学与文学思想》,第345 页。另外也有人认为这次征集谶纬文献的主题是论证王莽废汉,具有较大的局限性,显然并没有包含当时全部的谶纬文献,见张广保《纬书的构成及其思想渊源研究》,《道学研究》2008 年第 2 期。有学者注意到"五威中城将军崔发"可能是编集此书的核心人物,参陈良运《焦氏易林诗学阐释》,南昌:百花洲文艺出版社,2000 年,第 544 页。

书的说法,王莽颁布于天下的《符命》包括"德祥""符命""福应"三个方面的内容。其中"德祥"是祥瑞现象,王莽说"德祥发于汉三七九世之后",汉文帝和汉宣帝时代出现的黄龙见成纪被当成是新朝的祥瑞。陈槃指出这一类主要是伪托祖宗德泽,明其受命之有自。① "符命"与五德终始有关,颜师古注说是"五行之次,相承以受命也"。二十五篇符命的具体内容不得而知,但既然说"协成五命",推测是对当时流传的与五德终始有关的文本进行的整理。②

至于"福应",在《汉书》中也写作"符应",指的是能够证明"德祥""符命"的各种神秘物品,王莽总结出"十二符应",据《汉书·王莽传》:

> 武功丹石出于汉氏平帝末年,火德销尽,土德当代,皇天眷然,去汉与新,以丹石始命于皇帝。皇帝谦让,以摄居之,未当天意,故其秋七月,天重以三能文马。皇帝复谦让,未即位,故三以铁契,四以石龟,五以虞符,六以文圭,七以玄印,八以茂陵石书,九以玄龙石,十以神井,十一以大神石,十二以铜符帛图。申命之瑞,寖以显著,至于十二,以昭告新皇帝。③

可见在王莽看来这些符应都是土德取代火德的标志,可以证明新朝的合法性。王莽在篡位过程之中使用符命虽然被认为是"矫托天命,伪作符书,欺惑众庶",④但对于王莽的支持者来说这些都是有力的证据,其"欺惑众庶"的效果还算是较为明显的。而且至少在始建国之前,王莽使用符命还相对较为克制,然而新朝建立之后王莽

① 陈槃:《秦汉间之所谓"符应"论略》,《中央研究院历史语言研究所集刊》第 16 本,1947 年。
② 参顾颉刚《五德终始说下的政治和历史》,《清华学报》第 6 卷第 1 期,1930 年。
③《汉书》卷九九中《王莽传中》,第 4112 页。
④《后汉书》卷一三《隗嚣公孙述列传》,第 515 页。

以非理性的方式使用符命,逐渐导致了符命的泛滥。

符命的滥用其实就始自于王莽本人,而其中尤突出者是王兴和王盛得列"十一公",此事对于新莽王朝上下都造成了恶劣的影响。这两个名字本是梓潼人哀章所取的"令名",其寓意是"王氏兴盛";王莽后来封王兴为卫将军、奉新公,王盛为前将军、崇新公。《汉书·王莽传》说:"王兴者,故城门令史。王盛者,卖饼。莽按符命求得此姓名十余人,两人容貌应卜相,径从布衣登用,以视神焉。"[①]这种荒谬的举动不仅会引起人们争先效仿,也会在王莽集团内部滋生不满情绪,事实上后来甄丰和甄寻的谋乱就和此事密切相关。[②]

王莽在完成篡位之前鼓励人们献符命,这是导致符命泛滥的主要原因。据说当时所献符命已经达到了七百多种,足见符命之盛。[③]《汉书·王莽传》载:

> 是时争为符命封侯,其不为者相戏曰:"独无天帝除书乎?"司命陈崇白莽曰:"此开奸臣作福之路而乱天命,宜绝其原。"莽亦厌之,遂使尚书大夫赵并验治,非五威将率所班,皆下狱。[④]

在王莽篡位的过程之中,进献符命可以封侯,那么一定会有投机者趁机制造符命,以博取富贵,这会在社会上产生恶劣影响,司命陈崇所谓"开奸臣作福之路而乱天命"是冷静而理性的判断。王莽规定符命以五威将帅所班为准,在此范围之外再造作符命就要遭受惩罚,命尚书大夫"验治","非五威将率所班,皆下狱",其实是以法

---

①《汉书》卷九九中《王莽传中》,第 4101 页。后来王盛随王莽死于渐台,见《汉书》卷九九下《王莽传下》,第 4191 页。

② 参顾颉刚《秦汉的方士与儒生》,第 90 页。

③ 任蜜林:《汉代内学——纬书思想通论》,第 368 页。

④《汉书》卷九九中《王莽传中》,第 4122 页。

律手段加强对符命的管理。^① 另外,班固记载"独无天帝除书"的戏言,显然是对新莽政权的嘲讽。

然而符命已成泛滥之势,即便是法律手段也依然没有能够起到良好的效果。前文提到卜者王况制作谶文,说明在王莽颁布的四十二篇《符命》之外,新的符命内容层出不穷,有论者认为,王莽实际上并没有做到将谶纬法定统一。^② 而不久之后甄寻事件爆发,新莽政权的"内溃"已成定局,据《汉书·王莽传》记载,甄丰、刘歆、王舜等人是王莽的腹心;^③后来甄丰逐渐不满,主要原因是不愿与卖饼儿王盛等并列"十一公",于是甄丰子甄寻伪造符命,《汉书·王莽传》载:

> 时子寻为侍中京兆大尹茂德侯,即作符命,言新室当分陕,立二伯,以丰为右伯,太傅平晏为左伯,如周召故事。莽即从之,拜丰为右伯。当述职西出,未行,寻复作符命,言故汉氏平帝后黄皇室主为寻之妻。莽以诈立,心疑大臣怨谤,欲震威以惧下,因是发怒曰:"黄皇室主天下母,此何谓也!"收捕寻。寻亡,丰自杀。^④

后来甄寻被捕,传说其手中有"天子"纹理,王莽亲自查看之后说:"此一大子也,或曰一六子也。六者,戮也。明寻父子当戮死也。"于是"乃流菜于幽州,放寻于三危,殛隆于羽山,皆驿车载

---

① 有论者以为,王莽虽然对经学中的各派兼收并蓄,但其实还是试图建立一门统一的经学以便更好地为政治服务,见余敦康《两汉时期的经学和白虎观会议》,氏著:《中国哲学论集》,沈阳:辽宁大学出版社,1998年。
② 黄开国:《儒学与经学探微》,第7页。
③ 杨树达《汉书窥管》引《后汉书·彭宠传》朱浮云:"王莽为宰衡时,甄丰旦夕入谋议。时人语曰:夜半客,甄长伯。"也可见甄丰与王莽关系非同一般。杨树达:《汉书窥管》,长沙:湖南师范大学出版社,2018年,第632页。
④《汉书》卷九九中《王莽传中》,第4123页。

其尸传致云"。这个案件牵连甚广,公卿党亲列侯以下有数百人被诛杀,连刘歆的儿子也受到了牵连,而这又为后来刘歆的谋叛埋下伏笔。

其实对于甄丰和甄寻最初所作符命"言新室当分陕,立二伯"的诉求,王莽并没有拒绝,这毕竟是"周公故事",王莽自然要遵从。然而甄寻所谓"故汉氏平帝后黄皇室主为寻之妻"的想法着实触碰到了王莽的底线,所以王莽不惜兴起大狱。甄丰案是新莽时期的一桩大案,此案表明王莽政权内部已经开始出现分裂,此后刘歆谋叛,王莽政权彻底走向崩溃。钱穆以为刘歆和王莽的关系也与甄邯与王莽关系类似,"此乃新朝君臣始终实录"。① 关于此案中涉及的符命问题,吕思勉指出王莽"以符命登大位,己又欲绝之,致兴大狱,心腹骈诛"。② 孟祥才也指出,王莽以符命作为武器取代汉家天下,也给臣子们利用符命树立了一个榜样。③ 可以认为,王莽以符命谋夺汉家江山,内部滋生出如甄寻等以符命作为依据想要篡位的力量也并不奇怪,而王莽管理控制符命的努力显然并未取得良好的效果。

总的来看,王莽新朝建立以后骤然以行政手段控制符命的传播,也着实难以起到良好的效果,再加上王莽本人在处理类似案件的过程中有太多非理性行为,符命的失控几乎不可避免。与此同时也可以注意到,王莽处理问题的非理性特点在解释灾异现象的时候表现得尤为明显,这也就导致了灾异解释体系的混乱。

---

① 钱穆:《刘向歆父子年谱》,《燕京学报》1930 年第 7 期。也有学者认为刘歆和王莽是相互利用的关系,参刘凯《论刘歆与王莽"相互利用"之关系》,《史志学刊》2015 年第 1 期。
② 吕思勉:《秦汉史》,第 148 页。
③ 孟祥才:《新朝旧政·新帝·王莽》第八章《新朝新贵众生相》,哈尔滨:哈尔滨出版社,1997 年,第 247 页。

2. 灾异解释体系混乱

在王莽统治时期多次发生灾异现象,王莽采用各种办法消除灾异的影响,其中主要的方式就是根据自身的需要对灾异进行解读。然而王莽的解释与董仲舒以来阴阳灾异理论背道而驰,更多是根据需要随心所欲强行进行解释,这就使得灾异解释体系出现混乱的局面,灾异理论的信服力进一步降低。

面对灾异现象,王莽习惯性地塞责,《汉书·王莽传》记载地皇元年(20)二月壬申"日正黑",王莽将导致这种灾异现象的责任归咎于大将军王匡,诏书中说:

> 乃者日中见昧,阴薄阳,黑气为变,百姓莫不惊怪。兆域大将军王匡遣吏考问上变事者,欲蔽上之明,是以适见于天,以正于理,塞大异焉。[1]

"日中见昧"这种天象的出现一度引起了人们的恐慌,[2]王莽认为大将军王匡遣吏考问上变事者,这种行为是想要遮蔽君主和人民之间的沟通,反映在天文现象上就是黑气为变,所以应该谴责王匡,让王匡来承担这次灾异的责任。汉儒大多将天变归因于君主,王莽则归咎于大臣,这样的处理是为了免除了自己的责任。

至于如何处罚王匡,史料中没有留下明确的记载。"兆域大将军"王匡是王舜之子,史料记载地皇三年(22),也就是这次事件两年后,王匡与更始将军廉丹帅兵十万镇压青徐地区的农民起义,[3]由此

---

[1]《汉书》卷九九下《王莽传下》,第4157页。

[2] 有学者认为"日中见昧"指的是太阳黑子,参陈美东《中国古代天文学思想》,第285页。另参徐振韬《〈周易·丰卦〉中的黑子记载》,《科技史文集(六)·天文学史专辑(2)》,上海:上海科学技术出版社,1980页。

[3]《汉书·王莽传》载:"四月,遣太师王匡、更始将军廉丹东,祖都门外。"《汉书》卷九九下《王莽传下》,第4175页。

可知王匡其实没有受到什么实质性的处罚。显然王莽的这次塞责
行为也只是出于表面上的需要。作为对比,汉成帝绥和二年(前7)
曾经连续发生山崩、水灾以及日蚀等灾异现象,汉成帝令丞相翟方
进自杀,以三公之死来代替皇帝承担上天的惩罚,《汉书·天文志》
记载:"二年春,荧惑守心。二月乙丑,丞相翟方进欲塞灾异,自杀。"①
《汉书·翟方进传》说翟方进收到成帝册书之后即日自杀,颜师古注
如淳曰:"《汉仪注》有天地大变,天下大过,皇帝使侍中持节乘四白
马,赐上尊酒十斛,牛一头,策告殃咎。使者去半道,丞相即上病。
使者还,未白事,尚书以丞相不起病闻。"②黄一农指出此事的实质是
天象被当成政治斗争的工具,③类似的例子是董卓诛杀张温,也是借
口让张温塞灾异。④ 然而到了王莽时代,如果王匡也没有受到实质
性的处罚,那么天变灾异和人间吉凶之间的联系就会被认为不存在
了,所以说王莽的这种行为会造成与灾异有关的信仰体系公信力的
崩塌。

除了找人塞责之外,王莽还对灾异现象强行进行解释。同样在
地皇元年,未央宫的王路堂被大风毁掉,王路堂也就是未央宫的前
殿。这次灾异事件让王莽非常担心,他显然需要一个合适的解释来
安抚自己,也安抚民众。《汉书·王莽传》记载:

> 七月,大风毁王路堂。复下书曰:"乃壬午铺时,有列风雷
> 雨发屋折木之变,予甚弁焉,予甚栗焉,予甚恐焉。伏念一旬,

---

① 《汉书》卷二六《天文志》,第1311页。
② 《汉书》卷八四《翟方进传》,第3424页。
③ 黄一农:《汉成帝与丞相翟方进死亡之谜》,氏著:《制天命而用:星占、术数与中国古代社会》。
④ 《三国志·魏书·董卓传》载:"故太尉张温时为卫尉,素不善卓,卓心怨之,因天有变,欲以塞咎,使人言温与袁术交关,遂笞杀之。"其中提到董卓和张温交恶,借口天变诛杀之。《三国志》卷六《魏书·董卓传》,第176页。

迷乃解矣。昔符命文立安为新迁王,临国雒阳,为统义阳王。是时予在摄假,谦不敢当,而以为公。其后金匮文至,议者皆曰:'临国雒阳为统,谓据土中为新室统也,宜为皇太子。'自此后,临久病,虽瘳不平,朝见辇茵舆行。见王路堂者,张于西厢及后阁更衣中,又以皇后被疾,临且去本就舍,妃妾在东永巷。壬午,列风毁王路西厢及后阁更衣中室。昭宁堂池东南榆树大十围,东僵,击东阁,阁即东永巷之西垣也。皆破折瓦坏,发屋拔木,予甚惊焉。又候官奏月犯心前星,厥有占,予甚忧之。伏念《紫阁图》文,太一、黄帝皆得瑞以仙,后世褒主当登终南山。所谓新迁王者,乃太一新迁之后也。统义阳王乃用五统以礼义登阳上迁之后也。临有兄而称太子,名不正。宣尼公曰'名不正,则言不顺,至于刑罚不中,民无错手足。'惟即位以来,阴阳未和,风雨不时,数遇枯旱蝗螟为灾,谷稼鲜耗,百姓苦饥,蛮夷猾夏,寇贼奸宄,人民正营,无所错手足。深惟厥咎,在名不正焉。其立安为新迁王,临为统义阳王,几以保全二子,子孙千亿,外攘四夷,内安中国焉。"①

王莽这封诏书其实只是为了解释王路堂被毁灾异的原因。他首先解释这次事件的性质是什么,以及自己为什么想了十天才想明白,上天降下这场灾异的原因究竟是什么。而对于所谓"有列风雷雨发屋折木之变",颜师古注释说:"先言列风雷雨,后言迷乃解矣,盖取舜'纳于大麓,列风雷雨不迷'以为言也。"王莽表示这次灾异事件自己也有责任,因为之前有符命说要立王安为新迁王,王临为统义阳王,但王莽没有按照符命的要求去做;再后来金匮文至,群臣说要立王临为皇太子,王莽也没有照做。王安和王临是王莽的第三子

---

① 《汉书》卷九九下《王莽传下》,第4159—4169页。

和第四子,王莽说那个时候自己仍然在居摄期间,为了表示谦让,只封自己两个儿子为公爵;而王临久病,王莽也没有立他为皇太子。王莽解释说,正是自己的这些行为得罪了上天,所以才会有大风吹毁王路堂的灾异。

后来王临谋反事发被赐死,王莽在诏书中说:"符命文立临为统义阳王,此言新室即位三万六千岁后,为临之后者乃当龙阳而起。前过听议者,以临为太子,有烈风之变,辄顺符命,立为统义阳王。在此之前,自此之后,不作信顺,弗蒙厥佑,夭年陨命,呜呼哀哉!迹行赐谥,谥曰缪王。"①如此,王临之死正好完成了对王路堂灾异事件的解释。对灾异现象进行解释以安抚自身和民众,本身是重要的手段,只是王莽的解释方式缺乏合理性,这会进一步降低公信力,并逐渐摧毁灾异解释体系。

地皇三年二月长安城外的灞桥发生了火灾,"数千人以水沃救,不灭"。灞桥为土木结构,②后来的调查发现这次火灾主要是由贫寒的百姓在桥下生火造成的。这次火灾规模较大,也造成了较大的影响;③而且灞桥是长安城最为重要的交通设施之一,如何对这次灾异现象进行解释,抚平因此而产生的焦虑情绪,是王莽重点关注的问题,《汉书·王莽传》载王莽诏书云:

> 夫三皇象春,五帝象夏,三王象秋,五伯象冬。皇王,德运也;伯者,继空续乏以成历数,故其道驳。惟常安御道多以所近为名。乃二月癸巳之夜,甲午之辰,火烧霸桥,从东方西行,至

---

① 《汉书》卷九九下《王莽传下》,第 4165 页。
② 何清谷认为汉灞桥为木构,王莽以后灞桥才由木梁改为石梁,见《三辅黄图校注》,第 420 页。
③ 参彭卫、杨振红《说汉代火灾》,郑州大学历史学院编:《高敏先生八十华诞纪念文集》,北京:线装书局,2006 年。

甲午夕,桥尽火灭。大司空行视考问,或云寒民舍居桥下,疑
以火自燎,为此灾也。其明旦即乙未,立春之日也。予以神明
圣祖黄虞遗统受命,至于地皇四年为十五年。正以三年终冬
绝灭霸驳之桥,欲以兴成新室统壹长存之道也。又戒此桥空
东方之道。今东方岁荒民饥,道路不通,东岳太师亟科条,开
东方诸仓,赈贷穷乏,以施仁道。其更名霸馆为长存馆,霸桥为
长存桥。①

灞桥的火灾被解释为"戒此桥空东方之道",后来王莽也确实
"开东方诸仓",看来当时是有人将灞桥的灾难和东方的叛乱形势联
系在一起。② 地皇三年的时候东方的情况确实越来越糟,赤眉军在
山东声势逐渐浩大,新莽政府军事镇压不力,而南阳更始政权的势
力也在扩大,显然此时长安城内会有人根据灞桥火灾对东方局势做
出某种不利于新莽朝廷的预测。为了消解这种舆论带来的焦虑情
绪,王莽根据己意对火灾进行解释,他认为这次事件对于新朝的兴
盛是一个好的预兆,甚至强行认为大火烧桥是"欲以兴成新室统壹
长存之道也"。对于这样的解释,即便是王莽坚定的支持者恐怕也
很难真的认同。

另外对天文灾异的解释也出现了混乱的局面,《汉书·王莽传》
记载:

十一月,有星孛于张,东南行,五日不见。莽数召问太史令
宗宣,诸术数家皆缪对,言天文安善,群贼且灭。莽差以自安。③

班固"差以自安"的表述强调王莽此时只是为了求得心理安慰,

---

①《汉书》卷九九下《王莽传下》,第 4174 页。
② 另参王子今《西汉长安的公共空间》,《中国历史地理论丛》2012 年第 1 期。
③《汉书》卷九九下《王莽传下》,第 4179 页。

已经不再顾忌天文灾异的示警作用,这与西汉皇帝面对天变表现出来谨小慎微的态度形成鲜明的对比。这种行为的后果是越来越多的人对所谓"天变"已经不再重视,灾异的理论体系在现实政治中的作用也被逐渐消解。

地皇四年王莽举行了婚礼,而就在婚礼当天"大风发屋折木",这也是较为严重的灾异事件,尤其发生在王莽新婚之时,对王莽和群臣百姓的心理都会造成严重的影响。新朝群臣对这种灾异现象也强行进行了解释,《汉书·王莽传》保留了当时群臣的上奏,其中提到:

> 乃庚子雨水洒道,辛丑清靓无尘,其夕谷风迅疾,从东北来。辛丑,《巽》之宫日也。《巽》为风为顺,后谊明,母道得,温和慈惠之化也。《易》曰:"受兹介福,于其王母。"《礼》曰:"承天之庆,万福无疆。"诸欲依废汉火刘,皆沃灌雪除,殄灭无余杂矣。百谷丰茂,庶草蕃殖,元元欢喜,兆民赖福,天下幸甚!

这封上书里引用了包括《周易》《礼记》在内文献记载中的相关说法,对王莽婚礼当天发生的"大风发屋折木"灾异现象进行解释,认为"谷风迅疾"是"温和慈惠之化"。值得注意的是,其中还提到这场风雨对于"火刘"的压制和厌胜的作用,以证明风雨现象对于新莽王朝来说是吉利的。

除了找人塞责和强行解释之外,王莽还经常使用厌胜巫术对待灾异现象。《汉书》记载,王莽对于"时日小数"有特别的兴趣,尤其喜欢使用厌胜之类的巫术。对于频繁出现的灾异现象,王莽也采用了厌胜的办法。例如地皇元年七月,"杜陵便殿乘舆虎文衣废臧在室匣中者出,自树立外堂上,良久乃委地。吏卒见者以闻,莽恶之,下书曰'宝黄厮赤,其令郎从官皆衣绛'"。① 对于"宝黄厮赤"的含义,颜师古认为:"以黄为宝,自用其行气也。厮赤,厮役贱者皆衣赤,贱汉行也。"王莽此举意在从根本上断绝人们对汉朝的思念,以厌胜的巫术消解灾异现象的影响,只是这样的方式很难产生实际有效的作用。

这种对灾异强行解释所产生的实际效果,班固没有直接的记载,后人无由得知;但其逻辑牵强,认知结构混乱,可以推测即便是当时坚定支持王莽的人也很难会信服这一套说辞。对于灾异的解释原本并没有固定的方式,劳榦已经注意到,《汉书·五行志》所引用的《洪范五行传》中所载的灾异解释方式是"假如推溯一个解释的理由,都可以找到另外几个不同甚至相反的解释",②这也就是说如果解释方式发生问题,那么灾异提示也不能够真正发生效力,这其实是灾异解释体系固有的问题。汉武帝以来对于灾异现象及其解释,本来是统治者和知识阶层达成的某种共识,是基于天人感应解释模式形成的默契。但这种默契其实非常脆弱,王莽这样强行进行解释,破坏了统治者和知识阶层之间的默契,王莽和他的支持者之间的互信也就会随之消失。王莽统治末期内部分裂,其实也就是持续破坏彼此默契和互信的恶果。

根据前文的讨论,对灾异现象进行合理解释是灾异被认为能够验证的根本原因,一旦解释体系混乱,阴阳灾异在人们心目中的可验证性就荡然无存了,人们也就不再相信灾异及其解释体系。而班固在《汉书·王莽传》中的书写让人们相信,对灾异现象进行随意解释导致的结果是人们不再相信灾异现象与现实政治之间存在必然

---

① 《汉书》卷九九下《王莽传下》,第4161页。
② 劳榦:《汉代政治组织的特质及其功能》,《劳榦学术论文集(甲编)》,台北:艺文印书馆,1976年。

的联系。由前文的讨论来看,班固向来对符命以及阴阳灾异理论持审慎的态度,而《王莽传》中对符命的泛滥以及王莽君臣随意的解释模式的书写,正是班固这种态度的反映。

三、《汉书》中的巫术与方术

前文提到,西汉中后期以来知识阶层已经认识到,巫术和方术都不能提供持续有效的验证,班固在《汉书·郊祀志》中接续《史记·封禅书》的基本思路,记载张敞、谷永等人的言论,以历史事实证明秦皇汉武以来的求仙皆为无效,对方术总体上持否定的态度。而《汉书·王莽传》中记载有新莽时期政治文化中的巫鬼和神仙,班固显然以此作为否定新莽政治的依据。

1. 从《封禅书》到《郊祀志》

班固将《封禅书》改为《郊祀志》,汉武帝及以前的内容主要承袭自《史记》,汉武帝以后的内容为班固新增。在新增的部分中,成帝时代的郊祀改革占了主要篇幅,而张敞和谷永等人关于方术的言论也是新增的重要内容,这对于了解班固对方术的态度具有重要的意义。

《汉书·郊祀志》载张敞上疏进谏汉宣帝的言论:

> 愿明主时忘车马之好,斥远方士之虚语,游心帝王之术,太平庶几可兴也。①

在张敞看来,"斥远方士之虚语"是能够实现太平的必要条件,而张敞之所以做出这样的判断,显然是认识到汉武帝时代大量方术无法验证。汉宣帝对于模仿汉武帝有着较为浓厚的兴趣,班固说他

---

① 《汉书》卷二五下《郊祀志下》,第1251页。

"修武帝故事,盛车服,敬齐祠之礼,颇作诗歌",并且听信方士的意见新增修了一些祠祀场所,《郊祀志》说:"时,南郡获白虎,献其皮牙爪,上为立祠。又以方士言,为随侯、剑宝、玉宝璧、周康宝鼎立四祠于未央宫中。"①李零指出,这些神祠是由方士建议增设,因而也就由方士主持其事,这类方士其实和巫祝并没有区别,②是说甚确。田天注意到汉宣帝时代兴建的这些新的祠祀基本上都是山川祠和仙人祠,可能多是在方士的建议下设立的。③

《郊祀志》还提到,汉成帝即位以后在丞相匡衡等人的主持下,开始基于儒家"古礼"对汉家宗庙祭祀进行改革,除了南北郊的改革之外,匡衡等人还缩减祭祀规模,其中重要的改革内容就是裁撤由方术士们所兴建的祠祀。《汉书·郊祀志》载匡衡等人的上疏说:"长安厨官县官给祠郡国候神方士使者所祠,凡六百八十三所,其二百八所应礼,及疑无明文,可奉祠如故。其余四百七十五所不应礼,或复重,请皆罢。"④匡衡等人判断祠祀是否"应礼"的标准应当就是儒家经典的记载,⑤后来应劭整理"祀典"的标准也是如此。班固梳理了当时裁减的祠祀,《汉书·郊祀志》说:

> 本雍旧祠二百三所,唯山川诸星十五所为应礼云。若诸布、诸严、诸逐,皆罢。杜主有五祠,置其一。又罢高祖所立梁、

① 《汉书》卷二五下《郊祀志下》,第1249—1250页。
② 李零:《中国方术续考》,第66页。陈槃也认为这里的"方士"主要依托鬼神,见氏著《战国秦汉间方士考论》,《中央研究院历史语言研究所集刊》第17本,1948年。
③ 田天:《秦汉国家祭祀史稿》,第217页。
④ 《汉书》卷二五下《郊祀志》,第1257页。
⑤ 因此礼学的研究者往往对匡衡的改制有较高的评价,例如徐复观就盛赞:"儒生秉持经义礼意,不惜直接与皇帝、皇室相对立;虽然他们在这方面的主张始终未能贯彻,但亦可由此以窥见礼的真实意义。"徐复观《中国经学史的基础:周官成立之时代及其思想性格》,北京:九州出版社,2014年,第214页。

晋、秦、荆巫、九天、南山、莱中之属,及孝文渭阳、孝武薄忌泰一、三一、黄帝、冥羊、马行、泰一、皋山山君、武夷、夏后启母石、万里沙、八神、延年之属,及孝宣参山、蓬山、之罘、成山、莱山、四时、蚩尤、劳谷、五床、仙人、玉女、径路、黄帝、天神、原水之属,皆罢。候神方士使者副佐、本草待诏七十余人皆归家。①

所谓"诸布、诸严、诸逐"原本是民间祭祀的神灵,②汉朝建立以后纳入官方祠祀体系,但没有在儒家经典记载范围内,其他被取缔的祠祀也大多属于这种情况。可以发现,这些被裁减的祠祀主要就是高祖至宣帝时期各地所设立的、与候神方士相关的诸神。③ 顾颉刚评价:"这是对于西汉前期的迷信作一次大破坏。从此以后,所祭祀的只有古礼所本有的,或阴阳的学说下所该有的,而没有由神话作背景以兴起的了。这是对于汉代宗教的一个净化运动! 这是儒者和方士的一回大争战!"④后来学者们也注意到这次改制是为了恢复儒家奉为典范的西周模式,以期建立儒家礼乐文化的正统地位。⑤

然而匡衡的改革并没有持续很久,正如陈苏镇所言:"和宗庙改革相似,郊祀改革也可为朝廷节省大量人力物力,但在迷信盛行的汉代,还是会遇到很大阻力,不仅朝中有人反对,百姓也难以接受。"⑥汉成帝曾经就当时出现的灾异现象询问刘向的意见,刘向认为:

---

① 《汉书》卷二五下《郊祀志下》,第1257—1258页。

② 参董涛《"诸布"考》,《中华文史论丛》2014年第3期。

③ 参华友根《西汉礼学新论》,第184页。

④ 顾颉刚:《古史辨自序》,第264页。相关的研究参杨天宇《秦汉郊礼初探》,《河南大学学报》1989年第1期。另参徐迎花《汉魏至南北朝时期郊祀制度研究》,哈尔滨:黑龙江人民出版社,2009年,第86页;(日)金子修一《中国古代皇帝祭祀研究》,徐璐、张子如译,西安:西北大学出版社,2018年。

⑤ 谢谦:《中国古代宗教与礼乐文化》,第238页。

⑥ 陈苏镇:《〈春秋〉与"汉道"——两汉政治与政治文化研究》,第344页。相关的研究另参曾祥旭《士与西汉思想》,哈尔滨:黑龙江人民出版社,2005年,第188页。

家人尚不欲绝种祠,况于国之神宝旧畤! 且甘泉、汾阴及雍五畤始立,皆有神祇感应,然后营之,非苟而已也。武、宣之世,奉此三神,礼敬敕备,神光尤著。祖宗所立神祇旧位,诚未易动。及陈宝祠,自秦文公至今七百余岁矣,汉兴世世常来,光色赤黄,长四五丈,直祠而息,音声砰隐,野鸡皆雊。每见雍太祝祠以太牢,遣候者乘一乘传驰诣行在所,以为福祥。高祖时五来,文帝二十六来,武帝七十五来,宣帝二十五来,初元元年以来亦二十来,此阳气旧祠也。及汉宗庙之礼,不得擅议,皆祖宗之君与贤臣所共定。古今异制,经无明文,至尊至重,难以疑说正也。前始纳贡禹之议,后人相因,多所动摇。《易大传》曰:"诬神者殃及三世。"恐其咎不独止禹等。①

可以发现,刘向立论的根基是应当尊重祖先与神灵,前文曾论及司马迁对于鬼神的态度,祖先鬼神是汉代人无法绕开的问题。另外,刘向还认为对于神灵的祠祀是汉朝自高祖以来的传统,所谓"祖宗之君与贤臣所共定",所以不应当否定"国之神宝旧畤"的地位。刘向还提到这些神祠都是"有验"的,例如陈宝祠"光色赤黄,长四五丈,直祠而息,音声砰隐,野鸡皆雊",而且提到了神明"显灵"的次数:"高祖时五来,文帝二十六来,武帝七十五来,宣帝二十五来,初元元年以来亦二十来。"陈宝祠的神秘现象应有许多人见到,当时无法对这些现象进行科学的解释,人们自然只能相信神明的存在。另外,刘向也反对单纯依靠"经无明文"作为判断祠祀是否"应礼"的依据,其实是对单纯恢复被儒家奉为典范的所谓西周模式的否定。田天曾经揭示成帝时期祭祀改革过程中有复古派和反对势力的斗争,她认为儒者内部的分歧不应忽视,而刘向只是反对匡衡势

---

① 《汉书》卷二五下《郊祀志下》,第1258—1259页。

力的代表。①

汉成帝接受了刘向的意见,班固说他对于废黜神祠"意恨之"。但是汉成帝也不是听了刘向的建议就立即自我否定,直到永始三年(前14),在汉成帝一直没有继嗣,且身体状况持续恶化的情况下,才由太后王政君下诏,"复长安、雍及郡国祠著明者且半"。② 所谓"著明者"应当就是前文提到的"诸布、诸严、诸逐"以及陈宝祠等具有一定影响力的祠祀。而另外一半没有被恢复的,应当是汉武帝乃至汉宣帝时代由方术士们兴建的、并没有产生较大影响力的,或者是没有任何"灵验"的祠祀。

值得注意的是王政君在汉成帝去世之后重新废黜神祠的诏书:"皇帝即位,思顺天心,遵经义,定郊礼,天下说憙。惧未有皇孙,故复甘泉泰畤、汾阴后土,庶几获福。皇帝恨难之,卒未得其祐。其复南北郊长安如故,以顺皇帝之意也。"③也就是说,在皇太后看来,恢复神祠是为了获得神灵的福佑,但是神灵并没有灵验,所以干脆再次取缔。汉代人们与神灵之间的这种关系值得特别的注意,其实人们与神灵之间类似"交易"的关系也是后世社会思想的主流。

汉哀帝即位的时候身体状态不佳,于是方术士们又有了发挥作用的空间。《汉书·郊祀志》载:"哀帝即位,寝疾,博征方术士,京师诸县皆有侍祠使者,尽复前世所常兴诸神祠官,凡七百余所,一岁三万七千祠云。"④这样的祠祀规模显然已经超过了汉成帝的时期。然

---

① 田天:《秦汉国家祭祀史稿》,第 236—239 页。另参田天《祭祀》,陈侃理编:《变动的传统:中国古代政治文化史新论》。
②《汉书》卷二五下《郊祀志下》,第 1259 页。相关的研究参张影、邬晓东《两汉祭祀文化研究》,哈尔滨:哈尔滨工程大学出版社,2017 年,第 41 页。
③《汉书》卷二五下《郊祀志下》,第 1263 页。
④《汉书》卷二五下《郊祀志下》,第 1264 页。

而汉哀帝的身体状态并没有因此而好转，班固载太皇太后的诏书说："皇帝孝顺，奉承圣业，靡有解怠，而久疾未瘳。夙夜唯思，殆继体之君不宜改作。其复甘泉泰畤、汾阴后土祠如故。""久疾未瘳"应该是"不宜改作"的主要原因。

《汉书·郊祀志》登载了谷永的上疏，而他最核心的观点是直接指出方术士以及他们主持的神灵祭祀根本没有办法有效验证：

> 臣闻明于天地之性，不可或以神怪；知万物之情，不可罔以非类。诸背仁义之正道，不遵五经之法言，而盛称奇怪鬼神，广崇祭祀之方，求报无福之祠，及言世有仙人，服食不终之药，遥兴轻举，登退倒景，览观县圃，浮游蓬莱，耕耘五德，朝种暮获，与山石无极，黄冶变化，坚冰淖溺，化色五仓之术者，皆奸人惑众，挟左道，怀诈伪，以欺罔世主。听其言，洋洋满耳，若将可遇；求之，荡荡如系风捕景，终不可得。是以明王距而不听，圣人绝而不语。昔周史苌弘欲以鬼神之术辅尊灵王会朝诸侯，而周室愈微，诸侯愈叛。楚怀王隆祭祀，事鬼神，欲以获福助，却秦师，而兵挫地削，身辱国危。秦始皇初并天下，甘心于神仙之道，遣徐福、韩终之属多赍童男童女入海求神采药，因逃不还，天下怨恨。汉兴，新垣平、齐人少翁、公孙卿、栾大等，皆以仙人、黄冶、祭祠、事鬼使物、入海求神采药贵幸，赏赐累千金。大尤尊盛，至妻公主，爵位重累，震动海内。元鼎、元封之际，燕齐之间方士瞋目扼掔，言有神仙祭祀致福之术者以万数。其后，平等皆以术穷诈得，诛夷伏辜。至初元中，有天渊玉女、钜鹿神人、轑阳侯师张宗之奸，纷纷复起。夫周秦之末，三五之隆，已尝专意散财，厚爵禄，竦精神，举天下以求之矣。旷日经年，靡有毫氂之验，足以挟今。经曰："享多仪，仪不及物，惟曰

不享。"《论语》说曰:"子不语怪神。"唯陛下距绝此类,毋令奸
人有以窥朝者。①

　　谷永上书中对以往方士求仙进行了梳理,认为从周灵王时期的
苌弘到楚怀王,再到秦始皇以及汉文帝时期的新垣平,尤其是汉武
帝时期少翁、公孙卿和栾大,这些人求仙的举动全都没有实际的效
验。而且他还提到汉元帝初元年间"有天渊玉女、钜鹿神人、轑阳侯
师张宗之奸",②这些人共同的特点是"靡有毫牦之验",这一点是当
时人们都知晓的。谷永由历史出发对方术不验进行的总结有较强
的说服力,也显示出较高的眼光,所以学者们对于谷永有较高的评
价。班固对谷永的意见非常赞赏,《郊祀志》"赞曰"最后说:"由是
言之,祖宗之制盖有自然之应,顺时宜矣。究观方士祠官之变,谷永
之言,不亦正乎! 不亦正乎!"班固用两个"不亦正乎"肯定了谷永的
意见,由此也可见班固对方术问题的基本态度。

　　白寿彝等总结中国史学史,认为《汉书》的《郊祀志》总体上继承
了《史记·封禅书》对于鬼神方术的批判精神,尤其是班固记载谷永
的言论,"在迷信思潮乌烟瘴气之时,这是指点迷津的药石之言"。③
徐复观也曾就《史记》和《汉书》的异同展开讨论,关于《汉书》的
《郊祀志》,徐复观认为班固的难能之处就在于记载了张敞、贡禹
以及谷永的言论,徐复观认为:"谷氏的这些话,把由秦皇、汉武在
这一方面因侈泰骄妄愚蠢所制成的妖云怪雾,才算流入了一股清

①《汉书》卷二五下《郊祀志下》,第1260—1261页。
② 田天曾对"天渊玉女"等神灵进行考证,认为"天渊"是星名,而"玉女"则显示这位
　 方士是女性,方士以"玉女"自高,可见"玉女"是女仙的泛称,参氏著《秦汉国家祭
　 祀史稿》,第214页。
③ 白寿彝主编,许殿才著:《中国史学史》第二卷《秦汉时期:中国古代史学的成长》,
　 第236页。

新之气。"由此徐复观指出,班固在鬼神巫术上的观点与司马迁是基本相同的。① 另外美国学者普鸣《成神》一书中涉及对谷永和司马迁的对比,他指出谷永呼吁皇帝接受儒家思想中的"天地之性",这一点与司马迁不同。② 钱志熙指出,谷永批判的"武器"主要有两个,一是援引先圣正道以攻击异端,二是指出方术纯为诈伪,向来没有实际的效验。③ 后者的说服力显然更大,也是当时社会对神仙信仰产生动摇的根本原因。孙家洲也指出谷永的上疏"察于前车之鉴,足知今日祭祀求福之举,不仅无补于事,还将开启奸人窥视朝廷之路"。④

　　可以认为,是否能够有效验证是西汉中后期几次重要宗庙祭祀改革成败的重要因素,也是张敞以及谷永等反对鬼神方术的最有力的理由。汉成帝和汉哀帝都寄希望于神灵帮助治愈疾病或者得到继嗣,带有不同政治倾向的儒家士大夫也围绕是否有验证展开讨论,最终的结果是成帝和哀帝终究没有恢复健康而且皆无继嗣,当时社会人们普遍认识到鬼神祭祀其实并不能得到持续有效验证。而这也是《郊祀志》接续《封禅书》所要表达的重要内容。

2. 王莽与鬼神巫术

　　王莽深信鬼神之事是时人共识,《汉书·王莽传》载吴章语曰"莽不可谏,而好鬼神,可为变怪以惊惧之",于是"(王)宇即使宽夜持血洒莽第"。⑤ 由前后文意可知,吴章和王宇是利用王莽好鬼神的

---

① 徐复观:《两汉思想史》第三册,第 467 页。
② 普鸣还认为,谷永其实也反对刘向的观点,认为:"接受刘向的观点会给那些像方士一样宣称自己有能力找到神圣地域(sacred sites)并与神沟通的人过大的权力。"(美)普鸣:《成神:早期中国的宇宙论、祭祀与自我神化》,张常煊、李健芸译,第425 页。
③ 钱志熙:《唐前生命观和文学生命主题(增订本)》,上海:复旦大学出版社,2023年,第 368 页。
④ 孙家洲:《两汉政治文化窥要》,济南:泰山出版社,2001 年,第 71 页。
⑤《汉书》卷九九上《王莽传上》,第 4065 页。

心理,打算借助鬼神之事恐吓他,以达到他们的政治目的。王宇他们使用的"血"具有污染的功用,是通过污染达到"厌胜"的目的,属于厌胜巫术。考察相关史料可以发现,厌胜鬼神的现象在新莽统治时期屡屡出现,高层政治生活中频频出现巫鬼厌胜之术,这也是新莽时期政治文化的重要特点。

《日书》类文献的发现让今人对汉代鬼神观念有了更为细节的了解。汉代人厌胜鬼神存在防范与进攻两种基本态度,防范的方式是隔绝和躲避,进攻的基本方式则主要是驱赶、污染和压制等等。① 而汉代人心目中的鬼神基本上可以分为两类,一类是各种各样的"外鬼"以及"恶鬼",例如睡虎地秦墓竹简《日书》"诘篇"的"刺鬼""丘鬼""诱鬼""哀鬼"等等。② 对付这样的鬼神,以压制、驱赶、污染等进攻手段居多,睡虎地秦简《日书》"诘篇"中提到对付各种鬼神的办法,刘乐贤与王子今对这一问题都曾做过探讨,可参看。③ 另一类是祖先神,以及亲人亡故之后成为的鬼神。这些鬼神虽然与生人关系密切,但同样会骚扰生人的生活,例如会给人带来各类疾病等等,睡虎地秦简《日书》"病篇"有"父母为祟""王父为祟""王母为祟",是说死去的父母会给生人带来疾病。汉代人对待这类和自己关系密切的鬼神,更多地采取隔绝和躲避等防范方式。

王莽曾经以残忍的方式对待政敌丁氏和傅氏,《汉书·定陶丁姬传》记载王莽辅政以后奏请掘平丁氏和傅氏冢:

---

① 英国学者玛丽·道格拉斯《洁净与危险》一书提出的有关"污秽及危险"等理论,对于探讨汉代的污染厌胜,具有十分重要的参考价值。(英)玛丽·道格拉斯:《洁净与危险》,黄剑波、柳博赟、卢忱译,北京:民族出版社,2008年。
② 睡虎地秦墓竹简整理小组编:《睡虎地秦墓竹简》,第212—216页。
③ 参刘乐贤《睡虎地秦简日书研究》"诘咎篇",台北:文津出版社,1994年;王子今《睡虎地秦简〈日书〉甲种疏证》,武汉:湖北教育出版社,2003年。

　　既开傅太后棺,臭闻数里。公卿在位皆阿莽指,入钱帛,遣子弟及诸生四夷,凡十余万人,操持作具,助将作掘平共王母、丁姬故冢,二旬间皆平。莽又周棘其处以为世戒云。①

　　关于"周棘其处"的含义,颜师古注认为是"以棘周绕也",至于其用意大概并非如王莽宣示的"以为世戒",而主要是厌胜鬼神。棘的避鬼功用早已为人所熟知,王莽畏惧傅氏和丁氏鬼神侵扰,所以以棘厌胜。而这件事有十余万人参与,可见是新朝政治生活的大事,当时王莽获得广泛的支持,这是显证之一。

　　王莽夺取汉家政权,对于来自汉代皇帝神灵的报复十分在意。例如前文提到《汉书·王莽传》载地皇元年四月:"杜陵便殿乘舆虎文衣废臧在室匣中者出,自树立外堂上,良久乃委地。吏卒见者以闻,莽恶之,下书曰:宝黄厮赤,其令郎从官皆衣绛。"所谓"宝黄厮赤"可以理解为一种厌胜行为,颜师古注引服虔曰:"以黄为宝,自用其行气也。厮赤,厮役贱者皆衣赤,贱汉行也。"②顾颉刚认为王莽这是为了表示贵新而贱汉,是"易服色"的一个变例。③ 另外王莽对于汉高祖神灵十分畏惧,地皇二年闰月王莽"感汉高庙神灵,遣虎贲武士入高庙,拔剑四面提击,斧坏户牖,桃汤赭鞭鞭洒屋壁,令轻车校尉居其中,又令中军北垒居高寝"。④ 颜师古注"感汉高庙神灵"为"梦见谴责",是说王莽做了噩梦被吓到了,因而破坏并且厌胜高庙,与前文"(王)宇即使宽夜持血洒莽第"使用了相同性质的巫术。⑤

---

① 《汉书》卷九七下《外戚传下》,第 4004 页。
② 《汉书》卷九九下《王莽传下》,第 4161 页。
③ 顾颉刚:《五德终始说下的政治和历史》,《清华学报》第 6 卷第 1 期,1930 年。
④ 《汉书》卷九九下《王莽传下》,第 4169 页。
⑤ 相关的研究参虞万里《桃符风俗源流考》,《中国民间文化——民间文化研究》第 17 集,上海:学林出版社,1995 年;另参杨雅丽《"桃茆"考辨》,《辞书研究》2002 年第 3 辑。

"桃汤赭鞭"都是厌胜之物,颜师古注说:"桃汤洒之,赭鞭鞭之也。赭,赤也。"而"桃汤赭鞭"信仰传承源远流长,《搜神记》载"神农以赭鞭鞭百草",①《焦氏易林》说"桃弓苇戟,除残去恶,敌人执服",②尚秉和认为"鬼畏桃木,故鲁人先以桃茢祛亡鬼",所以煮桃木汤可以祛鬼,而这种习俗从周代到现在一直延续下来。③ 贾艳红也注意到后世在此基础上发展出饮桃汤的习俗。④ 而且轻车校尉和中军北垒驻扎在高庙和高寝之中,是以军队压制高祖的神灵,有论者以为,王莽此举是要破坏高庙神性,扫荡刘氏的神灵保障。⑤

　　隔绝与疏远无疑是厌胜鬼神和平与有效的方式,所谓"敬鬼神而远之"的观念是对这一方式的概括。隔绝有两种情况,一种是隔绝生人与鬼神的往来,另一种是隔绝鬼神之间的往来。隔绝生人与鬼神的往来比较常见,《论衡》说"生死异路,人鬼殊处",⑥汉代镇墓文中也说"生属长安,死属太山,死生异处,不得相防""生人得九,死人得五,生死异路,相去万里",⑦正是隔绝思想的反映,而即便是秦始皇也相信"恶鬼辟,真人至"。⑧ 所谓隔绝鬼神之间的往来,基本思想是避免死者为恶鬼滋扰。王子今曾讨论秦汉时期的屈肢葬问

---

① 注释者以为赭鞭是神农氏用来检验百草性味的赤色鞭子,见马银琴译注《搜神记》,北京:中华书局,2012 年,第 1 页。另外有学者认为神农是南方火神,所以与赭鞭产生关联,参刘勤《农皇药神》,北京:生活·读书·新知三联书店,2020 年,第 82 页。

② 刘黎明:《焦氏易林校注》,成都:巴蜀书社,2011 年,第 639—640 页。

③ 尚秉和:《历代社会风俗事物考》,长沙:岳麓书社,1991 年,第 276 页。

④ 贾艳红:《汉代民间信仰与地方政治研究》,济南:山东大学出版社,2011 年,第 212 页。

⑤ 田兆元:《神话与中国社会》,第 239 页。

⑥ 王充著,黄晖撰:《论衡校释(附刘盼遂集解)》,第 887 页。

⑦ 参禚振西《陕西户县的两座汉墓》,《考古与文物》1980 年创刊号;王育成《东汉道符释例》,《考古学报》1991 年第 1 期。

⑧《史记》卷六《秦始皇本纪》第 257 页。

题,联系睡虎地秦简《日书》"诘篇"内容,认为这种葬式是为了防止鬼物侵扰,①可见这同样是一种隔绝鬼神之间往来的方式。

在《汉书·王莽传》的记载中王莽曾两次使用隔绝的手段,都是隔绝鬼神之间的沟通。第一次是处置刘崇谋反事,"莽又封南阳吏民有功者百余人,污池刘崇室宅。后谋反者,皆污池云",这样的处置方式来源于张竦的建议,他说:"臣闻古者畔逆之国,既以诛讨,则猪其宫室以为污池,纳垢浊焉,名曰凶虚,虽生菜茹,而人不食。四墙其社,覆上栈下,示不得通。"②法律史的研究者以为,"污潴"措施没有规定于律令之中,但以后犯谋反罪之人均受到类似的处罚。③ 第二次是王政君死后,王莽隔绝汉元帝与王皇后陵墓,"五年二月,文母皇太后崩,葬渭陵,与元帝合而沟绝之",颜师古注引如淳曰"葬于司马门内,作沟绝之"。④ 杨树达认为这种情况属于嫌其不便,同坟异藏。⑤ 礼制研究者认为王政君是汉元帝妃子,按照当时制度理应合葬,但王政君又是"新室文母",已经脱离了汉室,所以要"沟绝之"。⑥ 也有论者认为这种壕沟可以理解为墓地的界标。⑦

通过以上的讨论可以发现,王莽对恶鬼侵扰的恐惧比秦皇汉武

① 王子今:《秦人屈肢葬仿象"窀卧"说》,《考古》1987 年第 12 期。
②《汉书》卷九九上《王莽传上》,第 4084 页。
③ 朱腾、王沛、(日)水间大辅:《国家形态·思想·制度:先秦秦汉法律史的若干问题研究》,厦门:厦门大学出版社,2014 年,第 192 页。
④《汉书》卷九九中《王莽传中》,第 4132 页。
⑤ 杨树达:《汉代婚丧礼俗考》,第 161 页。杨树达《汉书窥管》指出:《左传》定公元年记季孙将沟公氏,以恶昭公故,欲沟绝其兆域,不使与先君同也,以荣驾鹅之谏而止。今莽沟绝元后于元帝,师季孙之意也。"见杨树达《汉书窥管》,第 634 页。
⑥ 陈戍国:《中国礼制史·秦汉卷》,长沙:湖南教育出版社,2002 年,第 298 页。
⑦ 陈伟:《凤翔、临潼秦陵壕沟作用试探》,氏著:《燕说集》,北京:商务印书馆,2011 年,第 27 页。

更为丰富和具体,他对鬼神的认识更加现实和直接,处理鬼神相关的问题也更加细节和务实,与后世偏向世俗化的鬼神观如出一辙。而王莽的种种克制和厌胜鬼神的巫术堂而皇之地出现于国家政治和礼制活动之中,当时甚至一度有十余万人配合王莽厌胜鬼神的荒唐举动,整体社会的巫鬼氛围也可见一斑。而班固的书写可以理解为"丑词",即刻意表现新莽政治的荒谬,这一点在王莽升仙的书写中也有直接的表现。

3. 王莽与升仙

《汉书·王莽传》也着重书写王莽求仙的过程。王莽升仙与黄帝信仰有密切的关系,王莽认黄帝为始祖,在新朝的祭祀体系中确立黄帝的地位。在此过程之中,黄帝为天下始祖的地位也逐渐得到加强,而黄帝后来成为华夏人文始祖,王莽其实是做了突出贡献的。

根据《汉书·王莽传》记载,王莽认为黄帝是自己的始祖,所谓:"予以不德,托于皇初祖考黄帝之后,皇始祖考虞帝之苗裔,而太皇太后之末属。"①《新莽嘉量》铭文也说:"黄帝初祖,德帀于虞,虞帝始祖,德帀于新。"②另外王莽有《自本》,其中提道:"黄帝姓姚氏,八世生虞舜。舜起妫汭,以妫为姓。至周武王封舜后妫满于陈,是为胡公,十三世生完。完字敬仲,奔齐,齐桓公以为卿,姓田氏。十一世,田和有齐国,(三)〔二〕世称王,至王建为秦所灭。项羽起,封建孙安为济北王。至汉兴,安失国,齐人谓之'王家',因以为氏。"③顾

①《汉书》卷九九上《王莽传上》,第4095页。陈槃认为王莽以土德自居,自认为当上继黄帝,见《秦汉间之所谓"符应"论略》,《中央研究院历史语言研究所集刊》第16本,1947年。
② 王国维:《新莽嘉量跋》,《观堂集林(外二种)》。另参马衡《新嘉量考释》,清华大学国学研究院主编,方遥选编:《马衡文存》,南京:江苏人民出版社,2020年。
③《汉书》卷九八《元后传》,第4013页。

颉刚注意到黄帝世系的传说以及舜帝出自黄帝之后的说法在战国时代就已经出现了，并非出自王莽臆造，王莽的《自本》是后出，不能随意相信。①

始建国初年王莽就在新朝的祭祀体系中确定了黄帝的地位，《汉书·王莽传》载："予伏念皇初祖考黄帝，皇始祖考虞帝，以宗祀于明堂，宜序于祖宗之亲庙。其立祖庙五，亲庙四，后夫人皆配食。郊祀黄帝以配天，黄后以配地。以新都侯东弟为大祺，岁时以祀。"颜师古注云"黄后"是黄帝之妃。② 后来王莽设置九庙，其中第一个就是"黄帝太初祖庙"，《汉书·王莽传》载："九庙：一曰黄帝太初祖庙，二曰帝虞始祖昭庙，三曰陈胡王统祖穆庙，四曰齐敬王世祖昭庙，五曰济北愍王王祖穆庙，凡五庙不堕云；六曰济南伯王尊祢昭庙，七曰元城孺王尊祢穆庙，八曰阳平顷王戚祢昭庙，九曰新都显王戚祢穆庙。"③黄帝太初祖庙地位尊崇，考古工作者指出汉长安城南郊礼制建筑遗址第十二号建筑在南，居中，大于其余宗庙一倍，应该就是黄帝太初祖庙。④

后来王莽也曾经命人修复黄帝的陵墓，《汉书·王莽传》载："遣骑都尉嚣等分治黄帝园位于上都桥畤，虞帝于零陵九疑，胡王于淮阳陈，敬王于齐临淄，愍王于城阳莒，伯王于济南东平陵，孺王于魏郡元城，使者四时致祠。其庙当作者，以天下初定，且袷祭于明堂太庙。"⑤

---

① 顾颉刚：《古史辨自序》，第 604 页。
②《汉书》卷九九中《王莽传中》，第 4106 页。
③《汉书》卷九九下《王莽传下》，第 4162 页。
④ 中国社会科学院考古研究所编：《西汉礼制建筑遗址》，北京：文物出版社，2003 年，第 222 页。另参杨鸿勋《宫殿考古通论》，北京：紫禁城出版社，2001 年，第 284 页；曲英杰《史记都城考》，北京：商务印书馆，2007 年，第 161 页；黄展岳《关于王莽九庙的问题》，《考古》1989 年第 3 期；王恩田《王莽"九庙"再议》，氏著：《先秦制度考论》，北京：商务印书馆，2021 年。
⑤《汉书》卷九九中《王莽传中》，第 4107—4108 页。

王莽的种种行为,其实也是刻意在天下人心中强化自己与黄帝之间的联系。

王莽认为新朝天命的获得直接来自黄帝,据《汉书·王莽传》:

> 梓潼人哀章学问长安,素无行,好为大言。见莽居摄,即作铜匮,为两检,署其一曰"天帝行玺金匮图",其一署曰"赤帝行玺某传予黄帝金策书"。某者,高皇帝名也。书言王莽为真天子,皇太后如天命。图书皆书莽大臣八人,又取令名王兴、王盛,章因自窜姓名,凡为十一人,皆署官爵,为辅佐。①

顾颉刚注意到,根据哀章制作铜匮"赤帝行玺某传予黄帝金策书"的说法,禅让之事必须由汉高祖承天命而为之。② 同时也应当注意到,王莽所谓"天命"来源于"黄帝",黄帝通过刘邦将天下传给王莽,可见黄帝具有将天命从汉家政权转移到王莽的合法性。于是王莽对黄帝特别推崇,黄帝做的事情他也刻意模仿,例如王莽制作威斗以后说:

> 予之皇初祖考黄帝定天下,将兵为上将军,建华盖,立斗献,内设大将,外置大司马五人,大将军二十五人,偏将军百二十五人,裨将军千二百五十人,校尉万二千五百人,司马三万七千五百人,候十一万二千五百人,当百二十二万五千人,士吏四十五万人,士千三百五十万人,应协于《易》"弧矢之利,以威天下"。予受符命之文,稽前人,将条备焉。③

后来王莽"置前后左右中大司马之位,赐诸州牧号为大将军,郡

①《汉书》卷九九上《王莽传上》,4095 页。
② 顾颉刚:《五德终始说下的政治和历史》,《清华学报》第 6 卷第 1 期,1930 年。
③《汉书》卷九九下《王莽传下》,第 4158 页。

卒正、连帅、大尹为偏将军,属令长裨将军,县宰为校尉"。也就是说新莽国家官僚制度的设计也尝试模仿黄帝传说。

后来王莽升仙也刻意模仿黄帝,根据《汉书·王莽传》记载:

> 六年春,莽见盗贼多,乃令太史推三万六千岁历纪,六岁一改元,布天下。下书曰:"《紫阁图》曰:'太一、黄帝皆仙上天,张乐昆仑虔山之上。后世圣主得瑞者,当张乐秦终南山之上。'予之不敏,奉行未明,乃今谕矣。复以宁始将军为更始将军,以顺符命。《易》不云乎:'日新之谓盛德,生生之谓易。'予其馑哉!"欲以诳耀百姓,销解盗贼。众皆笑之。[1]

"紫阁图"是王莽时代流行的一种谶纬图书,[2]不久之后王莽又一次在诏书中引用了《紫阁图》中的记载:"伏念《紫阁图》文,太一、黄帝皆得瑞以仙,后世褒主当登终南山。所谓新迁王者,乃太一新迁之后也。"[3]其中所谓"紫阁"应当就是传说中太一、黄帝在天上的宫阙,《紫阁图》以"紫阁"命名,显示其中的主要内容就是关于太一和黄帝的。顾颉刚认为这里黄帝升仙与公孙卿所述黄帝故事相近,其中所谓的"太一"也是上古的帝王。[4]

需要注意的是,《紫阁图》中有"张乐秦终南山之上"的说法,考察谶纬文献的相关记载,可以发现这种说法具有特殊的含义。在先秦时期文献的记载中,和"黄帝"有关的主要地区是昆仑山,

[1]《汉书》卷九九下《王莽传下》,第4154页。
[2] 有学者认为,《紫阁图》在刘歆的时代已经流行了,王莽两次引用,足见其在当时社会上的影响,见姜守诚《〈太平经〉成书的中间环节——"洞极之经"年代考论》,谢路军主编:《太平道研究论丛(二)·平乡论道》。
[3]《汉书》卷九九下《王莽传下》,第4160页。
[4] 顾颉刚:《古史辨自序》,第205页。另外杨宽也指出如果证以《淮南子》以昆仑之上为太帝之居,《封禅书》以泰帝位于黄帝上,则泰帝即是太一,见杨宽《中国上古史导论》,第97页。相关的研究另参田天《秦汉国家祭祀史稿》,第134页。

也就是所谓的"太一、黄帝皆仙上天,张乐昆仑虔山之上"。① 然而昆仑山毕竟是太过遥远的所在,所以从汉武帝时代开始,黄帝故事的发生地就逐渐接近当时的政治文化中心即长安附近。例如《史记·封禅书》记载公孙卿讲述的黄帝故事中,黄帝铸九鼎的地区在湖县,这就已经离汉朝皇帝们生活的长安城很近了。而到了谶纬文献之中,长安城附近的终南山和华山也成为神仙生活的所在,而且长安附近的华山逐渐具有神异特征,例如《诗·含神雾》说:"太华之山,上有明星玉女,主持玉浆,得上服之而成仙。道险僻不通。"②这"太华之山"显然也和长安附近的华山有渊源,《太平寰宇记·关西道》云:"华山上有明星玉女手持玉浆,得服之,则仙矣。"③

王莽模仿黄帝升仙,对各种与黄帝有关的说法几乎是来者不拒,例如《汉书·王莽传》提道:"郎阳成修献符命,言继立民母,又曰:'黄帝以百二十女致神仙。'"④这种说法应当是阳成修的杜撰,但王莽对这种说法也较为信赖,班固说不久之后王莽再婚,并且"考验方术",就是为了模仿"黄帝以百二十女致神仙"。

另外,王莽也对自己模仿黄帝升仙进行刻意的宣传,据说他曾经制作了一辆九重华盖的车辆,在出行的时候展示这辆车并让人围观,以起到宣传的效果,《汉书·王莽传》记载:

> 或言黄帝时建华盖以登仙,莽乃造华盖九重,高八丈一尺,金瑵羽葆,载以秘机四轮车,驾六马,力士三百人黄衣帻,车上

① 沈海波:《〈山海经〉考》,上海:文汇出版社,2004 年,第 211 页。
② 赵在翰辑,钟肇鹏、萧文郁点校:《七纬(附论语谶)》,第 257 页。
③ 乐史撰,王文楚等点校:《太平寰宇记》,北京:中华书局,2007 年,第 619 页。
④《汉书》卷九九下《王莽传下》,第 4168 页。

> 人击鼓,挽者皆呼"登仙"。莽出,令在前。百官窃言"此似輀车,非仙物也"。[1]

文献记载说黄帝"将兵为上将军,建华盖",是知"华盖"是当时人们对黄帝认知的重要符号,[2]研究汉画像石的学者也注意到画像石中有与王莽建华盖升仙相似的场景。[3] 而从班固的记载来看,王莽的华盖车造型十分奇特,出行的时候以这样奇形怪状的车辆在前,是为了让民众以为皇帝已经升仙了,或者将要升仙。班固记载了当时围观的百官的言论,说这是"輀车,非仙物也",颜师古注释说"輀车"也就是丧车,可见当时人们对于王莽模仿黄帝升仙的举动不以为意,王莽的宣传并没有起到什么直接的效果。

前文提到秦始皇时代曾有"仙真人诗"的弦歌表演活动,秦始皇出行的时候有非常庞大的仪仗队,他们且歌且舞,所到之处表演"仙真人诗"。这样做的目的主要是为了向世人宣告皇帝已经升仙,或者即将升仙,期待能够起到安抚人心的效果。然王莽升仙行为其实并没有太多实际上的意义,他自己是否升仙与新朝的政治局势发展并没有直接的关联。当初人们热情支持王莽,主要是期待他能够进行改制,解决日益突出的各类矛盾;王莽不仅远远没有完成这个任务,反而给社会秩序带来巨大混乱,给民众生活带来更大的不便和痛苦,王莽是否成仙和这个现实之间并没有直接联系。况且正如谷

---

[1]《汉书》卷九九下《王莽传下》,第 4170 页。

[2] 有论者以为这种华盖以实用器具的车盖作为蓝本并加以美化,见张同标《中国早期华盖图像的初步梳理》,氏著:《中印佛教造像探源》,南京:东南大学出版社,2011年,第 199 页。马王堆汉墓帛画中有华盖的形象,相关的研究参陈建明主编《马王堆汉墓研究》,长沙:岳麓书社,2013 年,第 539 页。另参(日)曾布川宽《向往昆仑山的升仙——古代中国人描绘的死后世界》,《简帛研究译丛》第 2 辑,长沙:湖南人民出版社,1998 年。

[3] 宋艳萍:《汉代画像与汉代社会》,福州:福建人民出版社,2016 年,第 197 页。

永所言,从周代的苌弘到秦皇汉武时代,几乎所有方术士的努力都证明求仙并没有任何效验,这也是西汉中后期以来儒家化的士大夫阶层的共识。他们强烈地反对宣帝、成帝的求仙行为,自然也不会支持王莽求仙。所以王莽升仙的表演毫无意义可言,而班固《汉书·王莽传》中的记载可以理解为"丑词",是对新莽政治的否定。

四、小结

接续前文关于《史记》灵验书写的讨论,本节主要讨论《汉书》符命和灾异的验证以及班固对鬼神巫术和方术的态度。灾异与谶纬的应验方式有相似之处,都是事先进行预测,然后根据形势的发展就预测进行解读;和巫术方术不同的是,灾异的预测并不能给预测者直接带来现实利益,反而会因言论干涉政治运行带来一定的祸患,班固提到董仲舒以及眭孟等人都因依托灾异进行预言遭遇不幸。而班固也认识到,灾异类预言能够应验的基本原因是"所言既多,时有所中",其实并不认可灾异与现实政治事件之间存在必然的联系,对以阴阳灾异比附政事的方式并不完全赞同,所以班固劝诫学者对于言灾异谶纬要慎之又慎。班固认可的是依据灾异现象对于君王进行劝谏,维护皇权与知识阶层基于对灾异解释形成的默契。而王莽随意解释灾异,造成了灾异解释体系的混乱,灾异与政治运行之间的联系荡然无存,灾异论实际上也就无法被验证。

班固同样没有为巫者列传,与司马迁一样对鬼神巫术的基本态度是存而不论,并且接续《史记·封禅书》对方术士的书写,同时记载谷永等人的言论,揭露方术士的欺骗性特征,以事实论证秦汉以来的求仙活动根本没有效验。而且班固在《汉书》中以浓重的笔墨书写王莽的"时日小数"以及求仙等事。王莽改制给社会秩序带来巨大混乱,给民众生活带来极大的不便和痛苦,到了王莽统治后期在实际的努力皆告失败的情况下，王莽只有求助于升仙以及神秘力量的帮助。然而班固的书写直接揭露王莽的"时日小数"根本没有效验，王莽能够升仙与否对政治形势的发展并没有直接的影响。

第三节 《三国志·方技传》与 《后汉书·方术列传》 的验证问题

《三国志》中有《方技传》，《后汉书》作《方术列传》，这两传都是以方术士的活动为中心展开书写。而在这两传中，医术都是重要内容，但陈寿和范晔对医疗技术的认识与司马迁有着明显的不同，《三国志》和《后汉书》记载的医术都过于神异了，陈寿和范晔对于医术的态度值得进一步思考。另外，《方技传》和《方术列传》中也记载了包括相术、劾鬼术以及千里取物术等在内的各类方术，其中收录的故事许多来自民间传说而未经认真筛选辨析，存在许多过于神异的内容。陈寿和范晔的书写给读者以方术可以真实验证的印象，对于后世读者认识方术的真相造成了不小的干扰。

一、医术的验证问题

《三国志·魏书·方技传》是第一部正史"方技传"，[①]然其中只记述了少数几个人的事迹，分别是华佗、杜夔、朱建平、周宣和管辂，

---

① 赵翼《陔馀丛考》评论范晔《后汉书》时说："又增《文苑》《方术》《列女》《宦者》诸传，皆前史所未及，而实史家所不可少者也。"赵翼撰，栾保群点校，《陔馀丛考》，北京：中华书局，2019年，第142页。

另外还有华佗的两个弟子吴普和樊阿。其中华佗的部分占了主要内容,一方面是因为华佗确实医术高明,另一方面延续《史记》对医者形象的描述应当是陈寿《方技传》的基本学术追求。正如《方技传》"评曰"所云:"华佗之医诊,杜夔之声乐,朱建平之相术,周宣之相梦,管辂之术筮,诚皆玄妙之殊巧,非常之绝技矣。昔史迁著扁鹊、仓公、日者之传,所以广异闻而表奇事也。故存录云尔。"①虽然说是"广异闻而表奇事",但陈寿不强调张鲁、于吉等人以符水治病,而称赞华佗医术之高明,其倾向是非常明显的。带有神秘主义特征的巫者之术等内容不能够被过分宣扬,这一点陈寿和司马迁以及班固在思想上大体是一致的。然而陈寿却刻意表现华佗"神医"的形象,记载有较多过于"灵验"的医疗技术,这与司马迁如实记载仓公医疗技术也有明显不同,显示陈寿对医术的认知与司马迁也存在较大差异。

1. 华佗医术与巫术

《三国志·魏书·方技传》虽然以"方技"为名,但医者华佗及其弟子占了主要篇幅。其核心内容是表现医者治疗疾病能够"有验",但其中的记载有些过于神异了。《方技传》开篇有一段描述,主要介绍华佗"精方药":

> 其疗疾,合汤不过数种,心解分剂,不复称量,煮熟便饮,语其节度,舍去辄愈。若当灸,不过一两处,每处不过七八壮,病亦应除。若当针,亦不过一两处,下针言"当引某许,若至,语人"。病者言"已到",应便拔针,病亦行差。若病结积在内,针药所不能及,当须刳割者,便饮其麻沸散,须臾便如醉死无所知,因破取。病若在肠中,便断肠湔洗,缝腹膏摩,四五日差,不

①《三国志》卷二九《魏书·方技传》,第830页。

痛,人亦不自寤,一月之间,即平复矣。①

其中提到华佗使用药物、针灸以及"刳割"和"断肠湔洗"等治疗手段,尤其是"麻沸散"的使用,显示华佗的医术达到较高的水平。陈直分析认为:"华佗在公元二世纪时,已能作剖腹手术,与张机的医学不同。亦为内、外科分工的开始。"②也有学者注意到,华佗医术中比较重要的是治疗寄生虫类的疾病,华佗的"佗"字不是他的本名,而是绰号和美称,理由就是他善于治疗寄生虫类的疾病,而这可能正是华佗知名当时的主要原因。③《方技传》中提到华佗利用"蒜齑大酢"作为药物治疗寄生虫病,这是在长期医疗实践中积累出来的经验。④《方技传》还提到当时人们食用"生鱼脍",这应当是当时人们容易罹患寄生虫病的主要原因。

然而在陈寿的书写中,华佗医术中的巫术色彩依然较为浓厚,所谓"断肠湔洗"在当时技术条件下其实很难实现。⑤ 除了华佗之外,早期历史上并没有人曾经做过这样的手术,到了唐代孙思邈时,他认为这种手术已经失传了,《千金翼方序》云:"越人彻视于府藏,秦和洞达于膏肓,仲景候色而验眉,元化刳肠而湔胃,斯皆方轨叠迹,思韫入神之妙,极变探幽,精超绝代之巧。晋宋方技,既其无继,齐梁医术,曾何足云。"⑥孙思邈对于华佗"刳肠湔胃"的技术给予了

①《三国志》卷二九《魏书·方技传》,第 799 页。
②陈直:《玺印、木简中发现的古代医学史料》,《科学史集刊》1958 年第 1 期,后收入《陈直著作选》,西安:西北大学出版社,2021 年。
③相关的研究参马伯英《中国医学文化史》,第 288 页。
④有研究者认为"蒜齑大酢"就是醋泡蒜泥,参于铁成《中医药文化选粹》,北京:中国中医药出版社,2009 年,第 216 页。
⑤有研究者引用《路史》中"(黄帝)命巫彭桐君处方,蛊饵湔瀚刺治",认为"瀚刺"与《方技传》中的"湔洗"类似,都是医学上的一种治疗方法。参陈乐平《出入"命门":中国医学文化学导论》,上海:三联书店,1991 年,第 73 页。
⑥孙思邈:《千金翼方序》,董诰等编:《全唐文》,北京:中华书局,1983 年,第 1617 页。

极高的评价,他认为这样的手术在魏晋时代就已经失传了,意思也是说在他的时代并没有人能够做这样的手术。宋代医者庞安时则说得更为直接,《宋史·庞安时传》载:"有问以华佗之事者,曰:'术若是,非人所能为也。其史之妄乎!'"①庞安时是当时名医,可见他并不相信华佗能做"刳肠湔胃"之类的外科手术。宋代学者叶梦得说:"华佗固神医也,然范晔、陈寿记其治疾,皆言若发结于内,针药所不能及者,乃先令以酒服麻沸散。既醉无所觉,因刳割破腹背,抽割积聚。若在肠胃,则断裂湔洗,除去疾秽。既而缝合,傅以神膏。四五日创愈,一月之间皆平复。此决无之理。"②明代学者宋濂说:"佗之熊经、鸱顾固亦导引家之一术,至于刳腹背、湔肠胃而去疾,则涉于神怪矣。"③宋濂认为古籍记载中华佗的外科手术"涉于神怪"的说法是应当引起注意的。④

陈寅恪也指出,华佗神奇医术的传说可能受到佛经所载西域神

①《宋史》卷四六二《庞安时传》,第 13520 页。
② 但叶梦得认为华佗的外科手术会破坏人体内的"气",这显然又是另外一种谬误的认知了。叶梦得:《玉涧杂书》,郑州:大象出版社,2019 年,第 288 页。
③ 宋濂著,张文德点校:《潜溪前集》,《宋濂全集》第一册,杭州:浙江古籍出版社,2014 年,第 172 页。
④ 陈寅恪怀疑在当时的医疗条件下恐怕很难完成这个手术,所谓"夫华佗之为历史上真实人物,自不容不信。然断肠破腹,数日即差,揆以学术进化之史迹,当时恐难臻此。其有神话色彩,似无可疑"。陈寅恪:《〈三国志〉曹冲、华佗传与佛教故事》,氏著:《寒柳堂集》,南京:译林出版社,2020 年。王仲荦认为:"我们知道要施行这种外科手术,第一要懂得人体解剖,第二要有可靠的麻醉剂,第三要消毒工作做得好,华佗在这三方面可能都做到了,才会取得良好的效果。"王仲荦提出的这三点质疑,华佗是否都做到了,其实是应当存疑的。参王仲荦《魏晋南北朝史》,上海:上海人民出版社,1980 年,第 1048 页。葛志毅征引《史记》中俞跗到《汉书》王莽时期再到《三国志》华佗史料,认为"外科手术疗法应有一定的渊源发展线索",但这条线索其实并不可靠,参氏著《中国古代医药及导引养生诸术考论》,氏著:《谭史斋论稿六编》。也有学者认为华佗的外科手术是中国医学史上的一个"亮点",此后华佗的绝技逐渐被"排斥""怀疑"和遗忘,参胡兵《先秦至隋唐时期中医名家的医德思想》,北京:知识产权出版社,2014 年,第 46—47 页。

医奇术的影响,①此说甚确。魏晋时期人们对于"洗肠"的认识确实受到外来文化影响,《晋书》中有佛图澄"以水洗肠"故事,《晋书·艺术列传》载:

> 佛图澄,天竺人也。本姓帛氏。少学道,妙通玄术。永嘉四年,来适洛阳,自云百有余岁,常服气自养,能积日不食。善诵神咒,能役使鬼神。腹旁有一孔,常以絮塞之,每夜读书,则拔絮,孔中出光,照于一室。又尝斋时,平旦至流水侧,从腹旁孔中引出五藏六府洗之,讫,还内腹中。又能听铃音以言吉凶,莫不悬验。②

佛图澄能够"服气自养""役使鬼神",与前文提到的方术士类似,但这显然是中原地区人们以自身的知识体系认识西域僧人的"法术"。但"腹旁孔中引出五藏六府洗之"的方术则是中原传统方术体系中并不存在的。人们认为谷物以及肥腻的食物会在体内产生渣滓或者污浊的气息,对身体造成损害,是众多疾病的来源。例如《抱朴子·杂应》说"欲得长生,肠中当清;欲得不死,肠中无滓",③所以信赖"以水洗肠"的方术,期待能够得到健康。

在陈寿和范晔的书写中,华佗还具有预知寿命的能力,这其实已经可以说是巫术了,《三国志·方技传》载:

> 军吏梅平得病,除名还家,家居广陵,未至二百里,止亲人舍。有顷,佗偶至主人许,主人令佗视平,佗谓平曰:"君早见我,可不至此。今疾已结,促去可得与家相见,五日卒。"应时归,如佗所刻。④

---

① 陈寅恪:《〈三国志〉曹冲、华佗传与佛教故事》,氏著:《寒柳堂集》。
②《晋书》卷九五《艺术列传》,第 2485 页。
③ 葛洪著,王明校释:《抱朴子内篇校释》,第 423 页。
④《三国志》卷二九《魏书·方技传》,第 800 页。

陈寿记载这则故事没有提到"军吏梅平"具体得的是什么病，也没有提到华佗如何医治，只是说华佗能够预见军吏死亡的时间，而且后来准确验证。这个故事并不能说明华佗的医术高明，而更像是在进行巫术或者方术的书写。类似的例子还有：

> 又有一士大夫不快，佗云："君病深，当破腹取。然君寿亦不过十年，病不能杀君，忍病十岁，寿俱当尽，不足故自刳裂。"士大夫不耐痛痒，必欲除之。佗遂下手，所患寻差，十年竟死。①

华佗建议"破腹取"，但陈寿以及范晔都没有说明病情，也没有说明华佗手术的具体过程。而且更为神奇的是华佗预测了病人的寿命，所谓"君寿亦不过十年"的预测居然后来也能够应验，这位病人在十年之后真的就去世了，陈寅恪已经怀疑这则故事有神话色彩。② 王瑶也认为这里的记载可以说明华佗可能是精练医术的方士。③ 郑瑞侠以为："这充分说明陈寿在塑造人物形象时，着意渲染的是华佗预测生死准确无疑的能力，重点突出的是华佗所掌握的驾驭生命的神秘信息。"④从后文管辂的例子可以看到，预测寿命在汉末时代是颇为流行的方术，大概是因为当时世事多艰且瘟疫流行，人们对自己的寿命有较多的关注。但是这种神奇的预测术基本没有科学依据，也与医疗技术基本没有关系，陈寿之所以这么书写，本质上是因为对于巫术与医术的分野没有十分清晰的认知。所以有论者认为，华佗的医术中确实有较多的巫术成分，这是因为华佗毕

① 《三国志》卷二九《魏书·方技传》，第 800 页。
② 陈寅恪：《〈三国志〉曹冲、华佗传与佛教故事》，氏著：《寒柳堂集》。相关的研究参刘克敌《陈寅恪和他的世界》，石家庄：河北教育出版社，2021 年。
③ 王瑶：《小说与方术》，氏著：《王瑶文集》第一卷，太原：北岳文艺出版社，1995 年。
④ 郑瑞侠：《中国早期社会边缘角色——一个文学的透视点》，北京：中华工商联合出版社，2004 年，第 75 页。

竟生活在巫风较盛的汉代,只是华佗"在操作方法上已经走上了经验主义的理性轨道,这对于其后临床医学的顺利发展来说,意义是极为重要的"。[①] 诚然,作为医生能够根据病情判断病人的健康程度以及是否有性命之忧,但医者并不能够真的预知病人的寿命,陈寿和范晔的书写过于神异了。

可以作为对比的是,司马迁《史记·扁鹊仓公列传》中保存有仓公医术的记载,汉文帝下诏,询问仓公:"方伎所长,及所能治病者?有其书无有?皆安受学?受学几何岁?尝有所验,何县里人也?何病?医药已,其病之状皆何如?具悉而对。"[②]司马迁其实是借助汉文帝诏书中的疑问和仓公的应对,详细介绍仓公学习医疗技术的经历,以及主要治愈了哪些人的哪些疾病,是如何治愈的等等。仓公在给汉文帝的报告中详细回答了诏书中提出的问题,介绍了自己的师承以及治愈齐侍御史成、齐王中子诸婴儿、齐郎中令循等人的经历,其中包含有具体的治病细节。仓公的报告应当是作为档案保存在汉朝宫廷,后来司马迁有机会看到,并且完整记录在《扁鹊仓公列传》之中,篇幅占本传超过三分之二,这在《史记》引用文献中是罕见的。

可以发现,陈寿书写华佗与司马迁有着明显的不同,陈寿以及后来的范晔对于医术和巫术的分野似乎都没有非常清晰的认识,他们以展示医者的"神异"为主,把医者和医疗技术当成"异闻"记录在史书之中,这与书写巫者和方术士并没有区别。可以作为对比的是,司马迁在《扁鹊仓公列传》中通过仓公的报告向读者陈述真实可靠的医疗技术,基本记录模式是得病者为谁—有何症状—得病缘由分析—治疗效果等。司马迁并没有刻意描绘医疗技术的"灵验",无

---

① 何裕民、张晔:《走出巫术丛林的中医》,上海:文汇出版社,1994 年,第 240 页。
②《史记》卷一〇五《扁鹊仓公列传》,第 2769 页。

意建构"神医"的形象,而只是如实地书写医者和医术。

2. 养性之术与方术

陈寿和范晔都提到华佗擅长"养性之术",这是华佗医术中最基础的内容。而华佗擅长的"养性之术"应当就是来自神仙家的方术,华佗与神仙方术之间的关系应当引起注意。

《方技传》提到华佗"晓养性之术,时人以为年且百岁而貌有壮容",①范晔《后汉书·方术列传》作:"晓养性之术,年且百岁而犹有壮容,时人以为仙。"②这其实属于养生类的方术,秦汉时代的方术士多擅长此道并为秦始皇和汉武帝求取不死之药。但经由秦皇汉武以及后来王莽的验证,长生不死被证明不存在,东汉以后不见"不死之药"的记载,但长寿养生的观念却一直留存。张华《博物志》云:"魏武帝好养性法,亦解方药,招引四方之术士如左元放、华佗之徒无不毕至。"③也就是说,华佗是作为擅长"养性法"的方术士而被曹操招致身旁,此后常侍曹操左右。华佗的这一身份特征值得注意。

《三国志·方技传》提到华佗曾跟他的弟子吴普讨论"养性之术":

> 人体欲得劳动,但不当使极尔。动摇则谷气得消,血脉流通,病不得生,譬犹户枢不朽是也。是以古之仙者为导引之事,熊颈鸱顾,引挽腰体,动诸关节,以求难老。吾有一术,名五禽之戏,一曰虎,二曰鹿,三曰熊,四曰猨,五曰鸟,亦以除疾,并利蹄足,以当导引。体中不快,起作一禽之戏,沾濡汗出,因上著粉,身体轻便,腹中欲食。④

① 《三国志》卷二九《魏书·方技传》,第799页。
② 《后汉书》卷八二下《方术列传下》,第2736页。
③ 张华撰,范宁校证:《博物志校证》,北京:中华书局,2014年,第61页。
④ 《三国志》卷二九《魏书·方技传》,第804页。

"人体欲得劳动,但不当使极尔"来源于《吕氏春秋·尽数》中的相关说法,其中提到"流水不腐,户枢不蝼,动也。形气亦然,形不动则精不流,精不流则气郁。郁处头则为肿为风"。[1] 另外《荀子·天论》也说:"养备而动时,则天不能病;修道而不贰,则天不能祸。"集解认为:"养备,谓使人衣食足。动时,谓劝人勤力,不失时,亦不使劳苦也。养生既备,动作以时,则疾疹不作也。"[2]这种说法具有一定的辩证性,它强调运动需要适当,不能过于慵懒,也不能过劳。适当的运动可以促进消化以及血脉流通的认识也与现代医学大体相符,后世研究者也将华佗的这套理论归入"医疗体育",即通过适当的体育锻炼达到延年益寿的目的。[3] 东汉时期社会医学的整体发展对于"养性之术"也有所推动,容肇祖认为:"服食养生之说,由于汉末医学之发达而益盛。"[4]马伯英注意到华佗医术来源于方术,认为:"华佗为神仙方士文化滋养出来而尤偏长于医术者。他的导引、服食不是神仙长生派,而是养生长寿派;他的医药、针灸在当时确实卓尔不群。"[5]

据说吴普按照华佗教授的方法,到九十多岁的时候依然"耳目聪明,齿牙完坚"。可以认为,吴普转述并亲身施行的这套导引之术,是对秦汉以来养性之术进行的理论总结。而且可以发现,这一派方术士在秦皇汉武之后不再侈谈长生不死,而是在继承《庄子》

---

① 吕不韦编,许维遹集释,梁运华整理:《吕氏春秋集释》,北京:中华书局,2009年,第66—67页。

② 《荀子》后文还提到"养略而动罕,则天不能使之全",是说如果缺乏运动会出现身体不得全的情况。王先谦撰,沈啸寰、王星贤点校:《荀子集解》,第307、308页。

③ 相关的研究参国家体育总局科教司、胡晓飞:《传统体育养生理论》,北京:高等教育出版社,2024年。另参董粉和《秦汉科技史》七《我国临床医学理论的奠基时期》,上海:上海科学技术文献出版社,2022年。

④ 容肇祖:《魏晋的自然主义》,上海:商务印书馆,1935年,第143页。

⑤ 马伯英:《中国医学文化史》,第241页。

"熊经鸟伸"以及《淮南子》"六禽戏"和马王堆汉墓帛书《导引图》的基础上,继续发展出"五禽戏",①将注意力集中于通过模仿动物的动作使人的身体得到适当的锻炼,从而达到延长寿命的作用。在陈寿、范晔的书写以及后来人们的认知之中,这样的方术确实能够有一定的作用,而且其效果在某种程度上是可以被验证的。

《后汉书·方术列传》李贤注引《佗别传》曰:"有见山阳太守广陵刘景宗,说数见华佗,见其疗病平脉之候,其验若神。"②所谓"其验若神"强调的是华佗医术能够"灵验",然而医疗是在实践基础上逐渐前进的科学技术,疾病的治愈需要大量经验的累积,这其中必然包含有大量失败的教训,在历史早期尤其如此。所以医疗技术"其验若神"只能是人们美好的想象。

总的来说,华佗的真实身份是兼通数经、擅长医药的"士人",在疾疫流行的东汉后期他因为擅长治疗寄生虫之类的疾病而为时人所知,并因为擅长"养性法"被曹操招致身旁,同时他也对导引之术进行总结,发明出"五禽戏"等。至于华佗擅长"外科手术",甚至能够"破腹""断肠湔洗",应当是陈寿和范晔采信了民间传说,出于"广异闻"的目的进行的书写,其真实性存疑。

3. 民间医者群体

陈寿《三国志·方技传》以及范晔《后汉书·方术列传》所载的医者,除了华佗和华佗的弟子之外,还有广汉人郭玉,闽中人徐登以及费长房、蓟子训等等。一方面他们因为具有一定治愈疾病的能力而为人们所推崇,另一方面他们显然也会采用多种方式神异自己的事迹,后来经过民间传说的渲染,他们的事迹愈发神乎其神。很显

---

① 相关的研究参见吴鸿洲《中国医学史》,上海:上海科学技术出版社,2010年,第32页。
②《后汉书》卷八二下《方术列传下》,第2763页。

然,陈寿和范晔收录这些故事的时候对其中的真伪并未深究,虽然本质上的目的是为了"广异闻",但这些"异闻"里确实包含有太多不合理的成分。

在《后汉书·方术列传》的记载中,郭玉以擅长诊脉和针灸闻名于世,范晔说郭玉在汉和帝的时候担任太医丞,"多有效应"。另外范晔还交代了郭玉的师承:

> 初,有老父不知何出,常渔钓于涪水,因号涪翁。乞食人间,见有疾者,时下针石,辄应时而效,乃著《针经》《诊脉法》传于世。弟子程高寻求积年,翁乃授之。高亦隐迹不仕。玉少师事高,学方诊六微之技,阴阳隐侧之术。[1]

范晔强调"涪翁"善于治病但"不知何出",应当是为了神异其身份。相比之下,《史记·扁鹊仓公列传》载仓公师承更加真实可靠:"自意少时,喜医药,医药方试之多不验者。至高后八年,得见师临菑元里公乘阳庆。庆年七十余,意得见事之。谓意曰:'尽去而方书,非是也。庆有古先道遗传黄帝、扁鹊之脉书,五色诊病,知人生死,决嫌疑,定可治,及药论书,甚精。我家给富,心爱公,欲尽以我禁方书悉教公。'"[2]淳于意特意交代了其师阳庆的爵位、家世背景等等,是为了说明其师承的真实性。

《方术列传》中徐登的身世更为神奇,范晔说他"本女子,化为丈夫。善为巫术"。[3]徐登擅长的巫术是"禁术",这在汉代以前的史料中很少见到,范晔说徐登的禁术能够"禁溪水,水为不流"。"但行禁架,所疗皆除",也就是说这种禁术也能够用于治愈疾病,所以范

---

① 《后汉书》卷八二下《方术列传下》,第 2735 页。
② 《史记》卷一〇五《扁鹊仓公列传》,第 2796 页。
③ 《后汉书》卷八二下《方术列传下》,

晔把他放在《华佗传》之后。有学者指出，"禁架"是越语，意思是
"禁止""制服"，类似咒禁和符禁。①《抱朴子·至理》说："吴越有禁
咒之法，甚有明验，多炁耳。"②徐登是闽中人，禁咒之法的地域性特
点十分明显。③《抱朴子》认为这种巫术治愈疾病的方法是"行气"，
即通过控制"气"实现"内以养身，外以却恶"，如此说，这种巫术可
能还与行气导引有所关联。但这可能只是《抱朴子》作者个人的
理解，禁术与行气导引之间的关联还有待进一步的考察。《抱朴
子》中另外还记载了大量的禁术，包括禁鬼神为害、禁山林中虫蛇
虎豹之类。④

　　费长房是《方术列传》中描述最为神异的人物，范晔的史料来源
应当以汝南等地的传说为主，其中除费长房民间医者的背景是真实
的之外，其余均属民间神话故事。《方术列传》载费长房"学道"过程
较为详细，其中提到"市中有老翁卖药，悬一壶于肆头，及市罢，辄跳
入壶中"。老翁在"市中"卖药，其真实身份是民间医者，而费长房学
道完成以后"遂能医疗众病，鞭笞百鬼，及驱使社公"，⑤这种说法显
示费长房的真实身份是医者。至于"鞭笞百鬼"之类则纯纯是杜
撰了。范晔并没有记载费长房曾经治愈何种疾病，这同样与司马
迁《扁鹊仓公列传》的书写模式形成鲜明的对比。其实在《方术列

---

① 李建民：《生命史学——从医疗看中国历史》，上海：复旦大学出版社，2008年，第
　　148页。
② 葛洪著，王明校释：《抱朴子内篇校释》，第114页。
③ 王充《论衡》说："小人皆怀毒气，阳地小人毒尤酷烈，故南越之人，祝誓辄效。"前文
　　提到《风俗通义》中越巫对付董仲舒，"令巫诅仲舒"，巫者所施行的应当也属于禁
　　术。相关的研究参李启良《汉代厌胜印中的神祇》，氏著：《石螺斋谈丛》，西安：陕
　　西人民出版社，2004年。
④ 相关的研究参刘昭瑞《"东治三师""三五将君""大一三府""南帝三郎"考——谈
　　镇江东晋墓所出道教印》，《考古》1995年第5期。
⑤ 《后汉书》卷八二下《方术列传下》，第2743、2744页。

传》的描写中,费长房和左慈更为接近,都属于神仙异能之士,或者因为费长房有医药方面的经历,所以范晔将他和郭玉、徐登放在同一处。

另外,《方术列传》中蓟子训的真实身份也是医者,其中提到"有百岁翁,自说童儿时见子训卖药于会稽市,颜色不异于今"。① "卖药"的说法透露出非常重要的信息,蓟子训很有可能也是活跃在民间的医者。

北海王和平也与医药有关,《方术列传》云:"北海王和平,性好道术,自以当仙。济南孙邕少事之,从至京师。会和平病殁,邕因葬之东陶。有书百余卷,药数囊,悉以送之。后弟子夏荣言其尸解,邕乃恨不取其宝书仙药焉。"②从济南孙邕的反应来看,王和平的"药"被认为是服用之后能够升仙的神奇药物。由前文的讨论可知,这种服用之后可以不死升仙的方药正是秦皇汉武不断追求的,然而秦皇汉武已经证明这种所谓的仙药是不存在的,但由《方术列传》的记载来看,这种信仰东汉时期仍继续在民间留存。

总的来看,陈寿和范晔对医者的书写与《史记》有着明显的不同。司马迁根据当时材料尽可能如实表现医者治疗的方法,同时提出"信巫不信医"者是难以治愈的等在当时较为先进的理念。但陈寿和范晔的书写则侧重表现医者的神异特征,对于民间流传的关于华佗等医者的神话故事并未考察验证,径直作为"异闻"存留在史书之中,给后世读史者认识方术的真相带来一定的干扰。另外,陈寿和范晔对于其他诸如相人术以及劾鬼术、千里取物等方术的书写也是如此,详见下文的讨论。

---

① 《后汉书》卷八二下《方术列传下》,第 2746 页。
② 《后汉书》卷八二下《方术列传下》,第 2751 页。

二、《三国志·方技传》与《后汉书·方术列传》中方术的验与不验

《三国志·方技传》除了华佗及其弟子的活动之外,还有善于音律的杜夔,善于相人术的朱建平、善于占梦的周宣以及善于卜卦和筮占的管辂。由此也可见,在陈寿看来,所谓"方技"主要包括的就是医术、音律、相人术、占梦以及卜卦等等。《后汉书》的《方术列传》被认为是更为完善的方术列传,而且对后世方术传的编纂有更大的影响。《后汉书·方术列传》前有一段序言,范晔详述了撰述《方术列传》的原因,他说占卜之事最早是用来"定祸福,决嫌疑,幽赞于神明,遂知来物者也",这和《史记·龟策列传》所载司马迁的序言在思想上基本是一致的,即肯定卜筮行为在帮助人们解决疑难问题时的合理层面。范晔还提到所谓河洛之书、龟龙之图等,以及风角、遁甲、七政、元气、六日七分、逢占、日者、挺专、须臾、孤虚之术,也肯定这些方术具有"探抽冥赜、参验人区""时亦有以效于事也"的实用价值。但范晔同时指出,"圣人"对鬼神方术的基本态度是尽可能利用其合理层面,而对于可能的危害要有充分的防备。

然而范晔《方术列传》多载神异以及志怪等内容,对于这一点前人已有不少批评意见,例如刘知幾《史通·书事》说:

> 范晔博采众书,裁成汉典,观其所取,颇有奇工。至于《方术》篇及诸蛮夷传,乃录王乔、左慈、禀君、槃瓠。言唯迂诞,事多诡越,可谓美玉之瑕,白圭之玷,惜哉!无是可也。又自魏晋已降,著述多门。《语林》《笑林》《世说》《俗说》,皆喜载嘲谑小辨,嗤鄙异闻,虽为有识所讥,颇为无知所悦。①

---

① 刘知幾著,张振珮笺注:《史通笺注》,北京:中华书局,2022 年,第 414—415 页。

　　刘知幾认为《后汉书》的《方术列传》所载内容"迂诞""诡越",是《后汉书》中的白璧之瑕,如果没有这些内容也是可以的,这样的看法是值得重视的。而刘知幾还提到范晔之所以会如此写作《方术列传》,和当时"无知所悦"志怪类著作的社会风气有关,这样的判断也是后来学者们所认可的。与刘知幾的意见相似,钱大昕《廿二史考异》也说:"汉人称太守为'府君'。然叙事之文,当从其实,此传多采鄙俗小说,未及厘正。若东海君、葛陂君之称,岂可秽正史乎?"①这其实是非常严厉的批评了。

　　也有学者肯定《方术列传》的成就。根据日本学者坂出祥伸的说法,《后汉书》的《方术列传》"内容和记述方法成为后世编纂正史方术传的一种固定形式",而且医者、天文学家、相术者、占术者逐渐成为术数者队伍的主要组成部分;而从历史编纂者的角度来看,人们倾向于把方术和方术者纳入国家正规的统治秩序中去。②这样的观点无疑是准确的,在《后汉书·方术列传》着重记载的方术者中,有一多半是政府官员,可以认为这是一部记述能够使用方术的政府官员的传记。白寿彝等人注意到,司马迁和班固对于方术的基本态度是以批判和揭露为主,并提醒君主和世人不要上当受骗,然而"《后汉书》记方术之士,品种复杂,有真有假,似乎客观记述,不像有意揭露,容易使读者不辨真假,信以为真。范晔所论'幽赜罕征,明数难校。不探深远,曷感灵效?如或迁讹,实乖玄奥'。他对方士之术,是信还是不信,令人捉摸不透"。③这是客观中允的论断,而且意

①　钱大昕:《廿二史考异》,陈文和主编:《嘉定钱大昕全集(增订本)》第2册,第272页。
②　(日)坂出祥伸:《方术传的立传及其性质》,辛冠洁等编:《日本学者论中国哲学史》,北京:中华书局,1986年,第204页。
③　白寿彝总主编,白寿彝、廖德清、施丁主编:《中国通史》第四卷《中古时代·秦汉时期》,第1318页。

思有所保留。其实范晔和当时多数世人一样,相信方术能够验证。

可以认为,在魏晋南北朝整体社会风气的影响下,范晔对于方术能够真实有效验证应该是真心相信的;而正如白寿彝等所言,这也确实在一定程度上影响了读者对于方术现象的认识。

1. 相人术

《三国志·方技传》记载朱建平曾经为曹魏君臣占测年寿,而这些占测后来基本都应验了:

> 朱建平,沛国人也。善相术,于闾巷之间,效验非一。太祖为魏公,闻之,召为郎。文帝为五官将,坐上会客三十余人,文帝问己年寿,又令遍相众宾。建平曰:"将军当寿八十,至四十时当有小厄,愿谨护之。"谓夏侯威曰:"君四十九位为州牧,而当有厄,厄若得过,可年至七十,致位公辅。"谓应璩曰:"君六十二位为常伯,而当有厄,先此一年,当独见一白狗,而旁人不见也。"谓曹彪曰:"君据藩国,至五十七当厄于兵,宜善防之。"①

朱建平因为善于"相术"而且"效验非一"受到曹操的重视,而《方技传》随后用较大的篇幅记载朱建平相人术的应验方式。例如朱建平预测魏文帝能活到八十岁,但曹丕四十岁的时候病重,对左右说:"建平所言八十,谓昼夜也,吾其决矣。"随后魏文帝去世,朱建平的相人术得到验证。而夏侯威到四十九岁的时候生了一场病,本来以为自己就要死了,但不久之后疾病痊愈,夏侯威以为自己度过了劫难,就对旁人说:"吾所苦渐平,明日鸡鸣,年便五十,建平之戒,真必过矣。"然而就在当天晚上夏侯威疾病复发而卒。朱建平的预言就这么神奇地应验了。

---

① 《三国志》卷二九《魏书·方技传》,第808页。

但是陈寿也提到朱建平的预测并不是每次都完全准确。例如朱建平预测应璩六十二岁去世，结果"璩六十一为侍中，直省内，欻见白狗，问之众人，悉无见者。于是数聚会，并急游观田里，饮宴自娱，过期一年，六十三卒"。应璩去世的时间与朱建平的预测并不完全相符，但是相差也并不太大。另外陈寿还说："惟相司空王昶、征北将军程喜、中领军王肃有蹉跌云。肃年六十二，疾笃，众医并以为不愈。肃夫人问以遗言，肃云：'建平相我逾七十，位至三公，今皆未也，将何虑乎！'而肃竟卒。"汝企和由此认为陈寿是秉笔直书，并没有溢美之词。① 然而联系陈寿前后文的意见，可以发现陈寿总体上还是认可朱建平拥有能够预测生死的能力。

《史记》多次提到相人术，两相对比可以发现司马迁和陈寿在认识相人术方面的差异。《史记》中载有擅长相人术的许负，说他曾经为薄姬以及周亚夫相面，《史记·外戚世家》云：

> 及诸侯畔秦，魏豹立为魏王，而魏媪内其女于魏宫。媪之许负所相，相薄姬，云当生天子。是时项羽方与汉王相距荥阳，天下未有所定。豹初与汉击楚，及闻许负言，心独喜，因背汉而畔，中立，更与楚连和。②

许负的相人术影响了魏豹的政治判断，让他做出背叛刘邦而与项羽联合的决定，并最终影响了魏王豹家族和魏国的命运，甚至影响了楚汉战争的走向。值得注意的是，司马迁写许负预言的应验方式是薄姬为汉高祖刘邦所幸，生男为后来的汉文帝。有学者注意到许负相人术与汉文帝合法性建构之间的关系，认为："薄姬'当生天子'相辞如同谶言一般神化了文帝形象，文帝借相人术，巧妙地将其

---

① 汝企和：《两汉时期之相人术与汉代社会》，《齐鲁学刊》2005 年第 5 期。
② 《史记》卷四九《外戚世家》，第 1970 页。

权力来源从功臣转向天意,相人术为文帝即位提供了方术意义上的合理性论证,也化解了其统治过程中的正统性危机。"①也就是说,司马迁关于文帝相人术的书写有着较为明显的政治目的,这与陈寿关于朱建平相术的记载形成了鲜明的对比。

另外《史记》还提到许负相周亚夫:

> 条侯亚夫自未侯为河内守时,许负相之,曰:"君后三岁而侯。侯八岁为将相,持国秉,贵重矣,于人臣无两。其后九岁而君饿死。"亚夫笑曰:"臣之兄已代父侯矣,有如卒,子当代,亚夫何说侯乎?然既已贵如负言,又何说饿死?指示我。"许负指其口曰:"有从理入口,此饿死法也。"居三岁,其兄绛侯胜之有罪,孝文帝择绛侯子贤者,皆推亚夫,乃封亚夫为条侯,续绛侯后。②

司马迁还记载了周亚夫"饿死":"初,吏捕条侯,条侯欲自杀,夫人止之,以故不得死,遂入廷尉。因不食五日,呕血而死。国除。"许负的相术最终应验。

可以发现,司马迁写相术的时候刻意突出命运的不确定,例如《佞幸传》载文帝时邓通故事:"邓通无他能,不能有所荐士,独自谨其身以媚上而已。上使善相者相通,曰'当贫饿死'。文帝曰:'能富通者在我也。何谓贫乎?'于是赐邓通蜀严道铜山,得自铸钱,'邓氏钱'布天下。"然而尽管"其富如此",但汉文帝去世之后邓通"竟不得名一钱,寄死人家"。③ 邓通的命运并不因为汉文帝"能富通者"的能力而改变,这是司马迁对于命运无常的思考,也是司马迁思想

① 周金泰:《许负故事所见相人术与文景政局书写——兼论历史故事的叙述本源》,《中国史研究》2022年第2期。
② 《史记》卷五七《绛侯周勃世家》,第2073—2074页。
③ 《史记》卷一二五《佞幸列传》,第1392、1393页。

中的重要内容。《史记·黥布列传》说黥布在秦时为布衣,"少年,有客相之曰:'当刑而王。'及壮,坐法黥。布欣然笑曰:'人相我当刑而王,几是乎?'"①后来黥布果然得以封王。另外著名的例子是卫青故事,《史记·卫将军骠骑列传》载:"青尝从入至甘泉居室,有一钳徒相青曰:'贵人也,官至封侯。'青笑曰:'人奴之生,得毋笞骂即足矣,安得封侯事乎!'"②然而后来卫青竟得以封侯,"钳徒"的相人术最后得以验证。

需要注意的是,司马迁对于外在相貌与内在品德之间的差异是有思考的,对于相人术真实性的基本态度是"疑则存疑"。例如司马迁引述孔子的意见反对"以貌取人",《史记·仲尼弟子列传》云:"南游至江,从弟子三百人,设取予去就,名施乎诸侯。孔子闻之,曰:'吾以言取人,失之宰予;以貌取人,失之子羽。'"《索隐》云:"《家语》'子羽有君子之容,而行不胜其貌'。而上文云'灭明状貌甚恶',则以子羽形陋也。今此孔子云'以貌取人,失之子羽',与《家语》正相反。"③子羽也就是澹台灭明,孔子因为他相貌丑陋而认为他"材薄","以貌取人,失之子羽"可以说是孔子对于"以貌取人"的反思。另外,在《留侯世家》中司马迁再次提到了"以貌取人"的问题:"余以为其人计魁梧奇伟,至见其图,状貌如妇人好女。盖孔子曰:'以貌取人,失之子羽。'留侯亦云。"④此外,《游侠列传》"太史公曰":"吾视郭解,状貌不及中人,言语不足采者。然天下无贤与不肖,知与不知,皆慕其声,言侠者皆引以为名。谚曰:'人貌荣名,岂有既乎!'于戏,惜哉!"⑤其中"人貌荣名,岂有既乎"的谚语,原意指

---

①《史记》卷九一《黥布列传》,第 2597 页。
②《史记》卷一一一《卫将军骠骑列传》,第 2922 页。
③《史记》卷六七《仲尼弟子列传》,第 2206 页。
④《史记》卷五五《留侯世家》,第 2049 页。
⑤《史记》卷一二四《游侠列传》,第 3189 页。

的是人的外在美好的容貌和名声不能够同时兼有,司马迁在这里表达的意思和"以貌取人失之子羽"相同,都是不能简单根据容貌对人进行判断。

也就是说,在司马迁看来,人的外表与内在品德之间并不存在必然的联系,简单依靠容貌和外形对人进行判断往往会出现误判。如此而言,外貌与人的命运之间也不存在必然的联系,根据人的外貌对未来进行预测也是不可靠的,相人术的理论基础既然已经不存在,那么相人术也就不是能够持续有效验证的方术。然而分析陈寿对于朱建平相术的书写,可以发现陈寿确实相信寿命是可以预测的,司马迁和陈寿对于相术是否能够持续有效验证的认知差异应当引起特别的重视。

2. 劾鬼术

范晔《后汉书·方术列传》提到了当时有人擅长"劾鬼"的巫术,"劾鬼"类巫术在秦汉简牍《日书》文献中就已有记载;而在有关黄帝和大禹的神话传说中,就提到他们能够召唤、役使甚至是处罚鬼神。《汉书·艺文志》中有"《执不祥劾鬼物》八卷",杨树达《汉书窥管》引姚振宗的看法,认为《后汉书》中所载的费长房、寿光侯等"皆劾鬼物之术也"。① 秦汉社会对于鬼的恐惧和信仰是较为普遍的社会现象,司马迁并不是没有注意到这一问题,前文讨论《史记》中的"鬼",提到司马迁对于"鬼"的基本态度是"存而不论"。然而从《方术列传》的书写来看,范晔对于这种类型的巫术似乎深信不疑,对于民间流传的鬼怪故事并未认真甄别筛选,《后汉书》中所载的几则故事都在说明劾鬼巫术能够有效验。

《方术列传》载费长房故事中,厌劾鬼神是重要内容。范晔说费

---

① 杨树达:《汉书窥管》,第 193 页。

长房具有"医疗众病，鞭笞百鬼，及驱使社公"的神秘能力，而费长房之所以具有这样的能力，是因为其师"为作一符"，有这样的符就可以驱使鬼神。此符极为关键，范晔说后来费长房丢失了此符，"为众鬼所杀"。这里的"符"显然和后来的道教有关，许地山指出："文字能够治邪，圣言可以辟鬼底观念很古，《淮南子》记仓颉作书而鬼夜哭，便是根据这观念底传说。"①连劭名也认为："符是古代方术中使用的一种重要法物，据云可以代表天神的庇护，驱劾鬼魅，消灾除病，具有无上的威力。"②徐西华认为，在原始道教产生以前方术士们就已经发明了"符"，后来太平道和五斗米道沿用了这一发明。③

另外，《方术列传》还载有"东海君"与"葛陂君"的故事：

> 后东海君来见葛陂君，因淫其夫人，于是长房劾系之三年，而东海大旱。长房至海上，见其人请雨，乃谓之曰："东海君有罪，吾前系于葛陂，今方出之使作雨也。"于是雨立注。④

这是典型的"降妖除怪"故事。汉魏六朝时期道教体系逐渐完备以后，"降妖除怪"就成为道士们最主要的任务，道教典籍中有大量类似故事，而范晔显然也受此影响。"东海君"与"葛陂君"显然都是地方区域神灵，而费长房能够拘押东海君，导致东海大旱，神明的人格化与世俗化的趋势应当引起特别注意。另外，《后汉书·方术列传》还提到"河南有魏圣卿，善为丹书符劾，厌杀鬼神而使命之"，这同样是"降妖除怪"类型的故事。

---

① 许地山：《道教史》，刘仲宇导读，第 136 页。
② 连劭名：《考古发现与早期道符》，《考古》1995 年第 12 期。
③ 徐西华《道家、神仙和道教》，中国社会科学院哲学研究所、《哲学研究》编辑部、中国哲学史研究室编：《中国哲学史研究集刊》第 2 辑，上海：上海人民出版社，1982 年。相关的研究参蒲慕州《早期中国的鬼》，第 80 页。
④ 《后汉书》卷八二下《方术列传下》，第 2744 页。

《方术列传》载刘根故事也较为神异，其中提到：

> 刘根者，颍川人也。隐居嵩山中。诸好事者自远而至，就根学道，太守史祈以根为妖妄，乃收执诣郡，数之曰："汝有何术，而诳惑百姓？若果有神，可显一验事。不尔，立死矣。"根曰："实无它异，颇能令人见鬼耳。"祈曰："促召之，使太守目睹，尔乃为明。"根于是左顾而啸，有顷，祈之亡父祖近亲数十人，皆反缚在前，向根叩头曰："小儿无状，分当万坐。"顾而叱祈曰："汝为子孙，不能有益先人，而反累辱亡灵！可叩头为吾陈谢。"祈惊惧悲哀，顿首流血，请自甘罪坐。根嘿而不应，忽然俱去，不知在所。①

由范晔的叙述来看，刘根"能令人见鬼"的巫术确实能够有效验，范晔同情并且相信见鬼巫术的态度是比较明显的，而这也很可能是当时民众对于类似巫术的基本态度。正如蒲慕州所言："鉴于《后汉书》的作者范晔（398—445）生于南朝，而当时鬼故事开始被大量记载，故将此类故事列入史书可以看作是对他那个时代总体氛围的一种反映。"②也有论者指出，范晔书写《方术列传》充满明显的夸诞色彩，与作者有意显露其文学才华有关，也与作者所生活的时代风气有关。③

召唤和役使鬼神显然与道教法术有密切关系，多有学者由此展开讨论，章太炎指出，刘根之术出自墨子，"见鬼"其实就是《墨子》中的"明鬼"。④ 李远国也认为费长房等人的法术近乎于墨家所

---

① 《后汉书》卷八二下《方术列传下》，第 2746 页。
② 蒲慕州：《早期中国的鬼》，第 82 页。
③ 潘定武：《从〈史记〉到〈后汉书〉：史传的由奇到诞》，《南京理工大学学报（社会科学版）》2014 年第 2 期。
④ 章太炎：《黄巾道士缘起说》，《章太炎全集（三）》，上海：上海人民出版社，2022 年。

提倡的鬼法。① 卿希泰注意到："这些方士都不再用祭祀去讨好鬼神，而是以丹书符箓、禁咒方术发现、鞭笞、驱使、招引、镇劾乃至厌杀之。这些方术，在张陵那里大多能找到。"②刘仲宇也认为："到了汉代，有某种神通便可召劾鬼神的观念极有市场，而且是早期道教形成的基础之一。"③杨英认为费长房等人所擅长的劾鬼术后来成为道教的组成部分，随着道教的发展，符箓派和丹鼎派都包含有劾鬼方面的内容。④ 蒋波也认为东汉道术控制鬼神的能力为后来道教信徒继承，"降鬼"成为道教徒常见的法术。⑤ 而道教的劾鬼巫术显然也与争取教众、传播神仙思想有密切关系。⑥

再者，《后汉书·方术列传》中还有汉章帝与寿光侯的故事：

> 初，章帝时有寿光侯者，能劾百鬼众魅，令自缚见形。其乡人有妇为魅所病，侯为劾之，得大蛇数丈，死于门外。又有神树，人止者辄死，鸟过者必坠，侯复劾之，树盛夏枯落，见大蛇长七八丈，悬死其间。帝闻而征之。乃试问之："吾殿下夜半后，常有数人绛衣被发，持火相随，岂能劾之乎？"侯曰："此小怪，易销耳。"帝伪使三人为之，侯劾三人，登时仆地无气。帝大惊曰："非魅也，朕相试耳。"解之而苏。⑦

----

① 李远国：《墨家与道教》，《孔子研究》1991年第4期。相关的研究另参刘厚祜《方士与方术》，《道协会刊》1981年第2期。

② 卿希泰：《中国道教史》第一卷，第151页。

③ 刘仲宇：《考鬼召神的心理分析——兼说中国宗教中的神秘主义》，氏著：《攀援集》。

④ 杨英：《〈搜神记〉与道教劾鬼术》，中国魏晋南北朝史学会、四川大学历史文化学院编：《魏晋南北朝史论文集》，成都：四川出版集团，2006年。

⑤ 蒋波：《秦汉隐逸问题研究》，湘潭：湘潭大学出版社，2014年，第70页。

⑥ 汪涌豪、俞灏敏：《中国游仙文化》，北京：法律出版社，1997年，第193页。

⑦《后汉书》卷八一下《方术列传下》，第2749页。

李贤注认为寿光侯是人名,钱大昕则认为"寿光侯"是"侯失其姓名,故举其爵"。[①] 寿光侯故事中出现了身为帝王的汉章帝,作为厌劾之术能够验证的见证者,这显然也是道士为神异其说刻意而为的,范晔也没有怀疑这则故事的真实性。《搜神记》和《列异传》中都记载有寿光侯的故事,与费长房故事相似,这也属于道士捉妖伏鬼类型故事;而这种故事的传播,显然也与六朝道教体系完备和传播范围扩大的整体社会背景有关。[②]

3. 千里取物方术

汉代有"千里取物"的方术,这其实是人们对于神异速度的想象。这些故事大多是民间流行的神话传说,但范晔并没有辨析整理,而是原封不动写入《后汉书》之中;成为正史记载之后,势必也会对人们认识方术的真相造成一定干扰。

《后汉书·方术列传》有王乔故事:

> 王乔者,河东人也。显宗世,为叶令。乔有神术,每月朔望,常自县诣台朝。帝怪其来数,而不见车骑,密令太史伺望之。言其临至,辄有双凫从东南飞来。于是候凫至,举罗张之,但得一只舃焉。乃诏尚方診视,则四年中所赐尚书官属履也。

王乔没有车骑而能够快速往来叶县和洛阳,从《后汉书》文意来看是化作"双凫"飞行。与之类似,《后汉书》还有费长房的"乘龙"故事:

> 长房辞归,翁与一竹杖,曰:"骑此任所之,则自至矣。既至,可以杖投葛陂中也。"又为作一符,曰:"以此主地上鬼神。"

---

① 钱大昕:《廿二史考异》,陈文和主编:《嘉定钱大昕全集(增订本)》第 2 册,第 272 页。
② 相关的研究参李生龙《魏晋南北朝文学与道教》,《中国文学研究》1991 年第 3 期。

长房乘杖,须臾来归,自谓去家适经旬日,而已十余年矣。即以杖投陂,顾视则龙也。①

可以发现,王乔所乘之"双凫"与费长房所乘之龙,都能够在较短时间内跨越空间,这当然是过于神异而不现实的故事。而费长房跨越空间的能力还不止于此,《后汉书·方术列传》还记载说:"又尝坐客,而使至宛市鲊,须臾还,乃饭。或一日之间,人见其在千里之外者数处焉。"费长房设宴款待客人,而能够到外地取物,这种"千里取物"的能力在东汉三国时代的文献中较为常见。同样的故事也见于《方术列传》所载左慈故事:

> 左慈字元放,庐江人也。少有神道。尝在司空曹操坐,操从容顾众宾曰:"今日高会,珍羞略备,所少吴松江鲈鱼耳。"放于下坐应曰:"此可得也。"因求铜盘贮水,以竹竿饵钓于盘中,须臾引一鲈鱼出。操大拊掌笑,会者皆惊。操曰:"一鱼不周坐席,可更得乎?"放乃更饵钩沈之,须臾复引出,皆长三尺余,生鲜可爱。操使目前鲙之,周浃会者。操又谓曰:"既已得鱼,恨无蜀中生姜耳。"放曰:"亦可得也。"操恐其近即所取,因曰:"吾前遣人到蜀买锦,可过敕使者,增市二端。"语顷,即得姜还,并获操使报命。后操使蜀反,验问增锦之状及时日早晚,若符契焉。②

曹操"验问增锦之状",居然能够"若符契",范晔对左慈"千里取物"能力的书写也过于神异了。后来葛洪《神仙传》,载有介象的故事,与左慈故事基本相同:

---

① 《后汉书》卷八二下《方术列传下》,第 2744 页。
② 《后汉书》卷八二下《方术列传下》,第 2747 页。

与先主共论鲙鱼何者最上,象曰:"鲻鱼为上。"先主曰:"此鱼乃在海中,安可得乎?"象曰:"可得耳。"但令人于殿中庭方塪,者水满之,象即索钓饵起钓之,垂纶于塪中,不食顷,得鲻鱼。先主惊喜,问象曰:"可食否?"象曰:"故为陛下取作鲙,安不可食?"仍使厨人切之。先主问曰:"蜀使不来,得姜作鲙至美,此间姜不及也。何由得乎?"象曰:"易得耳。愿差一人,并以钱五千付之,象书一符以著竹杖中,令其人闭目骑杖,杖止便买姜。买姜毕,复闭目。"此人如言骑杖,须叟,已到成都,不知何处,问人,言是蜀中也,乃买姜。于时吴使张温在蜀,从人恰与买姜人相见,于是甚惊,作书寄家。此人买姜还,厨中鲙始就矣。①

这种在瞬间能够往来千里的故事也见于"肥致碑",其中提到肥致能够"行数万里,不移日时"。② 邢义田也注意到,这样的法术在汉代非常流行,同样还有"唐公房碑",其中提到唐公房在王莽时期为郡史,府去家七百余里,"休谒往来,转景即至,阖郡惊焉"。③ 其中所谓的"转景"就是"转影",与"不移日时"含义相同,指的都是极短的时间。其实无论"不移日时"还是"转景即至"的说法,都无限缩短了时间,在极短的时间内实现空间的跨越,而这种跨越空间的想象其实有着悠久的传统,庄子"御风而行"也属于这种类型的想象。

另外,《史记·楚世家》有楚顷襄王时期"好以弱弓微缴加归雁

① 葛洪撰,胡守为校释:《神仙传校释》,北京:中华书局,2010 年,第 325 页。
② 有关肥致碑的研究参王育成《东汉肥致碑探索》,《中国国家博物馆馆刊》1996 年第2 期。另外有关肥致碑与早期道教的关系,参张勋燎、白彬《中国道教考古》,第 266页。相关的研究另参虞万里《东汉〈肥致碑〉考释》,《中原文物》1997 年第 4 期。
③ 邢义田:《东汉的方士与求仙风气》,氏著:《天下一家:皇帝、官僚与社会》,北京:中华书局,2011 年。

之上者"的对话,其中提道:"若王之于弋诚好而不厌,则出宝弓,䂮新缴,射嘴鸟于东海,还盖长城以为防,朝射东莒,夕发浿丘,夜加即墨,顾据午道,则长城之东收而太山之北举矣。"①这种在一天之内跨越超远距离空间的想象,其实也属于"千里取物"。有学者认为,《后汉书·方术列传》中的这种叙事模式可以总结为"提出远地取物难题—完成远地取物—验证远地取物"。②

今天看来,无论相人术、劾鬼术还是千里取物的方术,在事实上都是不可能真实有效验证的。秦汉魏晋南北朝时期的人们尚缺乏辨析类似方术真伪的能力,诸如左慈之流能够使用类似现在魔术的"幻术"一时幻惑人心,但如果稍加留意思考,便不难发现其中的问题。事实上,司马迁与班固都注意分辨秦皇汉武以及宣帝、成帝时代方术的真伪,但陈寿与范晔却在"广异闻"的名义之下对于当时社会流行的各类传说照单全收,这样确实会给后来读史者认识巫术和方术无法持续验证的真相造成不小干扰。

三、小结

总的来说,从《三国志·方技传》到《后汉书·方术列传》,虽然"方术列传"的编撰模式逐渐成熟,但陈寿与范晔对于巫术和方术的认识和司马迁、班固在理性思维方面有较大的差异。陈寿和范晔均未注意到医术和巫术之间的真正分野所在,在书写华佗等人医术的时候融入过多巫术以及方术相关的内容,使得华佗的形象过于神异。可以作为对比的是,司马迁书写扁鹊和仓公故事,尝试从神话传说中梳理扁鹊医者的真实身份,并详细介绍医者仓公的学术传承

---

① 《史记》卷四〇《楚世家》,第1730页。
② 陈金星:《〈后汉书·方术列传〉的性质及编撰》,氏著:《神话思维与中古历史书写——以通行本〈后汉书〉为中心》,上海:上海交通大学出版社,2021年。

以及真实可验证的治疗案例,以是否能够有验作为评价医疗技术的标准。同样,"方技"和"方术"两传对于相人术、劾鬼术以及千里取物等方术的书写,也充满过多神异的内容,这些原本并不能持续有效验证的方术堂而皇之出现在正史之中,对于后世读者认识巫术和方术的真相带来不小的干扰。

陈寿和范晔书写的神异故事应当大多来自当时民间传说,但他们显然并没有对这些传说进行仔细甄别、辨析和整理,而直接将其中并不可靠的内容收录进史书之中。陈寿和范晔如此处理的原因,应当是受到整体社会风气的影响,类似神异故事传播范围较广,当时人们普遍相信这些故事的真实性,而书写和记载历史的陈寿与范晔在理性思维和辨析能力方面较司马迁和班固薄弱,这是《方技传》和《方术列传》多载神异故事的主要原因。当然所谓"广异闻"为作品增色应当也是陈寿与范晔广泛收录神异故事的重要原因,这对于后世史学书写以及文学创作都有较大影响。

结 论

本书以秦汉时代的政治文化研究为题,贯穿其中的是巫术、方术和谶纬的验证问题,在尝试揭示巫术、方术和谶纬验证方式本质的基础上,探讨神秘主义因素如何影响秦汉时代的政治与社会思想,形塑秦汉政治文化的核心特质。

一、主要观点回顾

本书首章围绕秦始皇和汉武帝的巫术和方术活动,讨论巫术和方术的验证问题,着重分析秦汉政治文化的神秘主义特征。需要注意的是,是否能够有效验证是考察各类巫术和方术的主要标准,而提供持续有效的验证也是各种"术士"努力的目标。围绕这一问题,包括巫师和方术士在内的各类"术士"与统治者和知识阶层展开漫长的博弈。

秦始皇反对的"假威鬼神"有着悠久的传统,《墨子·明鬼》曾经讨论过以"鬼神"进行统治的理论和可行性。墨子认为鬼神具有赏贤罚恶的能力,所以借助鬼神可以有效地维系社会运行。墨子的思想来源于当时社会的普遍认知,可以注意到,商周以降直至春秋战国时期,不同地域都有巫鬼盛行的现象,而且列国都在各自国内祭祀山川鬼神,久而久之就形成了地域色彩浓厚的巫祝集团。这些人通过祭祀神灵攫取政治和经济利益,他们也基于同样的目的维护地方权益,成为统一中央政府的离心力量。如果对这些力量不作出妥善的处理,那么中央政府在地方的统治——至少对民众信仰的控制方面的效果,是要大打折扣的。所以秦始皇采取了一系列的办法消泯巫鬼祭祀的影响,其中就包括宣扬法治以及整合全国祭祀体系等等,另外还包括召集文学和方术士以"兴太平"。相对于留存各地的传统巫祝势力,方术士不仅有一整套"先进"的神仙和不死之药理论,在政治倾向上也更认同统一的秦帝国,所以秦始皇刻意提高方术士的地位,借以压制传统巫祝势力。

　　与秦始皇相比,汉武帝在巫术和方术中获得了更为直观和具体的体验。汉武帝对神仙方术充满信赖,一方面是青少年时期受外祖母的影响坚信鬼神存在,另一方面是在巫术仪式中获得了极佳的个人体验。可以说,鬼神是构成汉武帝感性思维的主要部分,也是汉武帝思考神仙方术问题的基本出发点。也正因此,虽然以汉武帝的智识足以辨识巫师或者方术士的欺诈行为,但是对神仙的存在则几乎没有怀疑。汉武帝严厉惩处敢于欺瞒的方术士,但对祭祀鬼神以求福佑以及求仙等一直怀有热情,到晚年都冀遇其真。另外,汉武帝因根深蒂固的鬼神信仰与对超自然力量的笃信,始终坚信巫蛊之术能够操控鬼神之力。在这种偏执心理驱使下,他不仅对涉事者施以严刑峻法,晚年更在巫蛊案的多重诱因叠加下,最终引发牵连甚广的巫蛊之祸,酿成父子相残、宫廷震荡的历史悲剧,对汉代政治与社会都带来深远的影响。另外可以发现,虽然秦始皇和汉武帝都曾较大力度支持方术士们求仙,但两人对于求仙的态度有着明显的不同,秦始皇求仙更多着眼于国家政治的运行,倾向于维护政治局势的稳定,对方术士的控制也更为严格有序。相比之下汉武帝则更关注在巫术和方术中的个人体验,更关注个人长生不死与升仙,"追寻一己之福"目的更加明显。

秦人对技术类人员管控较为严格,秦法规定技术达不到要求会被诛杀,考察史料可以发现"不验辄死"确实存在于巫术、方术,以及医术、天文推步之术等领域。秦法中的这一规定并非针对方术士而特意设置,而是对几乎所有"术"的管理手段。巫或者祝因为所施行的巫术无法有效验证而被诛杀,在历史早期应当是较为常见的现象,这其实也可以理解成对巫者考察与掌控的重要手段。方术也同样面临无法验证的问题,方术士们宣称的不死和升仙注定无法验证,秦始皇时代的方术士面对这项秦法极为紧张而选择逃亡,汉代文献中也记载有人因为技术无法验证而被诛杀。然而与巫术和方术不同的是,战国秦汉时代的医术、天文推步之术,以及工程技术、器物制作、农作物栽培等领域的技术逐渐进步,这是因为相关从业人员在"不验辄死"的压力之下不断精进技术,行政管理政策与技术进步之间的互动关系值得进一步思考。

也就是说,工程类技术以及医术、天文推步之术在长期实践的基础上逐渐进步,疾病治愈以及历法推算是可以持续有效验证的,然而祈祷祭祀鬼神降下福佑或者灾祸,以及求取长生不死之药的巫术和方术在本质上无法验证,这一点逐渐为人们所认知。汉武帝以后社会整体对巫术和方术的态度发生转变,原因一方面是汉武帝支持方术士求取仙药但最终无果,另一方面是巫蛊之祸给汉代政治和社会带来巨大创伤,也给人们以警醒,巫术和方术再难登大雅之堂。到了汉成帝时期谷永以实际例证指出自秦始皇以来方术根本无验,王莽时期求仙已经为围观者所耻笑,汉武帝以后整体社会思想的转变值得重视。也就在汉武帝以后,社会上流行的谶言后来往往有验,纬书类文献开始编撰,谶纬预言开始受到更多的青睐。

本书第二章围绕谶纬的验证问题展开。虽然"谶纬"一词通常连用,但谶言的流行要早于纬书,谶言本身指的就是被验证了的预言。《史记》载有"秦谶"即是早期的谶言,其中包括秦穆公之谶以及周太史儋的谶言,还有后来的"亡秦者胡""今年祖龙死"等等。"秦谶"主要有两种形式,其中一种由秦国史官记录和书写,主要是为秦的合法性提供天意和神学支持,这些谶言应当主要保存于《秦记》之中。另外也有一些谶言在民间流行,诸如"亡秦者胡"之类的政治谶言,在意识形态上与官方不完全一致。而"秦谶"之外,山东六国也存在类似被验证的预言,其中三晋系统史官自春秋战国以来一直较为活跃,尤其赵国史官记录和书写较多类似谶言,应有所谓"赵谶"存在,这些谶言为赵国兴盛服务的政治目的十分明显。另外齐地有喜欢"隐语"的传统,"齐谶"应与隐语有联系;而楚地原本神秘巫术和方术较为流行,尤其在秦灭楚之后,楚人制造了大量反对秦人统治的谶言,其中就包括"楚虽三户亡秦必楚"以及"东南有天子气"等,另外"今年祖龙死"之类的谶言可能也是由楚人制作宣扬的。

汉朝建立以后这种谶纬预言继续流行。可以发现,谶纬的验证方式与之前的巫术和方术有较大的不同。巫术和方术通常都会提供一个可以预期的结果,例如巫术会承诺通过求神获得福佑或者加害别人,这其实很容易被证伪;方术许诺长生不死,也很容易被证伪,如果不死之药或者药方无法获得,那么方术就会很容易被拆穿,做出承诺的方术士就会面临巨大的危险。然而谶纬的验证方式则是先做出预测,然后静待事情的发展,最后对结果进行"合理化"的解读。其实大部分原本就模棱两可的谶言都可以有相对合理的解读,所以在人们的心目之中谶言也就比较容易应验了。也就是说,谶纬预言应验的方式是结果导向的,即先有谶纬流行,而后根据事件的结果进行解读。可以说几乎每一则流传开来的成功的预言都与特定政治集团的刻意解读有关,例如霍光集团刻意宣扬久阴不雨预言合法化自身的"谋上"行为,汉宣帝刻意宣扬"公孙病已立"预言证明自身是得天命的;至于"再受命"预言,虽然原本是为汉成帝设计,但汉哀帝、王莽以及光武帝刘秀都以不同方式宣扬该预言应验在自身。同样,最初人们也不知道"代汉者当涂高"的真实含义,直到有人将这则谶言与曹魏政权的兴起联系在一起。

另外通过对机械循环的历史观的讨论也可以发现,人们认为人间事物的发展也像天体那样有秩序地运动以及周期性回归。别有用心的预测者会利用或者"制造"和古史上帝王相同或者相似的天文现象,基于自身的利益进行诠释,这其实也是许多预言能够验证的重要原因。而这种"隐喻+解读"的基本模式不仅在秦汉时期政治文化领域大行其道,对传统中国思维模式的塑造也起到了举足轻重的作用。

本书第三章的主题是历史书写中巫术和方术的验证问题,主要以前四史为基础展开讨论。可以发现,史官在书写历史过程中会有意识选择那些应验了的预言。例如《史记》中保留有较多的预言故事,这些故事有预言在先,又有结果在后,构成完整的故事链条,人们其实很容易接受这些故事的真实性,书写这种类型的故事有助于呈现历史发展的趋势,这是包括司马迁在内的史家收录和记载类似预言故事的重要原因。另外司马迁以谨慎存疑的态度对待鬼神之事,虽然并没有超越时代的理性能够证明鬼神是虚无的,但司马迁对某些过于神异的内容一直较为警觉。例如他刻意揭露陈胜吴广"篝火狐鸣"的真相,支持汉文帝废除秘祝之官,也曾揭露诸如新垣平以及汉武帝时代方术士们制造的灵验把戏。《史记》中也载有能够预测未来的"智者",司马迁想要展示智者在理性思维基础上形成的先知之明,着重表现"智者"所具有的审时度势的能力,并且刻意摈弃其中过于神秘的内容。可以发现,司马迁通过对智者预言及应验的书写,呈现理性思维预测未来的可能性,探索理性认知与鬼神意识边界正是《史记》"究天人之际"的重要层面。

班固同样没有为巫者列传,与司马迁一样对鬼神巫术的基本态度是存而不论。《汉书》继承了《史记》理性对待巫术和方术的基本精神,在《封禅书》的基础上书写《郊祀志》,继续揭露各类方术士的活动对政治发展的影响,并引用谷永等人的言论,对秦皇汉武以来巫术和方术无法持续验证的事实进行系统总结。而且班固生活于谶纬在政治中大行其道之后理性开始回归的时代,对于阴阳灾异以及谶纬过分影响政治生活十分敏感,提醒言阴阳灾异者要慎之又慎,反对政治中有过多神秘主义内容。

陈寿和范晔也曾记载方术群体,并创作《方技传》和《方术列传》;然而陈寿和范晔均未注意到医术和巫术之间的真正分野所在,在书写华佗等人医术的时候融入过多巫术以及方术相关的内容,使得华佗的形象过于神异。可以作为对比的是,司马迁书写扁鹊和仓公故事,尝试从神话传说中梳理扁鹊医者的真实身份,并详细介绍医者仓公的学术传承以及真实可验证的治疗案例,以是否能够有验作为评价医疗技术的标准。同样,"方技"和"方术"两传对于相人术、劾鬼术以及千里取物等方术的书写,也有过多神异的内容,这些原本并不能持续有效验证的方术堂而皇之出现在正史之中,对于后世读者认识巫术和方术的真相带来不小的干扰。

总之,秦汉政治文化中的神秘特质极为明显,巫鬼方术以及谶纬持续对政治行为以及政治制度的建设产生影响;而更为宏观的思想背景是整体社会对于神秘鬼神的崇信,整体社会思想也受到类似观念的深刻影响。然而社会信仰并不是一成不变的,随着人们探索世界范围的拓展以及技术的进步,神秘数术无法持续验证逐渐成为社会共识。只是这种验证需要漫长的历史过程,而在这个过程之中,神秘方术和谶纬不仅深入民间成为民俗,也逐渐内化到政治思想之中,成为中国传统政治文化的基础特征。

二、展望:人类的幻觉与技术的未来

2025 年初,在本书写作完成即将出版之时,人工智能是最为火热的话题。人们围绕人工智能及其应用展开热烈的讨论,其中一个话题引起了我们的兴趣,那就是人工智能和人类一样,也存在"幻觉"。由于训练数据的局限性以及缺乏尝试和推理能力等等原因,人工智能在输出内容时,会生成看似合理但事实上错误、虚构或与现实不符的结果。这种现象类似于人类的"幻觉",即人工智能"想象"出不存在的信息,而非基于真实数据或逻辑推理。如果不加仔细的辨别或者验证,这些内容会误导人们的认知,并存在信任危机和伦理风险。我们就这个问题询问了"深度求索"人工智能,他给出的结论是:人工智能幻觉揭示了当前生成式模型的本质缺陷,它们本质上是"概率模仿者",而非拥有理解能力的智能体。尽管技术进步显著,但完全消除幻觉仍需突破性进展。未来可能需要结合符号逻辑、因果推理等技术,推动人工智能从"生成"走向"理解"。

人工智能是否真的能够"理解"以及推理还未可知,但人类处理幻觉的可靠方式从来都是推理以及反复验证。人类的大脑确实能够产生幻觉,构造出想象中的真实,所谓鬼神就是以这样的方式出现的。例如人们把天文气象的变化理解成上天的意志,把疾病和灾祸理解成鬼神的作祟,这种基于有限感官经验的解释系统既是对未知世界的认知补偿,也构成了早期技术萌芽的原始驱动力。巫术、方术与谶纬本质上都是人类在认知世界过程中产生的幻觉,这种幻觉给人类的社会生活以及政治组织形态都造成过深远的影响,而人们也很早就发现,解决这一问题最好的办法就是到实践中去验证。巫术、方术和谶纬在本质上都不能提供持续有效的验证,巫术和方术非常容易被证伪,"结果导向"的谶纬预言具有一定的迷惑性。但从司马迁的时代开始人们就已经认识到,预测未来可靠的方法只能是在实践的基础上进行理性分析;而这种"证伪优于断言"的思维方式从汉代开始建立起来,一直是中国传统知识阶层破除神秘思想迷雾的主要工具。

"实践是检验真理的唯一标准",这种简单质朴的准则在未来技术发展过程中仍然是可以被信赖的。无论是解决人工智能幻觉,还是应对人们大脑中生成的其他各种的幻觉,都需要在实践中去反复验证。马克思主义认识论中"实践—认识"螺旋上升规律在人工智能的时代仍然是适用的。无论是否做好了充足的准备,人类已经不可避免地要进入人工智能的时代,因应信息技术爆炸状态下层出不穷、更为复杂的幻觉与真实反复叠加的状态,我们可以继续坚持这样的理念:认识是否正确,是否符合客观实际,必须通过实践来检验。只有经过实践检验的认识,才能被认为是真理。

后 记

这本小书是在国家社科基金西部项目"秦汉时期的方术、谶纬与政治文化"的基础上修改完成,主要选取其中关于巫术、方术和谶纬的验证方式等内容集中讨论。

我之前经常被问,历史上的人们到底是否相信方术和巫术? 其实是否相信取决于方术和巫术的可验证性,如果验证是可持续的,那么也不由得人们不信。真实的情况是巫术和方术无法持续有效验证,是以人们在多数情况下怀疑其真实性;然而巫师和方士往往承诺美好的结果,并提供良好的体验以求得信赖。能来到秦始皇和汉武帝身边的巫师和方士,显然并非泛泛之辈,他们竭尽所能为皇帝提供巫术和方术体验,这些不能为外人道的内容是古来帝王信赖巫术和方术的重要原因。其实于普通人而言,巫师和方士的承诺同样意义非凡。哪怕时至今日,鬼神萦绕的社会氛围早已不存,科学和理性是主流选择,可一旦现实的解决方案失效,鬼神仍然是必要的选择。所以我总体上认为,绝大多数人对于方术和巫术是"间歇性信赖",有迫切需求、偶然看到效果的时候相信,正常情况下其实都不信。以上是本书第一章主要关注的问题,有些想法乍一看有些道理,我也很愿意潜心琢磨,只是一旦要进入实证性讨论却发现力不能及,作者的思绪和真实历史之间到底有多少距离,其实不易回答。

这本小书在写作以及后来出版过程中,得到了许多师友的帮助。我对于方术、谶纬和政治文化关系的思考来源于陈苏镇教授的指导,我自己本身有兴趣的是各类神秘数术的操作方式,但是这样就很容易陷入纯技术的讨论,也正是在陈老师的指导下我开始思考数术获得信赖的深层次原因。所以博士论文完成之后,我选取谶纬中的预言问题展开讨论,分析预言的应验方式,并以西汉中后期以来的几则重要预言为例讨论当时政治文化的特质。基于此我完成了这本书第二章"谶纬的预测与应验"。其实预言之所以被认为能够验证,和历史书写者对于已验证预言的选择性记载有莫大的关系,曲柄睿认为应集中关注某一本书或一类书中的预言,这样的意见也引导我写作本书第三章"历史书写中巫术与方术的验证"。

本书中的多个章节曾在各学术会议上发表,得到过诸位师兄的批评和指点。例如"《仙真人诗》考"曾蒙赵宠亮指正,"说'不得兼方'"曾得苏俊林、李勉、钟良灿诸兄批评,而关于"终始"和"更始"的讨论曾得陈侃理指点,感谢至今!

特别感谢陈鹏兄拨冗为本书作序,这本书延续博士论文的思考,读书期间就与朋友们多次讨论,尤其历谱之学和机械循环史观的想法,也是受陈鹏大作的启发。"有匪君子,如切如磋,如琢如磨",感谢支持。也特别感谢本书编辑乔颖丛女士的辛劳工作,感谢胡文波老师的关心和帮助!

董　涛

2025 年炙暑之嘉陵江畔

图书在版编目（CIP）数据

不验辄死：秦汉时期的方术、谶纬与政治文化／董涛著. -- 上海：上海古籍出版社，2025.8. --（文字斋学术丛书）. -- ISBN 978-7-5732-1716-5

Ⅰ. D691

中国国家版本馆 CIP 数据核字第 2025JN8679 号

文字斋学术丛书

不验辄死

——秦汉时期的方术、谶纬与政治文化

董　涛　著

上海古籍出版社出版发行

（上海市闵行区号景路 159 弄 1－5 号 A 座 5F　邮政编码 201101）

（1）网址：www.guji.com.cn

（2）E-mail：guji1@guji.com.cn

（3）易文网网址：www.ewen.co

上海惠敦印务科技有限公司印刷

开本 890×1240　1/32　印张 13.125　插页 2　字数 306,000

2025 年 8 月第 1 版　2025 年 8 月第 1 次印刷

ISBN 978-7-5732-1716-5

K·3915　定价：68.00 元

如有质量问题，请与承印公司联系